神的演化

THE EVOLUTION OF GOD

ROBERT WRIGHT

羅伯・賴特｜著
梁永安｜譯

上帝的對話夥伴不是個人，而是人類全體。

考夫曼
Gorden Kaufman

TABLE OF CONTENTS
目次

004 序言

I
THE BIRTH AND GROWTH OF GODS
008 **神祇的誕生與成長**

010 第01章 基原信仰
031 第02章 薩滿師
048 第03章 酋邦時代的宗教
072 第04章 古代國家的眾神

II
THE EMERGENCE OF ABRAHAMIC MONOTHEISM
098 **亞伯拉罕一神教的興起**

100 第05章 古以色列人的宗教:多神教
139 第06章 從多神到一神崇拜
180 第07章 從一神崇拜到一神教
205 第08章 斐洛的故事
236 第09章 邏各斯:神的運算法則

III
THE INVENTION OF CHRISTIANITY
264 **基督教的「發明」**

266 第10章 耶穌行過些什麼事?
288 第11章 愛的使徒
313 第12章 最適基督教生存
329 第13章 耶穌如何會變成救主?

IV
THE TRIUMPH OF ISLAM
354 **伊斯蘭教的勝利**

356 第14章 《古蘭經》
371 第15章 麥加
382 第16章 麥地那
404 第17章 聖戰
420 第18章 穆罕默德

V
GOD GOES GLOBAL (OR DOESN'T)
438 **上帝走向全球**(或不走向全球)

440 第19章 道德想像力
460 第20章 我們是獨一無二的嗎?

472 跋 順道一談:上帝是什麼樣子的?
487 附錄:宗教如何源自於人類天性
510 經文譯本小識
516 鳴謝

序言
Introduction

一九九四年我受到家母所屬教會的譴責。當時拙著《道德動物》（*The Moral Animal*）剛出版，而且有幸獲得《時代》雜誌摘錄刊出。轉載的那部分內容談到，婚姻制度之所以搖搖欲墜，是因為它不盡符合人類演化而成的天性：容易出軌乃放諸四海皆準的共通人性。《時代》的編輯部也刻意在雜誌封面凸顯這一點：除了一幅怵目驚心的圖片（一枚裂開的結婚戒指），封面上還寫著：「對配偶不忠：該因子也許就在你我的基因裡」。

加州聖塔羅莎第一浸信會的牧師讀到了這篇文摘，視之為無神論者的厚顏無恥論調，並在週日早上於會眾面前狠狠數落了一頓。禮拜結束後，家母走到教堂前面，告訴牧師，文章作者就是她兒子。我敢打賭，她說這話時的語氣一定是充滿自豪（這就是母愛的奇妙之處）。

看看我墮落得多厲害！猶記九歲那年，我在德州埃爾帕索的以馬內利浸信會教會，因為感受到上帝的呼召而接受佈道家馬丁內斯（Homer Martinez）的「邀請」，走到教堂最前面悔改認罪，接受耶穌為救主。幾週之後，我在同一教堂受了浸禮。然後，事隔將近三十年，另一位浸信會牧師卻認為我跟撒旦同夥。

不過，我相信，如果這位牧師有仔細閱讀《時代》雜誌的文摘，便不會那麼怒氣沖沖（我在文中主張，通姦衝動雖然屬天性，卻是抗拒得了也應該抗拒的）。然而，也有些人在讀完整本書後還是認定我是某種無神論者。這是因為我在書中主張，人類某些最不食人間煙火的高貴情操（如愛、自我犧牲和道德情感等）都是天擇的產物。該書看來徹頭徹尾是一部唯物主義小冊子，就像是主張：「既然科學能夠從物質的層次解釋一切，誰還需要上帝？特別是一位可以神奇地超越物質宇宙的上帝？」

我認為，用「唯物主義」界定我的立場不算錯誤，事實上，在各位手上這本書中，我就是從唯物主義的立場來談宗教的歷史與未來。我相信，宗教的起源和發展都可以歸結到一些可觀察的具體因素，包括人類天性、政治和經濟因素，還有科技的變遷等等。

然而，我不認為用「唯物主義」來探討宗教的起源、歷史與未來，必然會否定宗教世界觀的有效性。事實上，我相信，本書所呈現的宗教史雖然是唯物主義取向，它卻又同時承認宗教世界觀的有效性。不過，這裡所說的宗教世界觀並非傳統意義下的那種。

這話聽起來很弔詭。我一方面相信，宗教是起源於錯覺，而神祇觀念的後續發展都是這個錯覺的演化；另一方面，我又相信：（一）宗教的演化故事向我們顯示，有可能真有某種神祇（divinity）存在[1]；（二）在宗教演化的過程中，原先的「錯覺」不斷煉淨，變得愈來愈真實。在這兩個意義下，原先的錯覺都變得愈來愈不像錯覺。

這話說得通嗎？大概說不通。但我希望，讀者在讀完本書以後會覺得它說得通。不過，我還是要事先聲明，即便神祇的觀念煉淨後會更有可信性，它仍然不是大多數信徒所相信的那種神祇。

本書最後還會探討另外兩個課題，這兩個課題都跟當代世界的處境息息相關。

一是所謂的「文明的衝突」，也就是「猶太教—基督教西方」與「伊斯蘭世界」的緊張關係，最受到矚目的展現就是九一一恐怖攻擊事件。自那之後，人們一直納悶，發源自亞伯拉罕的三大宗教在隨著全球化的進程而接觸愈發頻繁之際，要如何才能和平相處？

1 譯注　英語中divinity和god皆指「神」，但前者意義較抽象。這個分別也正是作者論證的核心。

其實，文明衝突的事例在歷史上屢見不鮮，而職是之故，文明不衝突的事例亦屢見不鮮。在文明有時衝突又有時不衝突的人類歷史裡，宗教觀念所扮演的角色很具有啟發性（它們有時扮演煽風點火的角色，有時扮演澆熄烈火的角色，而且常常隨著大環境的變遷改變角色）。我相信，以這部歷史為鑑，我們將會更知道該如何處理當前的「衝突」，才能獲得較完滿的結局。

第二個我要探討的當代處境是另一種常受到討論的衝突，即科學與宗教之間的「衝突」。這種衝突與第一種衝突雷同，其歷史悠久且具啟發性。科學與宗教的衝突至少可以上溯到古巴比倫時代，當時第一次有人發現，日月蝕的出現是有固定週期的，因此是可預測的，從而不再需要用某個不安好心的神祇來加以解釋。

在那之後，有更多這類讓宗教不安的發現出爐；儘管如此，神祇的觀念總是可以挺得住科學的衝擊，繼續存在。在這個過程中，神祇的觀念不得不作出若干改動，但宗教卻仍繼續屹立。事實上，同樣的情形也見於科學：科學本身也是一直在變動，不斷修正甚至摒棄舊理論，但沒有人會因此認定科學已經動搖，反而認為科學經過不斷重新適應的過程，會更加趨近真理。也許，相同的情形也發生在宗教身上。也許，到最後，科學對人性的冷酷解釋終將跟某種宗教性世界觀並行不悖，而在這個過程中，宗教的世界觀也會不斷獲得煉淨，愈來愈接近真理。

我們可以把這兩大課題綜合為一個問題：現代世界的三大一神教有可能彼此調和，並且與科學調和嗎？衡諸三大一神教的歷史，我相信答案是傾向肯定的。

那麼，經過這樣的調適後，宗教會變成什麼模樣？出人意外的是，這個問題相當容易回答，至少要勾勒其大致的輪廓並不難。首先，宗教必須能填補現代世界帶給人類的心靈空虛（否則宗教不會獲得接納）。其次，宗教必須要能闡明某種「更高目的」（higher purpose）：某種可以讓我們組織日常生活、分辨善與惡、弄懂禍福意義的根據（否則宗教便構不成「宗教」）。

接著輪到真正難答的問題。各大宗教要**怎樣**才能達成這樣的壯舉？（它們最好是能做到，否則我們所有人，包括信徒、不可知論者和無神論者，也許就會陷入大麻煩。）各大宗教**要怎樣**才能彼此調適並跟科學調和？在一個科學突飛猛進和快速全球化的時代，怎樣的宗教才適合？它將會指向何種目的，提供何種方向？真有一種合乎知性，又包含宗教性的世界觀，是可以在紛亂世局中為個人提供指引，帶來慰藉，甚至讓世界減少一些混亂的嗎？我不敢自稱知道答案，但線索會在我們講述上帝故事的過程中，自然而然浮現出來。所以，讓我們開始吧。

I

" In summing up, then,
it may be said that nearly all the great social institutions have been born in religion."
Emile Durkheim

神祇的誕生與成長

The Birth And Growth Of Gods

所以，總歸一句，
我們也許可以說，幾乎所有重大的社會制度無不源於宗教。
涂爾幹

01 基原信仰

The Primordial Faith

西伯利亞原住民楚克奇人（Chukchee）有自己一套對付狂風的方法。倘若遇到狂風，楚克奇男人口中會念念有詞：「西風，看過來！看著我的屁股。我們準備要向你獻上肥油。停止咆哮！」十九世紀一名到過該地的歐洲人，對這個儀式做如下描述：「那人念著咒語，又脫下短褲，對著下風處露出光屁股。他每說一個字就拍一下手。」

及至十九世紀末期，歐洲旅行家已經到過許多遙遠而鮮為人知的地區，留下為數可觀的儀式觀察報告。這些遙遠地區的居民有時會被稱為野蠻人，他們沒有文字，甚至不懂農耕，而他們有一些儀式（如上述那個）看起來相當古怪。

這類儀式可以稱為宗教嗎？有些歐洲人對這種類比感到氣憤，認為把他們莊嚴肅穆的的崇拜和野蠻人討好大自然的膚淺舉動相提並論極不恰當。

這也許就是何以盧伯克（John Lubbock）寫他論「野蠻宗教」的著作時，要先在序言向讀者提出警告。在《文明的起源和人的原始狀態》（*The Origin of Civilization and the Primitive Condition of Man*）一書中，這位十九世紀英國人類學家指出：「討論這個課題時，難免要提及一些讓我們深感厭惡的事情。」但他又向讀者保證，他在探討「粗糙迷信的淒涼景觀和各種粗暴的崇拜方式」時，會「盡可能避開那些使讀者感到不舒服的東西。」

為了不讓讀者不舒服，盧伯克絕不去猜想現代人的腦子和野蠻人的腦子也許會有相似之處，反而表示：「野蠻人的整個心靈狀態跟我們的差距之大，以致我們常常很難搞懂他們在想什麼，或搞懂是什麼理由驅使他們這麼想。」雖然野蠻人的「做事和信仰總有理由，但他們的理由總是很荒謬。」野蠻人的「智力極端低下」，心智「跟小孩沒兩樣，很容易疲倦」。因此，很自然的，野蠻人的宗教觀念「不是深思的結果」。

盧伯克一再說些讓讀者安心的話：「低下野蠻種族所理解的宗教」不止有別於文明的宗教，而且是「恰好相反」。事實上，如果我們用「宗教」一詞來稱呼他們那些粗糙的儀式和迷信，那麼「我們就不能認為宗教是人類所獨有」，因為你一樣可以把「狗吠月亮視為一種崇拜儀式。」受過高等教育的英國基督徒會那麼鄙夷「原始宗教」也許不令人驚訝（「原始宗教」一詞泛指無文字社會的宗教，不管是狩獵、採集或農業社會都一樣）。畢竟，原始宗教充滿許多幼稚的迷信，包括常常仰賴意義隱晦的卜兆來決定要不要打仗、相信死人的亡靈會捉弄活人，或相信活人可以透過靈媒從亡靈獲得指引。簡言之，原始宗教充滿迦南多神教所具有的各種糟粕，而就如我們所知的，這些糟粕後來被摩西帶出埃及的一神教一舉廓清。

事實上，以色列一神教對迦南多神教的取代並不是一刀切的，而證據就在《聖經》本身（只是相關的經文現代信徒並不常讀）。在《聖經》裡，你會看到以色列第一任國王掃羅（Saul）微服去找靈媒召來先知撒母耳（Samuel）的亡魂，好向他請教國事（撒母耳對此很不高興：「你為什麼攪擾我，招我上來呢？」[1]）。在另一個地方，《聖經》又記載（這是更明顯的迷信），先知以利沙（Elisha）為了讓國王約阿施（Joash）可以打敗亞蘭人（Arameans），交代他拿箭支擊打地面。但約阿施只擊打地面三次便停住，以利沙為此深感失望，告訴國王：「你應當擊打五、六次，那樣，你就能連連打敗亞蘭人，直至把他們給滅盡；現在你只能打敗亞蘭人三次了。」[2]

1〈撒母耳記上〉廿八章十五節。
2〈列王紀下〉十三章十九節。

就連亞伯拉罕系信仰最終極的神學元素，即「一神主義」，在《聖經》裡也是時有時無。雖然很多經文都認定上帝是獨一真神，但有些經文卻彈著不同的調。例如，據〈創世記〉[3]所述，曾有個時期，一群男神會跑下凡間，找「人類的女子交合生子」。（這些眾神後代可不是泛泛之輩：「他們都是上古時代赫赫有名的戰士。」）[4]

所以，《希伯來聖經》（它是亞伯拉罕系信仰的最早經典，換言之是猶太教、基督教和伊斯蘭教的起點）不時會流露出一些遠古宗教的殘餘物。很顯然，亞伯拉罕系一神主義乃是從「原始」宗教裡有機地生長出來的，其過程更像是演化而非革命。

這倒不是說，人類學家記錄在案的那些「原始」宗教與我們今日所信奉的現代宗教之間，存在著直接的血緣關係。換言之，我不是要主張，在三、四千年前一神教徒懂得跪下來向上帝說話之前，先經歷了一個脫下褲子對風說話的階段。就我們所知，猶太教、基督教和伊斯蘭教的文化先祖並沒有對風說話的儀式，而我們也沒有憑據認為，在公元前第一千紀或第二千紀[5]的時候，西伯利亞的楚克奇文化影響過中東地區的文化。

我要主張的毋寧是，廣義的「原始」宗教（人類學家和其他歐洲旅行家記錄下來的那些）有可能可以讓我們對現代宗教的遠古背景有個梗概了解。由於地理上的孤立，「原始」文化（如楚克奇的文化）沒有受到技術革命（特別是文字發明）的洗禮，因而不像世界其他地區那樣留下歷史紀錄，和邁向現代性。但即使這些「原始文化」未能顯示出最早有歷史紀錄的宗教所從出的史前宗教是何種具體模樣，至少能顯示出大體輪廓。雖然一神教徒的禱告不是源自楚克奇人的儀式或信仰，但一神教徒的禱告邏輯說不定跟楚克奇人的信仰模式相去不遠：即相信各種大自然力量是由某些超自然生靈所引動，並相信人可以透過協商去影響這些力量的運作。

野蠻人的邏輯

事實上，這就是十九世紀人類學家泰勒（Edward Tylor）所提出的理論。泰勒是一位大有影響力的思想家，有些人視之為社會人類學的奠基者。泰勒與盧伯克相識，有時會批判後者的觀點，主張最基原（primordial）的宗教形式是「萬物有靈論」（animism）。在當時的學界，泰勒的理論是解釋宗教如何起源的主流學說。一位二十世紀早期的人類學家指出，這理論「一提出便所向披靡」。

泰勒的理論奠基於十九世紀人類學的一個範式（paradigm）：文化演化主義（cultural evolutionism）。這主義一度大盛，其後沒落，但最後又捲土重來。其主要觀念是：廣義的人類文化（藝術、政治、科技和宗教等）就像生物物種一樣，是會演化的。新的文化特徵會一再出現，有些繁榮茁壯，有些走向衰微，而整套制度和信仰系統也會相應形成或改變。所以，不管是宗教儀式或神祇觀念也是會演化的，會在經歷一段成長茁壯期以後，演化為新的宗教儀式或新的神祇觀念（如從相信神祇為數眾多改為相信神只有一位）。泰勒的理論正是致力於解釋一神教是如何從原始宗教演化出來。

人們有時會把「萬物有靈論」定義為一種相信死物具有生命的態度：原始人視河流或星辰為

3 譯注 為簡潔計，中譯文提到《聖經》各經卷皆不附原文。一個中英對照表請見本書書末。若未特別注明，譯文採和合本譯文或作者自譯。
4 〈創世記〉六章四節。
5 譯注 「公元前第一千紀」（first millennium BCE）指公元前第一千年間，「公元前第二千紀」指公元前第二千年間，以此類推。

有生命之物即是一例。泰勒所說的「萬物有靈論」包含這種意義，但不僅止於此。更充分來說，「萬物有靈論」應是指相信任何事物（不管是活物還是死物）全都內住著一個魂或靈，並由這魂或靈所「活化」。所以，在「萬物有靈論」看來，不管是河流或雲朵，是飛鳥、走獸還是人類，都擁有一個「蒸氣般、薄膜般或陰影般」的靈魂，而「個體會因這靈魂而活化，產生生命和思想。」

泰勒對「原始」心靈的評價要遠高於盧伯克（「人類心靈統一性」的觀念就是泰勒首倡，而這觀念後來也成了社會人類學的一根基柱。根據這觀念，所有人類種族的心智是一樣的，古今中外的人類天性並無二致）。他不認為「萬物有靈論」完全荒誕不經，跟現代人的思維方式背道而馳，反而相信原始人的古怪思辨是人類好奇心的自然產物——現代的思維方式正是源發於同一種好奇心。職是之故，他把「萬物有靈論」稱為「人類襁褓時代的哲學」，又把構思出這套「理論」的原始人稱為「古代的野蠻人哲學家」。「萬物有靈論」具有其他好理論的相同特徵：能以簡約的方式解釋一些看起來神祕的現象。

首先，這個人類有靈魂的假設可以解釋一些泰勒認為早期人類一定會想到的問題，例如：人在做夢的時候發生了什麼事？原始社會用靈魂觀念解決了這個難題。有些原始社會相信，人會做夢，是因為靈魂離開了身體，到外頭晃蕩，而夢境的內容正是靈魂離開身體後的遭遇。晚泰勒幾十年的人類學家芮德克利夫—布朗（A. R. Radcliffe-Brown）指出，安達曼群島（Andaman Island）的島民很不願意叫醒熟睡的人，深信不等睡夢中人的靈魂回到身體便把他叫醒，有可能讓他致病。有些原始社會則是相信，人會做夢，是因為有其他靈魂造訪。泰勒指出，在斐濟群島，人們相信人的靈魂可以出竅，去「騷擾其他在睡覺的人」。

另外，大多原始社會都相信，死者會透過夢造訪活人。所以，「萬物有靈論」可以幫助早期人類面對另一個謎題：死亡。根據「萬物有靈論」的觀點，死亡所意謂的是靈魂永遠離開身體。

泰勒認為，早期人類一得出人有靈魂的想法，自然就會把靈魂觀念擴大應用到人類圈之外。這種擴大應用是合乎邏輯的，因為野蠻人自然也會意識到，野獸「具有擁有靈魂的人類的種種特徵，即有生也有死，有意志也有判斷力。」植物也是如此，因為植物「就像動物一樣，有生也有死，有健康的時候也有生病的時候，所以，認定植物具有某種靈魂並非不合理。」

職是之故，從「未開化部落」的觀點來看，認定竿子和石頭擁有靈魂乃是合乎理性的。因為竿子和石頭不是一樣會出現在夢中嗎？我們做夢或發高燒時所看到的鬼魂不是穿著衣服和攜帶武器的嗎？所以，「既然野蠻人的這種觀念是以感官經驗為證據，我們又怎能指控野蠻人的哲學和宗教太過荒誕不經？」泰勒以下的這番話，也許是在暗批盧伯克的觀點：「認定他們的行為是無動機的，認定他們的意見是荒唐的，這本身就是一種理論，而我相信，這種理論錯得厲害，是那些不明白來龍去脈的人想出來的，好輕鬆地把問題打發掉。」

泰勒相信，一旦「萬物有靈論」的世界觀確立，它就會開始演化。例如，起初人們都是相信每棵樹皆有一個靈魂，但經過一段時間之後，他們會改為相信所有樹都是由一個「森林之神」所管轄。接著，這種初始的多神教會慢慢成長、茁壯，最終又會經過瘦身，演變為一神教。一八六六年，泰勒在《雙週評論》（*Fortnightly Review*）發表的一篇文章裡，用一句話概括了宗教的發展歷程（這句話有可能是任何出版過的文字中最長的一句）：

透過所有這些漸進的階段——即從最簡單的理論（把生命與人格賦予動物、植物與礦物），上升至認定石頭、植物或河流之間住著一個保護精靈，負責照管它們的保存、生長與變遷，再上升至認為世界每個領域都有一個相應的神祇加以保護和看顧，最後進而相信有一

> 最高存有（Supreme Being）負責指揮和管控下面的層級——我們可以看出一趟漫長的角力：角力的一方是「萬物有靈論」，它認定事物皆具有如同人類一般的生命，以此來解釋所有自然現象，另一方是緩慢成長的自然科學，它在一個領域接一個領域以系統性法則取代獨立自發的活動。

這說法有問題嗎？

有，而且問題還不少。事實上，泰勒的理論在日後未能保有當初的崇高地位。有些人批評它讓神的演化顯得太像一種純理性的思考運作，忽略了宗教一直受到許多因素的形塑，不曉得從政治到經濟到人類情緒等因素皆可影響宗教的樣貌。今日和泰勒時代的「文化演化主義」的不同處在於，前者強調某些「彌因」（meme，指儀式、信念等文化基本單位）[6]之所以能脫穎而出，是因為它們對人性中的非理性部分有吸引力。

儘管如此，在廣義的角度下，泰勒的觀點至今還站得住腳。因為不管形塑宗教的力量有多麼分歧，它最早的動力確實看來主要是這個：人類理解世界的願望。不過，由於早期人類沒有現代科學的幫助，以至得出一種不科學的結論。隨著人類透過科學對世界的理解漸增，宗教也以演化作為回應。因為這樣，泰勒才會說，在「野蠻的拜物者和文明的基督徒之間」，存在著「沒有斷裂的心智連結性（mental connexion）」。

在這個層次上，泰勒的世界觀不但禁得起現代學問的審視，還從現代學問得到了支持。例如，演化心理學（evolutionary psychology）即指出，不管原始人的信仰看來有多麼稀奇古怪（或不管「現代」宗教信仰在不可知論者和無神論者眼中有多麼稀奇古怪），它們都是從人類天性中自然生長出來，是人腦（這腦子是天擇過程所設計）的自然產物。在科學尚未出現的時代，人腦想要弄懂世界，可憑藉的只有一些雜七雜八的工具，所以只能得出一些稀奇古怪的結論。但就動機而言，他們卻不是不理性的。

本書的「附錄」綜合了現代各種學術研究成果，較仔細探討了「原始」宗教是如何源自人的心智。目前，我要指出的只是，泰勒對於宗教是如何從「萬物有靈論」演化為一神教的猜想，雖然從現代的制高點看起來有其不足之處，很多部分卻依舊說得通。它特別有啟發性的是這一點：想要了解神祇乃至上帝在最早階段的演化，我們就得設身處地想像生活在幾千年前的人是怎樣看待世界，而當時不僅沒有科學，就連文字甚至農業都尚未出現；另外，要做到這一點，最好的憑藉乃是人類學家一直在研究的那些狩獵採集社會[7]——即盧伯克和泰勒口中的「野蠻人」社會。

當然，如果我們能夠**直接**觀察史前社會將是更好不過，那樣，我們將會更具體了解，最早有歷史紀錄的那些宗教是如何從史前宗教演化而成。但既然當時還沒有文字，我們自不可能有這方面的詳細資料。它們唯一留存的只有考古學家找到的東西：東一點、西一點的工具和小器物，以及偶爾一見的洞穴繪畫。換言之，人類的前文字階段留下了一片巨大空白，而想要填補這空白，我們只能藉助那些被觀察過的狩獵採集社會，因為這方面我們有大量的文字資料可資利用。

以狩獵採集社會作為了解過去的窗口是有侷限性的。例如，人類學家所研究過的狩獵採集社

6 譯注　作者在本書「附錄」裡對「彌因」一詞有較深入的解釋：「生物學家道金斯（Richard Dawkins）造了『彌因』一詞，用它來指文化的基本單位。稱之為『彌因』，部分是為了讓人聯想到『基因』（gene）一詞，以此強調文化演化和生物演化之間具有某些相似之處。例如，基因可以從一個身體傳給另一個身體，從一代傳給下一代；相似地，『彌因』也會從一個心靈傳遞給另一個心靈。另外，就像新出現的基因需要在基因庫裡『競爭』一席之地，新進的『彌因』也需要在有限的人腦供應量裡爭取一杯羹。」另按：有些論者對文化有「基本單位」之說存疑。

7 譯注　指還沒有農業或畜牧業，只靠採集野生蔬果和／或狩獵野生動物維生的社會，而正如作者在下文指出的，這種社會通常都是只有數十人構成的聚落。

會文化，沒有一個是「純淨無染的」；換言之，沒有一個社會是完全未曾跟更先進的社會接觸過的。別的不說，人類學家能對這些文化進行觀察，就意味著它們與外界有過接觸。此外，在人類學家能把他們的宗教記錄下來之前，通常已經有傳教士或探險家造訪過。

另一方面，只要某個原住民文化的宗教信仰在外人眼中看來「怪異」，就表示該宗教信仰並未受到外界太多影響。例如，楚克奇人對風奉獻自己光屁股的儀式，就不太可能是從維多利亞時代英國傳教士那裡學來的。

還有，如果我們在各大洲的狩獵採集社會都能看到某種相同的「怪異」信仰成分，那麼該成分就更不可能是舶來品，而更有可能是狩獵採集居民生活方式的忠實原貌。等一下我們就會看到，許多狩獵採集社會的觀念都通得過上述兩項考驗，也就是不但廣泛分布，而且又很怪異（至少在我們眼中顯得古怪）。所以，我們多少有理由可以認定，憑著它們，可以重建史前時代的宗教風貌。

現在已經沒有人會像十九世紀某些人類學家那樣，相信狩獵採集社會可以活脫脫反映宗教在幾萬年前剛肇始時候的樣貌。但這些社會仍是幫助我們了解宗教在公元前一萬二千年時大體樣貌的最佳線索。洞穴繪畫是引人入勝的，但它們並不會說話。

狩獵採集社會的神

反觀克拉馬斯人（Klamath，住在今日的美國俄亥俄州）卻是會說話的。對我們來說，幸運的是，他們曾經對非常有同理心的西方人加切特（Albert Samual Gatschet）說過話。加切特是語言學的先驅，曾經在一八七〇年代為克拉馬斯人的語言編撰了一部字典和文法書。從加切特的記載，我們得知克拉馬斯社會包含著每個狩獵採集文化都具有的某些特徵：相信有超自然生靈，而且相信這些超自然生靈為數眾多（狩獵採集社會沒有本土一神教這回事）。

事實上，從人類學家的記載，我們可以歸納出全體狩獵採集社會至少具有五大類型的超自然生靈，這些生靈大多可以在大部分狩獵採集社會找到，有些社會（如具有豐富神學的克拉馬斯社會）更是五者兼備。

第一類超自然生靈：基本的靈。現代科學家認定是無生命的自然現象，在許多狩獵採集社會看來是具有智慧、人格和魂（soul）的。所以，大自然的運作也儼然是一齣社會互動劇碼。例如，在克拉馬斯人看來，每當月亮被烏雲遮蔽，就意味著穆亞虛（Muash，即南風）想要殺死月亮。雖然南風有時候會得逞，不過到頭來月亮總能死而復生。

第二類超自然生靈：傀儡操縱者。有些狩獵採集社會相信，有一部分自然現象會受到自然界以外的靈體操縱。例如，克拉馬斯人就相信，「西風」是一個腸胃氣脹的侏儒女人所排出，她大約三十英寸高，身穿鹿皮衣，頭戴一頂水桶帽，會化身為岩石，出現在一座山上。克拉馬斯人有時會祈求她把所有蚊子從鵜鶘灣（Pelican Bay）給吹走。

把第一類和第二類超自然生靈結合是可能的。例如，克拉馬斯人相信，旋風是由一個叫蘇克虛（Shukash）的風內靈體所驅動，但住在附近的莫多克人（Modoc）則進一步相信，蘇克虛是由塔希查撒亞虛（Techitchatsa-ash，意指「大肚子」）所控制。後者肚子裡裝著一些會格格作響的骨頭，而旋風的古怪聲音就來自這些骨頭。這類神學差異不止存在於不同的狩獵採集社會之間，還存在於同一個狩獵採集社會之內。例如，有些克拉馬斯人相信雷神尼米舒（Leme-ish）只是個單一靈體，但另一些克拉馬斯人則把「他」視為是五兄弟，相信他們是因為受到上流社會驅逐，於是製造一些雷聲來嚇唬人（這些詮釋上的分歧乃是文化演化的原材料，一如生物學突變所產生的特徵分歧可推進物種的演化）。

第三類超自然生靈：動物靈。有些狩獵採集社會相信某些動物擁有超自然力量。例如，克拉馬斯人相信，郊狼的身體裡住著惡靈。加切特指出，克拉馬斯人認為郊狼的「悲鳴聲是戰爭、災禍和死亡的前兆。」有些種類的鳥被認為會製造雪，另一些種類的鳥被認為會製造霧。還有些動物靈可以幫人治病。相傳，有個叫亞亞亞艾虛（Yayaya-ash）的靈體會化身為一個獨腿漢，帶巫醫到動物靈的家求教治病方法。

第四類超自然生靈：祖靈。幾乎每個狩獵採集社會都相信，人死後會變成祖靈，而這些祖靈會帶來福氣也會帶來禍患。加切特指出：「祖靈總是克拉馬斯人害怕和厭惡的對象，而因為人們相信祖靈無所不在且無影無形，所以愈發害怕和憎惡。」

第五類超自然生靈：至高神。部分狩獵採集社會相信有至高神的存在。但這個神並不控制其他神祇（二十世紀初有位人類學家在談到克拉馬斯人的宗教時，曾語帶可惜地指出：「他們從未嘗試把各神靈排列成一個高低有序的層級系統。」）至高神只在某些模糊的意義下比其他神祇重要，而且往往是一個創造主。在克拉馬斯人，這個至高神就是住在太陽裡的坎木堪齊（Kmukamth）。坎木堪齊首先創造出世界，再用紫色的漿果創造出克拉馬斯人，此後繼續照顧他們的生活（不過，這個神有時也會生氣而降下燙人的瀝青）。[8]

那麼，這些神與靈的作用何在？（神與靈的界線是極其模糊的，我在本書會一律用「神」來涵蓋兩者）。顯然，對克拉馬斯人來說，這些神的一大用途是解釋一些非如此解釋不了的神祕自然現象。以上提到的超自然靈體（他們只是克拉馬斯人全體神靈清單的冰山一角）解釋了天為什麼會下雪、刮大風、打雷，月亮為什麼會被雲遮蔽，也解釋了人為什麼會夢見已死的人，等等。每個已知的狩獵採集社會都會藉助超自然向度來解釋自然現象。更精確地說，他們都會藉助**我們認定**的超自然向度來解釋自然現象。我會這樣說，是因為在狩獵採集社會看來，各種超自然生靈是跟自然界無縫地交織在一起的，情形就像是現代科學把萬有引力看成自然界的一部分。

這點引出了狩獵採集宗教一個弔詭特質：這種社會並沒有宗教這回事。如果你問一個狩獵採集社會的居民他信什麼宗教，他會不明白你在問什麼。這是因為，我們所稱為「宗教」的信仰跟儀式，跟他們的日常生活是密合無間的，以至他們根本不會想到要給它單獨取名。對於他們解釋世界的方式，我們也許會區分為「超自然解釋」和「自然解釋」兩種，但「超自然」和「自然」都只是我們的範疇，不是他們的範疇。對他們來說，生病時去找出是哪個神祇搞鬼乃是「自然」不過，就像我們生病時「自然」會想知道病是由哪些病毒所引起。這種宗教與非宗教生活的緊密交織會一直持續到有文字歷史之後的好一段時間。古希伯來文（《聖經》的主要語言）是沒有「宗教」這個詞的。

我尊重狩獵採集社會的風俗，也尊重古希伯來文，但還是繼續使用「宗教」與「超自然」兩

8 對於有多少狩獵採集社會的「至高神」是貨真價實的本土產物，又有多少是原住民接觸過基督教傳教士或其他一神教徒之後產生，人類學家之間長久以來都有所爭論。我們再提一次，較一般的判別標準是這個：某個「至高神」在我們眼中愈不「古怪」，便愈有可能是外來的。

個詞，一來是為了方便跟讀者溝通，二來是出於一個層次更深的理由：我相信，狩獵採集文化裡被我們稱為「宗教性」的那個部分，後來透過文化演化，蛻變而成現代的宗教。

當好人遇到禍事

除了想知道世界是如何運作，狩獵採集社會還對一個問題特別感興趣：人為什麼會遇到禍事？住在太平洋北部海岸的美國原住民海達人（Haida）相信，地震會發生，是因為海底之神的大狗抖動身體（牠的職責是頂住海達人所居住的島嶼）。剛果地區的姆布蒂人（Mbuti）相信，每當森林缺少獵物，就表示林仙（keti）已經捷足先登，把獵物給獵走了。卡拉哈里沙漠（Kalahari Desert）的康桑人（!Kung San）相信，人會生病，常常是因為祖靈作祟。

當然，狩獵採集社會的居民並不是唯一想知道禍事何以會發生的人。光是基督教，解釋這問題的作品便已汗牛充棟。不過，狩獵採集社會卻比現代神學家有更好的答案，最起碼不用被一個兩難式弄得左支右拙。亞伯拉罕系三大宗教的神學家從最開始就被一個僵硬的前提綁手綁腳：宇宙是由一個全知、全能、全善的上帝所管轄。因此，有能力立即治癒癌症的上帝，怎麼會讓無辜者受苦受難，就成了一個難解之謎。《聖經》中的約伯（Job）便是一例：他盡心竭力事奉上帝，到頭來卻碰到大災難。跟大多數無辜受害者不同的是，他被容許親自質問上帝理由何在，但他最終只能接受這個回答：上帝的深意是人無法測度的。無數神學家都長篇累牘地跟同一個問題角力過，但最後也只能同意上述的答案。

在狩獵採集社會的宇宙觀裡，惡的問題（problem of evil）[9]卻完全不是問題，因為他們的超自然世界裡沒有一個全能神，更沒有一個絕對良善的神。相反，他們的超自然世界裡住滿各色各樣的神，而這些神的個性跟人類出奇相似：他們並不總是好心情，而他們心情變壞的理由則千奇百怪。

例如，東南亞的塞芒人（Semang）相信，如果人們在刮暴風時梳頭或觀看狗隻交配，雷神卡雷（Karei）便會勃然大怒。安達曼島民則相信，人們要是融化蜂蠟或是在蟬鳴時大聲吵鬧，會惹得暴風之神畢力庫（Biliku）老大不高興。一世紀前研究過安達曼島民的人類學家芮德克利夫—布朗指出，這些島民雖然認定融化蜂蠟會得罪畢力庫，卻又照做不誤，心想暴風之神也許不會察覺得到。芮德克利夫—布朗對此感到大惑不解，不明白安達曼島民為何會表現出這種「誡律和行為不一的落差」。但「誡律」大概不是正確用字，因為安達曼群島的神祇本來就不是什麼有德的神祇，而他們訂下的禁令也不包含任何道德正當性。芮德克利夫—布朗來自一個把「神」（god）等同於「善」（good）的文化，但這個等式絕非舉世皆然，在狩獵採集社會更幾乎聞所未聞。

一些例子可說明狩獵採集社會的神祇有多麼傷風敗俗。克拉馬斯人的日神坎木堪齊因為嫉妒英俊的繼子埃希什（Aíshish），所以花了許多時間與精力去偷他的衣服穿在身上（這解釋了太陽為什麼常常會被蓬鬆的小雲朵圍繞：小雲朵是埃希什的串珠式衣服）。這還不算，坎木堪齊還老是設法勾引埃希什的妻妾。但這種行徑跟非洲康桑人的最高神加奧那（Gaona）相比，只是小巫見大巫：加奧那不但強暴兒媳婦，還吃掉兩個妹婿。

9 譯注 「惡的問題」是基督教神學的專門術語，指「既然上帝全能、全知又全善，何以世界會充滿災難、罪惡和悲哀」的問題。

當惡人沒惡報

所以，狩獵採集社會的神靈決不是什麼道德的模範生，而這點也有助於解釋人類學家感到好奇的一個現象：這些神靈一般都不受人們崇敬。事實上，狩獵採集社會的居民對待神祇的態度常常就像對待旁人那樣，時好時壞。日本的原住民愛努人（Ainu）會用小米酒討好神祇，但如果神祇沒有回報，他們就會威脅神祇，除非情形有所改善，否則不再獻祭。康桑巫醫會一面跳治病舞，一面責罵那個被認為是致病禍首的神祇瓜瓦（Gauwa）：「沒遮掩的陽具！你是壞東西。」又如果瓜瓦給出無用的藥方，巫醫就會大吼：「白癡，你下錯藥啦！你讓我丟臉。滾開！」這方法粗魯卻有效，因為瓜瓦被這樣一罵，有時會回過頭帶來有效的藥方。

即便狩獵採集社會居民會舉行敬神儀式，他們的態度也是出於害怕而非尊敬，而儀式也是非正式的。當塞芒人碰到猛烈的雷暴雨，知道是有人犯了觀看狗隻交配之類的大忌時，會趕忙補救：在脛骨上砍出傷口，把流出的血跟水混合，再潑向神祇所在的方向，大喊：「停止！停止！」

不過，有些狩獵採集社會的宗教儀式還是頗為莊嚴，可讓人聯想到這已演化成現代人的宗教禮拜。二十世紀初，探險家拉思穆森（Knud Rasmussen）曾到一些因努伊特人（Inuit，今稱為愛斯基摩人）的聚落。他記載，有一次，當村民聚在一起，要卜問大海女神塔康娜帕卡沙魯克（Takanakapsaluk）的旨意時，氣氛顯得相當凝重。當時，海豹等海中獵物變得相當稀少，而努伊特人一向相信，會發生這類事情是因為有人違反大海女神的某些禁令，惹得她極不舒服，所以收回恩澤（女神會不舒服是可理解的：相傳違反禁令的行為會「形成」一些污泥，飄到海底，弄髒女神的頭髮並裹結在她頭上，讓她透不過氣）。為此，村民便齊集在一個黑暗的室內，閉上眼睛，等待坐在布幕後面的巫師「潛到」大海下，請問女神是怎麼一回事。巫師得知女神不快的原因之後，便回到「陸上」，質問是誰幹了這種骯髒的勾當。跟著會有人出面認罪。找出了禍首，漁獲量想必會獲得改善，因此在場所有人的表情登時輕鬆了起來。

在這個例子裡，「誡律」一詞也許就派得上用場了。聚會的凝重氣氛，還有認罪者痛哭流涕又羞愧的表情，皆反映出人們相信違反大海女神的禁令是不對的。即便如此，這些「誡律」仍不是現代意義下的「道德誡律」，因為它們並未禁止人們去傷害別人：女神的「誡律」不是要阻遏暴力、偷竊、欺騙等等，而是要阻止人們破壞禁忌（在拉思穆森所報告那個個案中，禍首是個女人：她流產後忘了丟掉一些貼身用品。）無疑，違反這類禁令是**被認為會**帶給別人傷害，但那只是因為違反者在得罪神祇的同時會連帶讓神祇的怒氣發在周遭人身上。所以，如果不是人們相信神祇會生氣，違反禁令就不會帶給別人傷害，所以這並非現代意義下的「不道德」。換言之，在狩獵採集社會，神祇基本上不是用來協助解決道德問題的。

十九世紀，當歐洲學者開始認真研究「原始」宗教之時，他們注意到這種宗教缺乏清晰的道德面向，即不會對偷竊、欺騙和通姦之類的行為有所規範。泰勒在一八七四年指出，「野蠻」社會的宗教「幾乎完全缺乏倫理的成分，不像受過良好教育的現代人那樣，認為倫理成分正是宗教實踐方面的重點。」

但泰勒並不是說野蠻人不講道德。相反，他強調野蠻人一般都有一定的道德準繩，且這些準繩「定義明確且值得稱讚」。問題是，這些道德準繩是以「傳統和大眾意見為依歸」，不是以宗教為基礎。一九六二年，民族學家馬歇爾（Lorna Marshall）在觀察過康桑人和他們大神加奧那的關係之後，這樣指出：「一個人對他人作惡不是由加奧那懲罰，也不被認為關他的事。人們會根據社會認可的標準自己報仇。加奧那會懲罰人是出於自己的原因，而這些理由有時非常晦澀難明。」

這倒不是說狩獵採集社會從不利用宗教去嚇阻製造困擾和搞破壞的行為。例如，有些澳洲原住民就相信，神靈會被舉止輕浮或話太多的人所惹惱。當達爾文乘坐《小獵犬號》去南美洲的火地島之時，當地的狩獵採集社會居民告訴他，有個在森林和高山梭巡的巨人知道人們所做的每件事，並且會用惡劣的天氣去懲罰那些做惡事（如殺人）的人。《小獵犬號》的船長費茨羅伊（Robert FitzRoy）回憶，當地人說過，在巨人懲罰惡人的時候：「雨會下來……雪會下來……冰會下下來……風會刮起……刮得很大……大得足以要人命。」[10]

但狩獵採集社會更典型的態度[11]，是一位人類學家就克拉馬斯人所觀察到的態度：「人與靈的關係是沒有道德意涵的。」所以，如果說道德是今日宗教的主要關懷，起初並不是這樣。大部分狩獵採集社會的宗教都缺乏會讓人行善去惡的終極誘因，沒有好人會上天堂而壞人會下地獄的觀念。他們也沒有任何類似印度教或佛教的「業報」觀念，不認為今生的道德成績會決定來生的命運。所有狩獵採集社會固然都有來世觀念，但那既不是用來當大棒子，也不是用來當胡蘿蔔。[12]許多狩獵採集社會都相信，所有人死後靈魂都會匯聚於一個永恆住處。有時，這個「永恆住處」是有「分區」的，你死後會住到哪個「分區」，往往更取決於你是怎麼個死法而不是你生前做過什麼事。許多安達曼島民都相信，如果一個人是溺水而死，死後便是住在水底世界，當個水精，否則就會當個在森林裡流浪的精靈。海達人相信，溺斃的人會變成殺人鯨。

狩獵採集社會的宗教一般會缺乏道德制裁，理由並不難了解。就像一萬二千年前的每個人一樣，狩獵採集社會的居民是生活在一個高度緊密、近乎透明的群體裡。一條村子通常只住著三十、四十到五十人，所以一個人幹了什麼壞事都休想隱瞞。如果你偷別人一根挖土竿，試問你要把它藏到哪裡？如果你根本不可能把它拿出來用，那又何必偷它？再說，它值得你冒這個險嗎？被逮到的話，你將會引起物主和他家人好友的憤怒，而且此後每個人都不信任你。光是你一輩子都得跟這些人住在一起的事實，便足以讓你循規蹈矩。如果你想要別人在你需要時幫忙，那明智的做法就是在別人有需要時幫他們的忙。狩獵採集社會的居民並不是忠誠正直的模範生，但不忠誠正直的代價太高了，也太容易被發現，以致沒有多少人敢嘗試。這時候，社會秩序用不著靠宗教的恫嚇力量來維持。

事實上，我們人類的腦子就是天擇過程針對狩獵採集村落的環境而「設計」。演化心理學家告訴我們，人類天性包含著兩個會讓我們對別人親善的機制：一是「親屬選擇」（kin selection），它讓我們願意為近親犧牲自我；另一個機制是「互惠利他主義」（reciprocal altruism），它會讓我們體貼朋友（朋友是非親族中與我們最有持久合作關係的人）。如果你是生活在一個狩獵採集村落，那你會遇到的大部分人非親即友，所以你自然會對他們友善。對，你是也許會遇到競爭者，但如果你們的關係演變成為死對頭，那其中一人便得離開，搬到附近另一個村子。在一個狩獵採集社會的村子裡，你絕不可能遇到的一種人便是陌生人。所以你根本沒有機會碰到扒手，你也不可能向人借錢之後，搭上巴士，遠走他方。

10 火地島的印第安人有一段時間住在基督教傳教士的活動範圍內，這也許可以解釋他們何以會相信一個全知和重視道德的神祇（這種信仰在狩獵採集社會中間極罕見）。

11 在一九六〇年代，學者斯旺森（Guy Swanson）從一個較大的資料庫隨機挑選出五十個社會，對它們的宗教進行深入研究。這五十個社會中有十個是狩獵採集社會，而這十個社會中，只有一個相信人死後的去向會受生前是否幫助過人或傷害過人所影響。另外，在這十個社會中，只有三個相信神祇會對傷害人的行為施加懲罰（如使犯者生病）。讓這兩個數據更顯偏低的是，這十個狩獵採集社會都跟一些強調宗教與道德關係的其他類型社會有所接觸。

12 譯注「大棒子」指懲罰工具，「胡蘿蔔」指獎勵工具。美國總統老羅斯福嘗言他的外交政策是靠大棒子和胡蘿蔔來推行。

人類學家瑟維斯（Elman Service）於一九六六年指出，在狩獵採集社會，「愛」、「慷慨」或「忠誠」這些價值觀不是靠「宗教報應的恐嚇來傳揚或維持」，原因只有一個：用不著。現代社會之所以要強調上述價值觀，是因為現代人「住在較大的社會裡，不是生活在親朋好友周遭。原始人不需要擔心這個，因為更大的社會不在他們的想像能力之內，而他們也沒有更大的社會需要融入。原始人的道德關懷是不擴及陌生人的：陌生人只是敵人，或甚至算不上是人。」

最後一句話也許聽來誇張，也跟許多書本和電影對原住民的美好描繪相左。然而，道德關懷的半徑狹窄確實是狩獵採集社會的一大特徵。許多現代宗教標榜的博愛（哪怕常常做不到），並不是狩獵採集社會的典型理想。

本書的部分任務，正是考察道德半徑是如何又為何會擴大，考察宗教如何把愈來愈多的人群界定為道德關懷應該關懷的對象。有了這種了解，我們就能站在一個更有利的位置，去思考各宗教（尤其是亞伯拉罕系三大宗教）要如何才能和平共處。

何謂宗教

我們是可以不把狩獵採集社會的宗教當一回事，並像盧伯克那樣，認定它們和我們所謂的宗教少有共通處。十九世紀有不少歐洲人就是持這種看法。他們質疑：如果這些信仰是宗教，那它們怎麼會沒有道德面向？怎麼會沒有強調「兄弟之愛」？怎麼會不尊敬神祇（害怕神祇不等於尊敬神祇）？怎麼會沒有莊嚴肅穆的儀式？怎麼會不追求內心的平靜？怎麼會相信自然界各領域是一大堆雜七雜八的山精水妖所管轄？

儘管如此，狩獵採集社會的宗教仍然至少有兩個特徵是可以在世界各大宗教裡找到：一是它們設法解釋禍事為何會發生，二是它們提供了一種趨吉避凶的方法。基督徒為病危的兒童所作的禱告固然比康桑巫醫臭罵神靈的做法細膩許多，但在某個層次上，兩者的邏輯是一樣的，即相信吉凶都是由超自然實體所支配，而且相信超自然實體可受人類影響。有些基督徒固然一本現代主義的精神，不願祈求上帝賞賜財富長壽，但他們仍會希望可以在死後到上帝那裡。就連不相信有任何神祇存在的佛教徒（大部分佛教徒皆如此），仍然相信打坐或其他精神修煉可以讓他們擺脫痛苦煩惱的糾纏。

說所有宗教的基本目的都是「利己」，這話或許頗有低視人性的味道。事實上，以低視人性出名的孟肯（H.L.Mencken）便簡潔有力地指出：「宗教的唯一功能，就是讓人搆得著那些看似可以控制他們命運的力量，而宗教的唯一目的就是誘使那些力量對人友善……除此以外，宗教的其他部分都是非本質的。」不過，不那麼低視人性的人一樣可能會把「利己」看成宗教的核心，哪怕用語要崇高許多。大約一個世紀前，心理學家威廉·詹姆斯（William James）在著作《宗教經驗之種種》（*The Varities of Religious Experience*）中指出：宗教信仰意謂相信這宇宙「有一看不見的秩序，相信我們的最高福祉取決於我們是否能把自己調整得跟這秩序和諧一致。」

雖然孟肯和威廉·詹姆斯兩人說法相似，卻有一重要分別。在孟肯看來，宗教這遊戲的目的是改變超自然實體的行為。威廉·詹姆斯不否認這一點，但把更大責任放在我們自己肩上：我們必須「調整自己」，務求跟那「看不見的秩序」達到「和諧一致」。威廉·詹姆斯指出的是一個很現代性格的宗教假設：宇宙的無形秩序本質上是善的，而如果這秩序的目標與我們的目標有所扞格，那問題是出在我們自己。

當然，宗教總有這方面或那方面是「利己」的。因為若是某種宗教教義無法「利己」，便打動不了聽眾的心，無法存活。但「利己」可以用許多不同形式表現出來，因是之故，它也可以和很多其他「利他」利益連成一體。這些「利他」利益包括：家人的利益、社會的利益、世界的利益、道德真理和精神真理的利益。宗教幾乎總是在「利己」和某些「利他」利益之間構成連結，不過，它會把「利己」連結於哪種「利他」（以及怎麼個連結法），則會與時俱變。現在回顧起來，這種連結關係的轉變是有一定模式的。總的來說，宗教都是愈來愈向著道德真理和精神真理趨近，也因此變得愈來愈跟科學真理有相容性。宗教不止一直在演化，還一直在邁向成熟。本書所預設的前提便是，宗教的故事（這故事可上溯至石器時代）多少是一則從孟肯邁向威廉·詹姆斯的故事。

但宗教還必須更加成熟，因為非如此，世界就無法健康地運轉下去，而宗教也無法得到慎思明辨的人所尊敬。不過，在談宗教要如何才能更趨成熟之前，且讓我們先來看看，它是怎樣成熟為今日的模樣，即宗教是怎樣從它在一萬二千年前的形態（狩獵採集社會的宗教形態）演變為一神教，從而又誕生出猶太教、基督教和伊斯蘭教。這之後，我們才會有更好的立足點，去思考宗教的未來演化，去討論宗教有多真，或可以有多真的問題。

02 薩滿師 The Shaman

在今日，有千萬人的財富是由一股巨大而神祕的力量所左右，這力量的名字叫股票市場。有些人自稱了解這力量的運作，被稱為股票分析師。他們對股市漲跌的預測常常錯誤，其中許多人更是大多數時候都錯。事實上，他們的建議是不是值得一聽非常啟人疑竇。有些聲譽卓著的經濟學家甚至主張，與其聽從股票分析師的指引，倒不如盲目選股：雖然兩者都是盲人騎瞎馬，但後一種方式至少可以讓你省掉佣金。

儘管如此，股票分析仍然是大大有利可圖的行業，即便對一些明顯不稱職的執業者仍然是如此。為什麼會這樣？因為每當人們碰到一種神祕莫測的力量，都會願意相信這力量是有理路的，是有辦法理解的。所以，如果你能夠說服他們相信你掌握了箇中三昧，便可以大發利市。

這個事實深深影響著宗教的演化，而且看來打從宗教出現沒多久便開始發揮作用。自從人們相信有超自然向度存在開始，便出現對這方面專家的需求，而從那些被人類學家觀察過的狩獵採集社會看來，這種需求的供給一直不虞匱乏。雖然狩獵採集社會大多沒有現代意義的「結構」可言（如沒有輪廓分明的政治領導階層，沒有多少經濟上的勞動分工等），它們卻總有宗教專家。技術稍微先進的社會也是如此（這些社會還沒有完全發展出農業，但會以園藝和放牧輔助狩獵和採集的經濟活動）。

最常用來稱呼這些宗教專家的名稱是「薩滿師」（shaman）。[1] 此詞源自通古斯語（Tungus，通古斯人是西伯利亞的遊牧民），意謂「懂的人」。然而，這個通稱會遮蔽某些分歧性，因為各地薩滿師的特徵不盡相同，例如，歐亞大陸和北美最北的薩滿師常常會用各種方法，導引自己進入出神恍惚狀態，讓神靈附到他們身上，親自指點迷津；其他地區（如南北美洲很多地區）的薩滿師則比較少用神靈附體的方式，更多是透過異象或夢境跟神靈溝通，再把得到的信息「意譯」出來。

另外，不同地區薩滿師自稱擁有的力量亦大異其趣。有些北美洲東部的薩滿師會拿起一顆種籽，用拇指和食指把它捏碎，再把粉末扔出去，聲稱此舉可以殺死一個住在幾十英里外的人。澳洲的薩滿師更喜歡用的致命武器是骨頭：念咒後再用骨頭一指，被咒詛的人便會一命嗚呼。[2] 有些愛斯基摩的薩滿師能到月亮去，還有的能把自己變成一頭熊。有些亞馬遜薩滿師可以在某種藥物的幫助下變成美洲獅，而據一位人類學家描述，他們躺在躺椅上，「發出咆哮和氣喘呼呼的聲音，把手指彎成爪子狀，在空氣中抓來抓去」，讓旁觀的人「深信他們出竅的靈魂已經變成了嗜血的猛獸。」在安達曼群島，薩滿師在對抗流行病時會揮舞一根燃燒的木頭，命令惡靈滾蛋。在阿拉斯加南部的特林吉特人（Tlingit），薩滿師為人治病時會穿上特殊圍裙與面具，圍著病人跑，向一系列的精靈唱歌（每對一個精靈唱歌便換一次面具），且不時會累得癱倒在地。在非洲的康桑人中間，治病師會透過不斷跳舞（有時可連跳十小時）讓自己進入出神恍惚狀態，這時他可以跟神祇或亡靈溝通，以及把治病能量以水蒸氣的方式發揮出來。

但不同地區的薩滿師都有一個共通處，那就是他們可以跟主宰人類命運的隱密世界接觸溝通。另外，他們主要是把法力運用於控制一些重要卻反覆無常的事情：疾病、天氣、掠食者和獵物。十八世紀一位耶穌會教士告訴我們，南美洲阿比龐人（Abipon）的薩滿師自稱擁有以下這些異能：「製造疾病與死亡，醫治所有患病，預知遙遠和未來的事件；求雨、求冰雹、求暴風；招魂並向鬼魂求問一些隱密的事；變身為老虎；駕馭各種蛇類而自己毫髮無傷，等等。」對薩滿教研究深具開創性的學者伊利亞德（Mircea Eliade）指出：「薩滿師對抗的是我們所謂的『邪惡力量』……當社群中有人可以從隱蔽和無形的超自然世界捎來直接而可靠的資訊，其他人自是會大感安心。」

薩滿師是組織性宗教出現的關鍵性前導。他（或她）也是最早期宗教（一種由未定型信仰與未定型神靈所構成的大雜燴）和將要來臨的宗教（這種宗教有明確的信仰和儀式體系，由一個權威機構主其事）的中途站。我們大可以說，薩滿師乃是大主教或阿亞圖拉（ayatollah）[3]的前身。

這種說法不會讓所有人都覺得舒服。今日，薩滿教（有時會被稱為「新薩滿教」）乃是「新時代運動」的一大主流，而它的部分吸引力正來自它看起來跟現代宗教相當不同。根據這種觀點，薩滿教可以把人帶回前工業化時代，那時，人與自然的溝通還未出現障礙，教會制度仍未科層化，不會有教牧人員以擁有正式跟上帝溝通的職分來阻礙人直接親近上帝。根據這種觀點，宗教的薩滿教階段有點類似還沒被亞當和夏娃搞砸以前的那個伊甸園。

無可否認，薩滿教的歷史裡確實出現過一些有吸引力的觀念。有些嚴肅的學者把石器時代的薩滿教視為密契主義（mysticism）[4]的源頭，而現代形式的密契主義曾帶給過許多人心靈平靜。另

1 對於「薩滿師」一詞可否用於這麼大的範圍，在人類學家之間大有爭論餘地。一些純粹派主張，應只限定於歐亞大陸北部的原住民文化。另一些人則認為，歐亞大陸的本土宗教文化與美洲的宗教文化確有夠大的連續性，足以讓「薩滿師」的適用範圍跨過白令海峽。還有一些學者願意把「薩滿師」的適用範圍延伸得更遠，只是有個但書：唯有力量來自直接靈啟（如看見異象或被魂靈附身等）的人，才可稱為真正的薩滿師。還有學者這樣說：「聽著，幾乎所有前農業社會，都有些人被認為可以接通現代人所謂的超自然界。我們需要一個名稱來稱呼這些人。為方便起見，我們為何不能通稱之為『薩滿師』呢？」本書採取最後這個立場：不管是「藥師」（medicine men）、「巫醫」還是「巫師」，我都一律稱之為「薩滿師」。（要指出的是，書中提到的絕大部分薩滿師事例皆是往事，仍見於今日者鳳毛麟角。）

2 在些澳洲原住民族群（如阿溫塔人〔Arunta〕）相信這種力量不限於薩滿師才擁有。

3 譯注：對伊斯蘭教什葉派領袖的稱呼。

外，伊利亞德也曾指出，愛斯基摩人的薩滿教和佛教的密契主義具有一個共同目標：「擺脫肉身的虛妄」。他又說，一般而言，薩滿教都是致力於「超越於個體和凡俗的狀態」，務求恢復「精神存在（spiritual existence）的最終源頭，這個源頭同時是『真理』與『生命』」。

這些都是好觀念。只可惜，薩滿師仍然跟現代社會的宗教領袖有一個共通處：兩者都是人。正因為如此，在宗教演化的薩滿教階段，我們除了可看到宗教的光明面，還可看到那些此後一直糾纏著宗教的種種瑕疵。這不奇怪：宗教既然是來自人類的大腦，就注定會帶有人類物種的印記，姑勿論這些印記是好是壞。

如何成為薩滿師

薩滿師會出現，即宗教領袖會出現，實屬自然不過。原始宗教一開始是要解釋何以某些好事和禍事會發生，預言它們的發生，並盡可能加以干預，提高好事對禍事的比例。但只要某個領域（不管是超自然界還是股市）有待人去解釋、預測和干涉，就必然會有人起而競爭詮釋權，也必然會有人從競爭中脫穎而出。他們會變成自己領域的領導者。我們大有理由相信，薩滿教就是透過這類競爭得以出現和維持下來。

從許多已知的狩獵採集社會判斷，這類競爭是非正式且持續進行的，而且每個人擁有的異能只是程度上的差異。康桑人便是個例子。在他們那些持續一整夜的治療舞蹈中，任何男人或女人都可能進入出神恍惚狀態，召來稱為「魯姆」（num）的靈界治療能量。然而，只有少數人可以成為「魯姆大師」，至於有本領看見大神加奧那（Gaona）的更是鳳毛麟角。[5] 而在克拉馬斯人中間，誠如人類學家所指出：「某些薩滿師的能力被認為比其他薩滿師強大許多，但任何獲得異能的人都可以在某種程度上像薩滿師那樣使用它們。」人類學家羅維（Robert Lowie）研究過北美大草原的克勞人（Crow）之後指出，任何克勞人原則上都有資格成為薩滿師，但他們得先從事「靈境追尋」（vision quest），待見過異象後始能證明他們獲得某個魂靈的加持。

如羅維指出的，在克勞人這類社會，一位薩滿師候選人的聲望高低是取決於「他在實際上的有效程度」。如果某個新手的治病符咒可以成功醫治疾病，或求雨儀式可以帶來降雨，他的聲望就會隨之增加，所以克勞人獲得異象後，「若在戰爭中幫助己方獲得勝利，就會被視為是某個力量強大的靈體的跟前紅人」。反之，如果某個新手在太陽舞（sun dance）裡引入的新元素，但「主要舞者的妻子隨後死亡」，這名新手就會被說成是得到了「假靈啟」。

狩獵採集社會的薩滿師職位競逐遊戲，很少會像克勞人那麼平等。在某些社會，出身著名薩滿師家庭對角逐薩滿師資格會大有助力，另外，出生時的情況往往也很重要：一個人如剛好出生在暴風天或身上帶有奇怪胎記，也會被認為是個徵兆。在西伯利亞部分地區，娘娘腔的男孩子是薩滿師的有力人選，而如果他們真的當上薩滿師，有些人會改穿女裝並嫁給男人。還有社會把特異遭遇看成是當薩滿師的必要條件：如做過有預知性的怪夢，或是被雷劈中或被蛇咬到而不死。

但不管在哪個地方，一個人一旦當上薩滿師，便得持續不斷展現自己具有超能力，才能確保聲望不墜。他們是怎樣做到的呢？（這個問題當然是從現代人的觀點發問。）

在某些方面，要做到這個一點都不難。例如，在澳洲中部的阿蘭達人（Aranda）中間，薩滿師的任務之一是確保日蝕為時短暫：這當然是優差一件。又由於大部分疾病都像日蝕一樣，只持

4 譯注 廣義來說，「密契主義」是一種主張天人或神人可以合一的信仰。

5 有學者估計，康桑人有半數男性和三分之一成年婦女都能進入出神恍惚狀態，至於他們是否都能用這種狀態治病則不太清楚。

續一段短時間便會自行消失，所以薩滿師治病成功的比率通常不會太低。在馬來亞半島的塞芒人之間，以下的步驟被認為可有效把生病女人身上的惡靈給趕走：把兩棵幼樹連根拔起，從根洞裡挖出土，塗在女人身上，向她吐口水，再用力把兩棵樹扔到叢林裡。

在某些社會，薩滿師有權選擇不承攬最棘手的任務，他們的成功率便特別高。另外，有些哲學性的「巧門」也帶給了薩滿師更大的職業保障。例如，在圭亞那（Guiana）的印第安人之間，如果一個人病死，人們不會歸咎薩滿師無能，而會認是此人命裡該絕。在澳洲和許多其他地區，薩滿師若是任務失敗，可以歸咎是另有敵對的薩滿師在施法作梗。在特林吉特人中間，薩滿師若是治不好病人，大可冤枉某個人是巫師，然後說成是他在搞鬼：被指控的人會在酷刑下招認或是直接被殺掉。

不過，雖然有上述的種種職業保障，薩滿師的聲譽並非屹立不搖。據曼恩（Edward Horace Man）在十九世紀對安達曼群島的觀察，一個薩滿師若是喪子，別人會把此事視為「他力量衰竭的徵兆」，這時，該薩滿師必須設法「證明自己還是很厲害」，否則公眾對他的信任就會日漸減少。

說來奇怪，這類現象照樣有助於宗教信仰的維繫。理由是，正因為人們相信個別薩滿師的異能有時會盛極而衰，便不會質疑薩滿異能這個觀念本身。同樣情形也見於現代的股票市場：當某個著名股票分析師的預測突然錯誤連連，人們只會認為他的「敏銳度」已經鈍掉，不會懷疑他先前的好成績只是巧合，這時，大家唯一會做的是轉投其他股票分析師懷抱。現代的「世俗」社會就像「原始」的宗教性社會一樣，對專家的信任乃是透過適時丟棄專家來維持。在奧吉布瓦人（Ojibwa）中間，一個宗教領袖一旦不能顯示自己與超自然界保持「可證明的友善關係」，便會被替換掉。誠如一個學者所說：「他們的領袖是可以用完即丟的。」

薩滿師的獎賞

不過，薩滿師只要能維持得住自己的威信，好處便會隨之而來。薩滿師善於把自己的法力轉換為物質利益，不管這法力是善是惡。曼恩告訴我們，在安達曼群島，人們「相信薩滿師有能力給那些不相信他們的人製造禍事、疾病和死亡。一般來說，薩滿師總是能夠撈到一切好處，這是因為他們不會羞於開口索取他們想要的東西，而人們也認為拒絕他們的要求是愚不可及。」

有些地方的薩滿師就像現代社會的醫生一樣，是逐次收費的。密克羅尼西亞（Micronesia）薩滿師治療一個病人後會收受薯蘋，東部愛斯基摩人則收受雪橇和挽具，蘇門答臘明打威人（Mentawai）收受豆子和椰子，奧吉布瓦人收受菸草，內華達中部的瓦肖人（Washo）收受鹿皮，海達人收受奴隸。有些愛斯基摩薩滿師得到的報酬還更誇張：一個性伴侶。滿意的客戶會讓自己太太或女兒跟薩滿師上床。

在加州的農拉基人（Nomlaki）中間，如果一個薩滿師說：「這些豆子很粗糙」，就表示客戶得送來更多豆子來，他的治病異能才能發揮出來。有些地方的薩滿師則省去講價的麻煩手續，藉神祇之口來明定價碼。有位人類學家如此記錄了努特卡人（Nootka）的薩滿師是如何照料重病病人：

> 他搖了幾下手鈴，然後開始用深沉的喉音哼一首靈歌。他的聲音要過了好一陣子才清爽起來。接著，他哼歌哼得愈來愈大聲，手鈴也搖得愈來愈響亮刺耳。他透過這些方法召喚他的精靈來幫助他。接下來，病人的近親會站起來，表明打算支付哪些酬勞：毯子、毛皮、獨木舟……人們相信，決定要不要接受這些酬勞的不是薩滿師本人。他的精靈會自己掂估……

如果精靈覺得不夠，便會從薩滿師身上離開，讓他失去治病能力。薩滿師的哼歌聲會轉弱，再度變得低沉。這時，病人的親人必須提高價碼。當精靈覺得滿意，便會重新附在薩滿師身上，而薩滿師的歌聲也會如泉湧出。

與現代行醫者形成耳目一新的對比，有些薩滿師會對自己的服務作出滿意保證。例如，在加拿大西部的吉茲坎人（Gitskan），要是病人不治，薩滿師會退還先前所收的毯子。同樣事情若發生在沙斯塔人（Shasta，他們住在吉茲坎人南面），薩滿師則是退還半數酬勞。

克勞人甚至發展出一個連智慧財產權都受保護的靈力治療市場（這點大概跟他們與白人文化有廣泛接觸有關）。在這個市場裡，那些有志當薩滿師而又在「靈境追尋」中無甚斬獲的人，可以向較成功者購買某些儀式和配件（如歌曲和服裝款式）的使用權。據記載，有個克勞人曾向自己媽媽購買作法時使用的臉孔彩妝圖案的「版權」。

即使是不收受酬勞或禮物的薩滿師，一樣可以從工作中得到好處。火地島的奧納人（Ona）極少需要向薩滿師付酬，但一位人類學家指出，他們都小心翼翼，避免做任何會「惹薩滿師不高興或生氣的事情」。另外，前農業社會就跟現代社會一樣，「崇高的社會地位」雖然無形，卻可以帶給人有形的利益。例如，奧吉布瓦人的薩滿師只收受「微薄的酬勞」，而他們主要是「為了獲得特權而工作。宗教領袖的一項特權是可享齊人之福……男性領導人可以娶不止一個太太。」霍貝爾（E. Adamson Hoebel）在其經典名著《原始人的法律》（*The Law of Primitive Man*）中告訴我們，在某些愛斯基摩人中間，「一個聲譽卓著的薩滿師大可指控群體中哪個成員對動物或神靈不敬，命令犯者必須贖罪……而最常見的贖罪方法是讓那個被指犯錯的女人與他交媾（理由是他的超自然力量可以洗淨她的罪衍）。」

所以我們看到了一種通則：在世界各地的前農業社會，那些能夠讓別人相信他能夠通靈的人，都可藉由某種方式獲得好處。有鑑於此，各位難免會好奇，這些薩滿師會不會有時是靠耍詐得享大名？會不會，一般的薩滿師都是些騙子，都是些（如某位人類學家所形容的）「虔誠的騙子」（pious fraud）？[6]

這種事當然不乏例子。人類學家發現，許多薩滿師在代魂靈說話時其實都是是使用了腹語術（這種伎倆有時是他們當學徒時從前輩那裡學來）。愛斯基摩薩滿師在碰過一個作法用的魚叉之後會滿身是血，而觀眾有所不知的是，他們衣服下面放了個裝滿血的動物膀胱。最常見的一項薩滿騙術是從病人身上「吸出」一樣有害異物：這種魔術師手法從塔斯曼尼亞（Tasmania）到北美洲的民族誌地圖上屢見不鮮。

有人類學家指出，奧吉布瓦人的薩滿師擅長表演胡迪尼式的逃脫把戲，而且又喜歡觀摩同行的演出，動機有二：「學習對方的伎倆，以及拆穿對手的假把戲。」一個給拆穿的薩滿師會遭人嘲笑，甚至放逐，但人們對薩滿師的普遍信心並不會因此動搖，這就像是我們社會裡某個靈力治療師信用破產並不會危及其他靈力治療師的信譽。談到現代的靈力治療師，不妨順道一提：他們就像夸求圖人（Kwakiutl）的薩滿師那樣，喜歡派「探子」混入求醫的病人中間，打聽他們得了什麼病，再偷偷回報，如此一來，治療師的斷症能力當然會讓人大為動容。

換言之，我們大有理由懷疑薩滿師的可信度。然而，看穿薩滿師作假的同一批人類學家又通常對他們評價寬厚。例如曼恩便認為，安達曼群島的薩滿師「真的是相信自己擁有超凡智慧」，而拉思穆森也認為，努伊特人的薩滿師「相信他們的各種把戲可以讓他們與靈界發生接觸。」

6 也有些例外的情況。西伯利亞的薩滿師通常社會地位不高。但這似乎是罕例。

改變意識狀態

薩滿師顯然有理由相信自己真是接觸到靈界。其中一個理由是他們嗑了藥，這在南北美洲的原住民之間特別普遍。例如，在亞馬遜河西北部的圖卡諾安人（Tukanoan）中間，當一個薩滿師要叩請「動物之主」批准圖卡諾安人獵殺獵物時，會先服用一些致幻劑，加強自己的通靈能力。

另一種催化幻覺的方法是長時間不吃東西或不睡覺，而這類苦行有時會是薩滿入門儀式的一部分）。當一個克勞人進行「靈境追尋」時，會打赤膊獨處和禁食四晝夜（通常是在山頂上），而後通常會成功。在阿拉斯加南部的特林吉特人中間，發願當薩滿師的人會接連好幾星期只吃某種會催吐的樹皮，直至自己被「協助的靈」所「充滿」為止（在這之前他會先抓到一隻神賜的水獺，把牠的舌頭割下）。住在美洲另一端的雅甘人（Yahgan）若是想成為薩滿師，則得找個遺世獨立的地方隱居起來，並且「禁食、不斷唱歌，維持某種固定姿勢，少睡，以中空的鳥骨喝水」。

這種為向上提升而做的自我作踐有時還頗為血腥。克勞人想要成功追尋到靈境，往往需要自殘：砍下左手一節手指。在澳洲，想當薩滿師的人得在舌頭刺穿一個小指粗細的洞孔，此後還要確保洞孔不會閉合，否則便表示他的薩滿師恩賜業已消失。另一個選項是請一位老資格的薩滿師用刀在他舌頭上割出刀痕，用尖刺刺穿他的指甲，並以一塊魔術水晶在他身上連摩擦三天，吸出腿上、頭顱和腹部的血液。十九世紀的民族學家史賓瑟（Baldwin Spencer）告訴我們，這種程序會把那些薩滿師候選人搞得「近乎奄奄一息」。

特殊的性情氣質亦有利於一個人成為薩滿師。人類學家驚訝地發現，有些社會的薩滿師簡直就跟精神病患者沒兩樣：這些人有時會自稱聽見一些別人聽不見的神祕聲音。還有的薩滿師則顯得非常神經質，或至少帶有藝術家常見的敏感特質（包括常常不快樂）。可能正是因為這個緣故，楚奇克人才會把那些深感自己受到薩滿師志業「召喚」的人稱為是得到「倒楣的靈啟」。[7]

確實，在許多狩獵採集社會，薩滿師的生活並不如我們想像般好過，足以讓那些想混飯吃的人打消念頭。除了有上述提到的種種苦頭，立志當薩滿師的人還得經常禁慾。在南美洲的希瓦羅人（Jivaro），禁慾一年是成為執業薩滿師的必要條件。在特林吉特人中間，如果一個年輕人想成為最頂尖的薩滿師，有時會需要禁慾長達四年——更別提晚上得睡在他想取代的那個薩滿師的屍體旁邊。講到屍體，值得一提的是，在某些狩獵採集社會，把病人醫死的薩滿師是要償命的，這種風險想必會讓不是真有自信的人打退堂鼓。

所以，毫無疑問，全世界的薩滿師種類繁多，從最信仰真誠者到最為己謀的騙子一應俱全。同樣毫無疑問的是，許多發自真誠的薩滿師對自己所擁有的法力，有時也不免半信半疑。但這種現象何嘗不也見於其他宗教信仰。例如，有些很虔誠的牧師雖鼓勵信眾為病人禱告，心裡卻不免懷疑這種以「民意」去影響上帝的做法是對是錯。有些牧師所持的上帝觀則比他們教會主張的抽象許多。還有些牧師已完全失去信仰，在教徒面前只是裝裝樣子。他們會心口不一，動機也是形形色色：也許是為了鞏固信徒的信仰，也許是為了維護自身在教會的崇高地位，好享受由此而來的種種好處。誠如人類學家羅傑斯（Spencer Rogers）在《薩滿師》（*Shaman*）所說的：「在西方世界各宗教的歷史裡，真誠奉獻和自我圖利之間的界線常是模糊不清的。」既然人類的意識和潛意識動機之間的界線有時就很模糊，那這界線在宗教領袖的心靈裡自然也就不會更清楚。

7 雷丁（Paul Radin）指出，薩滿師經常符合「思想家—藝術家」的形象：這一類人「通常神經敏感，容易被各種身心狀態驚擾侵襲……這種強烈的內心擾攘驅策著他，幫助他達成目標。」

這些屬靈經驗是真的嗎？

不管怎樣，體驗過某種屬靈經驗的薩滿師依舊不少。即使在科技發達的現代社會，仍然有些人表示，他們在禁食、經歷創痛、獨處一段長時間或服用致幻藥劑後，曾看見異象、聽到神祕聲音或是跟終極實在有過難以言詮的接觸。有時候，這些經驗足以給人帶來脫胎換骨的後果。

現在且讓我們假定，很多自稱接觸過靈界的薩滿師說的都是真話。但這些經驗真是有效的嗎？這些早期宗教的專家真的跟某種「客觀存在」的事物發生過接觸嗎？有人會認為，從他們使用的方法即足以證明這些經驗為假：因為他們的奇幻經驗既是透過對大腦進行生理操縱而取得，那這些經驗當然只能是幻覺。

然而，讓人意外的是，現代生物科學卻逐漸開始支持真有超凡經驗這回事，哪怕只是在一定程度上支持。

我所說的現代生物科學特別是指演化心理學。這可能會讓人覺得訝異，因為演化心理學對人類天性基本是採取一種達爾文式的理解，所以在看來都是跟宗教打對台。例如，我曾借演化心理學的觀點指出，人天生具有追求名利的心理，而這可以解釋為什麼所有社會都會有人為了博取名聲而以宗教專家自居。另外，在本書的「附錄」裡，我也再一次藉助演化心理學，設法解釋宗教是如何起源自人類天性。在那裡，我指出，宗教是由內建於人類知覺系統和認知系統扭曲所導致：「天擇」並沒有把人類設計成只相信真的事情，所以有時候我們也會相信某些虛假的東西。

然而，這種觀點（即認為人腦「內建著」某些偏見）卻包含著另一層暗示：我們所謂的「正常意識狀態」在某個意義下其實是武斷的，因為這種意識狀態只是天擇過程為了讓我們可以繁衍基因而設計，也就是說，它只是為了讓生物體（我們的祖先）可以在某個特定星球的某個特定生態系統裡擴散基因而設計。

這種意識狀態當然不是完全負面的，因為你大可以說，它從「達爾文主義的角度來說」是有效率的，或說它「從基因的觀點」來說是寶貴的。但你卻無法放心地說，這種意識狀態「有利於我們洞察終極的實相」，或說它「有利於我們認知道德的真理」。就此而論，我們對腦子進行生理操控，說不定反而可以讓它更接近上述兩種方向。既然我們大腦裡的各種偏見和濾網從一開始便是生理性的，所以，用生理的方法把它們挪去大概並無不妥。

心理學家威廉．詹姆斯在他一九〇二年出版的《宗教經驗之種種》裡，考察了從坐禪到笑氣各種物事對意識狀態會產生的影響，並由此得出一個結論：「我們正常的清醒意識」不過是「一種特殊種類的意識，其四周（以一些極薄的簾幕分隔開）潛藏著完全不同形式的意識。」詹姆斯在此書中所持的是一種恰當的開明立場（即相信其他意識狀態說不定在某些意義下比尋常的意識狀態更能忠實反映實在），而這種立場後來也獲得了演化心理學的支持。

但這並不表示，克勞人真的曾被雷神附身，或康桑人的「魯姆大師」在出神恍惚狀態中真的見著了神靈的面容。然而，他們見到的東西本就不止限於這一類。一位「魯姆大師」這樣描述他的體驗：「你的眼球會變得更清晰，而你看人也會看得更清晰。」另一位則說：「它會讓你的思想變得不在你的頭腦裡。」同樣的說法一樣可以是出自佛教密契主義者之口。這兩者就一個不古怪的形而上面向而言並不相悖：真是有純粹諦觀這回事的，而我們平常之所以經驗不到，是因為我們那演化而成的心靈機器，在日常的運作模式下會導向特定方向，造成以偏概全。

所以，不管「魯姆大師」的體驗是藉由什麼方法誘導而出，我們都不能否定這些體驗有可能部分是真實的。你當然可以認為康桑人的靈視是許多小時跳舞的結果，是音樂節奏不斷衝擊他們腦子所導致：據人類學家康納（Melvin Konner）統計，在徹夜的跳舞中，康桑人所受到的節奏衝擊可高達六萬次。儘管如此，我們仍無法單憑這點而否定他們的確經驗到某種客觀的真實，經驗到（如康納自己跟康桑人一起跳舞時所經驗到的）「與世界合一」的『汪洋』感受」。跟這種「與世界合一」相反的意識狀態是我們的日常意識狀態，它讓我們對親朋好友以外的人事物感到疏離。然而，這種意識狀態正是「天擇」的產物。無疑，由於這種意識狀態有利我們把基因遺傳下去，所以必然忠實反映著社會地貌的某些特徵，然而，這卻不必然表示它能反映真實世界的全貌。所以，在某種意義下（策略的意義下），它是「真的」，但不是在道德或形而上的意義為真。

第一批政治領袖

有證據顯示，薩滿師乃是政治家行業的鼻祖。亞洲的布里亞特人（Buryat）告訴民族學家，他們的第一批政治領袖都是些薩滿師。因努伊特人用來稱呼「薩滿師」和「領袖」的字眼幾乎一模一樣，分別是angakok和anajkok。另外，雖然有些狩獵採集社會只有薩滿師而沒有公認的政治領袖，卻幾乎沒有狩獵採集社會是只有政治領袖而沒有薩滿師。在一些社會裡，薩滿師與政治領袖是同一個人。

即便是那些不以薩滿師為政治領袖的社會，薩滿師一樣可以發揮很大的政治影響力。他們常常是戰爭事務的顧問。奧納人在面對敵人入侵時，都會以占卜決定是求和還是求戰。如果占到凶兆，薩滿師會建議用外交手段解決問題；要是占到吉兆，他就會鼓吹開戰。

薩滿師除了會助長對立，有時也會製造對立。這種現象甚至見於同一個社會**內部**，因為不同的薩滿師會為爭奪武林第一而勢如水火。有人類學家形容，海達人不同氏族的薩滿師對彼此懷有「極尖銳的敵意和恨意」，甚至會千方百計使用法術殺死對方。羅維記錄過兩個克勞薩滿師的對決事件：他們一個叫「大牛」（Big-ox），倚仗的是「雷精」；另一個叫「白大腿」（White-thigh），法力來自一塊聖岩石。一趟交手下來的結果是兩敗俱傷，「白大腿」瞎了眼睛，「大牛」死了一些親戚。

薩滿師最常製造的社會間對立是這種情況：他因為治死了一個病人或是求雨失敗，便指控是鄰近部落的另一個薩滿師施法作梗（這有點像現代的政治領導人有時會用對外戰爭轉移人民對民生凋敝的不滿）。一個克拉馬斯薩滿師有一次便用了這招：他把最近一場降雪和疾疫歸咎於住在沙斯塔山（Mount Shasta）山頂的一個精靈，而該精靈是某個莫多克薩滿師帶上去的。這次事件並未引起兩個族群火拼，而是以更簡單的方式解決：克拉馬斯的薩滿師派出一個精靈去俘虜山頂的精靈，又透過遙控的襲擊方式殺死了莫多克的薩滿師。但事情並不總是以這種「無傷大雅」的方式收場。在南美洲，如果希瓦羅人的薩滿師把某種致命的疫症歸咎為鄰近的村落作祟，那就一定會展開軍事行動。這是因為希瓦羅人相信，如果不為被害死的親人復仇，死者的靈魂便會作祟，把活人鬧得雞犬不寧。他們也深信會受到戰神伊撒（Etsa）的護佑，出擊時會穿上象徵伊撒的服裝，一面行軍一面唱聖歌。打勝仗後，他們會把敵人的頭骨丟入溪流，作為對蚺蛇神（Anaconda）的獻祭。然後，他們會把頭骨去除，再將頭皮縮小，以禁錮敵人的靈魂，讓他們無法報復。

薩滿師會對內和對外製造對立和暴力，從此更有力地反映出，認為宗教曾有純真年代的觀點是不可信的。顯然的是，現代宗教最不名譽的角色「製造社會衝突」，並非始自今日，而是自古已然。

繼續得分

那麼，總的來說，宗教在薩滿教這個階段時，究竟比較偏向善的力量還是惡的力量？對此，有兩大派別爭論不休，觀點南轅北轍。

功能論者（functionalists）認為，宗教可以促進社會全體的利益。這派的鼻祖是法國社會學家涂爾幹（Emile Durkheim），而他有本領在一些最棘手的情況下找出宗教的優點。以下是一個例子。一直以來，學者都對澳洲原住民的喪禮儀式大惑不解，不曉得這些儀式何以會充滿暴力氣氛：婦女會用挖土竿戳自己的頭；男人會用石刀割自己大腿，割出很深的傷口，有時甚至會因此倒地而動彈不得。但涂爾幹並沒有被難倒。在《宗教生活的基本形式》（*Elementary Froms of Religious Life*）一書中，他指出，這種極端的行為可以減低人們的喪親之痛，而且可以讓群體成員之間的關係變得更緊密。他說：「不管採取任何形式，心靈之間的溝通都可以提升社會的活力。澳洲原住民喪禮上的異常暴力表現是必需的，因為它表達出甚至見證著一個事實：在這個時刻，社會變得比從前更有活力、更積極。」

與功能論者唱反調的陣營我們大可稱之為不信任人性者（cynics），或稱為「馬克思主義者」，這不是因為他們都是共產主義者，而是因為他們就像馬克思一樣，相信所有社會結構（包括共享的宗教信仰）都是為權力階層利益而服務的工具。例如，人類學家雷丁（Paul Radin）在一九三七年出版的《原始宗教》（*Primitive Religion*）中便認定，愛斯基摩人的薩滿教純粹是為單一個利益團體（即薩滿師團體）而服務。他說，薩滿師那些「極其複雜的宗教理論」和「蔚為壯觀的宗教儀式」全是為了兩個目的而設計，「一是讓接觸靈界的特權完全由薩滿師壟斷，二是操弄和利用一般人的恐懼心理。」

這兩種立場除了主宰有關原始宗教的討論，也主宰了有關現代宗教的討論。功能論者相信宗教可以嘉惠社會整體，在人們面臨痛苦和不確定感時提供慰藉和盼望，並透過社會凝聚力來克服人性中的自私自利；「馬克思主義者」則認為宗教完全是一種進行社會控制的工具，是有權有勢者為了自己的好處而設計，用以痲痹人民知覺好剝削他們（馬克思自己便曾把宗教說成是「人民的鴉片」）。前一種觀點認為神是好東西，後一種觀點認為神是壞東西。

不過，會不會兩種觀點都太一概而論以至於都是錯的呢？會不會，宗教的社會功能和政治蘊涵是會隨著文化演化的進程而變遷的呢？

事實上，馬克思本人是允許這種可能性存在的。根據他的文化演化觀點，在人類歷史的狩獵採集階段，社會奉行的是一種牧歌式的平等主義，而社會和宗教會受到污染，只是後來的事（這就是我何以要給「馬克思主義者」一詞加上括號：馬克思本人並不是一律不信任人性的。）

現在應該清楚的是，馬克思對狩獵採集社會的看法是太過簡化了。無疑，勉強能自足的小型社會一定會比現代工業社會要平等，因為後者很容易便會產生巨大的貧富懸殊，形成人與人的不平等。但這不表示狩獵採集社會就不會有權勢的落差，不會有剝削現象。我指出過，薩滿師是可以利用人們恐懼神靈的心理累積財富的，有時還可以說服女信眾相信，跟薩滿師上床可以取悅神祇。

儘管如此，馬克思還是說對了一些什麼：由於社會結構會隨著時間推移而變遷，也由於宗教至少部分反映了社會結構，所以，當社會結構因文化演化而發生變遷，宗教的性格一樣會呈現模式的變遷。下一章，我們將會探討社會結構的變化是怎樣把宗教從薩滿師的階段帶到下一階段。隨著農業的發明，宗教的性格和諸神的性格都開始發生變化。

03 酋邦時代的宗教
Religion In The Age Of Chiefdoms

在一七六〇和七〇年代，庫克船長兩度造訪玻里尼西亞（Polynesia），而該地文化有些方面讓他深感不悅。例如，提到以活人獻祭這習俗時，他在日記裡寫道：「這真是對人類生命的驚人浪費。」參觀大溪地一間神廟時，他看到了四十九個人頭骨，由於這些頭骨沒有風吹雨打的痕跡，他推斷「這些為數可觀的可憐不幸者是新近才被供奉在這個血的祭壇上。」後來，庫克又看到了五十具屍體，這些屍體的左眼都被挖出，放在一片大葉子上，等著祭司用來請求神祇護佑，讓他們在對鄰近島嶼發動戰爭時獲勝。

為說服土著放棄這種野蠻習俗，庫克向他們指出，神靈明明沒有吃掉被獻祭者的血肉，所以這樣做毫無意義。但土著卻回答：「神靈都是夜晚才降臨，無形無影，只吸食死者的靈魂和非物質部分……這些部分會一直存留在被獻祭者身上，直到屍體完全腐爛為止。」庫克無計可施，只能希望這些「糊塗透頂的人」有朝一日會大澈大悟，明白這種為了「供應看不見的神祇飲宴而殘殺同胞的行為有多麼可怕。」

不過，庫克卻對某些玻里尼西亞島嶼的一個方面大為讚賞：它們顯示出高度的社會凝聚力。在東加群島的時候，庫克在日記上寫道：「他們在任何場合都極守秩序，這件事情是所有最文明的國家都遠遠不及的。他們隨時準備好服從酋長的命令；各個階層完全和諧一致，所有人就如同一個身體的不同部分，皆遵守同一原則並據此行動。」

庫克沒說錯。某個意義下，玻里尼西亞的社會和諧確實是由單一原則所促成，也正是同一條原則驅使玻里尼西亞人挖出人眼來獻祭：敬畏神祇。據十八世紀到過社會群島（Society Islands）的一位法國人觀察，神祇對那裡的日常生活深具影響力，以致「所有行動、謀畫和事件都是奉神祇的名義而發起，在神祇的監督下進行，並受到神祇的護佑。」這種說法也許誇大，但沒有太過誇大。不管你對玻里尼西亞原住民是什麼觀感（是豔羨他們的秩序還是厭惡他們的殘忍，或是兼而有之），你對他們下的論斷基本上就是對他們宗教的論斷。

南至紐西蘭、北至夏威夷、東至東加、西至復活節島，整個玻里尼西亞地區的各個原住民社會都是人類學家所謂的「酋邦」（chiefdom）。[1]酋邦一般都是農業社會，比狩獵採集社會更大更複雜，由許多村落構成，居民多達數千人。最高領袖是「酋長」，而他下面也許還有些地區性酋長。

酋邦除了在玻里尼西亞，在南北美洲和非洲也找得到。考古學家還在世界各地（主要是在各大古文明的區域內）找到古代酋邦的遺跡。酋邦層級的社會組織似乎是狩獵採集社會和早期古代國家的標準中途站（古埃及和中國的商朝都屬於早期的古代國家，它們比酋邦更大、更城市化，而且擁有文字。）。在距今七千年前，酋邦乃是世界最先進的社會組織，代表著史前社會組織和史前宗教的最後一個演化階段。

不同的酋邦差異可以相當大，卻有一個顯著的共同之處，那就是所有酋邦在結構上高度依賴超自然界。它們的政治系統和宗教系統緊密交織；它們的領袖因為能夠上通神祇而擁有特殊地位，也把這樣的優勢用於政治用途。一位西方學者指出，玻里尼西亞酋長「對他的百姓來說就是神」。

換言之，薩滿教開始演化為更大的東西。在狩獵採集社會和園藝農業社會裡，宗教專家頂多

1 賴特（Robert Wright）對酋邦有較詳盡的說明，他也提出理由，論證「酋邦」可作為一個獨立的分析範疇。

是模糊的領導人。薩滿師雖然一般都具有崇高社會地位和一定的權力，但很少會成為輪廓分明的政治領袖。而隨著農業的出現和酋邦的成形，政治領導權和宗教領導權開始成熟和融合，也正是這種融合，讓逐漸變複雜的社會可以保持不墜。

這是說神祇開始變善良了嗎？是說狩獵採集社會那些非道德甚至不道德的神祇被一些有德神祇取代了嗎？是諸神最終找到了更高的召喚了嗎？這些問題把我們帶回到功能論者與「馬克思主義者」的爭論：宗教到底是為人民服務，還是為當權者服務？

沒有其他地方要比玻里尼西亞的酋邦更能釐清這個問題。因為四面環海，玻里尼西亞各島嶼遠離科技更先進的社會，少受異文化的影響（反觀北美洲各酋邦則因為跟阿茲特克人（阿茲特克社會屬於「國家」層次的社會）同處一片大陸，所以有可能受過後者影響）。另外，後來玻里尼西亞雖然也接觸了異文化，但他們大多是接觸到歐洲人。這些歐洲人致力於把玻里尼西亞的風俗習慣記錄下來，以供後代子孫嘖嘖稱奇。他們都不是訓練有素的現代人類學家，不懂得應該保持價值中立（包括不去論斷以活人獻祭習俗「真是對人類生命的驚人浪費」），然而，他們的共同努力仍然留下了一個資料庫，再經人類學家蒸餾，讓我們可以一窺神祇在即將被記入歷史的前一刻長得什麼模樣。

玻里尼西亞的眾神

從三千多年前開始，從東南亞便出現一波接一波的移民，往玻里尼西亞各島嶼遷徙。接著，這些島嶼又以同一種文化遺產為材料，作出不同發展。因此，玻里尼西亞見證著文化演化就像生物演化一樣生生不息，會不斷創造出新的特徵，又會對這些新特徵作出選擇性的取捨。一如達爾文在加拉巴戈群島曾發現其不同島嶼的雀類呈現出微妙的差異性，人類學家也被玻里尼西亞各島嶼展現的文化多樣性嚇了一大跳。

一個例子是那個叫「坦噶勞」（Tangaroa）的神祇。他有時又被稱為「坦噶羅」（Tangaloa）或坦勞（Ta'aroa），而他叫什麼名字端視你人是在哪個島嶼而定。玻里尼西亞各地方的人都認定，他在創造世界一事上扮演著舉足輕重的角色，至於他做過什麼卻是眾說紛紜：有些地方認定他曾舉起天空，有些地方則認為他曾堆起島嶼。[2]薩摩亞群島島民認為他是人類乃至物質的創造者，而且相信他是住在高天上的顯赫神祇。但是馬克薩斯群島（Marquesas Islands）島民卻不是這樣看：他們認為他是不光彩地住在黎明女神阿坦奴絲（Atanus）腳下，而他會落得如此不堪，是因為曾被阿坦奴絲的丈夫光之神阿提亞（Atea）打敗。[3]

即便不同玻里尼西亞島嶼對某個神的看法大相逕庭，它們對神祇的一般觀念卻頗為一致。例如，每個地方的玻里尼西亞人都相信神祇為數眾多。在社會群島（一群以大溪地為首的島嶼）的神祇清單裡，既有許多海神（他們會派鯊魚襲擊那些惹他們不高興的人類），又有許多空氣之神（他們以颶風和暴風雨修理人類），再來還有漁夫之神、導航者之神、魚網匠之神和十幾個以上的農業神。再來還有一個木匠之神（不可與茅屋匠之神弄混）、好幾個醫生之神（有些專管骨折和脫臼）、演藝者之神，以及一個兼管理髮師與梳頭師的神。

有些人類學家稱這類玻里尼西亞神祇為「百貨部門神祇」，原因之一是這些神祇數目多得像

2 讓坦噶勞的性格更為複雜的是，他的姓名有時會帶有後綴，如「天空的坦噶勞」（Tangaroa-of -the-skies）或「無限的坦噶勞」（Tangaroa-the-infinite）等。這些神名是不是指涉同一個神，在學者中間頗有爭議。

3 威廉森（Robert Williamson）指出但懷疑漢迪以下這個主張：坦噶勞在馬克薩斯群島是個重要神祇。不管如何，在許多不同島嶼，坦噶勞都只是眾神之一，沒有特別崇高的地位。

是百貨公司各部門。這種現象反映了勞動分工真正現身。在狩獵採集社會裡，一個人要不是狩獵者就是採集者，或兩者兼之，但在酋邦卻開始出現各行各業，所以神祇數目也得以倍數增加，才能滿足各行業的需求。

玻里尼西亞神祇也密切監督著經濟的運作，而這個事實是他們的百姓所不敢或忘。人類學家漢迪（E. S. Craighill Handy）在一九二七年出版的《玻里尼西亞宗教》（*Polynesian Religion*）指出：「所有嚴肅的事業都被玻里尼西亞人視為與神有關的活動。」

在玻里尼西亞，沒有什麼事業比捕魚更嚴肅。一艘漁船（例如一艘可坐二十人的複式獨木舟）出海後，有可能載回來大批魚貨，也有可能空手而回，甚至回不來。所以，捕魚活動的成功與否攸關重大，而想要成功，從一開始便得接受神祇的監管。

這個「從一開始」是名符其實的「從一開始」。十九世紀的夏威夷人馬洛（David Malo）談到他家鄉的本土文化時，這樣告訴我們：「建造一艘獨木舟是一項宗教事務。」當一個人找到大小適合造獨木舟的樹木，負責造船的師傅就會在神龕前面睡覺。如果造船師傅夢見一個赤裸的男人或女人「以雙手遮掩私處」，就表示此木不堪大用；反之，如果夢見的是穿戴整齊的人物，就表示此木可用。

砍樹的前一晚，工匠會在樹的旁邊紮營和禱告，並向相關神祇獻上椰子、魚肉和一頭豬。第二天早上，他們會在樹邊起一個灶，把豬煮熟，然後等神祇享用了豬的非物質部分之後，再把肉分食。之後，他們會向六個男神和兩個女神禱告，這些神祇包括森林之神、獨木舟之神和斧頭之神。工匠用石斧把樹砍倒之後，造船師傅會穿上法袍，站在樹基旁邊，手執斧頭，大聲喊道：「請閃擊這斧頭並聖化它！請賜我們一艘獨木舟！」說罷把斧頭向樹身砍去。他會反覆說這兩句話，反覆砍樹，從樹基砍到樹頂。接著，他再用一根開花的藤蔓環繞樹身，喃喃禱告，說他要砍樹頂，然後砍下樹頂。造一艘獨木舟有時要花好幾天，過程中要反覆取悅神祇，包括再奉獻一回豬肉、魚肉和椰子。馬洛指出，光是綁緊舷外支架的過程便「極度莊嚴肅穆」。

待獨木舟建造完成，它便會在神聖的輸送帶上移動，交由下一批神祇監管。捕魚者的守護神庫拉（kuula）會在一間石頭小廟裡接受祭拜。但漁民的守護神不只一個（馬洛說他們「形形色色且數目眾多」），而每個漁夫都可以「自行選擇一個神祇」。但這種選擇是有後果的。例如，如果你選的神祇非常不喜歡黑色，那你和家人就不可穿黑色衣服，家裡也不許擺放任何黑色的東西。

每種魚類的捕魚季開始前都會有一場儀式。如果是鰹魚季來臨，一個貴族會在儀式上吃掉一顆鰹魚眼，外加一顆人眼（愛吃鰹魚的人都引頸期盼這天的到來，因為在鰹魚季之外吃鰹魚是大忌，犯者會被處死）。捕魚季開始的前一晚，漁民會齊聚一處，睡在捕魚之神的神廟，此舉是避免跟太太發生性事，招惹神怒。他們各帶來祭品，向捕魚之神獻祭。在臨睡前的誦禱儀式中，祭司會帶領大家這樣誦念：「請使我們免於作惡夢，免於夢見厄運，免於夢見生病的凶兆。」

從現代造船業者和商業漁民的角度看來，上述大費周章的準備工夫可說是無謂之至。例如，我們實在看不出，把家裡所有黑色的東西挪走對捕魚會有什麼幫助。儘管如此，玻里尼西亞人各種繁多的儀式確實可讓造船和捕魚的過程籠罩在一種莊嚴肅穆的氣氛中，而我們有理由相信，這樣的氣氛可讓從事者有更精準的演出。

稍後我會回過頭談宗教向度可以帶給玻里尼西亞漁業什麼好處。就目前而言，我們需要知道的只是這個向度非常可觀，而且籠罩範圍遠遠不只是漁業。

「塔布」與「曼納」

玻里尼西亞人的經濟生活是由兩大宗教原則架構而成，而它們也架構了玻里尼西亞人其他生活層面的很大部分。第一個原則是「塔布」（tapu，它就是英語中禁忌「taboo」一詞的來源），意指應該隔離或禁止的事情。因此，我在上一節提過的所有禁制行為都是「塔布」：不可在鰹魚季之外的時間吃鰹魚；不可穿黑色衣服（倘若你的神討厭黑色）；出海捕魚前一晚不可與太太行房，等等。做這些事可不只是會引起別人皺眉頭。玻里尼西亞人相信，神祇會親自懲罰那些違反禁忌的人，例如讓你捕不到魚、生病，甚至死亡。

第二個關鍵觀念是「曼納」（mana）。學者對「曼納」的意義有不同理解，部分原因是不同酋邦對它的理解會略有出入。有些人說「曼納」是一種法力或異能，猶如超自然的電力。另一些學者則認為「曼納」沒那麼神奇，基本上是一種有實效的能量，可讓人較容易心想事成。但不管怎樣定義「曼納」，它在玻里尼西亞社會都是一種宗教物事，人們相信它是神祇所賜予。「曼納」可說是玻里尼西亞宗教誘因結構中的胡蘿蔔部分。就像違反禁忌會帶來惡運，尊重禁忌則可讓一個人的「曼納」愈積愈多。

酋長擁有的「曼納」比別人多上許多倍。他們就是「曼納」進入社會的管道，而透過他們的分潤，社會各階層的人會各依社會地位的不同，分享到到不同比例的「曼納」。酋長的這種水龍頭角色是薩滿教邏輯的一種自然延伸：它讓領袖自稱受到超自然界的特別恩寵而更顯與眾不同（這並不表示酋長本身不相信真有「曼納」這回事。薩摩亞群島一個新上任的酋長曾情詞懇切地向前任酋長的靈魂乞求：「請為我向眾神跪求一些『曼納』，我願意吃十次你的糞便。」）

如果說「曼納」可以讓一個酋長顯得與眾不同，那「塔布」便能使他的特殊性形式化。玻里尼西亞最普遍的一項禁忌便是不得隨意與酋長接觸。庫克船長指出，當一個東加的酋長出巡時，人們不僅要讓出一條路給他，還得坐下來，等酋長走過再起身。唯一被允許的身體接觸是向酋長鞠躬，觸摸他的腳。在一些玻里尼西亞島嶼，尋常百姓甚至不被允許聽酋長說話：他的話都是透過代言人向大眾傳達。這讓「熟悉生輕藐」[4]完全沒有發生的機會。

這麼多零碎的規矩彷彿還嫌不夠，酋長甚至經常被說成是神祇的子嗣（死後當然更會列入眾神，雖然他們通常不被認為具有神性）。有些島嶼的酋長會身兼大祭司，而在那些酋長不兼祭司的島嶼，他們也是合作無間。這表示，酋長多少有權決定哪些行為是禁忌而哪些不是——在人人都強烈迴避禁忌的社會，這種權力可不能等閒視之。

總之，玻里尼西亞的政治領袖都是些由神祇加持而大權在握的人。庫克船長描述，當一個東加酋長滔滔不絕大發議論時，在場所有人都是全程洗耳恭聽：「所有人都絕對安靜，聚精會神傾聽酋長說話。他們的嚴肅態度比我們在最隆重場合所表現出來的猶有過之。」

酋長的這種權威性是酋邦的共同特徵。密西西比州的納切斯人（Natchez）稱酋長為「太陽之弟」，而納切斯人認為太陽是最重要的神祇，這個頭銜當然會讓酋長更加德隆望尊。據耶穌會教士勒珀蒂（Maturin Le Petit）在一七三〇年的描述，納切斯人「盲目順服他們偉大酋長的任何願望，把他視為絕對的主人，不惜為他獻出財產甚至生命。」

勒珀蒂又告訴我們，當一個納切斯的酋長死去，一些子民會吞食菸草，讓自己陷入昏迷，然後在儀式中被勒死，為酋長陪葬。各大洲都有一些墓葬遺跡顯示，陪葬的風氣廣泛盛行於酋邦。這佐證了勒珀蒂對納切斯人的觀察：「百姓的盲信讓酋長得以維持他自稱擁有的專制權威。」

4 譯注 這句西諺指人與人愈熟悉，會愈看清對方的缺點，愈不容易敬重對方。

罪與罰

在玻里尼西亞，酋長主要是把他的神授權威用於重大公共事務：籌備節慶、組織軍隊、維護道路和灌溉系統，以及徵集必需的資源。當然，現代的政治領袖也會致力同一類的事情，但他們還擁有酋邦酋長所沒有的優勢：有成文法可以作為後盾（成文法通常會有憲法和法庭作為後盾）。酋邦酋長因為沒有這種世俗的靠山，只好求助於舊式的靠山。

在夏威夷，當每年一度的馬卡希基節（makahiki）臨近，有需要為節慶徵集食物時，酋長會把整塊領土置於「塔布」之下，禁止每個人離開家園（夏威夷酋邦面積廣大而結構精密，以致西方人有時會把它的領袖稱作「王」）。祭司會帶著拉農（Lono）的神像，陪同稅吏到處收稅，每在一個地方收過稅後便解該地方的「塔布」。如果一地區對徵收食物之舉有所怨言，祭司就會奉拉農之名詛咒該區。

神祇不是酋邦的唯一規範力量。酋長都有武裝侍從，負責執行鞭打和放逐人犯的事宜。不過對任何統治者來說，武力的使用當然是愈少愈好。如果非用不可，那麼奉神祇之名又會比奉酋長之名來得好。可能正是這個原因，我們看到有些被宣告為破壞神祇規定的人只是默默承受鞭打，毫無抗議。

再者，由於酋邦政府的的規範力量通常有限，這讓宗教有機會在維持社會秩序一事上扮演輔助角色。酋邦和國家的一大差異在於，在一個國家，執法力量完全是由國家壟斷。不管鄰居對你或你家人做了什麼，是搶奪、毀謗或謀殺，你都不能私下報復，懲罰犯者的權力完全操在國家手裡。但在狩獵採集社會或酋邦卻不是這樣：人們容許報復洩憤。這不表示酋邦是無法無天的，犯罪者該受什麼懲罰一般都有共識，甚至能得到酋長許可。不同之處只是執行懲罰的人是被害者或他的親屬。

不過，放任自行執法在酋邦比在狩獵採集社會更容易成為亂源。這是因為，在小型的狩獵採集村落，人人都彼此認識而且有用得著別人幫忙的時候，所以侵犯他人的代價非常高，會發生的機率也微乎其微。酋邦卻不是這個樣子。酋邦動輒由數千人甚至數萬人構成，成員與成員住得相隔遙遠，侵犯別人之後大可以逃之夭夭。

再者，在酋邦，引人犯罪的因素也多了許多。狩獵採集社會並沒有多少私有財產可言，但在酋邦裡，家家戶戶都有自己的果樹和菜園，而這些東西是會引起盜心的。由於值錢的東西愈來愈多，可犯的罪也就層出不窮。在這種情況下，如果懲罰完全交由受害人來執行，家庭間的仇殺將沒完沒了（在酋邦，所謂的「家庭」往往是指「氏族」，其規模相當於一座小村子，這時候，仇殺的規模會相當可觀。

在文化演化的這個階段，當私人報復不再值得鼓勵，而政府又未能完全負起執法大任時，社會秩序便需要輔助力量來加以維繫。宗教看來回應了這個需要。我們說過，狩獵採集社會的宗教並沒有多少道德向度可言，玻里尼西亞酋邦的宗教卻有這個向度，會系統性地嚇阻反社會的行為。

乍看之下，玻里尼西亞神祇的道德向度並不明顯。他們很多方面都像狩獵採集社會的神祇一樣，缺乏道德一致性。[5]威廉森（Robert Williamson）指出，社會群島的神祇「又喝酒吃肉，又結婚和縱情色慾，還會彼此吵架和打架。」換言之，「人們把神祇想像得跟自己一個模樣，只是賦予他們更大力量。」所以，對待這些神祇的不二法門是巴結：給予他們吃喝和尊敬。向空氣之神獻祭既可以讓他們停止刮暴風，又可以讓他們在敵人艦隊逼近時颳起暴風。反過來說，如果你是侵略者，而你的敵人退守到一座要塞，那你可以向敵人的神祇行賄，在要塞附近獻祭，唆使這些神祇開小差。

死後去處的問題也是如此。今天，天堂和地獄的觀念是宗教勸人為善的一大利器，但在玻里尼西亞的酋邦卻不是如此。它們對「死後去處」的觀念仍遺留著狩獵採集社會的強烈非道德色彩，相信一個人死後會去哪裡，不是由生前的行為決定。在社會群島，如果你是溺死在海裡，那你的魂魄便會進入鯊魚的身體；如果你是死於戰爭，魂魄就會在戰場徘徊。大部分玻里尼西亞人都相信，人死後魂魄會移動到遙遠的他方，有時是黑暗的冥界，有時是遙遠的內陸。也有些魂魄的去處比天堂還要豪華，據一個西方人記載，有個島嶼的島民認為人死後會去的是一個「光明和歡樂的居所」。不過如果你是尋常百姓，即使你行善積德，死後一樣去不了這美地，因為它是保留給統治階級和少數菁英享用的。在社會群島，這美地也開放給演藝人員（歌者、演員、舞者等），但並非免費開放，他們必須把一個初生子女殺死獻祭，否則會被演藝工會驅逐，喪失上天堂的資格。所以，總的來說，如漢迪所指出，在玻里尼西亞，「決定一個人死後命運的，是他的身分地位、死後舉行過哪些儀式和他是怎麼個死法。」[6]

然而，如果說玻里尼西亞缺乏許多現代宗教的行善誘因（即沒有神祇負責依人生前的功過在人死後作出獎懲），它卻包含著另一套道德指南。

首先，雖然玻里尼西亞人不用擔心死後有可能會受到懲罰，他們卻必須擔心源自死後世界的報復：鬼會對他們的惡劣行為皺眉頭。夏威夷有個傳說：一個被謀殺者的鬼魂對兇手糾纏不休，直到殺人者作出補償。他蓋了三間屋子，一間給死者的親人居住，一間給他們的僕人居住，一間用來存放死者骸骨。

相信做壞事會惹鬼纏身是有可能讓人變得較守規矩。這種誘因（即害怕鬼魂報復）也見於一些狩獵採集社會和一些園藝農業社會，但玻里尼西亞酋邦為這個誘因添加了一個元素：神祇。

神祇雖然不會在你死後懲罰你，卻會在你生前懲罰你。例如，東加人相信，神祇會讓偷竊的人遭鯊魚攻擊（人類學家霍格賓H. Ian Hogbin指出：「因此，小偷都不太敢在鯊魚大盛的季節下水游泳。」）這些東加神祇不止會給予懲罰，還會給予獎勵，他們不僅賜給正確舉行儀式的人「曼納」，也賜給那些不偷不搶的人「曼納」。「曼納」可不是什麼抽象的獎勵，因為人們相信，「曼納」愈多的人會得到愈多的豬隻和薯蘋。

儘管如此，玻里尼西亞神祇發揮約束力的主要工具仍然是大棒子而非胡蘿蔔。據十九世紀一位傳教士記載，薩摩亞人相信，犯罪的人「會給自己或父母或其他近親惹來禍殃」。例如，偷竊有可能會導致偷竊者或近親得到「潰瘍、疼痛、水腫和腹部發炎。」

就連家庭生活一樣會受到超自然界的監督。在社會群島，人們相信，如果漁夫在出海捕魚前跟妻子吵架，會交上惡運。妻子如果在丈夫出海時偷人，丈夫也會交惡運，甚至溺死。[7] 許多玻

5 威廉森指出，社會群島有個神不僅會通姦，還會亂倫。以下這篇禱文則是赫維群島（Hervey Islands）的宵小在夜半入屋偷竊前使用的禱文：

啊房子，我們的神！
他會讓屋內一切入睡。
讓深沉的睡眠籠罩這家戶吧。
家主人，繼續睡吧！
房子的門檻，繼續睡吧！
屋內住著的各種小昆蟲，繼續睡吧！

6 漢迪又補充說：「倫理考量是次要和非直接的因素。」一種可以讓人死後可能有個好去處的德行是勇敢。漢迪指出，在好些玻里尼西亞地區的島嶼，英勇戰死的人死後會住在「天高世界的較高區域」，得以「永享福樂，身穿芳香的鮮花，可以盡情跳舞，盡情滿足各種慾望。」

7 東加群島的神祇和薩摩亞群島的神祇也會懲罰通姦的人。

里尼西亞人都相信，對親戚態度惡劣會招來疾病。[8]在那些大家族共居並構成社會基本單位的島嶼，單是這則信條便能對社會和諧有功德無量的貢獻。

如果你把玻里尼西亞宗教鼓勵自我克制的所有小方法統統加起來[9]，便會得到一股很大的阻嚇力量——大得大概足以彌補法律體系的闕如。但酋邦宗教的功能還不僅止於填補世俗法律的空缺，它還鋪平了通向世俗法律的道路。[10]

例如，狩獵採集社會是沒有土地所有權觀念的，反觀玻里尼西亞的酋邦卻有。在現代社會，標示產業範圍的界標都是些世俗事物：你也許不會擅闖柵欄柱或警告牌，但你並非出於崇敬。玻里尼西亞酋邦的土地標示物則引人敬畏得多。在很多島嶼，家家戶戶都會在果樹林和菜園裡施下禁忌（有時是由祭司幫忙進行），把它們交由神祇監管，深信神祇會用疾病或死亡來懲罰小偷和擅闖者。產業標示物是由葉子、竿子和其他隨手可得的材料製成。在薩摩亞，這些標誌物一般都可以提醒小偷，等著他們的是什麼命運：椰子纖維編成的鯊魚造型標示物指出偷竊的人會遭鯊襲，插在地上的一根矛則預示著顏面神經痛（這個系統是有漏洞的：有些狡猾的東加人找來西方訪客幫他們移除禁忌，然後快快樂樂吃原先是禁樹上的禁果）。

與大部分玻里尼西亞酋邦不同的是，薩摩亞人多少有一套司法系統。如果人們有什麼冤屈沒能獲得解決，地方人士所組成的陪審團「方農」（fono）就會出面，負責仲裁。這時，法律會再度跟超自然界交織在一起。有時，被告會被要求喝下某種飲料，而如果他因此而生病或死亡，就表示這人有罪。[11]另外，如果被告抵死不認罪，他必須向一個神祇發誓，矢言自己清白。當然，今日的法庭一樣會要求被告作供前要向上帝發誓，但在薩摩亞，發誓比較不會那麼虛應故事：因為害怕神祇懲罰，被告有時會從實招來。

玻里尼西亞神祇的陰暗面

現代社會與狩獵採集社會的差異甚巨。現代人擁有複雜的經濟生產體系，其特徵為勞動分工、資本投資和高科技。現代人擁有精密的政府組織，其權威來自法律，這法律可以指導執法和保障合法性。這一切讓人與人之間可以和平而有生產力地互動。整個系統都是合乎理性的，哪怕其中有部分是奠基於道德直覺和仰賴宗教情感（「上帝為證」[12]）。我們用實用性來衡量現代的政治、法律和經濟體系，又會以效率的名義對它們一再作出修正。

但我們顯然不是以非常理性的方法達到這種理性化狀態的。在人類社會組織朝向現代世界邁出第一大步之際（即從狩獵採集社會演化為務農的酋邦），依舊非常依賴神祇。不是所有被觀察

8 這種懲罰在有些地方是由祖靈而不是神祇執行。

9 在玻里尼西亞，道德仍然不是宗教的核心關切。威廉森在談到東加的宗教時指出：「人類的過犯，如說謊、偷竊、通姦和謀殺等，並不是較高階神祇會管的事，因為他們地位崇隆。」但這類罪行會「留給低一階的神祇處理」。儘管如此，與典型的狩獵採集社會相比，這種把道德事務交給低階神祇管理的做法仍是一大進步。漢迪比威廉森更明白指出玻里尼西亞宗教帶有道德向度：「古老玻里尼西亞制度化信仰的核心是社會倫理。對親戚做壞事或惡言相向被認為是致病的最主要原因之一，必須告解才能痊癒。另一個取咎之由是不尊重由禁忌所體現的習慣法：破壞禁忌的人會被神或靈短暫降病，作為懲罰。」

10 我絕非暗示，現代法律是起源於宗教。（一般都認為，法律源於宗教之說是十九世紀社會理論家梅因Sir Henry Maine所提出，但這說法就跟這理論一樣，把事情太過簡化）。事實上，狩獵採集社會一般都多多少少是有法律的，而這種法律很少（甚至全不）仰賴超自然的力量來維繫，反正殺人之類的罪行就是不應該，死者的親戚有權報仇。我所主張的是，隨著社會的演化超過了狩獵採集階段，私人執法變得愈來愈不實際，以致有需要某種近似現代法律的東西來維持社會秩序。在這個過渡階段，宗教提供了法律重要的根據。

11 「方農」也見於其他酋邦酋邦，但主要是作為行政管理組織。薩摩亞人則通常把它用於斷案。

12 譯注 這是美國人發誓或宣誓就職時的用語。

過的酋邦都像玻里尼西亞社會一般重視宗教，但跟現代社會相比，酋邦一般都深受宗教所浸透。在酋邦裡，眾神是政治權力的守護者，是經濟活動的監督者，是社會規範的維繫者——要不是有這些社會規範，一大群人不可能生活在一塊。這種聚居的密集性（它讓不同腦子和個性的人高度聚集）會刺激創意，加速技術變遷和社會變遷的速率，把社會推向現代的形式。不管你對現代社會的觀感如何，但要是沒有酋邦的眾神，就不會有現代社會。

但玻里尼西亞人應該有多感激他們的宗教呢？他們的社會系統是公平正義的嗎？他們的宗教在支撐著這個系統的同時，也有支撐起公平正義嗎？還是說他們的神只是壓迫的工具，是統治階級保有權位的手段？

某些跡象無疑是部分佐證了後一種觀點。例如，酋長因為具有半神身分，所以可以坐擁許多妻妾。一般來說，統治階級都可以分配到許多食物。在夏威夷，珍貴的蛋白質來源（豬肉、雞肉、魚肉）總是不成比例地堆在菁英階級的餐桌上，一般老百姓只能吃到蔬菜。在社會群島，尋常百姓是不許進入神廟（向神祇奉獻貴重祭物的地方）範圍的，但祭司卻可以進入，所以有機會吃到神祇吃剩的祭品：物質的部分。玻里尼西亞祭司還可以透過為人們提供各種薩滿服務而獲利，他們其中一項職務便是透過占卜為病人斷症。十九世紀一位循道會傳教士告訴我們，祭司在治病時會首先利用「打呵欠和咳嗽」把自己導入出神恍惚狀態，待神祇附體後，會借神祇之口說出病人需付出哪些贖罪品，其中包括「送給祭司的禮物」。

菁英階層獲得的醫療服務也較平民百姓「豪奢」。當東加的平民生病，祭司開出的「藥方」通常不會太昂貴，頂多只是要求切掉病患某個社會階層較低的親戚一節手指。但要治好酋長的疾病，有時唯一的「藥方」是扼死一個小孩。

法律面前人人平等並不是玻里尼西亞人信奉的準則。在東加，殺人者雖然總得受到某種懲罰，但如果是酋長殺死一個平民，他什麼事都不會有。在薩摩亞，通姦者可能受到的懲罰林林總總，而且是非明訂的，但如果你是與酋長的妻子通姦，卻有正式罰則，而且選項不多：要嘛是溺斃，要嘛是杖斃。另外，上層階級的人士也不太會被拿來祭神。據一位人類學家觀察，被用來獻祭的人通常是以下幾類：戰俘、褻瀆神祇者和「惹酋長或祭司討厭的人」。

為玻里尼西亞的神祇辯護

面對以上種種事實，功能論者大概無法宣稱宗教可以嘉惠社會整體了吧？錯。他們不僅有法子，法子還多得超乎你想像。

就連活人獻祭這麼棘手的例子，功能論者一樣有辦法加以讚揚。他們會指出，哪怕庫克船長深信活人獻祭是「對人類生命的驚人浪費」，他仍然不忘指出，許多被獻祭者都是罪犯。再來是一些「地位低下的平民，他們或是從一地流浪到另一地，從一島流浪到另一島，居無定所，或是看不出有什麼正直高尚的謀生之道。」

現在，我們都認為死刑不適用於許多罪行，對流浪者和窮人動用死刑更絕對是刑罰過當。然而，在庫克船長的時代，他的祖國仍然會把窮人關入欠債者監獄。再說，光從經濟學的角度來說，把不事生產的人從社會除去並不是「浪費」。相反的，這種做法有可能會讓酋邦更強大、更有效率，換言之是讓社會更「功能暢順」，至於道不道德則是另一回事（超自然信仰還有別的方式剷除表現差勁的社會成員：在包括狩獵採集社會在內的各種社會，一般被指控為男巫或女巫而遭放逐或處死的，都是些出了名的不合群分子或反社會人物）。總之，玻里尼西亞的宗教似乎真的能夠保持社會發電機順暢運作。在神祇的嚴厲監督下，獨木舟給造了出來，魚被捕了回來，豬隻和薯蕷都產量豐盛。

但想要加強生產效率不是有更簡便的方法嗎？例如，讓兩個獨木舟建造團隊互相競爭不就得了？只要受賺錢動機的驅使，他們一定會努力提升技藝，精益求精。這就是自由競爭制度的妙用。

然而，這只是現代人的觀點，而且要能行得通，必須先有貨幣制度和受規範的市場。在人類往那樣的世界邁出第一步，也就是從狩獵採集村落朝更大的多村落社會轉型時，自由競爭的邏輯尚不明顯。當然，在玻里尼西亞的酋邦是有以物易物這回事，然而，在這些社會，物物的交換顯然仍必須藉助政府和／或宗教來推一把。例如，在由酋長所負責籌辦的節慶裡，透過向各地農民和漁夫所徵集的食物，尋常百姓可以吃到來自遙遠島嶼的美食，這等於用他們的勞力交換到美食（我們現在則是靠市場和金錢獲得美食）。

事實上，玻里尼西亞的宗教所從事的某些工作，在今天也是由政府而不是由市場負責執行：鋪路，建築灌溉系統，提供社會安全網。在許多玻里尼西亞島嶼，酋長都會利用他們的神聖光環要求百姓多繳一點食物，好貯存在倉庫裡，以備社會的不時之需，這情形就如同現代政府以稅收來執行災難救濟。在薩摩亞，漁民還可以獲得類似今日失業補助的津貼：每次出海捕魚歸來，每艘獨木舟都必須向一個叫「匋太」（tautai）的漁夫頭兒繳交部分漁獲，他則以這些漁獲為所有漁夫舉行一場飲宴。漁獲稀少的漁夫不需要繳這稅項卻照樣可以參加飲宴，這就相當於從有錢人手中拿出一點錢來周濟窮人。由於「匋太」兼具宗教領袖身分，使得那些老是漁獲較豐的漁夫比較不會心生不滿。

從功能論者的角度觀之，酋長所獲得的種種額外好處可視為他執行行政管理的收費。事實上，在現代社會，商界或政界的巨頭何嘗不是獲得巨大財富或巨大權力，而支持這種現象的論者也是從政商巨頭具有重要社會功能來解釋。當然，玻里尼西亞酋長得到的那些好處在我們看來是有點怪，例如，我們絕不會為一個政治領袖而勒死一個小孩。儘管如此，現代社會並沒有我們自以為的高尚，因為如果酋邦的統治者可以合法擁有三妻四妾，現代社會的政治領袖一樣可以搞到許多情婦（他們想要的話）。酋邦的特權階級犯了法固然不需與庶民同罪，但我們社會裡的有財有勢者一樣可以雇用昂貴的律師和動用人脈來影響司法，而較沒錢的人犯了法只有坐牢一途。

另外，酋長雖然得到一些我們認為奇怪的好處，但他們同時也要付出一些奇怪的代價。在東加，如果酋長跟低下階級的女人生下子女（這些子女都沒有繼位資格），他就必須把他們拿來獻祭。酋長還有其他方面的義務，只是都沒這義務來得誇張。正如人類學家薩林斯（Marshall Sahlins）指出：就連權力最大的玻里尼西亞酋長都知道，「慷慨是一種他們必須承擔的道德責任。」

酋長的些許優點

確實，也許我們應該驚訝的不是玻里尼西亞酋長有多權大勢大，而是他們的權力多麼有限，必須付出許多社會服務和犧牲。各位一定會以為，酋長既是有神聖光環加持的貴冑，自不需要受責任與義務的約束。事實並非如此。

其中一個理由是：人民不是笨蛋。我們大腦是受到天擇過程所設計，懂得迴避危險，包括迴避剝削。所以，由於演化歷史的緣故，酋邦的人民雖然容易被宗教觀念和宗教感情愚弄，卻不至於輕易就完全蒙蔽雙眼。大溪地人形容濫權的酋長是「吃掉政府太多權力」，而要避免這種罵名才符合酋長本身的利益。人類學家克里克（Patrick Krich）在《玻里尼西亞酋邦的演化》（*The*

Evolution of the Polynesian Chiefdoms）中指出：「明目張膽胡作非為的酋長有可能會引起暴動。」這種酋長也有可能會招來不流血政變。在大溪地，如果酋長老是亂來，祭司和其他貴族就會走向他，對他說：「去吃沾大便的豬腿吧！王位已從你身上奪走。從此以後，你只能像尋常百姓一樣用腳在沙地上走路。」

另一個會使酋長守規矩的力量則來自其他酋邦的競爭。戰爭在玻里尼西亞司空見慣，在酋邦之間更是司空見慣。想要打勝仗，社會就必須非常有效率。如果統治階級老是當寄生蟲，獨占老百姓的勞動果實，那老百姓就會失去生產的誘因，最後導致敗仗連連，導致政權覆滅。反之，能促進社會團結和生產力的宗教，則不止可讓酋邦存活，有時還能征服較弱小的酋邦而更加壯大。正如人會模仿成功的人，社會也會模仿強大的社會。

這種社會間競爭所產生的動力，也許可以解釋一些讓人困惑的事實，包括為何酋長會拿子女來祭神，或為何社會群島的演藝人員被容許在公開表演時挖苦酋長（前者的可能解釋是，宗教若不要求菁英階層作出犧牲，便無法獲得百姓認同，進而無法讓社會產生足夠活力去面對其他社會競爭；後者的可能解釋是，諷刺可以讓狂妄的酋長知所節制，不致把社會推向毀滅邊緣。）

玻里尼西亞酋邦所展現的模式也見於其他酋邦，甚至其他類型的社會。這首先是因為，統治階級都是人，總會設法把文化（包括宗教信仰）導向對自己有利的方向。然而，這種努力必定會受到兩股力量的抵制，一股來自內部，一股來自外部。內部的抵制源於民眾對剝削的抗拒：一般人民會自覺或不自覺地捍衛自身利益。這種抵抗也許表現為起義，也許表現在抵制那些讓他們覺得不滿的宗教觀念（在東加，統治階級曾因為認定平民沒有死後生命而招來一些平民的不滿）。外部抵制則是源於統治階級必須面對來自其他社會系統的競爭，換言之是來自鄰近社會的競爭。

這會帶來一個持續的辯證過程：菁英階級利用權力不斷擴大權力，但這種自肥也會不斷受到草根階層的反抗，偶爾還會導致革命、軍事挫敗或經濟衰退。辯證過程的這兩方面分別可以帶給「馬克思主義者」和功能論者大量立論根據，但它們無一可以從中獲得決定性勝利。

這類演化過程並不太理會宗教中的神話細節或宇宙論細節。把神稱為坦噶勞或坦噶羅並不會對社會效率有太大影響，至於這個神祇在創造宇宙時是撐起天空還是堆起島嶼亦無關宏旨。然而，神祇會怎樣對人作出獎懲卻事關重大。高生產力和社會和諧都是社會面對競爭時的重要資產，所以在文化演化的篩選過程中能占上風。這也難怪玻里尼西亞各酋邦對某個神祇的身世雖然常常說法相左，但對這些神祇具有實用性的那些方面卻意見一致。在整個玻里尼西亞地區，神祇都鼓勵賣力工作，而反對偷竊或其他反社會行為。

當然，從我們的標準看，玻里尼西亞的宗教遠遠談不上是有效率的。它有太多無謂的迷信成分，也太過強調祭禮的用途。如果宗教把更多時間用在建造獨木舟而不是舉行祭禮，不是會更有效率嗎？它若是更鼓勵忠誠、慷慨之類的美德，不是對社會和諧更有貢獻嗎？它的獎懲不是更有影響力嗎？玻里尼西亞宗教固然強調犯罪者會有生病或死亡的風險，但它為什麼不祭出更火力強大的武器（例如天堂與地獄的觀念）？

針對這些問題，一個回答是：文化演化是需要時間的。你不可能指望一個盲目、跌跌撞撞的過程可以像變魔術一樣一蹴而就。酋邦的時代尤其如此。當時的文化創新不是以幾百萬個以電子方式連結的腦袋發展出來的，當時一個社會只有幾千個腦袋，而連結這些腦袋的只是石器時代的科技：步行和談話。社會與社會**之間**的接觸更是難上加難。

儘管如此，玻里尼西亞的宗教還是表現出一些相當老練的特徵，「曼納」的觀念就是一例。前面提過，「曼納」是酋長的權力保證，然而同樣的觀念卻又可把酋長搞垮。因為既然有效率的政府意味著領導者擁有大量「曼納」，那無能的政府顯然就意味著酋長的「曼納」寥寥無幾。

所以，如果酋長連吃了幾場敗仗，人們就會認為他的「曼納」不如一些常打勝仗的貴族戰士來得多。這種反饋機制可讓無能的酋長在釀出大禍以前被廢黜，所以照理說會更受文化演化所青睞。缺乏這種機制的酋邦很容易會被擁有這種機制的酋邦所征服。

與此同時，「曼納」的觀念也可以從簡單的邏輯獲得支撐。如果深受神祇喜愛的酋長會連連勝仗，那不斷敗仗的酋長便代表失去了神寵。事實上，酋長的無能幾乎非如此理解不可，否則宗教將無以處理人世間必有的榮枯盛衰。宗教想要生存，都得禁得起最粗淺的邏輯檢視，都必須有自己解釋上的「巧門」。如上一章談到薩滿師時，解釋的「巧門」就是把那些失職的酋長視為失去了神明眷愛。由於這個「巧門」，就算是權力神授的領袖也無法恣意胡搞。

這條大原則讓神界與凡界的關係變成是雙向的。既然人們相信神界管治著凡界，那麼，凡界的變化有時就會逼得他們非修改他們對神界的觀念不可。這是不經意發展而出的對稱法則，正如我們在下一章會看到的，這條法則大大影響著酋邦時代之後的神祇演化過程。

科學與慰藉

雖然形塑宗教面貌的是群體間的緊張關係（統治階層與普通百姓的緊張關係，社會與社會間的緊張關係等），但形塑的過程還會發生在更微觀的層次。倘若某種宗教「彌因」不能吸引某個人的頭腦，它就不可能從一個頭腦傳播到另一個頭腦，最後成為整個群體的共同信仰。而想讓某個「彌因」贏得熱烈歡迎，方法之一是把它設計得讓人覺得受用。

玻里尼西亞宗教雖然看起來嚴峻（它讓玻里尼西亞人必須擔負許多道德責任與儀式責任，因而也擔負了許多焦慮），但同時也可以發揮宗教常有的功能：讓人們在面對不確定感或煩惱時獲得安慰。在酋邦的時代，人們面對的困惑並不是哲學性的，而是像狩獵採集時代那般，最擔心的乃是物質性的問題：活命和保持健康。社會群島島民的一則夜間禱告如下：

> 拯救我！拯救我！
> 現在是黃昏：
> 諸神的黃昏。
> 看顧好我，我的上帝！

這則禱詞接著請求神祇保護禱告者免於「猝死」等事情，包括不受那些「頭髮總是豎起來」的「兇惡武士」所加害。禱詞這樣結束：「讓我和我的靈魂活著，可以在這個夜裡平安地休息。啊，我的上帝！」

宗教千百年來之所以能夠繁榮茁壯，原因之一正是它可以提供這類慰藉。然而，隨著文化演化的邁進，人們需要尋求的慰藉也有所改變，理由首先就是，那些讓人感到不安全的原因已經改變。例如，上述的禱文曾要求神祇保護禱告者免於陷入「土地界標的爭執」，而這類爭吵不可能發生在典型的狩獵採集社會中。宗教之所以會隨著文化演化而變遷，正是因為它需要去對治那些由文化演化所製造的新焦慮，即幫助「社會變遷」不受自身所危害。

但在今日，文化演化除了製造新的焦慮，還威脅著文化一向用來對治焦慮的工具：宗教。對很多人而言，科學的推進已經動搖了上帝的觀念，威脅到宗教的生存。

諷刺的是，科學的出現卻又大大受惠於宗教。玻里尼西亞人非常熱中於觀察夜間的星空。庫克船長指出，大溪地人可以預測星星在不同季節的出沒，「其精確度比歐洲的天文學家猶有過之。」就像大部分的玻里尼西亞文化一樣，如此精通觀星術既是出於實用動機（主要是漁船的導航需要），又是出於宗教動機。有學者把玻里尼西亞人稱作「導航家—祭司—天文學家」，指出他們都是在神廟的觀測柱上追蹤天體的軌跡。社會群島的一顆主要導航星是塔伊黎奧埃圖（Tai-Rio-aitu），它被認為是黎奧（Rio）的展現：黎奧是金槍魚和鰹魚漁夫的守護神，祂會為這些漁夫提供指引自是理所當然的。

由於玻里尼西亞人相信星星具有神性，又相信神祇可以控制天氣，難怪有些玻里尼西亞人會試圖透過觀察夜空預測天氣。真正讓人驚奇的是，他們非常成功。庫克船長指出：「他們預測天氣的能耐（至少是預測風向的能耐）大大超過我們。」[13]玻里尼西亞人會有這種能耐，顯然是因為夜空的星象和主要風向都是隨季節而改變。所以，星星和天氣之間確實是有對應關係的，只不過玻里尼西亞人誤解了這種關係罷了。儘管如此，科學進步往往就是由此而來：找出兩個變數之間的對應關係，再提出一個可能的（哪怕是錯誤的）解釋。在這個意義下，「科學」的起源是可以回溯到文字尚未出現的時代。

其餘的便是歷史了。古代對於對應關係的觀察和解釋最後帶來了現代的世界觀，後者又反過來認為早期的解釋粗糙不堪。現代科學就像現代經濟體系、法律體系和政府體系，都發展自某些初始的形式，而這些初始形式又跟宗教思想交織在一起。事實上，如果不是有早期宗教，我們也無法得到各種現代制度，因為正是早期宗教帶領人類社會組織與文化超越狩獵採集的階段。

在酋邦之後，社會組織演化過程的下一個主要階段是國家層次的社會（有時又稱為「古文明」）。與酋邦相比，國家層次的社會幅員更廣大，政府結構更複雜（有時甚至會出現科層制度），也有了更先進的資訊技術（通常是成熟的書寫系統）。但另一方面，這樣的社會仍與酋邦非常相似：宗教依舊瀰漫在人們生活的各層面裡。

我們在下一章會看到，最能凸顯古代國家這種特徵的，是那框架住亞伯拉罕上帝誕生地的兩大古文明：一是位於其北面與東面的美索不達米亞，一是位於其南面與西面的埃及。這個「框架」不僅是地理意義上的，因為美索不達米亞和古埃及所呈現的一些神學基調，日後將會重現於古以色列人的宗教裡，他們神明的某些特徵也會像DNA一樣鑲嵌在興起中的亞伯拉罕上帝（耶和華）體內——而這大概不是一種巧合。

另外，在美索不達米亞和埃及所出現的神祇，日後也會成為耶和華誕生環境的一部分：他們有些會移民到以色列，搶走一些原應屬於耶和華的信徒，因而招致祂的嫉妒；另一些則會隨同美索不達米亞人一起入侵以色列，並在宗教史上影響至深的一次行動中，把耶和華的神殿夷為平地。

這一切，都有助於把耶和華塑造為以色列土地上的獨一真神，為亞伯拉罕系三大宗教播下種子。總之，在美索不達米亞和古埃及，宗教和眾神（gods）的演化，都向著西方宗教和上帝（God）的方向演化。

13 梅肯森（Maude Worcester. Makemson）指出，對於何以觀察夜間星象可以預測風向，玻里尼西亞人提出的解釋是：當風接近時，會先吹過銀河，影響其斜度。與其他解釋方式相比，這解釋顯得要「現代」許多，因為其他地方（如安格頓島Ongton Java）的玻里尼西亞人多認為，星體位置與主要風向會有對應關係，是因為風乃是由星辰代表的神祇所操縱。

04 古代國家的眾神

Gods Of The Ancient States

在古代的美索不達米亞，神祇的名字第一次被載入歷史，但這些神祇往往不怎麼聖潔。其中一個顯赫神祇名叫恩基（Enki），據說，他有一次因為喝得酩酊大醉，把統治文明的神祕力量讓給了女神伊南娜（Inanna）。伊南娜不是個穩重負責的女神，她雖然聰明（否則哪能把恩基灌醉），卻非常放縱，很多時間都在享受魚水之歡。據公元前第二千紀初期的一首頌歌記載，伊南娜（那時她已改名為伊什塔爾，Ishtar）「讓六十又六十個年輕男子趴在她的裸體上尋求滿足。那些年輕男子一一累倒，但伊什塔爾從不會累。」有一段時間，伊南娜／伊什塔爾是妓女的保護神，又被認為會幫助通姦的婦人掩護姦情。（一份美索不達米亞古文書記載，有個婚外情懷孕的婦人看著丈夫的臉，這樣向伊什塔爾祈求：「我希望小孩能長得像他。」）大神恩基也不是什麼有德之神，他除了有時會縱欲，有一次還降下大洪水淹沒全地。《聖經》也有大洪水的故事，故事中只有諾亞（Noah）一家倖免於難，但諾亞的上帝會降下大洪水，是為了懲罰人類的敗德。恩基的動機可沒那麼正當：他是因為人類太吵，害他睡不著，所以想用洪水滅絕人類。

簡言之，早期美索不達米亞文明裡的神祇就像酋邦或狩獵採集社會的神祇，基本上擁有跟人類一樣的七情六欲，不同之處只在於擁有超自然力量。古埃及、古中國和其他同時期的文明也是如此，它們的社會組織雖然已脫離酋邦階段，但「原始」宗教和「文明」宗教的界線卻依舊朦朦朧朧。這時期的神祇都不是美德的鼓勵者，而如果說他們多少有些愛心和慈悲心，那他們的狡詐和兇殘也不遑多讓。另外，這些神祇雖然具有人類的心智，外貌卻千奇百怪，有些甚至長得像爬蟲類：在埃及一間供奉鱷神塞貝克（Sobek）的神廟裡，考古學家發現了一具有數千年歷史的鱷魚木乃伊。

「原始」神祇和早期國家神祇最顯著的差別，在於其規模和壯觀程度。玻里尼西亞人把神供奉在小間的金字塔式廟宇（稱為「馬拉」，mara），美索不達米亞人則把神供奉在大間的金字塔式廟宇（稱為「塔廟」，ziggurat）；玻里尼西亞人用木頭或石頭為神造像，古埃及人則用黃金，又把神像四周的空間裝潢得美侖美奐。

當基督教早期的思想家看見這些古代宗教的殘餘物，往往相當驚駭。古代的神祇不止常常是些不講道德的動物神，還會因為四周精美裝潢的襯托更顯怪誕。亞歷山卓的克雷門（Clement of Alexandria）就說：「埃及人的神是隻在紫褥長榻上打滾的畜生。」

克雷門是公元第二世紀末的人，當時我們所熟悉的西方宗教已大致定型：相信獨一真神，相信這神是善的，不會為私欲而行事，致力於促進人類道德，並且照顧世上所有人。換言之，這宗教是**一神教**，以**道德**為核心，並且帶有**普世主義**色彩。

上述三個元素的最後兩個可以強有力地互動。單有道德內涵的信條未必是好東西，因為即便是窮凶極惡的種族主義者，一樣可以對自己種族的成員友善，而在這個意義下他可以說是道德的。但如果神祇要求你以對待鄰舍的態度對待其他種族或國家，那麼要合理化剝削外人的行為便會困難得多（起碼理論上是如此）。到了克雷門的時代，這種主張已明確納入基督教會的教義，而克雷門也為文攻擊過種族主義（當時有人以此來為奴隸制度辯護）。

所以，克雷門很自然會對神祇採取高標準。從他身處的制高點看去，有兩個迥然不同世界：一個世界以公元前第一千紀的希伯來上帝開展而出，並在這一千紀晚期由耶穌基督開花結果；另一個世界則是更早之前的世界，由各種舊有宗教混雜而成。

然而，這是個錯誤的二分法。無疑，當宗教進入歷史記載的時候（公元前第三千紀初前後），並沒有一神教存在的跡象，更沒有以道德和普世主義為核心的一神教存在的跡象。同樣無疑的是，有長達數千年時間，上述三個元素都沒有充分結合。不過，在公元前第三千或第二千紀期間，這三個元素卻是或多或少出現在這個或那個國家（哪怕是以簡陋的形式現身）。更重要的是，最後兩個元素的結合已經開始扎根，也就是對其他土地上的人給予道德關懷。所以，克雷門所敬拜的那個上帝，其實正來自於克雷門所鄙夷的那些宗教。

尤有甚者，這些宗教所助長的道德進步乃鑲嵌於宗教的根本邏輯，再由社會演化的基本方向誘導而出。一路下來，文化演化都推動著神祇（也因此是推動著人類）朝向道德的啟蒙。

有案可稽的神祇

不管就何種意義而言，有關宗教的最早文字紀錄都是破碎的。首先是字面意義的破碎：考古學家跑遍整個美索不達米亞，找到的不過是一些列著神祇名字的泥版或泥滾筒（clay cylinder）。但這還算是好的。在埃及，書吏（scribes）用來書寫的材料不是泥版，而是很容易腐爛的蒲草紙。所以，最早期古埃及人能留存下來的文字紀錄大多是墓穴牆壁的銘文，它們無法呈現埃及宗教的全貌自不待言（一如現代紀念碑的銘文無法反映現代文化的全貌）。據公元前第三千紀的一篇銘文記載，埃及天空女神努特（Nut）說過：「國王是我的長子……他非常得我歡心。」但我們卻不知道她對平民百姓的感受為何，也不知道他們對她是什麼感受。

古中國的文字紀錄同樣簡略。已知最古老的中國文字記載來自公元前第二千紀的商朝，記載在牛骨和龜殼上，內容都是向神祇的問卜之詞。占卜時，首先由國王的雕刻師把問題刻在龜殼或牛肩胛骨，然後占卜師會把甲骨放在火上燒，直至出現裂痕，再從裂痕判讀信息。例如，商王武丁因為牙痛，他的占卜師便在五塊龜殼上燒出七道裂痕，要以此斷定這牙痛是不是武丁其中一個祖先作祟，如果是，又是哪個祖先在作祟。最後答案揭曉：元兇是商王的叔叔父庚。這個占卜結果被刻在甲骨上：「侑父庚一犬，分一羊……如祭，齒疾無咎。」這對國王來說當然是個好消息，但我們卻無法憑這段甲骨文知道一般百姓要是牙痛的話該怎麼辦。

美索不達米亞的日常書寫材料是泥版，所以能夠留存下來，等待考古學家去發現。儘管如此，泥版的內容一定是片面的。當時幾乎無人識字，而且文字難於掌握，沒有簡潔的音標字母，一個字或一個觀念還得用一串複雜的符號來表示。書吏都是由統治階級訓練來為統治階級服務，所以，即便是在美索不達米亞，被記錄下來的宗教面貌也只是**官方**說法，不是故事的全部。

但有一項事實可以幫助我們克服這種偏頗：古代國家曾經興起於不同時間和不同地區。美洲要比東半球更晚才有人居住，農業和國家也出現得較晚，所以當歐洲人「發現」美洲之時，便可從阿茲特克人和馬雅人那裡目睹「古代國家」的日常生活面貌。當時中美洲土著已經發展出早期的書寫系統，可悲的是，發現美洲的歐洲人要比早期造訪玻里尼西亞的歐洲人兇殘許多，以致不多久，原住民的文化便遭受擾亂，有時甚至被抹除。在十六世紀，曾有西班牙主教下令把一大批寶貴的馬雅文書付諸一炬。當然，他還下令燒死了一批馬雅人。

儘管如此，我們還是可以從留存至今的一些記載，一窺古代中美洲文化日常生活面貌。從這裡我們能得到所預期的印象：從酋邦蛻變而成的早期國家，其宗教也保留著相當多酋邦時代的痕跡。特別是，受國王敬拜的神祇一樣受到尋常百姓的尊崇。當然，中美洲宗教並不是只有這些神祇，而是還包括尋常百姓倚賴的各種符咒、法術和卜巫活動。儘管如此，「官方」的國教仍然受到大眾的接納。

不同古代國家的神祇性格往往大異其趣。例如，祖靈和祖神的觀念雖然見於每一個古代國家，但它在古中國宗教裡的角色特別吃重。又有一些文明的神祇顯得較為神祕和難以名狀（有些人認為，這些「神」只是非人格的「力量」而非擬人化的「神靈」，但這種主張禁不起嚴格檢視[1]）。然而，各古代國家的神祇仍有個非常重要的共通處。這一點，從不同學者對不同古文明的描述可見一斑。埃及：「其文化與社會的最大特徵是無所不在的宗教信仰。」中國：「相信人類的命運離不開超人類的世界。」馬雅：「馬雅世界的一切都是不同程度地浸透在看不見的力量或神聖特質。」阿茲特克：「其存在完全環繞宗教而旋轉。所有私人或公共活動皆受宗教情感影響。」美索不達米亞：「神祇持續不斷介入各處並參與一切。」

這一點，大概可以解釋古代國家的神祇何以數目驚人！公元前第二千紀，美索不達米亞的書吏曾為各城邦的神祇進行一次人口普查，得到的神名將近兩千個。[2]古代國家的神譜通常包含大量的自然神（太陽神、月神、風神和豐饒之神）以及各行各業的守護神（特別是農人之神、書吏之神、商人之神和工匠之神）。美索不達米亞的神譜從製磚之神到釀酒之神無所不包，而在阿茲特克社會，強盜甚至有自己的守護神。還有些神很不好歸類：馬雅的自殺之神、美索不達米亞的「畜欄之主」，還有埃及守護肺臟、肝臟、胃和腸臟的八個神祇（兩個神守護一個器官）。

就像史前時代的神祇，這些神祇要求人類提供祭品和服務，並會以此為根據，作出獎懲。各個古代國家都會向神祇獻祭、獻媚（換一種說法是「敬拜」），以及照顧神祇各方面的需要（一塊美索不達米亞泥版寫著：「當你為神祇清潔牙齒時，應該……」[3]）。結果就是，人與神在每一處都形成了共生關係，彼此都會需要對方。古代國家就像酋邦一樣，政治領袖都是人與神的中介，甚至是人神關係的界定者。在古代國家，宗教都是用來為權有勢者保持權勢。[4]

所以，古代文明之間雖然隔著海洋，學者對它們的描述卻非常相似。一個學者指出，馬雅國王「是管道，讓超自然力量得以透過他們而進入人類領域。」另一個學者指出，埃及國王是「人神的唯一中介，唯有他可以事奉眾神，讓能量之流繼續源源不斷（流入世界）。」

秩序與混亂

要是沒有國王來扮演這種角色，會有什麼後果？混亂！美索不達米亞人的宇宙論相信，宇宙一度瀕臨大混亂，有賴人類及時發明了王權制度，宇宙才轉危為安：靠著國王之助，那些喜歡秩序的神祇才能打敗老一代的神祇（這些老神不喜歡秩序）。古埃及人相信，混亂的力量在國王駕崩時特別強大（這種說法無疑更有利於正統繼承人而不利於有心篡位者）。阿茲特克人則是相信，這世界「脆弱而不牢固……本質是不穩定的……隨時都可能會失去平衡」，墮入「黑暗與空虛」。幸而，這種災難可以透過活人獻祭來加以阻止，因為人血可以讓太陽獲得足夠養分，有氣力馳行過天際，打敗黑暗。由於每個月拿幾百人獻祭不是玩票者可以勝任的工作，所以宗教領袖和國家領袖的角色便變得無比重要。

他們會攜手合作。首先，國王會派兵征服鄰近的民族，抓來大批可供獻祭的活人。這種行為

1 例如，沙雷爾便曾主張：「認為他們（馬雅人的神祇）就像古希臘和古羅馬的神祇那般，具有鮮明或擬人特徵，乃是錯誤見解。」然而，他又說過，這些神會欣賞音樂，更重要的是，他們會期待吃到人類獻祭的祭品，並會在人類疏於獻祭時勃然大怒。

2 有時候，不同的神名可能是指涉同一個神祇，但不管怎樣，都不會有人同時崇奉這名單上的所有神。有另一份同時期名單列舉的神名是三千六百個。

3 這記載見於一塊公元前第一千紀早期的泥板，對於應該如何為一尊神像清潔口腔有極其詳細的說明。美索不達米亞人相信神祇與神像的關係極為密切，有時甚至相信神祇就是住在他們的神像裡。

4 古埃及、美索不達米亞、古中國和中美洲的統治者全都多多少少以神祇子嗣自居。

完全具有正當性，因為阿茲特克人相信，他們乃是羽蛇神（Huitzilopochtli）的選民，曾在羽蛇神的帶領下走出曠野。接下來就由宗教領袖接手，把俘虜帶到神廟頂端，直接挖出他們跳動的心臟，再把屍體推下神廟樓梯等（如果是向火神獻祭，則是先把俘虜投入火中，再用鉤子鉤出他們還在跳動的心臟。）阿茲特克人相信，這種死法對被害者來說只有好處沒有壞處，因為他們死後將會享受美好的生命。

然而，這種政教共生關係並非所有地方和所有時代都運作暢順。祭司就像任何人一樣，總是野心勃勃，一旦他們的勢力到達高點，就會跟國王發生權力鬥爭。儘管如此，史賓格勒（Herbert Spencer）在十九世紀對早期文明的描述（「起初，教會和國家是無法區分的」）大體上仍是對的。政治領導階層和祭司階層共同壟斷了神聖知識，以確保自己的地位和勢力穩如磐石。

在這裡，功能論者和「馬克思主義者」照樣可以爭論他們的老問題：國家和教會所形成的共同陣線到底是好是壞？「馬克思主義者」會指出，不管是在古埃及、美索不達米亞、古中國還是中美洲，一個國王死後往往用數以十計甚至百計的人陪葬。對此，功能論者可以回答，菁英階級雖然不用陪葬，但一樣要作出犧牲，例如阿茲特克人的祭司都需要齋戒、獨身，並定期用仙人掌的刺刺穿肌膚。若有人不相信宗教也會要求統治階層付出代價，可以看看這個事實：馬雅人在開戰前舉行的儀式中，國王都得用一片松脂石刺穿自己陽具，再於穿孔處穿入一根繩子，打上結。

但「馬克思主義者」也可以指出，在古代國家，「教會」都是經濟體裡的巨頭，掌控著大比例的農業、貿易和金融活動。例如，在住有兩萬五千人的阿茲特克城市，光是一家廟宇就會雇用五千人。美索不達米亞城市的某些「教會」擁有的土地更是高達四分之一。在一份巴比倫的文書上，我們讀到有個人向「女祭司阿馬特——沙馬什」（Amat-Shamash）借了些銀子，並答應會「付給太陽神利息」（利率看來是比俗世的借貸市場還高）。

要回應這個論點，功能論者可以指出，美索不達米亞的廟宇會負責照顧孤兒、寡婦、窮人和盲人。他們還可以補充說，政教的產業複合體固然會使經濟體系顯得頭重腳輕，但有個「頭重」的產業複合體總勝於沒有任何產業複合體。

然而，如果你是想為古代宗教辯護，那設法推翻「馬克思主義者」的立場恐怕不是最明智的策略。更佳方法毋寧是吸納部分「馬克思主義者」的世界觀，再推陳出新：一方面承認古代宗教主要是服務政治和經濟權力，然後再看看權力結構在幾千年發生了何種變遷，以及這種變遷如何一再重塑宗教。就某些方面而言，這個變遷是往好的方面轉。事實上，正因為神界的邏輯是受到人間的政治和經濟邏輯牽引，宗教才會變成有助於道德啟蒙的動力。這也是道德關懷和普世主義會匯流的主要原因，易言之，這就是道德關懷的圓周會隨著時間逐漸擴大到部族與種族邊界之外的主要原因。只有了解了神祇是怎樣服膺於最具體的人間事實，我們才能了解神祇後來怎麼會變得超凡飄逸。

道德圓周

要讓道德關懷的圓周擴大，首先這圓周要先存在，即原先就得有一套鼓勵與人為善的規範。不過，人類社會原本就一直有這類東西存在，而到了古代國家的階段，這套規範也比前先任何時代更能從宗教得到支撐。

美索不達米亞的神祇清楚勾勒出一套道德綱領，從一般性規範（設法幫助別人、不可傷害別人等）到特定性規範（不可在溪水裡小便或嘔吐），粲然大備。雖然遵從規範的人不會因此上天堂，違反者卻會在此生便嘗到一點地獄的滋味，諸如生病、死亡和得到其他煩惱。為此目的，神祇雇用了一支精於此道的警隊：一些名叫「發燒」、「咳嗽」、「黃疸」、「顫抖」的妖怪。有個妖怪負責引起疫病，有個叫「滅絕者」的女妖則專門殺死小孩。這一切設計足以讓人不敢小便在溪水裡。

古埃及人和馬雅人相信說謊可以讓人生病。阿茲特克人相信，在長可可豆的灌木叢裡撒尿會得到皮膚病，犯通姦者會招致咳嗽、消瘦及罹患肺病等懲罰（還有就是，當通姦男女走過一隻年輕火雞身邊時，火雞會馬上兩腳朝天死翹翹）。如果一個阿茲特克年輕人為榮耀神而刺穿自己陽具，卻因此昏倒，就表示他沒有守貞（我們當然會認為他會昏倒的理由不在此）。在大約同時期的印度，《吠陀》系列的經卷亦提到，偷竊行為可為犯者招惹疾病和其他禍殃。

古代某些道德指南即便沒有提到神祇的責罰，一樣具有宗教向度。一個例子是埃及的《普塔霍特普教諭》（*Instruction of Ptahhotep*）。這本書是供上層階級年輕男子閱讀的行為指南，它並沒有仰賴神祇的懲罰來鞏固它的訓誡，但因為它的知名作者普塔霍特普在死後被奉為神，約束力遂變得比一般勸勉書籍要大許多。另外，它還借用埃及人一某些形而上／宗教觀念：如卡（ka）這個觀念（它是指一個人的靈或魂）。書中有一條勸戒這樣說：「別做大小壞事，卡厭惡這種行為。」

這一切都不足以讓人驚訝。先前提到，就連在玻里尼西亞的酋邦，宗教都開始回應道德的需要，否則無法維繫面積比狩獵採集村落大，結構也更加複雜的社會組織。在古代國家，一個城市的人口數有時會多達數十萬，維持秩序的需要也變得更加迫切。正因如此，鼓勵人們與人為善的宗教會比不這樣的宗教更具競爭力。[5] 所以，不管神祇喜歡秩序討厭混亂之說對統治階層有多少好處，此說都符合社會的實際需要。神祇的存在（至少是相信神祇存在）保護了古代文明，讓它們較不容易受到脫序力量的威脅（這力量就蘊含在日益複雜的社會結構裡）。

另外，就像玻里尼西亞的酋邦，古代國家的宗教主要是利用個人的利己心態來達成維持社會秩序的目標。它們告訴人：如果你不想生病、早死或得到其他各種小煩惱，如果你不想被神懲戒，想要你的卡運作正常，那你最好是循規蹈矩，別破壞社會和諧，善待國人。

但對待其他城邦、其他國家、其他社會的人又是如何？對待不同信仰、不同膚色的人又是如何？我們有理由不去傷害他們、搶奪他們的土地或殺死他們嗎？為什麼宗教會鼓勵不斷擴大道德關懷的圓周？這種神聖的感情是從何而來？答案是，從具體的現實環境而來。

神祇作為地緣政治的潤滑劑

美索不達米亞的歷史肇始於一堆雜七雜八的城邦。大部分城邦都有一間主廟，用來供奉一個主神，如尼普爾（Nippur）是拜恩利勒（Enlil），埃利都（Eridu）是拜恩基。偶爾，一個城邦會同時有兩個主神，例如，烏魯克（Uruk）就同時供奉安恩（An）和他的妻子伊南娜（男神有這女神當配偶，永遠不用擔心欲求不滿）。此外，每間神廟還會供奉一些小神，他們是主神的親戚、顧問或助手。

這些城邦還沒有結合成單一政府。要到公元前第三千紀伊始，它們才因為通商和戰爭的關係開始互相接觸。一旦它們知道彼此的存在，可能便得面對一個問題：該如何看待對方的神祇？該怎樣看待不同於自己那一套的宗教真理主張？

5 一個可能的例子見於公元前第二千紀晚期的中國，當時，商朝被周朝取而代之。商人的主神是「上帝」，而就我們所知，這個神並無明晰的道德向度，反觀周人的主神「天」卻有著道德關懷，而且他的這一面最後還壓倒了對正確祭禮的講究。

就我們所知，答案是：他們對別人的神祇非常寬容，因為他們不認為彼此的信仰有何衝突。這些美索不達米亞人都是多神教徒，而對多神教徒來說，神祇的數目原則上是沒有上限的，因此在與其他民族接觸時，不需去挑戰別人的神祇。甚至，如果你想跟別的城邦發展出良好關係（如通商和軍事結盟），就不止需要寬容對方的神祇，還需要悅納對方的神祇。這樣的話，說不定對方會禮尚往來。

這種事看來確曾發生在早期的美索不達米亞：各城邦的主神逐漸結合為全區域承認的一個神團——更精確的說法是這些神祇形成了一個氏族，因為隨著時間推移，各城邦的神祇慢慢發展出血緣關係，而人們對諸神之間的父子叔伯關係也一日比一日有共識。[6]

這些神祇也慢慢發展出大略的勞動分工：某個城邦的主神掌管太陽，另一個城邦的主神掌管穀物，第三個城邦的主神掌管愛（這職位當然是伊南娜的囊中物），等等。在美索不達米亞，由於每個人都需要太陽、穀物和愛，一如考古學家蘭伯特（W. G. Lambert）所說的，這意味著「每個社群的生活都依賴著全區域中的大多數神祇。」

換言之，美索不達米亞各城邦出於通商或締結軍事同盟的需要，逐漸形成了相互依賴的網絡，而這種相互依賴性也精確反映在宗教層次：神祇朝普世化邁出了一步，把自己管轄範圍從單一城邦擴大到全美索不達米亞。所以，穀神雖然一開始只是個地方性神祇，此時卻可以蔭庇全美索不達米亞的穀物。如此看來，宗教有時看似國際和諧的障礙，有時則未必如此。

當然，我們可以用較不相信人性的眼光來看待這種演變。假定你是某個城邦的國王，而你想跟另一個城邦通商。你知道，該城邦國王的王權是靠該城邦的主神加持，所以，他會為主神設廟，既是為了彰顯主神的權力，也是為了彰顯自己的權力。甚至，你知道該廟的祭司是經濟上的巨頭，控制著一些你也想分一杯羹的跨城邦貿易。所以，這時你最不該做的便是貶低他們的神祇，而最該做的是擁抱他們的神祇。從這個角度看，神學上的開放心胸歸根究柢乃是一種經濟上的利己心態。因為通商可讓雙方互蒙其利（經濟互動是「非零和」的遊戲），雙方本來不相為謀的神祇便可能因此找到了共同基礎。當一個國王想跟另一個國王結盟時也是如此：信仰間的和諧可以來自開明的利己心態。

但這並不表示，信仰間的和諧一定是各城邦盤算過利害得失的結果。利己心態有時只會作用於潛意識層面，而有證據顯示，一些古代國王是真心信奉外邦神祇的。這並不表示宗教感情只是一種「附帶現象」（epiphenomenon），即只是政治現實和經濟現實的反映，無力影響政治和經濟。誠如蘭伯特所指出，早期美索不達米亞雖然沒有統一的中央政府，卻具有「文化上的統一性」。這種統一性看來很有可能就是來自宗教信仰的力量。在一個人人都害怕神祇和急於取悅神祇的年代，諸城邦神祇之間的勞動分工想必會增強城邦之間的感情紐帶。不管你相不相信宗教情感力量真是源自神祇，這種力量都再真實不過。

早期的國際法

宗教可以潤滑地緣政治的現象並不是只見於國家層次的社會。玻里尼西亞各島的島民有時也會前往他島，參加在「國際性」神廟舉行的祭典儀式。然而，社會組織得演化至國家層次，神祇才可能支持我們可稱之為「國際法」的東西。以下是古埃及人和西臺人（Hittites）在公元前第二千年紀簽訂的一份和約部分內容：

6 有關美索不達米亞萬神殿在公元前第三千紀的理性化現象，另參見Battero（2001），pp. 48-54。

在西臺和埃及的土地上，誰不遵從書寫於這塊銀板上的內容，都願西臺的千神和埃及的千神摧毀此人的房屋、國家與僕人……然而，誰若是遵守書寫於這塊銀板上的內容，不管此人是西臺人還是埃及人，都願西臺的千神和埃及的千神賜此人健康長壽，並保守此人的房屋、國家與僕人。」

甚至早在公元前第三千紀，神祇和國際法的緊密關係便已見於美索不達米亞諸城邦。從記錄在一個泥滾筒上的銘文，我們得知拉格什（Lagash）和溫馬（Umma）這兩個城邦是如何解決領土糾紛：「全地之主與眾神之父恩利勒用他的敕令為拉格什的神和溫馬的神畫出一條邊界。基什（Kish）的國王按恩利勒的吩咐測量出界線，並在那裡豎立一塊石頭界碑。」

不過，協議要獲得遵守，有時單靠神祇的監督是不夠的。例如，上述提到的敕令後來就被溫馬國王破壞，結果受到基什國王出兵懲罰（歷史記載則說是基什的主神透過基什的軍隊來懲罰溫馬國王）。不過，這類條約通常都會得到尊重，因為作為調停者的通常都是特別強大的城邦，它在必要時會充當強制執行者。在這件事情上，神祇再度顯示出會按照地緣政治的邏輯來演化，然後再回頭強化這邏輯：當某個城邦崛起而成為地區霸權時，該城邦的主神在美索不達米亞神譜中的地位亦會獲得高升。同樣情形也見於較地方性的層次：一個城市的神祇會比周遭小鎮的神祇地位更高。正如考古學家蘭伯特—卡爾洛夫斯基（C. C. Lamberg-Karlovsky）和薩洛弗（Jeremy Saloff）所指出，在美索不達米亞各社群之間，「神祇所保障的均衡性」是靠「受神學啟迪的理念」來支持。

「神祇所保障的均衡性」一語聽起來很正面，卻有不那麼光明的一面。事實上，美索不達米亞的區域性均衡乃是靠一些稱霸的城邦來維繫，而這些城邦建立霸權的方法往往是傳統的方法：

殺死一堆人。戰爭在古代世界是家常便飯，如果我們要把戰爭責任怪罪給誰，不提到神祇就有失公允。正如薩格斯（H. W. F. Saggs）所觀察到的：「不論在何處，人們都是奉神祇的名義發起戰爭。」另外，一個城邦在建立起霸權後，並不是只會無私地肩負起維持地區平衡的責任，而是還會向較弱小的城邦索取進貢。

哪怕古代神祇應該為他們所鼓勵的殺戮和敲詐負責，他們仍然有申請減罪的條件：他們的存在帶來了相對較長的和平。美索不達米亞的均衡雖然不時會被暴力打斷，但這均衡仍然潤滑了貿易和其他形式的互動，因此促進了相互依賴，而相互依賴往往會帶來文化間的相互容忍和神祇的普世化。

隨著公元前第三千紀結束，這種維繫地區秩序的方法（即依靠一個地區性強權來組成鬆散的地區性聯盟）也讓渡給更堅實方法：中央集權的地區性國家。就像大部分地緣政治上的變遷，這個變遷也是來自武力征服；而就像大部分古代世界的軍事征服一樣，這些征服最終也擴大了潛在相互依賴的範圍。

此時，諸神再一次證明了自己具有很大的可塑性和適應能力。我們知道，諸神在公元前第三千紀之初曾發生演化，以便維繫美索不達米亞南部眾城邦之間的鬆散聯盟。同樣地，諸神在公元前第三千紀晚期也進一步演化，而這次演化的目的是維繫一個更大的美索不達米亞統一體。諸神能做到這一點，主要靠的是我們聽起來也許會感到驚訝的事實：在古代世界，征服者（至少是那些雄才大略者）通常不會搗毀被征服者的偶像，反而是傾向於膜拜它們。

薩爾貢帶來的舞台擴張

公元二三五〇年前後，阿卡德的薩爾貢（Sargon of Akkade）成了美索不達米亞的第一位大征服者。他的根據地位於美索不達米亞北方，而為了讓被征服的南方保持順服，他進行了一場以多元文化主義為內涵的改造工程。南美索不達米亞的居民種族上屬蘇美人，說的也是蘇美語，所以，對他們來說，薩爾貢是個異族：他是阿卡德人，說的是閃族語系的阿卡德語（這裡的「閃族」不是指「猶太人」[7]；「閃族語系」指的是後來同時演化出阿拉伯語和希伯來語的語系）。

幸而薩爾貢是個神學彈性很大的君王。雖然他靠阿卡德眾神的護佑才得以征服蘇美人，但他並沒有把蘇美人的眾神視為敵人。在攻克尼普爾之後，他取得當地祭司的首肯，宣稱他的勝利是出於偉大蘇美神恩利勒的旨意（尼普爾國王戴著枷鎖示眾的樣子應該可以印證這種說法）。另外，相信天空之神安恩的信徒也獲得讓他們大為振奮的消息：薩爾貢原來是安恩的妹夫！

接下來，薩爾貢進而向蘇美女神伊南娜求愛。雖然伊南娜對男人出了名來者不拒，但薩爾貢還是採取了萬全的步驟。他把女兒恩海杜安娜（Enheduanna）冊立為烏爾（Ur）的女大祭司（烏爾是蘇美人的宗教重鎮），而這位女大祭司也不吝在詩歌中用最訶諛奉承的諛詞來稱美伊南娜：「偉大的后中之后，汝誕生自神聖的子宮……汝是全知的聖哲……蒼生萬民的扶持者……是天基與天極的資深女后……汝之無上地位高出眾大神何其多。」

但伊南娜的地位沒崇高到能夠保住原名。阿卡德人自己便有一個與伊南娜相似的女神，名叫伊什塔爾，而為了用神祇來保障阿卡德—蘇美帝國的統一性，薩爾貢逕稱兩個女神實際上是同一人。既然是同一個神，何必用兩個名字？自此以後，伊南娜都叫作伊什塔爾。

宗教信仰或宗教觀念的焊接是軍事征服後常見的文化統一手段，而最常被焊接的往往是神祇自身。當然，當兩個文化開始融合時，總會有些神祇未能完全相配。例如，有些蘇美神祇因為沒有相似的阿卡德同僚，所以進入阿卡德文化之後或是繼續保留原名（恩利勒是如此），或是略為改名（如安恩變成了安魯〔Anu〕）。但不論如何，大部分蘇美人的神祇都能繼續存在——若非完全保留原有身分，就是透過跟某個阿卡德神祇融合而活下去。這種事在古代世界相當常見（阿茲特克人每征服一地，都會例行性在國都興建一間廟，專門供奉該地的神祇）。有學者在談及公元前第二千紀中東地區的一波波征服浪潮時指出：「被征服的神祇極少會被攆走，這種事幾乎未曾出現。」

公元第一千紀的情形也是如此。亞歷山大大帝把當時已知的世界的大部分納入希臘人的統治之後，他對每個被征服民族的神祇都禮敬有加。後來，當希臘人從征服者淪為被征服者，他們自己的神祇也是受到同樣待遇。這就是何以我們只要把希臘諸神的名字稍作更改，就會得到一份羅馬諸神的名單：阿芙羅狄蒂（Aphrodite）改為維納斯，宙斯（Zeus）改為朱庇特（Jupiter），等等。在崇拜多神的古代世界，凡是聰明的征服者都會是個神學彈性很大的君王。這是因為當戰爭結束，你有一整個帝國需要管治時，再為神學問題爭論不休實在無謂之至。

看待這種神學彈性可以有兩種方式。一是把它視為帝國主義者冷酷無情方便好用的工具，是他們（如馬克思所說的）用來痲痹被征服民眾的鴉片。另一方面，你也可以把它看成是促進文化和睦的靈丹妙藥，因為不管征服者有多麼冷血，動機有多麼自私，長遠來說，他們都會把愈來愈多的人群和愈來愈大片的土地拉向經濟和文化上的交流。

薩爾貢把美索不達米亞宗教推得比以往更接近普世主義；他讓蘇美神祇走出他們的南方家

7譯注 作者會有此一說，是因為現代人都把anti-Semitism（反閃族主義）一詞理解為「反猶太主義」。

園，跨過一個文化的分水嶺。固然，這還不是那種外型簡單並去蕪存菁的普世主義一神教，即不是相信全人類都由單一個神所治理。儘管如此，在公元前第三千紀，當多神教證明了自己具有潛在的地緣政治實力之後，多神教向一神教又邁進了一大步。

邁向一神教

神祇反映著政治現實，而且不只是反映著美索不達米亞各城邦之間的政治關係，還反映各城邦內部的政治關係。城邦內部的政治秩序是縱向的不同於狩獵採集社會，城邦具有著清楚分明的領導階層，而城邦卻又如同酋邦，其領導階層是層級制的，只不過更精密又更官僚化。

人間如此，天上也是如此。每個城邦，甚至是後來的整個區域，除了有一個主神（有時會被稱為國王），下面還有眾多次級神祇，儼然是人間王廷的翻版。從公元前第二千紀的一份美索不達米亞古文書，我們看到具備以下頭銜的神祇：貼身男僕、主廚、司牧長、園丁、大使、高級官員、首相、副官、管家、秘書、哨兵、門房、法警、理髮師等。另一份美索不達米亞文書則記載，恩基（他本身是恩利勒的下屬）曾任命一個神祇為「河渠監督」，又任命另一個神祇掌管刑獄。

古埃及的眾神也是逐漸發展出等級關係。在中國的商朝，最高神是「天」，而他的臣屬包括了風神、雨神、河神、山神等等。[8]然而，就屬美索不達米亞的神祇層級化最為輪廓分明（至少他們的記載最為詳盡）。就像歷史學家博泰羅（Jean Bottero）所描述，在文明的破曉時份，美索不達米亞的諸神原是「簡單而不一致的集體」，但「經歷了數世紀的演化、神學反思和利害盤算以後，卻終而形成了一個真正組織化的超自然集團……它統治著人類，就像地上的的王權那樣統治著臣民。」

正如博泰羅所說的，這種「金字塔式權力分布」本身就是邁向一神教的一步。在恩利勒位居這金字塔頂端的那段日子，他被稱為「統治著天與地的大能統治者——他知道一切，了解一切。」當然，這記載也許誇大了當時的共識，因為美索不達米亞的作者就像其他多神教社會的作者一樣，書寫時難免會盡量迎合聽眾的口味。然而，邁向單一神祇的大權在握在當時確實是一種趨勢，而恩利勒的接班人也會把這趨勢推向新高，讓美索不達米亞向現代西方的宗教更靠近一步。

獨一無二的馬爾杜克

這個接班人是馬爾杜克（Marduk）。他應該是個會讓人望而生畏的神，因為據記載，「他的心是個定音鼓」，而「他的陽具是條蛇」，會噴發出黃金的精子。但這些記載都是出現在他位居至尊之後，而他並不是靠一己之力爬到這地位。拔擢他的人是巴比倫王漢摩拉比。後者是在公元前第二千紀初期登上歷史舞台，當時薩爾貢建立的阿卡德帝國早已滅亡數百年，而美索不達米亞再度四分五裂。

漢摩拉比最著名的功績是制定古代世界的第一部法典。今天，法律有時會被視為是宗教之外的選擇，是世俗的規定，由警察執法，不需要任何超自然力量加持。但在古代國家，國內法就像

8 不是所有學者都接受這種主張，但它還是受到廣泛支持。有更多學者接受此說適用於商朝之後的中國。中美洲的神祇要較不人格化，但這些國家處於較早期的社會演化階段，複雜程度落後於公元前第二千紀或第一千紀的美索不達米亞、古埃及和古中國。

國際法一樣，需要靠神祇作為後盾。

首先，漢摩拉比是在神祇的授權下制定法律的。法典開宗明義便申明，他會作王，乃是美索不達米亞兩位資深神祇恩利勒和安魯所授意，為的是「把公正的管治帶到人間，摧毀一切為非作歹的人。」法典最後又列出了大約三十位神的名字。有時，這些神還會扮演審判官的角色：可以把嫌犯被丟進河裡看看是否被河神抓走，以此證明他是否有罪。但這些神祇沒有一個獲得如馬爾杜克般的推崇。在法典的開篇處，恩利勒和安魯宣佈馬爾杜克是個「偉大」的神，又委任他「管治全地的人們。」

這對漢摩拉比來說是何等大好的消息！馬爾杜克是巴比倫城（漢摩拉比的大本營）的守護神，而漢摩拉比希望可以把巴比倫的勢力延伸到整個美索不達米亞。[9]如果美索不達米亞幾個最高神祇竟然願意鋪開紅地毯，讓馬爾杜克的治權可及於巴比倫城之外，對漢摩拉比當然是求之不得。儘管如此，漢摩拉比並未能達成自己的最高憧憬：征服美索不達米亞全境。然而，在接下來幾個世紀，巴比倫還是征服了整個美索不達米亞，而馬爾杜克也終於得以取代恩利勒，成了美索不達米亞眾神之首。

但為馬爾杜克吹號的人並沒有因此停止提高他的優越性。在後來的一個重要神學發展中，萬神殿中的眾神被進一步降級，從馬爾杜克的下屬淪為他的一個「面向」。例如，本是雨神的阿達德（Adad）成了「管雨的馬爾杜克」，而簿記之神納布（Nabu）成了「管簿記的馬爾杜克」。[10]一份美索不達米亞古文書則這樣讚美馬爾杜克：「納布（書板鐵筆的執持者）是你的長才之一。」就這樣，美索不達米亞的主要神祇一個接一個被馬爾杜克吞併。

這個演變算不算是向一神教邁出一大步？又為什麼有這種演變？學者的看法不一。他們有些人秉承人類學家泰勒的看法，認為從多神教到一神教的轉換是乃是歷史朝科學理性邁進的自然趨勢。根據這種觀點，美索不達米亞諸神會愈來愈層級化，反映的不只是層級式政府結構，還反映人們追求對自然界作出統一解釋的自然願望。所以，當馬爾杜克吞併其他神祇之後，他就變成了類似是解釋大自然的大統一理論。

有些學者相信，這種思想趨勢乃是科技進步所促使。例如，隨著灌溉技術出現、貯存技術的進步以及國家規劃事情能力的改善，人類不再動輒受變化無常的大自然所牽制，也因此較無需要用各種雜七雜八神祇的喜怒無常來解釋大自然的變幻無常。換言之，雖然科學探索在古代世界還未快速進展，但它也許已經拿掉了宇宙的一些神祕部分，進一步消除了人們對滿天神佛的需要。例如，美索不達米亞人原先都把日蝕歸咎於是妖魔作祟，所以每遇日蝕，都以敲鑼打鼓來驅散妖魔，然而，巴比倫的天文學家卻在公元前第一千紀發現日蝕是可以精確預測的。無疑，以打鼓驅走吞日妖魔的作法後來繼續存在，但這不代表人們繼續相信妖魔吞日之說，因為許多宗教習尚在基礎動搖以後依舊會繼續存在（例如，聖誕樹的某個斯堪地諾維亞前身，就也是一種驅魔道具）。

與這種「知性主義」解釋形成鮮明對比的是純政治性的解釋。後者認為，既然巴比倫打算永遠統治美索不達米亞，那最好的神學武器當然是把馬爾杜克的潛在對手一一化約為他的一部分。換一種較不低視人性的說法便是：如果巴比倫人想讓美索不達米亞全境的人民都和睦相處，還有什麼會更勝一個包羅眾神的單一神？

不管神祇概念在美索不達米亞愈來愈趨於一尊的現象該如何解釋，這種趨勢並沒有貫徹到

9 博泰羅似乎是主張，馬爾杜克是在《漢摩拉比法典》裡被提升為巴比倫城的守護神，但我們無法從法典本身看出這一點，而蘭伯特亦認為，馬爾杜克「一向」都是巴比倫城的守護神。

10 博泰羅指出了另外一個等式：「馬爾杜克就是農業之神魯塔（Nurta）。」

底，因為馬爾杜克最終還是被迫要跟另一個大神分享權力。儘管如此，馬爾杜克仍然是最趨近普世主義一神教的美索不達米亞神祇。事實上，一神教的邏輯和普世主義的邏輯是交織在一起的。如果馬爾杜克向一神教的演化真是出自政治動力（即以統合文化紛歧的地域為目的），他理應會把他的網撒得夠大，務求這網能涵蓋全境。他還真這樣做過。根據美索不達米亞古典史詩《創世史詩》（Epic of Creation）所述，馬爾杜克擁有「整個世界的王權」，且「世界的四個部分由他命名，人類是由他創造。」史詩中還暗示他不僅統治全人類，還對人類愛護有加：「他的心胸寬大，他的慈悲廣闊。」（不過別誤會，他的慈悲不是無限的：「他會鎮壓不順從的人。」）

如假包換的一神教

與此同時，遠在埃及，卻有一個神祇比馬爾杜克還要接近普世主義的一神教。這個神的故事說明了，通向一神教的道路不止一條。

在追求成為唯一真神的道路上，馬爾杜克起碼採取了一些外交手腕，沒有把事情做得太難看。無疑，美索不達米亞諸的其他神祇最後還是得俯首稱臣，接受他不優厚的合併條件，但他至少沒有否定其他神祇曾經存在或值得人尊敬。事實上，他的合法性就是奠基在他們身上。據《創世史詩》所述，有一次馬爾杜克邀宴全體神祇，等大家喝醉醺醺之後，唆使他們一起推選他為新領袖，又讓他們發誓保證：「眾神中沒有一個可以僭越你的邊界。」與此相比，古埃及的一神教實驗要事出突然許多，手法也沒那麼溫柔敦厚。這場實驗不啻一場神祇界的政變，而且還是流血政變。

策動這政變的是公元前十四世紀的一位法老王：謎樣又我行我素的阿孟霍特普四世

（Amenhotep IV）。到底阿孟霍特普四世此舉是出於宗教狂熱還是政治盤算，學者見解不一，但他們很少有人會否認，他的發難多少跟他登基繼位時的政治環境有關，或是跟這環境緊密交織的神學有關。

這套神學帶有初生一神教的正字標記，即它相信萬神殿裡有一個神祇凌駕於其他神祇之上。在阿孟霍特普四世登基以前，位居至尊的神祇是阿蒙（Amun）。自從埃及人奉阿蒙之名發動了一系列戰爭並連連得勝之後，阿蒙的權勢也與日俱增。大量的財富和土地流入了阿蒙的神廟，換言之是流入了阿蒙的祭司手中。我們有理由相信，這些祭司就是當初的主戰派，而隨著錢財滾滾來，他們也建立起並掌控著一個涵蓋採礦業、製造業和貿易等部門的商業帝國。

這個「聯合大企業」對新繼位的法老王有多大威脅，我們不得而知，但對於一個父王猝死而剛繼位的年輕人來說，他會沒有安全感是很自然的。[11] 人們所加給阿蒙的那個頭銜——「神中之王，君中之君」——當然也不會讓新君感到自在。更何況，偶爾還會有人主張，阿蒙不止高於眾神，還像馬爾杜克一樣，把其他神祇吸攝納在自身之內。[12]

為壓制阿蒙，新君求助於另一位備受尊崇的神祇：瑞（Re）。有時，瑞的身邊會伴著一個簡單的圖騰：一個太陽狀的圓盤子，有兩隻手，被稱為「阿托恩」（Aten，意指「圓盤」）。看來，這個太陽圓盤圖騰原是用來代表瑞所發出的光芒，但它後來逐漸演變為一個獨立的神祇，並且贏得阿孟霍特普四世的父王所青睞。所以，在打壓阿蒙之時，阿孟霍特普四世決定大大拔擢阿托恩，把他從一個不起眼的神祇提升為「生命的賜予者」和「世界的創造者」，說他「創造自

11 阿孟霍特普四世也許在父親死前不久便開始攝政。

12 雷德福引用以下的銘文作為證據：「所有神都在他裡面。」」當時，阿蒙早已跟一度是最高神的太陽神「瑞」融合，而兩神雖然會被合稱阿蒙瑞（Amun-Re），但阿蒙看來比瑞資深。

我」，「他發射的陽光令所有他創造的生物得以看見。」

這表示阿托恩比阿蒙更高一級嗎？不止高一級。因為阿孟霍特普四世下令把所有銘文中的「阿蒙」二字給剷去，人民名字裡有「阿蒙」字眼者亦得改名。至於一度位高權重的阿蒙祭司最後是什麼命運，我們不得而知，只知道他們是被派去採石場當搬石工。

阿蒙不是年輕法老的唯一眼中釘。他宣布，埃及既已有了獨一真神，「眾神」一詞便不得繼續使用，所有文字紀錄中的「眾神」二字亦得一律除去。所以，阿托恩不像馬爾杜克那般，是透過吸納其他神祇取得獨尊之位。他直接宣告其他神祇「不再存在」，而負責事奉他們的祭司團亦遭解散。法老繼而築了一座尊榮阿托恩的大城，取名阿肯塔騰（Akhetaten，意指「阿托恩之域」），並把國都遷至該地。他還把自己的名字改為阿肯納騰（Akhenaten，意指「阿托恩的助手」），自任為阿托恩的大祭司，宣稱自己是唯一真神的兒子，並受稱頌：「喔，太陽圓盤之英俊的兒子！」王的隨從並讚美這個太陽圓盤「沒有提升其他的王」。

馬爾杜克在吸納其他美索不達米亞大神之後，至少還留著少許神祇充當他的配偶與僕人，反觀阿托恩卻是絕對孤單地高坐在神殿的寶座上，清晰預示著希伯來人的耶和華。他也帶有耶和華的普世色彩：他被說成是人類的創造者，會照顧好所有人類。一首頌讚阿托恩的詩歌這樣說：

你讓所有人各有其位，
你供應他們所需……
他們的語言形形色色，
他們的個性亦是如此；
他們的膚色各有不同，

道德進步的根源

不過，這種跨種族的普世主義不是全新的東西，而阿托恩也不配稱為最大功臣。說來奇怪，居功厥偉的反而是被阿托恩斥逐的對手：阿蒙。由阿蒙所「倡導」的戰爭除了肥了他的祭司，也擴大了經濟和文化交換的圓周（大多數武力征服都會有這種後果）。從被征服地區進入埃及的除了外國奴隸，還有外國菁英：他們在埃及接受教育，日後回故土協助埃及主子治理殖民地。在這個過程中，埃及語吸收了大量外語語彙，埃及經濟體吸收了大量外國貨，而埃及的萬神殿也吸收了一些外邦神祇；反之，被征服地區亦吸收了大量埃及神祇。[13]

這種新的世界主義並沒有讓埃及人的種族主義和仇外心態神奇地瞬間消失，卻有助於削弱這些心態。除了有些外邦神祇會被埃及神祇收養為子女，也有些外邦人（包括奴隸）會跟埃及人通婚，從而提升了社經地位。過去，埃及的文學都會把外邦描寫得像蠻荒地帶，把外邦人刻劃得不堪入目，但自此開始，有些文學作品會讓埃及主角搬到國外，娶異族女子為妻，定居下來。

所以，阿肯納騰會把阿托恩塑造成唯一真神，把他說成是全人類的神，可以說只是時代氣氛的反映。埃及學家瑞福德（Donald Redford）指出，在帝國全盛時代的埃及，世界主義氣氛甚囂塵

13 這種神學上的異花授粉對一個帝國君王來說雖有政治利用價值，卻不表示他一定不是發自真誠。例如，阿肯納騰的父親在在位末期便曾派使者前往美索不達米亞，迎回一尊尼尼微伊什塔爾（Ishtar of Nineveh）的神像，以醫治他的疾病。

上：「阿肯納騰所繼承的正是這種普世主義情感，而他的一神教也是從這個脈絡發展出來。」不過，事實上，阿托恩的前驅阿蒙早已創造出全人類，並區分開各種族。有一首頌詩提到，阿蒙非常關心亞細亞人（Asiatics）的福祉（「亞細亞人」指美索不達米亞人和其他住在埃及以東的民族）[14]。在另一份八成是寫成於阿肯納騰時代以前的文書裡，提到有個埃及神祇會保護四個當時已知的人類「種族」：亞細亞人、埃及人、利比亞人和黑人（指住在埃及以南的努比亞人〔Nubians〕）。這四個種族的人死後都可住在「冥府」，享受快樂的死後生命。[15]

埃及帝國並沒有永恆長存，而它的世界主義情懷日後亦盛極而衰。然而，文化交流的大趨勢卻不會中輟（哪怕會時斷時續），這是因為它的終極推動者乃是科技的演進。一個大帝國能夠形成，賴的是運輸和通訊技術的進步，而再加上製造業的進步，必會讓愈來愈多人相互接觸。當然，這種接觸常常會引起敵意（這敵意也會反映在宗教教義和道德態度上。在阿肯納騰之後的那個世紀，有個埃及詩人假借一位好戰國王之口這樣對阿蒙說：「阿蒙，這些亞細亞人在你眼中是什麼貨色？都是些不識真神的爛人。」）

儘管如此，到了中東歷史的這個階段，有兩條歷史原則已呼之欲出。

首先是，科技演化的基本驅力會讓人們對其他人群的存在愈來愈難視若無睹。這個長期模式也反映在埃及語的演化裡。據埃及學者莫雷茲（Siegfried Morenz）分析，在公元前第三千紀中葉，埃及語裡的「人」是指埃及人，用以區分埃及人和周圍的次等民族。但到了公元前第二千紀中葉，「人」字的意義已經擴大，甚至會被埃及人用來稱呼那些注定要當奴隸的戰俘。

第二條原則是，一群人的神與另一群人的神是何種關係，往往取決於這兩個群體的經濟和政治關係。如果雙方有貿易往來並可互蒙其利（即非零和關係），那麼，他們便有可能會關心對方神祇的福祉，甚至敬拜對方的神祇。這時，他們也會把對方當成人看待，至少把若干道德關懷擴及對方。反過來的，戰爭和其他敵對關係則會助長不寬容的神學和漠不關心的道德態度，甚至更糟。如果戰爭可以帶來什麼救贖，那這救贖往往是出現在戰爭結束之後：隨著征服者想把分歧的人群整合為一個經濟和政治整體，神學和道德的圓周也會隨之擴大。非零和關係雖然總是不時被戰爭打斷，但總的來說，它的涵蓋範圍是逐漸擴大的，而道德觀懷的圓周亦會相應擴大。

那麼，阿托恩後來的命運如何？作為普世主義一神教在公元前十四世紀最鮮明的例子，阿肯納騰一神教的後續發展如何？事實上，在被提升為唯一神的數十年之後，阿托恩便從雲端摔到了谷底。顯然任何跟有權有勢祭司階層疏離的神祇都難望擁有永生，因為你即便是神，也必須有位高權重的人間盟友來扶腋。阿肯納騰一駕崩，阿托恩便失去了他最少不可或缺的朋友。

儘管阿托恩的得勢為時短暫，但有些人相信，他的出現永遠改寫了世界的面貌。佛洛伊德（Sigmund Freud）便是其中一位，他在《摩西與一神教》（*Moses and Monotheism*）裡主張，摩西住在埃及時正值阿托恩掌權，隨後摩西把一神教的觀念帶進迦南，終而締造出猶太教－基督教文明。

不過，我們將會看到，對於一神教何以會出現在古代的以色列，這個解釋並不是最可信的。事實上，以色列一神教的崛起，更多是拜馬爾杜克之賜而非阿托恩之賜。馬爾杜克固然沒能把中東文化永久帶進一神教的門檻，他卻在幾世紀之後把中東文明推進那門檻。在中東，他將會遭遇一個以色列神祇，將之打敗甚至加以羞辱，而古以色列人的回應是：創造出自己的一神教。

14 頌詩中的阿蒙被稱為阿蒙瑞——這是阿蒙在跟太陽神「瑞」融合後的名字。

15 這文書稱為〈門之書〉（Book of Gates），現存的最早抄本出現於阿孟霍特普四世時代之後不久，但好些學者認為它寫成的時期要更早。

II

" For who in the skies can be compared to the Lord?
Whom among the heavenly beings is like the Lord, a God feared in the council of the holy ones,
great and terrible above all that are round about him. "
Psalm 89:6

" There is no other god besides me, a righteous God and a Savior; there is no one besides me.
Turn to me and be saved, all the ends of the earth!
For I am God, and there is no other.
By myself I have sworn, from my mouth has gone forth in righteousness a word that shall not return:
`To me every knee shall bow, every tongue shall swear. ' "
Isaiah 45:21-3

亞伯拉罕一神教的興起

The Emergence Of Abrahamic Monotheism

在天空誰能比耶和華呢？神的眾子中，誰能像耶和華？
祂在神祇會議中是大有威嚴的神，比一切在祂四圍的更可畏懼。
〈詩篇〉第八十九章六節

除我以外，再沒有別的神；
我是公義的上帝，又是救主；除我以外，再沒有別的神。
地極的人都當仰望我，就必得救！因為我是上帝，再沒有別的神。
我指著自己起誓，我口所出的話是憑公義，
並不收回：「萬膝必向我跪拜；萬口必憑我起誓。」
〈以賽亞書〉第四十五章廿一至三節

05 古以色列人的宗教：多神教

Polytheism, The Religion Of Ancient Israel

《希伯來聖經》（基督徒稱之為《舊約聖經》）有一段關於先知以利亞（Elijah）的記載讓人過目難忘。先是，以利亞按照上帝吩咐，登上西乃山（Mount Sinai），等著與神會面。接著，耶和華出現了：「在祂面前有烈風大作，崩山碎石，耶和華卻不在風中；風後地震，耶和華卻不在其中；地震後有火，耶和華也不在火中；火熄滅後有不可聞的聲音。」[1]最後一句話有時會被譯作「火熄滅後有靜悄悄的小聲音」。但無論如何翻譯，你都會得到一個印象：這位在天崩地裂中現身的希伯來上帝讓人難以捉摸不定。

這個場面出自〈列王紀上〉，常被學者認為是宗教史的里程碑。理由在於，在「原始」的萬物有靈論或多神教裡，大自然的力量常被認為是神祇的展現，或多多少少就是神祇自身。然而，在成形於中東地區的一神教，大自然與神祇的關係卻要遙遠許多。在《神的歷史》（*A History of God*）一書中，海倫·阿姆斯壯（Karen Armstrong）談到以利亞的巔峰經驗時這樣指出：「跟異教的神祇不同，耶和華不住在任何一種自然力量之中，而是身處超然物外的國度。」[2]

《聖經》中最有代表性的異教神祇是巴力（Baal），他受到《聖經》所恥笑的迦南人所膜拜，有時也會被一些背棄耶和華的糊塗以色列人膜拜。巴力是豐饒之神，有時又被稱作「雨露之主」[3]。耶和華則相反，祂不是任何特殊事物之主，而是萬物之主。祂是自然力的終極來源，更像只管決策的董事長而不像過問大小事情的總經理。

許多人都認為這樣的神比巴力之類的異教神祇更有現代性格，因為這樣的神更能與科學世界觀相容。這種說法有幾分道理，因為對深受科學薰陶的現代人來說，實在很難相信各種自然現象是各類神祇情緒變化的表現。如果換成宇宙間只有一位神存在，而且祂基本上是不管事的（頂多偶爾干預一下宇宙的運作），那科學法則將有更大的揮灑空間。

有些學者用「超在」（transcendental）一詞來形容這樣的神祇，其他學者則偏好用「遙遠」（remote）和「隱蔽」（hidden）來形容。但無論如何無論如何，這個神雖然不像異教神祇招搖，卻要比異教神祇更有力量。正如聖經學者考夫曼（Yehezkel Kaufmann）在他八卷皇皇鉅著《古以色列人的宗教》（*History of Israelite Religion*）裡所說：「耶和華並不住在自然的過程裡，祂管治這些過程。」

考夫曼相信，耶和華的這個特徵和其他特徵都證明了，希伯來人的上帝不是演變出來的，而是突變而成。考夫曼不接受一種主張：古以色列人的宗教是「有機地從四周（中東地區）的宗教環境裡誕生出來」。他相信，耶和華的觀念「是以色列人的一種原創產物。它迥異於異教世界已知的任何事物。」[4]

到底耶和華是不是那麼原創的觀念，又到底祂的形成時間是不是像考夫曼或其他傳統主義

1〈列王紀上〉十九章十一至廿二節。西乃山又名何烈山（Horeb），意指「上帝之山」。這段經文用的是「何烈山」。

2這是阿姆斯壯對《耶路撒冷聖經》（*The Jerusalem Bible*）的翻譯所作的評論。在《耶路撒冷聖經》裡，這句話不是翻作「火熄滅後有不可聞的聲音」（NRSV譯本）或「火熄滅後有靜悄悄的小聲音」（RSV譯本），而是作「火熄滅後有微風般的聲音」。

3巴力不只是個豐饒之神。

4嚴格來說，考夫曼的觀點並不是反演化說。他相信，從異教到一神教確實經歷了一個演化過程，只不過，他相信一神教崛起得很突然，不是從異教有機地生長出來。所以他才會說，希伯來人的一神教觀念是「一個洞見，一個原創性直觀」。

者所主張那麼早，我會稍後再談。就目前，我只想強調，不管這位「超在」的神祇有多麼「現代」，以利亞時代的耶和華都絕不具有現代的**道德情懷**。例如，祂非常不能容忍相左的神學觀點。在先前提到〈列王紀上〉那一幕中，這位上帝曾用「靜悄悄的小聲音」吩咐以利亞，教他如何把區域內的所有巴力信徒趕盡殺絕。然後，在下一章，耶和華又因為有些敘利亞人對希伯來上帝的大能表示懷疑，便一次殺死十二萬七千個敘利亞人。[5]這位神祇也許說話輕聲細語，手上卻是帶著一根大棒子。

這當然就是人們非難一神教的常見理由：它的神學會助長好戰的不寬容心態。有些人甚至認為「不寬容」是一神教的本質屬性。按照這種看法，多神教還留餘地給其他民族的神祇，但一神教徒卻絕難與他人和平共處。

如果這是事實，那真是天大的不幸。就像猶太教徒一樣，基督徒和穆斯林也是把他們的上帝上溯到那個在公元前第二千紀曾向亞伯拉罕顯現的上帝。這三個亞伯拉罕系宗教的信徒加起來超過三十億人，占全世界人口一半多點點。然而，雖然系出同源，但三大一神教的信徒卻不總是認為彼此敬拜著同一位神祇。種種「耶和華對耶和華」的戰爭（十字軍東征、伊斯蘭聖戰等等）更坐實了亞伯拉罕系一神教好戰和不寬容的惡名。

但這是真的嗎？暴力性格真的是亞伯拉罕系上帝的一大特徵嗎？這位上帝（或廣義的一神教）真的曾在歷史上不斷誘導殺戮嗎？想回答這個問題，我們得先知道亞伯拉罕系上帝的性格是怎麼形成的。

各位也許會覺得這是不可能的任務。如果各位跟我一樣，從小就上主日學，對《聖經》的理解也是來自主日學，那麼，各位一定不以為上帝有什麼「形成不形成」的問題。祂在「太初」便已存在，而天地萬物都是祂所創造——至少《聖經》是這麼說的。甚至，有些嚴肅的學者（包括考夫曼和受他影響的人）在分析過《聖經》之後，對耶和華身世的解釋也是持類似的戲劇性看法。[6]

不過，這並不是《聖經》裡的故事，至少不是故事的全部。如果各位仔細閱讀《希伯來聖經》，便會讀出它所講的是上帝的演化故事，而祂的性格一路下來經歷了非常激烈的轉變。

但各位如果想讀出這個故事，便不能從〈創世記〉第一章讀起，等著看上帝的成長。因為我們幾乎可以肯定，〈創世記〉第一章的寫成時間要晚於第二章，而且是由不同的作者所寫。《希伯來聖經》的成書過程非常緩慢，歷經許多世紀才全部完成，而它各部分寫成的先後順序也跟今日所見的編排順序不同。幸而，歷來研究聖經的學者已大體考證出哪些經文在前，哪些在後。這種知識很重要，因為它類似於某種「解碼器」，可以讓原本隱藏著的上帝成長模式浮現出來。

與此同時，考古學也為上述的解碼器提供了有力的詮釋工具。二十世紀初期，在一個叫烏旮瑞特（Ugarit）的迦南古城，有個敘利亞農民犁田時無意間發現了一些古代文書的斷卷殘篇。學者隨即著手破解烏旮瑞特語和烏旮瑞特出土的文本。這些文本加上近數十年出土的迦南文化遺物，使得我們可以組合出《希伯來聖經》明顯欠缺的東西：崇奉巴力的迦南人看事情的觀點角度。[7]另外，過去幾十年來，考古學家也為《聖經》裡的記載帶來了另一個覈實：透過挖掘古以色列人的土地以釐清他們的歷史，代價是所發現的事實有時會否定了《聖經》的記載。

5〈列王紀上〉十九章十五至八節、廿章、廿九至卅節。
6 一神教是突然出現這種主張，曾受到廣泛支持並大有影響力，在一九四〇年代至一九七〇年代之間尤其吃香。
7 有些學者非常不贊成把烏旮瑞特古文書視同於「迦南人」古文書，不過，正如一些支持這種相提並論的學者指出的，烏旮瑞特和位於其南方的迦南具有著文化連續性。所以，縱使烏旮瑞特古文書不能完全反映《聖經》裡的迦南人的文化，我們仍然有理由認為它可大體反映這文化的輪廓。

這三者加總起來（解讀迦南的古文書、對《聖經》文本進行選擇性「解碼」、古以色列歷史的最新考古發現），可讓我們得到亞伯拉罕系上帝的一幅全新圖像。這圖像一方面可以化解對亞伯拉罕系一神教最嚴重的某些指控，另一方面又會挑戰信徒對一神信仰所抱持的某些標準定見。這圖像常常會讓亞伯拉罕系上帝顯得叫人不敢恭維，但亦可勾勒出祂的成長過程，以及往後會發展出的圖像。不用說，這圖像與猶太會堂、基督教堂和清真寺常見的那幅圖像，大相逕庭。

有血有肉的上帝

首先，耶和華雖然最後會是「身處於超然物外的國度」，變成一位「遙遠」甚至是「超在」的神，但祂在《聖經》殘存至今最早經文裡卻不是這個樣子（這些經文的年代可上溯至公元前第二千紀的最後幾世紀）事實上甚至晚至公元前第一千紀元時（其時〈創世記〉的大部分內容已告完成），耶和華還是個「凡事親自動手動腳做」的神祇。〈創世記〉告訴我們，上帝是親手「裁種」伊甸園，又「用皮子做成衣服」給亞當和夏娃穿。祂做這些事情時一點都不像是一邊飛翔天際一邊進行。〈創世記〉又說，亞當和夏娃偷吃禁果之後，怕耶和華責罰便躲了起來：「天起了涼風，耶和華神行走過伊甸園。那人和他妻子聽見神的聲音，就藏在園裡的樹木中，躲避耶和華神的面。」乍看之下，企圖躲避全知上帝顯得愚不可及，但耶和華當時顯然還不是無所不知，否則〈創世記〉不會說：「耶和華神呼喚那人（亞當），問他：『你在哪裡？』」[8]

換言之，在這階段，耶和華仍跟狩獵採集社會和酋邦的所有「原始」神祇非常相似：擁有超能力，但並非無所不能。

上帝既是宇宙的創造者，說祂能力有限似乎很不可思議。然而，這個「行走過」伊甸園的上帝是否真的創造過宇宙，卻未必那麼理所當然。無疑，祂是創造了天與地，也從塵土創造出人類。但有關祂創造星辰、月亮、太陽和光的記載（見於〈創世記〉第一章），看來是後來才添加上去的。我們目前只能說，一開始，耶和華並非宇宙萬有的創造者。

讀讀大部分學者認定是《聖經》最古老部分的那些詩歌，我們會發現裡面全沒提到上帝創造過任何東西。耶和華更感興趣的事情似乎是摧毀：祂基本上是個戰神。[9] 有些學者相信，〈出埃及記〉第十五章是《聖經》最古老的部分，整章經文是一首贊歌，讚美耶和華把埃及軍隊溺死在紅海：「我要向耶和華歌唱，因他大大戰勝，將馬和騎者投在海中……耶和華是戰士。」[10]

但如果耶和華是個戰神而不是董事長或執行長，那宇宙又是誰管理的呢？看來是由雜七雜八的其他神祇管理。事實上，那還是多神教當道的時代。我的重點不在指出古以色列人除了拜耶和華還拜其他神祇，因為這點是連最漫不經心的《聖經》讀者曉得的（《聖經》中許多情節可以用一種模式概括：以色列人因為一時糊塗，膜拜其他神祇，及至受到耶和華懲罰才知悔悟，但一段時間之後他們老毛病重犯，於是再次受到耶和華懲罰；同樣的事情反覆上演）。重點是，即便是

8〈創世記〉二章八節、三章廿一節、三章八節、三章九節。

9尼耳認為，耶和華最初就像巴力一樣，是個天氣神。相似的，戴伊亦強調，在《聖經》裡一些顯然屬於很早期的片段（如〈士師記〉五章四至五節），耶和華和暴風有關乃是顯而易見。不過，雖然我們無法排除耶和華最早也是個天氣神，但那怕是在戴伊自己引用的經文裡，耶和華也是顯得殺氣騰騰：「當耶和華行進……地震天漏，雲也落雨。山脈看見耶和華的面亦為之震動……」耶和華在《希伯來聖經》早期經文裡顯得是個戰士神的例子，見Cross（1973），ch. 5。格羅斯認為，上述的讚美詩是描寫「戰士神行馳前往戰場，祂的怒氣讓自然界震動起來。」又說「以色列所有最古老的讚美詩都帶有這種意象。」弗里德曼指出，《聖經》有五首頌詩（〈創世記創世記〉第四十九章、〈出埃及記〉第十五章、〈民數記〉第四章、〈申命記〉第卅三章和〈士師記〉第五章）屬於《聖經》年代最早的部分，而這五首頌詩可分為兩大類：一是稱頌耶和華帶來軍事勝利，一是稱頌耶和華賜福給部族。

10〈出埃及記〉十五章一至三節。

那些只敬拜耶和華的以色列人一樣相信其他神祇存在。換言之，在最初，以色列人雖然歸附耶和華，卻沒有把祂看成是唯一神，而只是視之為對以色列人最有幫助，因而應該敬拜的神。上述提到那首古代的贊歌問了這個問題：「耶和華啊，眾神之中，誰能像你？」[11]事實上，《聖經》提到其他神祇時，口氣有時會是理所當然。例如，據〈民數記〉所述，當摩押人（Moabites）被征服之後，他們的神基抹（Chemosh）「任令他的男百姓奔逃，女百姓被擄。」[12]

即便在《聖經》沒有提到其他神的時候，一樣會暗示他們的存在。例如，有一處經文警告以色列人不可「事奉別的神和叩拜他們」，否則「耶和華的怒氣必向你們發作」。[13]要是別的神不存在，《聖經》的各個作者還有必要提出這類警告嗎？又如果沒有別的神，耶和華還需要宣稱自己是「嫉妒的神」嗎？所以，上帝一開始並不是唯一神，就連祂在〈出埃及記〉裡的著名宣示（「你們不可把別的神擺在我前頭」[14]）都沒有否定別的神存在。[15]

換言之，在古以色列宗教正式否定耶和華以外還有別神之前，曾經歷過一個承認別的神但禁止崇拜他們的的階段（這禁令只適用於以色列人，至於摩押人愛拜基抹則是他們家的事[16]）。用專門術語來說，以色列人是經歷過「一神崇拜」（monolatry）階段才到達「一神教」的（「一神崇拜」所指的是只敬拜一個神但不否定其他神祇存在）。

這點受到大多數聖經學者的接受，他們有些人本身便是猶太教徒或基督徒。但有爭議的問題是這個：是否有過一段很長的時間，古以色列人的主流宗教甚至算不上是「一神崇拜」？換言之，是否有過一段很長時間，其他神並沒有被以色列人視為邪惡的或異類，反而是跟耶和華一起被供奉在以色列的「萬神殿」裡，一同接受膜拜？

如果仔細閱讀《聖經》，我們會看出真有這種跡象。《聖經》裡最有名的一句話是說上帝「照著自己的形象造人」。但這不是耶和華的原話，他的原話出現在前面一節經文：「我們要照著我們的形象、按著我們的樣式造人。」[17]當亞當偷吃禁果以後，耶和華又說：「那人已經與我們相似，能知道善惡。」[18]等到人類動手建造可以通天的巴別塔，耶和華準備要干預時，他又說：「我們下去，在那裡變亂他們的口音，使他們的言語彼此不通。」[19]

我們？這個我們是誰？如果你拿這問題去問猶太教或基督教的神職人員，他們也許會回答是「眾天使」或「天軍」（heavenly host）。換言之，沒有錯，耶和華是有其他超自然生靈簇擁的，但他們全不夠資格稱為神。[20]然而《聖經》卻不是這樣說的。《聖經》不止一次提到「神祇會議」（divine council）[21]。在會議上，上帝坐在首席，但其他的出席者卻不像是天使。〈詩篇〉第

11 〈出埃及記〉十五章十一節。

12 〈民數記〉廿一章廿九節。另一段常被誤當成一神主義經文的一神崇拜經文是〈申命記〉四章十九節。此段採用現代中文譯本。

13 〈約書亞記〉廿三章十六節。另一段說法類似的經文是〈士師記〉三章七至十二節。

14 譯注 這是「十誡」的第一誡，「和合本」中文聖經譯作「除了我以外，你不可有別的神。」

15 〈出埃及記〉廿章三節。

16 例如〈士師記〉十一章廿四節。有關這一點，本書第八章另有討論。

17 〈創世記〉一章廿六至七節。凡是〈創世記〉中上帝用第一人稱複數自稱的經文，一般都認為是屬於「祭司典」，反觀〈創世記創世記〉其他經文（如三章廿二節和十一章七節）一般都認為是屬於「J典」（何謂「J典」請見本章稍後，何謂「祭司典」則請見本書第七章）。由於「祭司典」一般都是一神教取向，它在〈創世記〉裡何以會讓上帝以第一人稱複數自稱便使得學者大惑不解。有些學者相信，這是因為「祭司典」漫不經心地照抄更早期材料的用法所致，另一些則相信，這種沿用是故意的，要以此表達某種神學主張。不管這兩個猜想孰對孰錯，但只要這現象真是「祭司典」沿用更早的材料所致，便表示出多神教一度是以色列人宗教傳統的一部分。

18 〈創世記〉三章廿二節

19 〈創世記〉十一章七節。

20 「天軍」一詞的意義在《聖經》的時代曾歷經演變，不過，有些時候，它看來確是指天體神（celestial god）。

21 譯注 此詞「和合本」中文聖經譯作「有權力者的會」，天主教「思高聖經」譯作「眾神的會議」。

八十二篇記載：「上帝主持神祇會議，在眾神中進行審判。」幾節經文之後，上帝又對會議各成員說：「你們是神。」[22]

《聖經》多處提及眾神的存在，這是很讓人訝異的，因為《聖經》雖是歷經許多世紀才寫成，它最早期的部分卻是經過後來的編訂者審核，由他們決定哪些經文應該保留，哪些應該摒棄，而這些編訂者看來是反對多神教的。所以，《聖經》竟還留著多神教的痕跡，不能不讓人驚訝。其理由也許就是學者斯密（Mark. S. Smith）在《聖經一神教的起源》（*The Origins of Biblical Monotheism*）裡所說的，這些痕跡「只是冰山一角」。

那麼，整座冰山（即早期以色列多神教的全貌）又是什麼樣子？它究竟是怎麼融化掉，只留下那對世界帶來巨大衝擊的一神教？要回答這問題，我們應該轉向考古學。過去一百年來在聖地出土的許多器物都已為《聖經》講述的故事作出了釐清。事實上，「釐清」乃是委婉語。在許多情況中，《聖經》述說的故事都被出土文物所否定。

出土版本的《聖經》故事

《聖經》把早期以色列人的歷史說得很簡單：以色列人在埃及為奴，後來逃走，在曠野流浪，最後抵達應許之地迦南。迦南的原住民品德敗壞且注定滅亡，因為他們不管在神學或歷史上都站錯了邊。在耶和華的幫助下，以色列人攻陷了耶利哥城（Jericho），再攻克一系列的迦南城市。迦南人至此完蛋。正如〈約書亞記〉所說的：「約書亞征服了整個地區。他征服了山區、東邊的坡地和西邊的丘陵地帶，還有南部那些乾地。他擊敗了這地區的諸王，殺了所有的居民，沒有留下一個。這是上主──以色列的上帝所命令的。」[23] 這個畫面很符合考夫曼等學者等的見解，因為他們相信，以色列人的宗教不是從迦南當地發展出來。以色列人對迦南的征服愈迅速，本土文化就愈沒有機會可以存活。

起初，現代考古學似乎支持考夫曼的論點。其中一位持同樣觀點的考古學家是歐布萊特（William Foxwell Albright），他與考夫曼同時代，有時被稱為聖經考古學的創立者。歐布萊特在一九四〇年出版的《從石器時代到基督教》（*From the Stone Age to Christianity*），歐布萊特指出，從聖地出土的器物清楚顯示出一幅畫面，：以色列人從埃及開抵迦南之後，「毫不浪費時間便摧毀和占領了全迦南地的城鎮」，繼而迅速把本土的異教轉換為截然不同的耶和華教。[24]

歐布萊特認為這是好事一樁，因為若非如此，迦南的異教「勢必會降低耶和華教的準繩，使之低落到難以復原的程度。」幸而這樣的事並未發生，因為最後的結果是「迦南人對自然的放蕩崇拜，包含蛇圖騰和裸女的豐年祭，還有他們粗糙的神話系統，全都被以色列崇高的一神教所取代，後者強調簡樸的生活方式，又設有嚴厲的道德規範。」

歐布萊特不同於考夫曼之處，在於以色列人多少受到一點迦南文化影響。不過，他還是強調，考古挖掘顯示，在以色列人初入迦南時的迦南文化和以色列人於公元前第二千紀末期在巴勒

22〈詩篇〉八十二篇一節和六節。有學者認為，這經文描寫的是遠古時代的事，是要指出上帝在很早期曾統領過一個由眾神構成的天界。（在經文裡，上帝一度說：「你們是神……然而，你們要死，與世人一樣；要仆倒，像任何君王一般。」這話可解釋為上帝判了眾神死刑，至少可解釋為眾神不像上帝那樣，是永在的。）根據上述的觀點，這經文不能作為以色列人相信多神存在的證據，因為它有可能是一神教徒所寫，目的是解釋單一的上帝怎麼會成為天地的統治者。可以反對這種詮釋的一個理由是：這段經文不是以過去時態書寫。有關神祇會議在迦南人和以色列人中間的起源，請參見Smith（2002a）, pp. 37, 143-4。

23〈約書亞記〉十章四十節。現代中文譯本

24 施倫（Schloen 2002）對歐布萊特的觀點有一個具同理心的討論，但他仍然指出，歐布萊特這一類宣言是錯誤的。

斯坦建立的文化之間，存在著「最突兀的斷裂」。

歐布萊特是虔誠的基督徒，而考夫曼是虔誠的猶太教徒，這個事實跟他們看待以色列人歷史的方式可能不無關係。無論如何，他們的觀點現已證明是缺乏根據的。過去幾十年來的考古研究（包括辛勤挖掘一些據信曾被以色列人征服的迦南城市）皆無法證明以色列人曾迅速征服迦南。甚至毫無證據顯示，以色列人曾經緩慢而和平地融入迦南人中間，最後用他們的文化取代了當地文化。尤有甚者，愈來愈多跡象顯示，以色列人有可能本來**就是**迦南人。聖經考古學家有許多意見分歧之處，但誠如德弗（William G. Dever）指出的，有件事是所有聖經考古學家都同意：最初定居在迦南高地的以色列人「並不是外來的入侵者，而是大多來自迦南某處……問題只剩下他們是來自迦南的**何處**。」[25]

有關迦南人怎麼會變成以色列人，最有趣的理論來自專門破除定見的考古學家芬克爾斯坦（Israel Finkelstein）。他在許多聖地遺址進行挖掘，所得到的結果可以印證《聖經》這個說法：以色列人本是遊牧民，後來定居下來，成了農人。但除此以外，他憑挖掘結果勾勒的以色列人早期史幾乎無一與《聖經》的記載相同。

芬克爾斯坦指出，在公元前十二世紀，隨著青銅時代轉變為鐵器時代，整個中東發生了激烈的政治和經濟動盪，甚至導致某些社會的毀滅。這對任何迦南的遊牧民來說都是壞消息，因為他們早已跟住在鄉村和城市的迦南人建立起共生關係，習慣以肉類換取定居迦南人的穀物。隨著交換市場被擾亂，這些遊牧民不得不放棄遊牧的生活方式，定居下來，自己栽種庄稼。

從出土的遺跡顯示，在這個混亂時期，有一波定居潮發生在迦南中部的貧脊山村地帶。這些聚落都是呈橢圓形——中東的牧羊人一向喜歡把他們的帳棚安排成橢圓形，以便形成一個中庭，可以在晚上安置牲畜。然而，上述聚落的居民不是住帳棚而是住有圍牆的簡單房屋，並擁有初步的農耕工具。他們看來是一波接一波地湧入，正從遊牧生活轉型為定居生活，不僅飼養牲畜還栽種庄稼。

在這個由銅器時代轉變到鐵器時代的階段，新的聚落不止出現在後來構成以色列的地域，甚至超出這個範圍，出現在《聖經》稱為摩押（Moab）、亞捫（Ammon）和以東（Edom）等地。不過，這兩者的聚落有個明顯不同：在以色列地域的聚落沒有找到豬的骨頭。所以，《聖經》的記載至少有一點是精確的：早期的以色列人禁吃豬肉。這些狹長形狀的無豬村落是年代最早的考古學證據，可以證明迦南住著一個可稱為以色列人的特殊群體。

所以，根據芬克爾斯坦這個理論，《聖經》裡的故事應該顛倒過來讀。那就是，雖然迦南在公元前第二千紀晚期確實發生過激烈動盪，但這動盪不是以色列人的出現所引起，反而是以色列人會出現的**原因**。那麼，我們該怎麼看待摩西帶領希伯來人出埃及之說呢？芬克爾斯坦認為：「根本沒有大舉出埃及這回事。」

芬克爾斯坦的理論並未獲得一致接受。[26]例如，有些學者認為當初移民到山鄉去的以色列人是住在鄉村和城市的迦南人，不是遊牧民。而且，即便大部分最早的以色列人是源自迦南人，他們仍有可能吸納從埃及出逃的部族（芬克爾斯坦的理論並不排斥這種可能性）。無論如何，從既有的證據判斷，〈約書亞記〉的記載都錯得可以，因為以色列人的文化並不是瞬間取代了迦南人的文化。[27]即便是第一批鮮明的以色列人在迦南現身之後許久，他們仍持續跟迦南人的文化有廣

25 雷尼（*Rainey 2001*）在近期力主，〈約書亞記〉的一些重要方面是與考古證據協調一致的。最早提出以色列人源出迦南的學者之一是門登霍爾（G. E. Mendenhall），他在二十世紀中葉主張，以色列人原為迦南的農民，因受不了城市主子的壓迫而揭竿起義（哈爾彭對這理論有一個很好的摘要，見Halpern（1983）, ch. 3）。

26 對這個議題的回顧與評論，見Callaway（1999）和Dever（2003）。

泛接觸。不同跡象都顯示，這種接觸是和平進行的（一個跡象是那些早期以色列人村落並未築有防禦工事，也沒有挖掘出武器）。[28]事實上，其中一個早期以色列人聚落還顯示出，迦南人和以色列人之間具有文化連續性（考夫曼和歐布萊特都極力低估這種連續性）。該地出土了一隻青銅鑄造的公牛，而這種東西正是《聖經》裡耶和華追隨者所深惡痛絕的「迦南人」偶像。

當然，考夫曼或歐布萊特不會不知道，以色列人有時也會膜拜迦南人的偶像。《聖經》顯示以色列人曾反覆這樣做，並為此付出代價。然而，按照一般詮釋，這些例子都只是以色列人對古老正統信仰的一時背離，而且發生時間必然早於考古學家發現的那些最早期的以色列人村落，因為一神教畢竟是摩西帶進迦南的。事實上，考夫曼和歐布萊特兩人都把一神教的起源追溯到摩西，即近公元前第二千紀末期。[29]但如今，有些聖經歷史學家卻懷疑是否真有摩西其人，也幾乎沒有學者相信《聖經》對摩西的記載可信。這些故事都是寫成於事件發生的幾百年後，而編訂的時間還要更晚，而且編訂者有時是些一神教徒。這讓人不能不懷疑，摩西只是他們虛構出來，好假借某個權威來哄抬他們自己相信的那套神學。

耶和華以前，誰是耶和華？

所以我們既沒有憑據可以說以色列一神教發源於迦南以外的地方，亦沒有理由可以否定它是從迦南的本土文化有機地生長出來（考夫曼和歐布萊特都認為不是這樣）。甚至有可能，即便《聖經》老是講述耶和華一再為了贏得以色列人的忠誠而打擊迦南的神祇，但其實祂本身就是迦南的本土神祇，不是什麼舶來品。

要測試這個假設，方法（至少是第一個方法）是看看它是否有助於說明作用。它會有助於釐清耶和華身世中含混不清的部分嗎？如果以該假設來檢視《聖經》有關耶和華身世那些零散而謎樣的線索，這些線索會不會忽然變得不那麼謎樣，變得更為連貫？答案是肯定的。

先以「神祇會議」這件事來說好了，它雖然與《聖經》的基本神學相左，但在《聖經》裡卻出現過不只一次。這要怎麼解釋呢？[30]我先前說過，包括古埃及和古中國在內，許多古代國家都會把自己政府的模式套用到神祇界。這在美索不達米亞特別明顯：它刻意讓神祇聚在一起開會，換言之是組成一個會議。既然迦南的地理位置位於美索不達米亞的大體範圍內，那麼早期的迦南宗教會出現類似說法也就不會讓人驚訝。

事實上，這正是我們在烏旮瑞特找到的東西。烏旮瑞特是迦南北部的古城，它出土的古文書在經過翻譯後，對以色列宗教的產生脈絡起了極大澄清作用。這些古文書讓我們得知，在青銅時代末期，也就是以色列誕生的前夕，迦南宗教相信神祇界有「神祇會議」這回事。最常被說成是會議主持者的神祇名叫厄勒（El），而這位神跟耶和華出奇地相似，[31]兩個神祇都力量強大且感情豐富。厄勒既被形容為一隻「公牛」，卻又被稱作「仁慈的厄勒」，同樣地，早期的耶和華雖

27《聖經》另一個部分的記載也許更符合事實。〈士師記〉第一章提到，好些迦南人的城市在以色列人定居迦南後繼續存在。

28 聖經記載，以色列國王耶羅波安一世（Jeroboam I）曾建造一些金牛犢的偶像，而戴伊認為，這「反映出古代耶和華的象徵體系是源出神祇厄勒。」

29 考夫曼、歐布萊特和其他認為一神教可溯源至出埃及的以色列人的觀點，見Smith（2001）, p. 149。哈爾彭對考夫曼觀點一個具同理心的討論，見Halpern（1983）, pp. 77-83。

30 有關《聖經》中的「神祇會議」的一些例子，見Smith（2001）, pp. 47-53和Smith（2002a）, pp. 37-8。

31 有關耶和華與厄勒的相似之處，可參考以下幾種材料：Cross（1973）, p. 72; Smith（2002a）, pp. 39-42; Day（2000）, pp. 13-41; Pitard（2002）, pp. 258-9。

然顯然是個戰神，卻又被說成是以色列人充滿憐愛之心：「你憑慈愛領了你所贖的百姓」。[32]兩位神祇都會出現在夢中，都是做夢者的守護神，又都常常是透過先知說話。兩個神都能移動，住在帳篷裡，和人有關係，而非和地方有關聯。他們兩位都對遊牧民族和善，也都被看成慈父般的造物神：厄勒被認為是「萬物的創造者」，是「人類之父」。正如斯密所形容的，厄勒是一位「無與倫比的神聖之父」。

這就不奇怪，烏旮瑞特古文書中「神祇會議」一詞的字面意義乃是「厄勒的會議」。真會讓人真正嚇一跳的是這個：當你拿《聖經》英譯本和希伯來原文來對照，會赫然發現，英譯本凡是提到「神祇會議」的地方，希伯來原文都是作adat El（可譯為「厄勒的會議」）。[33]

這還不算什麼。如果你對照《聖經》英譯本和希伯來原文，會發現，有些時候英譯本提到「上帝」的地方，希伯來原文並不是作「耶和華」，而是作El（厄勒）。既然迦南神祇厄勒在歷史記載中出現得比以色列人的耶和華早，我們不免會懷疑，耶和華會不會是從厄勒蛻變出來的，甚至只是厄勒的改頭換面。

你當然可以找到理由反對這說法。因為希伯來文裡的El也可以解作「神」，換言之，El就像英文的god字一樣，既可作為普通名詞，亦可作為專有名詞。不同的是，古希伯來文沒有大小寫之分，所以你不能單憑El一詞便斷定它是普通名詞還是專有名詞。職是之故，你不能因為看見《聖經》稱上帝為El，便斷定祂的**名字**叫厄勒。

儘管如此，《聖經》裡有幾次提到El時，這個El都看似是專有名詞。例如，〈創世記〉記載，雅各「築了一座壇，起名叫『厄勒．伊羅伊．以色列』（El-Elohe-Israel）」。「厄勒．伊羅伊．以色列」一語固然可以翻譯為「神：以色列的神」，但這不啻是說「以色列的神是神」，無多大意義可言。[34]換言之，在這語句裡，第一個El字應該是**專指**某個神，換言之是專指迦南北部的眾神之首「厄勒」（事實上，有些〈創世記〉英譯本就是毫不害羞地把這話譯作「厄勒：以色列的神」）。如果說這還不足以顯示以色列宗教與厄勒的緊密關係，那就請看看「以色列」這個字本身。在古時候，名字通常都與神祇有關，而「以色列」（Israel）以el作為字尾，正顯示它可能是指涉厄勒。

El在《聖經》出現得最引人好奇的地方，是出現在El Shaddai這個短語。眾所周知，《聖經》英譯本都是把El Shaddai譯為「全能上帝」（God Almighty）。事實上，「全能」是個誤譯。雖然Shaddai的精確意義迄今還不是很清楚，但它指的似乎是山脈，而不是上帝的全能。[35]但這是題外話。與我們目前討論相關的是，El Shaddai一詞曾以非常奇特的方式出現在〈出埃及記〉第六章。這章經文記載，在摩西與上帝的一次晤面時，上帝告訴他：「我是耶和華。我曾以El Shaddai之名向亞伯拉罕、以撒、雅各顯現，至於我名耶和華，則是他們不知道的。」所以，就連耶和華都承認祂最初的名字是厄勒！[36]

當然，耶和華並未明說祂起初是迦南人的神祇厄勒。祂在說上述的話時，以色列人也還未去

32〈出埃及記〉十五章十三節。

33格羅斯指出：「毫無疑問，adat El一詞是源出於迦南神話。」（見Cross *1973*, pp. 44-5）

34〈創世記〉卅三章廿節。有關這經文的解釋，請參見Albertz（1994）, vol. 1, p. 76。《新修訂本標準英譯聖經》的編者在一個注腳裡把這譯文解釋為「上帝：以色列的上帝」（God, the God of Israel），但他把第二個「上帝」大寫是沒道理的，因為它看來應該是普通名詞。有關《聖經》有些提到El之處似乎是指迦南神祇厄勒這一點，請參考Day（2000）, pp. 24-6。

35有關Shaddai一詞的意義，請參考Cross（1973）, pp. 52-60。

36戴伊基於一些初步的證據，猜測Shaddai是「衍生自厄勒的一個名號」。德摩爾主張，〈出埃及記〉包含另一些把耶和華等同於厄勒的例子，如〈出埃及記〉卅四章十四節。《新修訂本標準英譯聖經》把這節經文譯作：「……主是嫉妒的上帝，名為嫉妒者。」德摩爾則譯作「……耶和華是嫉妒的厄勒，名為嫉妒者。」

到迦南。但這故事有可能是晚於「摩西時代」許多才進入以色列的歷史記載，而現代聖經考證學教給人最重要的一課便是：一段記載往往反映的是它寫作的時代而非它描述的時代。

那麼，〈出埃及記〉第六章透露出它寫作時代的哪些事？如果你要為你的神創造一個身世，何必那麼迂迴曲折，把祂說成從前是以另一個名字示人？關於這點，歷來有許多不同推測，其中一個推測是：作者是想把兩個宗教傳統焊接在一起，希望同時說服兩群人（一群人敬拜耶和華，另一群人敬拜厄勒），他們敬拜的實際上是同一個神。

這理論的支持者有時會訴諸於十九世紀學者韋爾豪森（Julius Wellhausen）在《聖經》裡發現的一個著名模式。根據韋爾豪斯的「底本假說」（documentary hypothesis），最早階段的聖經敘事（從創世到摩西的時代）主要出自兩個作者手筆（或兩群志同道合的作者手筆），一個他稱為「J作者」，一個他稱為「E作者」。「E作者」每提次到上帝，都稱祂為厄勒或「伊羅欣」（Elohim，「E作者」之名由此而來）[37]；反觀「J作者」都是稱祂為耶和華（Yahweh，此字在德文的首字母是J，「J作者」之名由此而來。順道一提，韋爾豪斯等許多《聖經》考據學的先驅都是德國人）。

根據「底本假說」，到了古以色列人歷史的某一階段，有兩個不同地理區位的信仰傳統需要加以調和，其中一個傳統膜拜名叫厄勒的神，另一傳統膜拜叫耶和華的神。[38]持此說的人認為「J作者（們）」住在以色列南方稱為猶大的部分，而「E作者（們）」則住在以色列北方，較接近厄勒崇拜的心臟地帶。[39]

如今，韋爾豪森的理論已經不像在二十世紀中葉那樣，受到近乎一致的信服。[40]儘管如此，仍然不能否定《聖經》確實是用了兩組不同的詞語稱呼以色列的上帝。其實，即便希伯來上帝真是兩種信仰融合的產物（一方信奉名為厄勒的造物神，另一方信奉名為耶和華的戰神[41]），這種事也一點都不新鮮。因為正如我們所見，為政治目的而進行的神學融合在古代世界本來就屢見不鮮。這種融合的主要前提是雙方得處於某種非零和關係，又特別是，兩方都覺得他們可以從合作甚至結合中獲得更多好處。

《聖經》裡當然有線索顯示，以色列是從一些原先分立的群體結合而成。據《聖經》描述，在公元前第二千紀末葉，以色列還未發展為國家層次的社會，曾出現一個由十二個部族組成的聯盟。不過，這十二個部族中，有些部族的名字卻是我們無法在《聖經》較早期開列的清單裡找到。這些「失落」的部族都是南方的部族，所以，顯然最早構成「以色列」聯盟的，是一些住在迦南北方的部族，而他們崇奉的神祇極有可能是厄勒。[42] 也因此，他們的聯盟才會取名「以色列」。

這種部族的融合也可能隱隱反映在以色列族祖的系譜上：亞伯拉罕生以撒，以撒生雅各。很少學家相信這個系譜可信，但大部分學者都認為它包含深意。他們大都多少相信德國學者諾特（Martin Noth）在一九三〇年提出的理論：不管是真有其人或只是神話人物，這些族祖其實本是屬於不同的部族：即某個或某些部族是奉亞伯拉罕為族祖，另一個或另一些部族是奉以撒或雅各

37 譯注 作者在第八章對「伊羅欣」這名稱有更進一步的探討。

38 有些人主張，耶和華和厄勒本就是同一位神，不是後來才融合在一起。

39 泰森指出，在南北分立期間，北王國「遠比猶大王國更受大迦南地區的沿岸國家影響。」不過他又主張，猶大王國一樣受到迦南文化的影響，耶路撒冷尤其如此（那裡的人崇拜「至高者厄勒」）：「厄勒和耶和華被等同於彼此，以此象徵南王國中的以色列人與迦南人的社會整合、和平共處。」

40 柯林斯（Collins *2009*, Ch. 2）對這個課題有一回顧。

41 泰森是這主張的捍衛者。

42 〈士師記〉五章十四至八節。這節經文的解釋，請參考McCarter, Jr.（1999），pp. 13-17。

為族祖。然後，隨著這些部族在政治上結合在一起，他們的祖族也開始融合為一家人，變成是父子、子孫關係。[43]這可以解釋，為什麼有些早期記載的系譜會漏東漏西，例如，〈申命記〉有一次提到以色列人的族祖，並沒有提亞伯拉罕的名字（學者認為他是希伯倫〔Hebron〕等南方城市的族祖），但提了雅各的名字（學者認為他是北方的族祖）。[44]

這種主張的基本觀念（即「以色列」最先是由崇拜厄勒的北方部族結合而成，後來才把南方部族和他們的神耶和華吸納進來）可以從古埃及的銘文獲得一點佐證。「以色列」這名字第一次被載入歷史是在公元前一二一九年，出現之處是一塊埃及石碑「麥倫普塔赫石碑」（Merenptah Stele）。銘文中的「以色列」是指一群人，不是指一個地方。[45]但這群人看來是住在迦南某處，而且極有可能就是住在以法蓮（Ephraim）的高地（後來以色列北王國的所在地）。[46]

這石碑沒提到耶和華，而如果它有提到任何神，那就是以色列人中間有個叫el的神。要再過幾世紀，才會有一份文書同時提到以色列和「雅威」（Yhwh，這是「耶和華」的古早拼法，那時西閃族語系還沒有母音這回事）。不過，頗為離奇的是，在比「麥倫普塔赫石碑」時代更早的另一段埃及文字裡，倒是提到過Yhw這名字。[47]在該處，Yhw似乎不是一個神名，而是一處地名，但這並無大礙，因為在古代，神祇有時會以地名為名。另外，這地點看來是位於以東（Edom）附近，即迦南南方一帶。這似乎可以佐證南方以色列人崇奉的是耶和華。

這片拼圖板還解了另一個謎團。整句埃及銘文是：「沙蘇人（Shasu）土地內的Yhw。」沙蘇人是遊牧民族，跟埃及人一向敵對，既然如此，我們當然有理由預期，如果沙蘇人要為自己的主神寫傳記，一定會把埃及人說得很壞。埃及人對沙蘇人當然也沒好感。在一幅古埃及浮雕裡，我們看見埃及士兵押解著一些沙蘇人的俘虜。

「麥倫普塔赫石碑」會提到以色列，是為了吹噓埃及已經徹底剷除了以色列人（銘文裡說以色列已經「沒有留種」[48]）。歷史當然證明了這種評估是大大低估了以色列的再生能力，不過，跟我們目前討論相關的是，這碑文顯示沙蘇人要跟迦南北方的以色列人結盟是有理由的。擁有共同敵人乃是友誼的一大催化劑（用更專門的術語：共同敵人可以把雙方友誼變得更非零和性，因為外部威脅能提高相互合作的好處以及彼此敵對的害處。）有了埃及這個共同敵人，便更容易創造出一種共同分享的敘事：由於神的帶領，他們始能脫離埃及人的勞役折磨。[49]

消失在翻譯裡

上面提過〈出埃及記〉第六章有一段相當突兀的記載：上帝宣布把祂原來的名字厄勒改為耶

43 有關諾特的理論，請參考McCarter, Jr.（1999）, pp. 12-15和Finkelstein and Siberman（2002）, pp. 43-5。

44 「提了雅各的名字」這說法須以兩件事情為前提。一是〈申命記〉二十六章五節提到的「一個流浪的亞蘭人」，所指的的確是如同一般所認為的雅各。另外，這經文的年代必須是跟有提亞伯拉罕名字的經文一樣早（這也是學者的普遍看法）。有關這個問題，可參見Oden（1996）, lecture。

45 「麥倫普塔赫石碑」的全文見Pritchard（1958）。

46 在公元前第一千紀早期以色列分為南、北兩王國期間，北王國稱為以色列，又稱以法蓮。

47 格羅斯認為，這段銘文的年代介於公元前第十四和第十三世紀之間。瑞福德和雷尼二人似乎都認定，沙蘇人不是跟一群叫以色列人的人群融合，而是就是以色列人的前身。換言之，在第一次有銘文提到「沙蘇人土地」和第一次有銘文提到「以色列」的這兩個時代之間（後者的年代為公元前十三世紀晚期），沙蘇人向北移民，後來被稱為以色列人。但雷尼同時提到，在麥倫普塔赫的時代，「以色列」這個名字雖然已經出現，但一幅埃及浮雕還是把畫中的俘虜稱為沙蘇人（這浮雕讓人聯想到以色列人曾經在埃及為奴的聖經故事）。這會引起一個問題：若是瑞福德和雷尼的假設正確，以色列人真的是演變自沙蘇人，那兩段差不多同時代的埃及文字為什麼會分別稱之為沙蘇人和以色列人？

48 這是通行譯法，但有人主張原文指的是「穀物不存」。雷尼對此曾有所反駁。

和華。我說「突兀」，不是因為神學融合不可能發生得那麼迅速，畢竟，薩爾貢也曾在一夕之間給伊南娜改名字為伊什塔爾。然而，這種快速結合通常只會發生在力量懸殊的兩個群體之間：伊南娜的百姓既已被薩爾貢所征服，所以只能乖乖就範。然而，並沒有考古證據顯示，在公元前第二千紀之末或公元前第一千紀伊始，南以色列的力量要比北以色列強大。如果說我們有什麼考古證據，那這證據是指向相反方向的。換言之，《聖經》是誇大了南以色列在起初的力量，事實上，在公元第一千紀的頭兩世紀，南以色列是南北兩方中較弱的一方。[50]

所以說，如果南北以色列在公元前第一千紀初確曾發生某種融合，那耶和華取代厄勒的過程就應該是漸進的，而非一蹴即就。這融合過程應該更像發生在薩爾貢之前時代（即公元前第三千紀）見於蘇美城邦之間的情形。當時，隨著美索不達米亞南部各城邦的關係愈來愈緊密，它們各自的神祇開始構成一個體系，並由最強大城邦的主神高坐在萬神殿的最高寶座。若是同樣情形也發生在南北以色列，那麼，厄勒和耶和華理應同殿為神一段時間。但這種共存應該不是平起平坐的，因為南方的部族是一些遊牧民，而北方部族是務農的，且先前已經締結成聯盟，實力比南方部族雄厚。所以，耶和華雖然獲准加入迦南北方的萬神殿，但應比偉大的造物神厄勒矮一截。

《聖經》裡固然有證據證明以色列歷史上有過這樣一段時期，但這些證據並不容易發現，因為歷來的聖經編訂者和翻譯者都不遺餘力去掩蓋。一個例子是〈申命記〉第三十二章的經文，英文譯文出自一六六一年的《英王欽定本》（簡稱《欽定本》）：

> 至高者（the Most High）將地業賜給列邦，將世人分開，照以色列子女（children of Isreael）的數目立定萬民的疆界。
>
> 因為主的份就是他的百姓；他的產業本是雅各。[51]

這段經文雖然有點晦澀，但大意似乎是這樣：上帝（經文一處稱祂為「至高者」，一處稱為「主」）把世上的人分成幾群，並特別眷顧以雅各為首的那一群。但這個解釋是假定「至高者」和「主」都是指耶和華。真是這樣嗎？

第二個稱謂（「主」）確是指耶和華，這是《聖經》英譯本對希伯來原文「耶和華」的一貫譯法。但「至高者」（希伯來原文為Elyon）卻有可能是指厄勒，因為「至高者厄勒」（El Elyon）一語在《聖經》裡出現不下二、三十次。另外，經文中的「以色列子女」（children of Isreael）一語也使這種可能性大增數倍。

《英王欽定本》是從「馬索拉抄本」（Masoretic Text）取得這語句，而「馬索拉抄本」是希伯來文《聖經》其中一個版本，編成於中世紀早期，上距〈申命記〉的寫成時間超過一千年。至於「馬索拉抄本」是從哪裡取來這句話，則是個謎。因為這句話並不見於《聖經》另外兩個早得多的版本：希伯來文的《死海古卷》，以及《七十士譯本》，後者是《希伯來聖經》在前基督教時

49 這理論（即耶和華是一個南方神祇，受到從埃及得解放的沙蘇人所崇拜）面對的一項不利證據是〈民數記〉的一個記載：「從埃及解放他們的厄勒頭上長角，樣子像野牛。（烏旮瑞特古文書也是把厄勒形容為「公牛厄勒」）」另一個也出現在埃及銘文而有時會被認為是以色列人前身的族群是阿皮魯人（Apiru）。有一個時期，學者相信「希伯來」一詞是從「阿皮魯」演化而成，但這種觀點現已受到質疑。另外，學者如今也開始認為，「阿皮魯人」可能不是一個族群的稱呼，而是一種社經地位的稱呼，指的是那些有時會作奸犯科的社會邊緣人。

50 芬克爾斯坦檢視過考古證據以後，認定北王國「發育成為一個全面國家的時間不晚於公元前第九世紀的上半葉」，反觀耶路撒冷（一般認為它是強大大衛王國的首都）在公元前九世紀和十世紀的時候則只是個「細小、貧窮的、不事鋪張的高原要塞，無甚分別於其他山鄉國度。」但近年來有一些證據可以挑戰芬克爾斯坦的觀點。

51 〈申命記〉卅二章八至九節（《欽定本》）。

代的一個希臘文譯本。

那為什麼《希伯來聖經》版本的某個編訂者要弄出這句話？是為了隱瞞什麼嗎？

有些學者用《死海古卷》和《七十士譯本》來還原這節經文的原貌，結果讓人大吃一驚：「以色列子女」原作「厄勒諸子」。[52]而這樣一來，晦澀的經文頓時變得好解：至高者厄勒把世人區分為不同族群，一族分給一個兒子統率，而祂的其中一個兒子耶和華分到了以雅各為首的族群。顯然在以色列人歷史的這個階段（我們不知道這故事寫成於何時），耶和華還不是上帝，只是眾神之一，只是上帝的眾子之一。[53]

那麼，耶和華後來是怎麼位居至尊的？為什麼萬神殿裡較低階的神祇最終可以跟主神厄勒融合，甚至取而代之？從古代神祇向上流動的其他例子判斷，一個可能解釋是以色列南、北兩部的實力發生了消長。南國的相對勢力很可能在公元前八世紀開始增加，而將近該世紀末時更是急遽增加，因為誠如我們將在下一章所見，北國此時被亞述人征服。《希伯來聖經》的大部分內容都是寫成於南國實力增強之後，所以有理由相信，南國的書吏（他們是耶和華的信徒）可以利用這機會大大提高耶和華的地位，貶低厄勒的地位。[54]

我們可以把這個推想概括如下：厄勒是北方的主神，因為他把耶和華的遊牧百姓接納到同一個政治聯盟，所以也把耶和華接納到自己的萬神殿。然而，到頭來，跟以色列名字相連的卻是耶和華而不是厄勒，這是因為風水輪流轉，耶和華的百姓變得愈來愈強大，厄勒的百姓則愈來愈不濟，最後甚至遭遇亡國之災。

不過，即使這論點聽起來頭頭是道，仍然存在著弱點。例如，如果雅各是北方人的族祖（因而在厄勒和耶和華融合前是站在厄勒的陣營），那麼，上述〈申命記〉的經文又何以會說耶和華分到的族群是以雅各為首的族群（當時厄勒和耶和華仍是兩個不同的神，而且厄勒還高踞於以色列萬神殿的首位）？會不會，雅各乃是耶和華和厄勒融合後才被編派入耶和華的陣營的？

我們大概永不可能把以色列的早期歷史還原得夠完整，以致解釋得了《聖經》裡的各種畸零成分，包括〈申命記〉第三十二章為何會把耶和華說成是厄勒的兒子，或〈出埃及記〉第六章何以會把耶和華和El Shaddai說成同一個神。[55]但正如我們在第八章會看到的，一個解謎的方法或許是改為把焦點放在以色列後期的歷史裡。當時部族聯盟早已不存在，就連繼部族聯盟出現的以色列人王國亦已不復存在。

另一方面，不管耶和華早期身世的真相為何，有一點是多少可以肯定的：《希伯來聖經》的編訂者與翻譯者有時會變亂經文內容（大概是蓄意的），好隱瞞以色列人早期曾崇拜多神的事實。[56]

52 如漢迪（Lowell K. Handy）等學者認為，這種重構問題多多。但漢迪不否認「馬索拉抄本馬索拉抄本」和《欽定本》中的「以色列的子女」一語有誤（承蒙漢迪與筆者私下交流時告知）。

53 《新修訂本標準英譯聖經》恢復了這節經文的部分原意：

當至高者劃分列國，
把世人分開時，它根據眾神的數目劃定疆界；
主自己那一份是祂的百姓，雅各是他分得的部分。

這翻譯固然恢復了經文原有的多神教色彩的一點痕跡（從「眾神」一詞可見），但它仍然讓讀者不可能猜想到「至高者」和「主」也許是兩位不同的神。事實上，譯者在「主」字後面擅加「自己」二字，會更容易讓讀者把「至高者」和「主」看作同一位神。

54 芬克爾斯坦等強調，猶大王國在公元前八世紀晚期和七世紀期間的強大對《聖經》的輪廓起著舉足輕重的形塑作用。對於《聖經》的不同部分是何時寫成的問題，施尼德溫德（Schniedwind）有個很有參考價值的討論。

耶和華的性生活（和其他神話）

然而，《希伯來聖經》還是留下了夠多的線索，讓我們有理由相信，亞伯拉罕的上帝不是像某些人所主張的，性格上截然有別於地區內的其他神祇。最常被提及的差異則是：異教神祇都有性生活，獨耶和華沒有。考夫曼說：「以色列的上帝沒有性徵或性欲。」《聖經》的確未曾歌頌耶和華的男性雄風，不像烏旮瑞特古文書那般，吹噓巴力曾跟一隻小母牛連續交媾「七十七次」甚至「八十八次」，或是讚頌厄勒的陰莖像「大海一樣綿長」。但這樣不由得讓人有點困惑：既然耶和華最終與厄勒融合為一，而厄勒又是有性生活的，那融合後的耶和華怎麼會沒有？特別是，為什麼耶和華沒有接收厄勒的配偶，女神亞菲拉特（Athirat）？

祂可不一定沒接收。《聖經》好幾次提及亞舍拉（Asherah）女神，而學者相信，亞舍拉就是亞菲拉特的希伯來翻版。當然，《聖經》的作者並沒有說亞舍拉是耶和華的妻子（這不合乎他們鼓吹的神學），反而對亞舍拉和膜拜她的以色列人多所指責。不過，在二十世紀晚期，考古學家卻在兩個中東遺址找到一些奇怪的銘文，其年代可上溯公元前八百年前後。這些銘文除了奉耶和華之名賜福，還奉「祂的亞舍拉」之名賜福。[57]「祂的」這兩個字不由得讓人眼前電光一閃，回想起〈列王紀下〉的一段記載：在公元七世紀晚期，亞舍拉曾在耶和華的聖殿被奉祀了一段時間，後來，一個不喜歡多神教的祭司「將亞舍拉的像搬離主的殿，搬到耶路撒冷外的汲倫溪邊，加以焚燒、打碎成灰，將灰撒在平民的墳上。」[58]下一章我們會看到，這一時刻對一神教的演化有多關鍵。

耶和華有沒有性生活這問題，是另一個更大也更要緊問題的一部分：耶和華的神話性格有多大？我這裡所說的「神話」並不是相對於「真實」而言，而是對應於希臘神話中的諸神而言。我要問的是：耶和華有像希臘的神祇那樣，曾跟一些厲害的妖魔鬼怪戰格鬥嗎？祂曾在超自然的肥皂劇裡粉墨登場嗎？

很多學者都說沒有。事實上，考夫曼便認為耶和華的「非神話」性格正是「以色列宗教的精粹」，因為正是這點讓以色列宗教「有別於所有形式的異教」（「所有形式的異教」當然包括迦

55 耶和華和厄勒在早期是何種關係？相關理論很多。格羅斯就提出一個有趣的理論，他認為「耶和華」原是厄勒的名號，而這名號意指「那創造天軍者」，其中「創造」二字在希伯來文作yahwi。格羅斯似乎是要主張，經過一段時間的演變，厄勒一名在迦南南方發展出有別於其他厄勒崇拜團體的獨立崇拜團體。後來，這個崇拜團體又把他們神祇的名字縮短，只留下原名號中的「創造」二字。至此，新的神與厄勒的關係算是完全切斷。後來，這個神成為了厄勒的勁敵，並「在最終取代了厄勒在神祇會議的地位。」即便格羅斯對於「耶和華」一詞的起源猜測正確，我勾勒的猜想依舊大多站得住腳，也就是說，南國和北國的實力消長可以解釋一個南方神祇何以能扶搖直上。我和格羅斯的根本差異在於，那位稱作耶和華的南方神祇一開始是如何出現的。我與德摩爾之間的差異亦是如此。他主張「耶和華並非一般所認定那樣，原是一個外邦神祇，後來才跟迦南神祇厄勒融合。祂從一開始便是厄勒的分身，直到後來有必要把強大的厄勒跟軟弱的厄勒區分（即有必要更凸顯厄勒的獨尊地位，以對抗巴力追隨者的進逼，並拋棄那個已幾近向巴力投降的厄勒），耶和華才從萬神殿的舊有領袖身上分裂出來。就連耶和華（YHWH-El）的名字本身（意指「讓厄勒活著」）也與大環境相應和。」另外，艾伯慈也有提出了耶和華和厄勒何以會融合的理論，但他的理論並不涉及南北以色列的實力消長。

56 還有一個蓄意竄改的例子。戴伊指出，「馬索拉抄本」中凡是提到「天后」之處，皆以一種拼音手段把這個詞加以變更，而「學者間廣泛同意，這是一種出於護教心理的變更，好掩蓋猶太百姓崇拜天后的事實。」

57 對於《聖經》和出土銘文中提到的「亞舍拉」到底是指女神亞舍拉還是某種祭拜用的物件（有可能是一根木桿或一棵特定造型的樹），學者意見不一。但即便它是一種祭拜物件，一樣有可能代表著女神亞舍拉。無論如何，斯密都指出，聖經學者之間「大多接受」出土銘文中提到的「祂的亞舍拉」可以反映以色列人有崇拜女神的習尚。戴伊（Day, 2000）力主，大部分的「亞舍拉」都是指一種祭拜物件，但有些是指一位女神。而無論如何，他都相信有些以色列人會崇拜女神亞舍拉。

58 〈列王紀下〉廿三章六節。

南人的宗教）。[59]

但對那些相信耶和華與異教神話絕無瓜葛的人，有雙重壞消息。首先，有跡象顯示，耶和華與異教神話的斷裂並非一乾二淨的，就像宗教史中所常見，祂更多是從異教神話中演化而來而非突變而來。甚至，如果我們向上追溯耶和華的系譜，說不定會發現祂的血緣包含著比迦南神祇厄勒更讓人不安的成分。說不定，耶和華除了繼承厄勒的基因，還有一部分基因是得自那個被《聖經》罵到臭頭的迦南神祇：巴力。

巴力當然是個神話性格濃得化不開的神祇。他跟海神亞姆（Yamm）和死神穆提（Mot）都開打過。一份烏旮瑞特古文書甚至聲稱他曾經「宰掉羅坦（Lotan）」——羅坦是隻七頭海怪。夠神話性格了吧！

然而《聖經》卻也這樣稱頌過耶和華：「你曾用能力將海分開，把利維坦（Leviathan）的幾個頭給敲碎。」[60]「利維坦」的希伯來文原文是Livyaton，而就我們所知，它與烏旮瑞特文的「羅坦」是同一字。[61]由此看來，耶和華不止宰過多頭海怪，而且宰的還跟巴力同一條。同一篇〈詩篇〉又讚美耶和華制服過大海。[62]不過，祂制服的可能不是大海，而是海神，因為「大海」的希伯來文原文yam亦可解作「海神」，就是巴力制服過的那個海神亞姆。[63]另外，〈以賽亞書〉曾說過，耶和華將「吞滅死亡直到永遠」，而「死亡」的希伯來文原文mawet也是可解作「死神」（穆提）。[64]

那為什麼《聖經》的英譯者不說「海神」而說「大海」，不說「死神」而說「死亡」？這是因為古希伯來文沒有大小寫之分，使人無法單憑mawet這個字斷定它是專有名詞還是普通名詞。英譯者於是變得握有很大的決定權，而他們一律把它看作普通名詞。其實，要斷定耶和華吞滅的是「死神」還是「死亡」，不妨考慮這個：根據迦南神話，死神會在人死後把他們吞滅，再帶到

「冥界」，而死神也一度吞滅耶和華的死對頭巴力。

又或者來想想《聖經》裡這個讓人困惑的記載：耶和華曾「向江河發怒氣」，又曾「向大海發憤恨」。[65]耶和華為什麼要對河和海生氣呢？祂怎麼能責怪水的流動呢？但如果我們把經文裡的「河」和「海」分別改為「河神」和「海神」（巴力跟河神和海神都戰鬥過），會不會就豁然開朗？（《新修訂本標準英譯聖經》[66]的譯者可能是良心發現，用細字體註明兩段經文又可譯作「向河神發怒氣」和「向海神發憤恨」）。若我們看看耶和華在這些場合都是以何種形象出現，祂的神話性格會益發明顯。一處經文提到，耶和華是坐在馬車裡征服各種自然力（「你以你的馬踐踏大海」），另一處則提到祂彎弓威嚇月亮和太陽：「你的箭發出光芒，你的槍射出閃光」。

59 考夫曼雖然勉強承認《聖經》偶爾會有一些「神話性斷片」（即有關上帝與神魔戰鬥的記載），卻又說這只是一種「詩的筆法」。至於《聖經》中其他的神話意象（如把風描寫為上帝的鼻息），他仍表示《聖經》「從未跨入異教的門檻。因為這些意象不過是詩意的形象」，而且無論如何，這類迦南神話主題都是以色列人「在以色列宗教崛起前就被吸納進來」，而以色列宗教一出現沒多久便對它們進行去神話化。

60 〈詩篇〉七十四篇十三至四節。

61 譯注 作者給出的希伯來文「原文」和烏旮瑞特文「原文」皆是拉丁拼音化的形式，不是原字。

62 〈詩篇〉七十四篇十三節。《新修訂本標準英譯聖經》的譯文說上帝把大海「分開」，但另一種翻譯卻說上帝是「砸碎」大海。

63 巴力和耶和華的另一個共同敵人是丹寧（Tannin意指「龍」）。既然〈詩篇〉七十四篇十二至七節顯示，耶和華跟亞姆、丹寧和利維坦戰鬥過，那耶和華與烏旮瑞特宗教傳統的關係可說昭然若揭。

64 〈以賽亞書〉廿五章八節。Mawet既可指「死亡」也可指「死神」這一點。（〈何西阿書〉十三章十四節記載，耶和華大凡想拯救哪個死者的靈魂，都得向mot付贖金。

65 〈哈巴谷書〉三章八節。

66 譯注 《新修訂本標準英譯聖經》（*New Revised Standard Version of Bible*）是英語世界極具權威性之《聖經》譯本，作者在本書中引用的《聖經》經文大多取自此譯本（請參見本書書後的「經文譯本小識」）。

[67]最後兩個意象一般都認為是指閃電，而這點讓迦南的異教神話與以色列宗教的界線愈發模糊，因為它顯示出，耶和華不止對付過巴力曾對付的各種自然力，還儼然跟巴力是同類的神祇：暴風神。〈詩篇〉第二十九篇指出耶和華是雷和電的根源：「耶和華的聲音發在水上；榮耀的神打雷……耶和華的聲音射出火焰。」[68]

一九三六年，猶太神學院（Jewish Theological Seminary）講師金斯伯格（H. L. Ginsberg）提出一個主張：上述的詩歌本是為歌頌巴力而寫。這個看似荒誕的理論最初沒有多少人理會，然而，證據日漸累積，它慢慢成了主流學說。證據之一是，有位學者把詩中凡提到「耶和華」之處全改成「巴力」，發現押頭韻的句子一下子增加了許多。[69]

著名聖經學者格羅斯（Frank Moore Cross）曾經力主，《聖經》裡「過紅海」這起關鍵事件，就是脫胎自巴力的神話。他認為，上帝用意念制服紅海這件事，微微呼應著巴力打敗海神的神話。不管此說正不正確，《聖經》對「過紅海」的最早記載（〈出埃及記〉第十五章）確實帶有「神話」色彩。這記載相當不同於《聖經》其他部分（它們大概式較晚出的）。根據其他部分的描寫（電影《十誡》也是這樣呈現），紅海是應摩西的命令緩緩分開，然後再合起，把埃及的追兵淹死。然而，〈出埃及記〉第十五章的記載卻非常戲劇性、非常擬人化：「你向海洋吹氣，水就堆積，像牆壁豎立；海底變為乾地。」[70]

但不管過紅海的故事和巴力神話有多少相似之處，兩者仍存在一個重大差異：巴力的故事發生在超自然界，而《聖經》裡的故事則基本上是關於人類歷史。紅海會分開，固然是因為上帝在天上進行干預，但整件事基本上還是發生在地面上。正如格羅斯指出的，耶和華的戰鬥不像巴力的戰鬥那樣，是發生在「特定時間和地點」。換言之，《聖經》用一種「史詩模式」（epic pattern）取代了「神話模式」（myth pattern）。正因此，格羅斯才會為他一九七三年出版的著作取名《迦南神話與希伯來史詩》（*Canaanite Myth and Hebrew Epic*）。

就算耶和華是以「神話」的方式行動（如屠殺九頭龍），《聖經》也只是一筆帶過，語焉不詳。誠如斯密所觀察到：「神話意象在《聖經》裡比比皆是，神話敘事卻絕無僅有。」斯密相信，會有這種現象，部分是因為那些神話敘事被刪除。[71] 他說，到了公元前第一千紀中葉之時，神話基調已經退流行，所以《希伯來聖經》的作者便傾向於把上帝表現不得那麼擬人化，有時還會讓祂顯得無形無狀。斯密又主張，在這段人們對神話皺眉頭的時期，早期的聖經文本曾經過重編和再重編，所以，負責重編的祭司說不定會因為早期文本中的耶和華形象跟他們所持的不同，便「選擇不保留這些部分，利用職務之便把他們過濾掉。」

他們為什麼要這樣大費周章？即便神話已經退流行，猶太祭司又何必多此一舉，把流行過的東西給刪掉？或許是因為這些經文潛藏著巨大的神學威脅。畢竟，神話性格的神祇不管多有力量，有時仍然會落敗，但全能神和唯一神耶和華卻絕不可能落敗！換言之，神話總是意味著多神教。所以，把古早的神話敘事從經文中移除，可能只是一項更大工程的一部分。這更大工程就是重塑《聖經》，好讓以色列宗教看起來從一開始就是崇拜全能的耶和華（學者克里斯蒂納Marjo

67 〈哈巴谷書〉三章九至十一節和十五節。
68 〈詩篇〉廿九篇三至七節。
69 戴伊力主，〈詩篇〉廿九篇固然是源出巴力的信仰傳統，但不是（像金斯伯格所說的）直接挪用。
70 〈出埃及記〉十五章八節，現代中文譯本。〈出埃及記〉其他有關過紅海的記載（十四章廿至廿七節）應該是較晚期的作品，而且也許包含好幾個不同時代作者的手筆。
71 斯密在他的《上帝的回憶錄》（*Memoirs of God*）一書中指出，導致這種現象的其他原因之一，是口傳材料同時具有保存文化記憶和引起文化「失憶」的雙重特質。

Christina和科佩爾Annette Korpel在比較過烏旮瑞特古文書和《聖經》的敘事之後指出，兩者提到耶和華的「力量、榮耀、尊嚴和仁慈」時，用語上有驚人的相似，但「暗示耶和華軟弱、被羞辱和有欲望的用語，《舊約聖經》卻一概迴避」。）

聖經編訂者的這種動機也可解釋《聖經》為什麼還保留著若干神話性描述：是為了表示縱使多神教曾經存在，卻已一去不返。因此，很多這類的描寫都是一筆帶過，只讓讀者知道曾有其事，並了解到多神教已經完蛋。例如，〈詩篇〉第八十二篇固然提到了「神祇會議」，但並沒有多所著墨，三兩下工夫便以上帝預言其他神祇將死結束這一幕（流行的詮釋是上帝因為其他神祇行惡而判了他們死刑）。[72]

同樣地，《聖經》對上帝制服河神和海神的經過也是三言兩語帶過，好顯示上帝輕輕鬆鬆便能把多神教的餘孽給收拾掉。巴力神話的這些部分保留在耶和華身上並不會構成神學上的威脅。但巴力吃鱉的那些部分又如何？例如他被死神「吞滅」的故事該怎麼看？這種羞辱對唯一配受尊崇的上帝當然沒有好處，所以，《聖經》裡看不到類似記載。反倒是〈約書亞記〉曾經向信徒承諾，耶和華終必「吞滅死亡（死神）」，直到永遠」。這樣一來，耶和華不但比死神厲害，還比巴力厲害。[73]

某個意義下，公元前第一千紀的那些聖經編訂者並不傾向於把神話盡數刪除。事實上，把「海神」改成「大海」，或把「死神」改成「死亡」，都是後來翻譯者的筆法。對聖經的編訂者來說，真正的敵人是神話裡那些會搶掉主角鋒頭的厲害配角。由於神話引人入勝之處在於其結局難以預料，在於它的厲害角色往往不止一個，所以，這些基調的死亡意味著真正神話敘事的死亡。

多神教和神話敘事同時被消滅，這點可由殘存在《聖經》裡的神話反映出來。根據一般的翻譯，〈哈巴谷書〉有一節經文這樣說：「神聖的上帝要從巴蘭山來……祂前面有瘟疫開道，身後有熱病緊隨。」[74]然而，「瘟疫」和「熱病」兩詞的希伯來原文卻相當於「達巴」（Deber）和「利悉」（Resheph），分別指瘟疫之神和熱病之神。在迦南人的諸神譜裡，「達巴」和「利悉」都是極具破壞性的神祇[75]，但正如斯密指出的，他們這破壞性的一面未能進入《聖經》。相反，他們看起來就像是耶和華的扈從。後世的翻譯者把這兩個神名譯成普通名詞，等於是把這兩個小神給抽象化，轉變為耶和華的兩種力量。這時，耶和華就像是模仿馬爾杜克的策略（見上一章），透過把其他神吸納到自己身上，悄悄向一神教推進。

上述〈哈巴谷書〉的經文說明了迦南人的多神教是怎樣瘦身，終至變成了以色列的一神教。凡是地位低於厄勒的迦南神祇全都受到矮化，最終消失無蹤。一旦移除了中層的管理階層，萬神殿裡便剩下最頂層的單一神祇（這神祇現稱為耶和華）和最底層的超自然生靈（神的信使或天使）。[76]

72 正如M. S.斯密指出的，這節經文就像前面引用過的〈申命記〉卅二章八節一樣，其中的「至高者」一語的意義不像流行的解釋那樣直接。換言之，這兩節經文裡的耶和華也許並不是神祇會議的主席。不過，如果流行的解釋正確，那我們更有理由認為耶和華不是預言其他神祇將會死亡，而是判他們死刑。

73 出自〈以賽亞書〉。

74 〈哈巴谷書〉三章五節，現代中文譯本。有些學者主張，《聖經》用「她」來稱呼「智慧」並不是一種擬人化的修辭手法，而是實際視之為一位女神，也許是視之為上帝的配偶之一。我在本書第九章對「智慧」有更深入的討論。

75 從烏旮瑞特古文書所見，達巴是「摧毀之神」，利悉是「戰爭與疾病之主」。Olmo Lete認為，〈哈巴谷書〉這經文是「追隨美索不達米亞的宗教傳統，在該傳統中，『瘟疫』和『熱病』都是大神馬爾杜克的隨扈。」〈詩篇〉九十一篇六節云：「耶和華使祂的信徒免於恐懼夜行之魔達巴。」〈約伯紀〉五章七節和《聖經》其他經文，也曾提及悉利是個神或魔。

一九九七年，神學家格魯斯（Robert Karl Gnuse）很有先見之明地指出，隨著愈來愈多學者承認「複雜的耶和華教是從多神教的背景逐漸演化而成……一個『範式轉換』（paradigm shift）看來已經發生。」新範式「把一神教看成是逐漸形成，並強調以色列與古代世界之間的思想連續性。」

「思想連續性」指的是以色列宗教和更早宗教有著有機聯繫，這點顯然跟我們在前面幾章看到的那種模式相符。我們知道，神祇不止會改變性格，還會跟別的神祇融合並改名換姓。在這個過程中，信仰內容有時亦會發生激烈變化。無論如何，從來不會憑空迸出來一種全新的宗教。就連並不敵視神學創新的法老王阿肯納騰也是從手邊的現成材料雕琢出他的一神教：他的真神阿托恩是從多神教的背景蛻變出來，本來是太陽神「瑞」的一個跟班。

但「思想連續性」有時是千頭萬緒的，古以色列的宗教顯然便是如此。迦南人的主神是厄勒，而我在前面指出過，我們有理由認為耶和華繼承了厄勒的很多特徵。[77]現在我們又知道，耶和華的譜系說不定還可以追溯到巴力。人們用形容巴力的相同語言來形容祂，而祂也跟巴力大戰過的神魔戰鬥（《聖經》有一節經文似乎甚至把耶和華的住處錫安山等同於巴力的住處沙潘山）[78]。何以如此？為什麼到頭來耶和華會有一部分得自厄勒，又有一部分得自巴力？該怎樣調和祂繼承下來的這兩種不同遺產？

第一點要記得的是，神祇乃是文化演化的產物，不是生物演化的產物。在生物演化中，血緣關係總是有條不紊，你不是從父方取得特徵，就是從母方取得特徵（端視你的物種是靠有性生殖還是無性生殖來繁衍後代）。但不管採取哪種生殖方式，只要受精卵開始發育，你的生物特徵便會完全固定下來，DNA不會再變化。文化演化卻非如此：它容許有無數次異花授粉的可能。這就是何以英語雖稱為「日耳曼語系」，卻又跟拉丁語系有相似之處：日耳曼部落在英國定居下來之前許久，他們的子孫便跟英倫海峽彼岸的法語交流了許多單字。因是之故，這種「日耳曼語系」語言包含著許多源頭，其中包括撒克遜人和盎格魯人的語言。

換言之，文化演化是經緯萬端的。所以，有些看似簡單的問題（如耶和華是繼承了厄勒還是巴力的成分多些？）有可能是無法回答的，更可況有許多可能的線索已湮滅在時間的海洋裡。儘管如此，這個問題仍值得我們探索：到底作為神祇會議主席的厄勒，後來是怎麼跟恐怖的風暴之神巴力攪和在一起的？（有個學者稱他為「雄風凜凜的大頭呆」）他們的不同特徵又是怎樣在單一神祇身上獲得調和？不管這問題有多難解，不知道答案便無法充分了解以色列宗教對上帝演化的巨大貢獻。

會讓人困惑的一點是，綜觀整部《聖經》，巴力都是耶和華的死對頭。這種不共戴天的敵意似乎不是兩神融合的好基礎。然而，在文化演化這件事情上，競爭有時是可以催生合流的。現代的文化演化顯然就是這個樣子。「微軟」和「蘋果」的作業系統之所以那麼相似，就是因為雙方不斷「採借」對方那些受用戶歡迎的長處。

宗教也是如此。在古代農業社會，巴力的作業系統有個特徵會羨煞許多競爭對手：他是暴風之神，可以帶來雨水。[79]也許正是這緣故，《聖經》有時會把耶和華形容得像暴風之神：或說祂

76 戴伊提出一個略為不同的猜想：「上帝的七十個兒子本來都是厄勒麾下的神祇，後來隨著耶和華與厄勒的融合，他們被降格為天使，成為了《以諾一書》（*1 Enoch*）所提到的七十個國家的守護天使。」

77 有些學者主張，在公元前第一千紀早期，巴力曾把厄勒從迦南萬神殿的最高寶座拉下來，但漢迪質疑此說。

78 相關經文是〈詩篇〉四十八篇一至三節，不同學者都認為這經文是把沙潘山等同於錫安山。戴伊對此有詳盡的分析。

的聲音像雷鳴，或說祂的長矛像閃電。總之，巴力擅長什麼，《聖經》便要把耶和華形容得猶有過之。[80]有段經文稱耶和華是「騎乘雲」的神[81]，而巴力的其中一個外號正是「騎雲者」。

不管耶和華花了多少時間吸收巴力的特徵，祂最終都必須拋棄這些特徵，因為若非如此，祂就無法成為那個讓古以色列聲名大噪的神祇：全能而隱晦，掌理萬有卻又超乎於萬有。這點把我們帶回本章一開頭提過的那段讓人費解的《聖經》記載。該情節出現在〈列王紀上〉第十九章，描寫的是先知以利亞與飄忽不定的耶和華的晤面經過。

我會說這情節「讓人費解」，是因為才前一章，《聖經》所刻劃的耶和華就顯得大為不同。當時，以利亞安排了一場耶和華與巴力之間的公開對決。雙方信徒都預備一隻獻祭的公牛，邀請各自的神祇從天降下大火把牛燒毀，哪方的神能成功便是真神。各位大概會想，巴力既然是讓人聞風喪膽的暴風之神，要他發射閃電何難之有，更何況比賽現場有他四百五十個先知吶喊助威。但巴力沒有發射任何閃電，反而是耶和華把祭品給燃燒起來，火勢之猛烈，以利亞用水澆都澆不熄！〈列王紀上〉這樣描寫：「於是，耶和華降下火來，燒盡燔祭、木柴、石頭、塵土，又燒乾溝裡的水。」[82]勝負至此底定，人們一律信服耶和華是真神，巴力的四百五十個先知當場被殺，耶和華大獲全勝。這場好戲結束前，耶和華為防有人還是不服，便降下大雨（降雨是巴力的強項），把祭火給澆熄。

巴力既然已被制服，我們有理由預期，耶和華自此不需再炫耀大能，至少是可以減低表演的次數和幅度。事實果真如此。正如聖經學者弗里德曼（Richard Elliot Friedman）指出，這是《希伯來聖經》裡耶和華最後一次在群眾面前施展壯觀的神蹟。然後，到了下一章經文，我們更是看到了一個嶄新、飄忽的耶和華：祂「不在風中」，也「不在火中」，即便說話也只是以「靜悄悄的小聲音」說話。格羅斯指出，這是耶和華的「自我揭露模式」（mode of self-disclosure）進入「新紀元」的伊始。自此，「巴力那打雷般的說話聲」變成了耶和華「細不可聞的輕語聲」。會有這種轉變，是因為耶和華對巴力的模仿已經多得足以搶走巴力的風頭，此後可以自闢戲路，演出更高逸的角色。祂裡面的厄勒（一位透過先知說話的執行長神祇）會活得比祂裡面的巴力久，而且是以更超逸的形式活著：接下來，耶和華將會比厄勒愈來愈遙不可及，最終成為一個「超在」的神。

這至少是一種詮釋。當然，《聖經》中這短短的篇幅是否承載得了現代詮釋者加給它的許多象徵重量，尤待商榷。同樣的，它的作者（和日後的編訂者）是否刻意用這經文來標誌擬人化上帝轉變為超在神一樣有商榷餘地。事實上，耶和華在進入這個靜悄悄說話的「新紀元」以後，有時還是會降下大火、引發地震和刮起崩山碎石的大風，而這些都不是一個「遁隱」的神的正字標記。

但不管上帝向以利亞顯現這一幕有沒有深意，它指向的仍是《聖經》後來移動的方向。正如弗德里曼在《上帝隱蔽的臉》（The Hidden Face of God）所指出，自此之後，耶和華顯大能干預人間事的記載在《聖經》出現的頻率愈來愈低。在《聖經》愈前面的部分，耶和華向人顯現或說話或展神蹟的次數就愈多，愈後面的部分就愈沉默。事實上，在《希伯來聖經》的最後一卷（〈以

79 能行雲降雨是巴力的一大優勢。正如戴伊指出的，巴力對早期以色列人有吸引力的證據之一，是《聖經》中有些以色列人就是以巴力為名。例如，以色列第一任國王掃羅的兒子伊施巴力（Eshbaal）便有可能是得名自巴力。

80 是為了耶和華業已建立的，即作為一個戰神。

81 「騎乘雲」是《新修訂本標準英譯聖經》對〈詩篇〉六十八篇四節的翻譯，另一個可能譯法是「騎行過沙漠」（見《新修訂本標準英譯聖經》的註）。

82 〈列王紀上〉十八章卅八節。許多學者都把經文中的「火」詮釋為閃電。

斯帖記〉），上帝甚至完全沒有上場。[83]

當然，《聖經》各卷的順序（還有章節順序）並不都是按照書寫的時間來編排。不過，如果把成書的前後順序還原，我們就會看出一個趨勢（對經文的斷代，我是採學界的主流看法，但這看法不是全無爭議的[84]）。寫成於最早的《聖經》文本顯示，上帝是個「凡事動手動腳做」的擬人化神祇：祂會「行走過」伊甸園，會大聲喊祂要找的人，會為他們做衣服，會在降下大洪水淹沒世界之前先周到地為諾亞關好方舟的門，又會用鼻息攪動大海，淹死埃及軍隊。這位上帝還聞得到燔祭的「馨香之氣」。[85]在較後期的文本裡，我們愈來愈少看到一個有血有肉的上帝，有時甚至還開始看到一個無影無形的上帝。例如〈申命記〉第四章（極有可能寫成於公元前第一千紀中葉）便強調，即使上帝會對人說話，聽眾照樣會「看不到任何形體」（〈申命記〉是要藉此指出，拜偶像何以不對：因為偶像都是「有形有狀」）。[86]

這個從擬人化神祇走向抽象化神祇的過程並不完全平順。例如，在公元前第一千紀下半葉湧現的啟示文學（apocalyptic writing）[87]便充滿著神話意象，像〈但以理書〉中的上帝就非常擬人化：「祂的衣服潔白如雪，頭髮如純淨的羊毛。」[88]儘管如此，總的來說，公元前第一千紀還是見證著以色列宗教從擬人化多神教轉向較抽象化一神教的大趨勢。

看到這個大趨勢，我們很難不會認為那個有關亞伯拉罕系上帝的傳統故事是不實的。發育完全的一神教並不是如考夫曼所說，是早早出現在以色列人的歷史，是「一個洞見，一個原創性直觀」。早期的以色列宗教脫胎自更早的「異」教，一如後者又是脫胎自又更早的宗教。然後到了古以色列宗教的後期，最終蛻變出一個較現代性格的上帝：一位超在、全能、全知的唯一神，一位為猶太教徒、基督徒和穆斯林所崇奉的神祇。這位神將會發揮史無前例的影響力，並把一個統治世界許多世紀的民族[89]納入祂的統治。

但一個問題仍有待回答：是哪些力量把以色列推向一神教？只有這個問題得到回答，我們才可能回答本章一開始所提出的問題：一神教與不寬容態度的關係何在？與暴力的關係又何在？我會在下一章處理這個問題。然而，對一神教與暴力的關係，有一點是我們現在便可以說得出來的。所有奉亞伯拉罕系上帝之名行使暴力的人都分享著一個前提：這個上帝是獨一無二的，是唯一真神。這些人當中，又有大多數人相信，上帝的獨一無二表現在祂的出現方式：距今三千多年前，祂突然現身，向世人宣示祂的來到，又殲滅當日的多神教。如果你問他們怎麼會知道這個，他們會回答說這是聖典裡的記載。

二十世紀初年的考古學看似可以支持這類信念。「聖經考古學之父」歐布萊特在一九四〇年寫道：「考古發現業已證明以色列人的傳說大體無誤。」但到了二十世紀下半葉，這個主張開始受到質疑，而考古學家也開始懷疑，歐布萊特的論斷到底是奠基於學術研究，還是他的基督教信

83 弗里德曼有個可信的猜測：比起寫近古的事情，《聖經》寫遠古的事情時喜歡描寫上帝招搖地插手人間事務。（〈以斯帖記〉在《舊約聖經》裡不是最後一卷，因為基督教把《希伯來聖經》的內容順序重新編排過。）

84 科佩爾指出，許多被認為用舊式語言和「最不尋常形象」描寫上帝的《聖經》經文，都不見於《聖經》較後來的部分。烏旮瑞特古文書用於神祇的比喻，有一半跟《舊約》相同。

85 〈創世記〉八章廿一節。有關《聖經》對上帝的擬人化傾向是如何與時遞減。

86 〈申命記〉四章十二至五節。坎伯等（Campbell and O'Brien）判斷這節經文出自後約西亞時代（相關討論另見本書第七章）。

87 譯注 啟示文學（apocalyptic writing）指持「末世論」（apocalypticism）思想的宗教著作，至於何謂「末世論」，請參見本書第七章。《新約聖經》中的〈啟示錄〉是最著名的「啟示文學」，「啟示文學」這個習用的中譯名稱亦是由其衍生。

88 〈但以理書〉七章九節。

89 譯注 指羅馬帝國的羅馬人。

仰。一而再、再而三地，《聖經》的敘事受到從地下挖出來的事實所動搖。所以，如果今日有哪個信徒指著《聖經》，表示它可以證明上帝有別於所有古代神祇，那任何對考古學有涉獵的懷疑者大可這樣回答：為什麼你要相信一部內容老是跟歷史證據相左的典籍？

過去幾十年的聖經學術研究讓懷疑者更加有話可說。如果拿著迦南出土的古文書去對照《希伯來聖經》，我們將會發現，它根本沒說過上帝從一開始就是獨一真神，最起碼這不是它唯一的說法。在《聖經》的一神論敘述主線的四周，散落著許多可以動搖這主線的證據。所以《聖經》的文本不止受到了出土的事實所動搖，還受到了這文本自身包含的事實所動搖。

一個信徒當然可以選擇不理會這些證據，或是選擇任由這些證據與自己的信仰保持緊張關係，一如早期的天文學家寧可把他們的理論弄得無比誇張複雜，也不願相信地球繞著太陽轉。然而，凡是靈性饑渴而又知性嚴肅的猶太教徒、基督徒或穆斯林，都總得跟這些證據格鬥，想辦法調和信仰和證據間的扞格。這格鬥的下一步是，我將探索亞伯拉罕系一神教是何時出現、如何出現，以及（這是最重要的）為何會出現。

06

從多神到一神崇拜

From Polytheism To Monolatry

各位大概很難碰到叫作耶洗別（Jezebel）的女性。這名字在幾千年前就已退流行，此後未再時髦起來過。事實上，這個名字現在充滿貶意。據一部字典解釋，「耶洗別」意謂「惡毒無恥的女人」。這全都要怪《聖經》裡的耶洗別，她是公元前九世紀以色列國王亞哈（Ahab）的妻子，也是迦南神祇巴力的熱情擁護者，曾賣力說服丈夫拜巴力為神。正因如此，她難以得到《聖經》作者的歡心。

在上一章談到那場耶和華和巴力的對決事件中，耶洗別扮演著關鍵性的幕後角色。耶和華先是在以利亞安排的對決中擊敗了巴力，繼而在西乃山向以利亞「顯現」（這「顯現」無形無影而又不可言詮）。當初以利亞會安排這場兩神的對決，正是因為耶洗別對巴力太過偏心之故。後續的發展是眾所周知的：隨著耶和華最大的敵人被制服，隨著耶和華的性格邁向「超在」化，古以色列人的宗教也朝著現代一神教的道路前進。

至少《聖經》是這樣說的。事實上，耶和華有沒有打敗巴力，甚至是不是有過這場對決，在學者之間頗有爭議。以利亞的故事（若真有其事）是事件發生後幾世紀才被記載下來，最後又經由主張獨尊耶和華的人所編訂，所以精確性不無疑問。[1]儘管如此，很多聖經學者還是相信，故事所展現的衝突（以利亞反對耶洗別和亞哈的親巴力政策）還是有事實根據的。一般都認為，對

1 艾伯慈相信，以利亞故事有「許多部分」都是「後申命記時代」的產物，寫成於事件時代的兩個多世紀之後。施尼德溫德力主，故事中有關亞哈王崇奉巴力一節，是後人添加，寫成時間不會早於被擄時期，換言之是亞哈之後兩個多世紀的事。也有學者認為這故事的寫成時期較早。

於獲得官方支持的多神教，這場反抗乃是時斷時續的一神教演化過程的里程碑，雖然整個演化過程還要再數個世紀才會到達頂峰。

不過嚴格說來，這事件只能算是邁向一神崇拜的里程碑（前面提過，一神崇拜只是邁向全方位一神教的中途站），因為以利亞看來並不否認巴力的存在（要否認巴力存在才算得上一神教），他只是不認為巴力值得以色列人崇奉。在以利亞之後約兩百年，一神崇拜才被明訂為以色列的官方政策，那時崇拜耶和華以外的神祇便會受到野蠻阻嚇。本章要探討的問題是，一神崇拜是如何從政治的邊緣邁向核心，從而為全方位的一神教架設好舞台。

我們若能知道以利亞的故事是真是假當然最好。因為如果它是真的，或至少其政治意涵是真的，我們就可以先探討為何以利亞要反對巴力，再藉此說明一神崇拜的原動力。但如果這故事是杜撰，我們便應該探問《聖經》的作者何以要杜撰這故事，何以要把自己的神學投射到歷史去，再以此來說明一神崇拜的原動力。

不過，事有湊巧，這兩條路徑其實最後是殊途同歸，能為以色列信仰獨一真神的原動力提供相似的答案。所以，不管以利亞的故事是真是假，結果都一樣。現在，當作一種思想實驗，且讓我們假定這個故事確有其事，並沿著它的敘事一路往下走，直到找到更堅實根據的記載為止。這個方式不但能讓我們找到以利亞故事的作者是哪些人，還可讓我們站在更有利的立足點去解釋以色列一神崇拜的演化過程。

不過，我得先聲明這趟探索所抱持的哲學偏見。企圖解釋宗教變遷的人有兩種：一是強調觀念的力量，一是強調物質環境的力量。以色列人會把他們的宗教往一神崇拜的方向推進，並最終往一神教的方向走，究竟是神學反思使然，還是政治、經濟等具體社會力量使然？以我們手邊的例子為例：到底是什麼因素讓以利亞和他的追隨者憎惡耶洗別和巴力？耶洗別之所以可恨，是因為她依附巴力（因此也是附和多神教）嗎？還是說巴力之所以可恨，是因為他是耶洗別陣營的神，也因此代表著耶洗別所代表的經濟與政治利益？

《聖經》當然傾向第一種解釋，它的說法是：以利亞和他的追隨者因為受到神聖真理的啟迪，才會反對巴力及其崇拜者。然而，《聖經》本來就會偏向以宗教信仰來解釋，認為觀念有能力形塑各種具體現實。但本書卻相反，它強調的是各種具體的現實，設法透過具體事件解釋上帝的觀念為什麼會變遷。所以，本書非常嚴肅看待以下這種可能性：不管以利亞多有宗教熱情，他會反對巴力乃是出自世俗的理由；他會跟耶洗別和她丈夫亞哈發生神學衝突，理由更多是因為他反對耶洗別和亞哈，而不是反對他們的神學。

我們已經看過一些例子，知道神學原則會受世俗動機的影響。例如，愛斯基摩的薩滿師會告訴女性罪人，她只有跟薩滿師上床才可以清除罪孽；玻里尼西亞的酋長會把得罪他們的人拿去祭神；薩爾貢為帝國的長治久安而把伊什塔爾和伊南娜兩個女神融合為一；阿肯納騰為了解除祭司階級對他的政治威脅而獨尊一神，罷黜其他神祇。我們一次又一次看到神祇（至少是神祇的觀念）怎樣受到世俗動機的形塑。最具體的現實（金錢、權力等等）經常是變遷的推手，而宗教信仰會跟著改變。

當然，事情有時候也會反過來。特別是短期來說，宗教信仰有時是可以形塑政治和經濟的面貌。所以，我們完全不能排除另一種可能：以利亞會發動一波反對亞哈和耶洗別的政治運動，是因為他對耶和華有極深信仰。而這種影響力是可以互為因果的：以利亞的動機真的全是以信仰為基礎，但一些追隨者卻是出於經濟和政治的不滿，才會反對亞哈和耶洗別。

換言之，整件事情可以是很複雜的，完全專注於任何的「第一因」都是把事情過度簡化。儘管如此，我還是會主張，總的來說，要解釋從多神教到一神崇拜再到一神教的演化，最好的方式還是著眼於具體的社會動力。是政治和經濟因素讓我們得到了亞伯拉罕宗教的唯一真神。

宗教人士常會覺得這類主張讓人洩氣，因為它會把信仰化為海市蜃樓，化為只是庸俗現實的虛幻反映。在本書的最後，我將會力主，事情也許正好相反：只有把「具體的現實」看作「原動者」，我們方可為人類歷史具有「更高目的」之說找到某種證據。但無論如何，我現在都要主張，若想探索一神教為什麼會在古代的以色列演化出來，必須先探索背後的政治現實與經濟現實。唯獨如此，我們方可看出不寬容和好戰態度是否「內建於」亞伯拉罕系的一神教。如果是，它在亞伯拉罕系上帝的性格裡嚮又是多強烈的部分。

只愛耶和華黨人

那麼，是哪些社會力量可以動員反亞哈和反耶洗別（也是反巴力）的群眾力量呢？首先，我們應該記住，在古代，一個有皇室血統的男人會娶異國女子為妻，不見得是什麼羅曼蒂克的事。相反，那是外交策略的一部分，是鞏固兩邦情誼的一種手段。耶洗別的父親是國王謁巴力（Ethbaal），他統治著推羅（Tyre）和西頓（Sidon）這兩個腓尼基人的城市。亞哈會娶耶洗別，是亞哈父王暗利（Omri）的主意，他的如意算盤無疑是，跟腓尼基結盟可讓以色列使用他們在地中海的港口。前面提過，在古代世界，跟一個國家結盟便表示願意尊敬對方的神祇。《聖經》記載，亞哈在以色列的國都撒瑪利亞（Samaria）給巴力建造了一個神壇[2]。如果這是事實，那亞哈的動機就絕不止是為了討妻子的歡心：那是兩人婚姻邏輯的一部分，是這婚姻背後政治理性的神學表述。[3]

這種事其來久矣。《聖經》在回顧所羅門王的時代時，曾抱怨這國王娶了幾百個外邦姬妾，被這些女人牽著鼻子走，拜各種外邦神祇，包括「西頓人的女神亞斯他祿（Astarte）」、「亞捫人（Ammonites）的可憎神祇米勒公（Milcom）」和「摩押人的可憎神祇基抹」。然而，這類「在耶和華眼中看為惡的事」[4]卻是明智的外交手腕。那是一種「國際主義」的外交政策，能收廣結盟邦和擴大貿易之效，而附帶的要求便是對異國神祇表示一定的尊敬。

出於同一原因，反對國際主義政策的人也會反對宗教信仰間的和平共存。這也許就是以色列走向一神崇拜的發端：以反對崇拜多神來反對國際主義的外交政策。但為什麼有些以色列人會反對國際主義的外交政策？在亞哈的個案中，有幾個不同理論。

例如，有些學者認為，這是因為有些以色列的本土商人，因為亞哈容許腓尼基人到以色列經商而蒙受其害。顯然，在當時的經濟結構下，以色列人對腓尼基商人的仇視很容易就能轉化為對腓尼基神祇的仇視。聖經學者郎格（Bernard Lang）指出，古時人們舉行崇拜的地點有時會兼具「現代銀行所具有的許多功能」，而有證據顯示，到以色列經商的腓尼基商人就是把巴力神廟作為大本營。[5]

如果這是事實，亞哈和以利亞的衝突便可解釋為政治利益和經濟利益的衝突。從亞哈的立場來看，跟腓尼基結盟是完全合算的，因為此舉不但可讓以色列藉助腓尼基的港口打開地中海市

2 據〈列王紀上〉十六章卅二節所述：亞哈「他在撒馬利亞為巴力建造一座廟宇，又築了一座祭壇安置在廟裏。」尼耳力主，這段文字掩蓋了一個更早和更可信的傳說：亞哈是在耶和華的殿裡為巴力築壇。

3 蒂蓋和一些其他學者認為，亞哈會寬容多神教，動機和他娶耶洗別一樣，都是出於政策考量。

4 〈列王紀上〉十一章四至八節。

5 郎格猜測，耶和華的祭司會「仇視巴力的祭司」，是因為後者搶走他們部分信徒，給「耶和華的祭司團帶來經濟損失」。〈馬加比二書〉（II Maccabees，寫於亞哈時代的幾世紀之後）三章一至十二節反映出，耶和華聖殿的作用有如銀行。

場，同時創造出一條穿越以色列的東西向商路，以色列便可扼守這商路而大發利市。甚至，跟腓尼基人聯盟可讓以色列在跟其他地區強權發生軍事衝突時，得到強大的奧援。與這種利益相比，寬容巴力並讓腓尼基人賺點錢根本算不了什麼。對亞哈來說，跟腓尼基的關係是一種雙贏關係，而他的神學包容性也隨之擴大。但對那些生計受腓尼基商人威脅的以色列人來說，這種聯盟一點好處都沒有：腓尼基人的贏就是他們的輸。他們的神學包容性也因此緊縮了起來。

這個理論有頗大的猜測成分。但它的基本原則卻說得通，而且我們已見過類似的事情發生在美索不達米亞和其他地方：人們對外邦神祇的態度取決於他們對外邦人的觀感。如果一群人覺得他們可以從跟外邦人合作獲利，便會傾向接納外邦的神祇；反之，如果一群人覺得他們跟外國人玩的是零和遊戲，他們的神學也會變得沒那麼有包容性。我們可以稱這種現象為「神學寬容法則」（law of theological tolerance）：唇齒相依的經濟連結，會讓兩群人某種程度覺得是坐在同一條船上。

在古代世界，這條法則特別有驅策力，因為當時的外交政策和神學總是關係緊密。不過，「神學寬容法則」在現代世界照樣多少適用：我們通常不介意那些可以作為商業夥伴的外國人是信什麼教。

因是之故，促進宗教寬容的動力也可以用來解釋各類的寬容心態。對於敵人或競爭對手，人們自然而然會多所挑剔。如果兩個男性同時追求一個女性，你問他們對彼此有什麼看法（政治立場、穿著品味、文學品味等），你多半不會聽到什麼好話。相反，對於有潛在合作可能的人，人們卻不假思索便會產生好感。所以，利己與寬容的關係不必然是出於自覺的盤算（這點我們稍後會再探討）。「神學寬容法則」是從人性中自然生長出來的。

人們為什麼會反對亞哈、耶洗別和巴力，還有另一種理論。當以色列決定要跟腓尼基結盟，便擺明要與另一個強權為敵：位於以色列東北的亞述。事實上，以色列和腓尼基的聯盟，就是要減低亞述的威脅。郎格指出，以色列看來有一派人馬是主張跟亞述聯盟，而不是跟腓尼基結盟。這派人馬在亞哈死後顯然是得勢了若干年：以政變取得王位的耶戶（Jehu）改變了以色列原有的外交路線，向亞述大獻慇懃。因此，耶戶會殺死以色列所有巴力信徒就一點都不奇怪，他不但摧毀巴力的神廟，還在原地蓋了一間公共廁所。[6]

所以，說不定以利亞有一部分支持者是親亞述的以色列人。這些人愛戴亞述神祇阿舒爾（Ashur）的程度可能不亞於憎惡巴力的程度：《聖經》之所以未見這方面的記載，也許是被信奉一神教的《聖經》編訂者過濾掉。換言之，以利亞的支持者也許就像亞哈和耶洗別一樣，都是多神教徒，不同在於對該敬拜哪些神意見不同。即便如此，這件事情底下的邏輯是一樣的：人們認為跟外國人合作可以互蒙其利時，會寬容甚至歡迎異國神祇。

不過，如果傳統的解釋正確，即以利亞屬於一個一神崇拜聯盟，只肯敬拜耶和華，那上述的親亞述派系會顯得跟這聯盟格格不入。而且無論如何，到了以色列歷史的某個時刻，還是出現了純色的「只愛耶和華」（Yahweh-alone）運動（這是歷史學家斯密的戲稱）。如其名稱所示，這運動拒拜耶和華以外的神祇，包括所有外國血統的神祇。這個「只愛耶和華運動」會出現，是無法用那些親亞述（也因此親亞述的神祇）的以色列人來解釋的。所以，我們更有理由相信，一神崇拜會出現，背後動機應該是不信任任何外交結盟。

6〈列王紀下〉十章十八至廿七節。

第一個輪廓分明的一神崇拜者

讓我們把鏡頭快轉，轉到「只愛耶和華運動」第一次找到發聲者的時刻。在公元前八世紀（這時耶洗別已死去很久），先知何西阿（Hosea）登上了歷史舞台，而他的思想也被記錄了下來（顯然不是寫成於他生前便是死後不久）。[7]雖然他的文本經過後人編訂，但很多學者相信，這文本的核心信息在他死後沒多久便固定下來，所以我們有理由認為，「何西阿神學」反映的是公元前八世紀末葉以色列人的一股思想潮流。[8]我們當然無法百分之百肯定〈何西阿書〉不是杜撰，但相信〈何西阿書〉可信的學者比相信以利亞故事的多很多。無論如何，我們仍然可以像對待以利亞的故事那樣，先假定〈何西阿書〉的記載大體精確，再看看這經卷裡的何西阿對他的時代有什麼感想。

有些人把何西阿看成一神主義者，可是，並無證據可以顯示他的立場有超越一神崇拜之處，因為他從未否定除耶和華以外還有別的神，也沒有說過外邦人不應該崇拜他們自家的神。他固然強調以色列人應該「認識」耶和華，但他說的「認識」卻不是現代意義下的「認識」（即「知道」）。在希伯來文裡，「認識」的意思大體相當於「忠順於」。當時一些附庸國在向宗主國表示忠順時，也是使用「認識」一詞。[9]

儘管如此，在這個意義下使用「認識」一詞即足以顯示何西阿是個發育完全的一神崇拜者。所以，當他引用耶和華的話說：「在我以外，你們不可認識別的神；除我以外並沒有救主」[10]，他只是表達「只愛耶和華黨人」的立場。不過，或許他可能無意中創造了歷史，為《聖經》裡最著名之一的話製作出模板，因為十誡的第一誡（「不可把別的神擺在我前頭」）或許就是源自上述的耶和華話語。據考證，第一誡八成是出現在後何西阿時代[11]，而它的立場也是一神崇拜立場

[12]（但常被誤讀為一神教立場）。

那麼，何西阿有沒有流露出一些一神崇拜背後的邏輯，即有沒有流露某種對任何結盟都不信任的心態？有。他反覆提到埃及和亞述這兩個強權，但從沒有好話。他強調，不管以法蓮（Ephraim）是跟哪個強權結盟都有害無益（以色列在當時已分裂為南北兩個王國，北王國稱為「以法蓮」或「以色列」，南王國稱為「猶大」。何西阿本人住在以法蓮）。他說「亞述救不了我們」，又說試圖拉攏埃及只會讓以色列「在埃及淪為笑柄」。一言以蔽之，以法蓮統治者的這種國策「愚蠢而無知。」[13]

何西阿看來不止對結盟一事沒有好感，也對盟約的條款感到不悅。因為以色列是個夾在強權

7 這是主流意見。例如，布倫金索普主張，何西阿有些教誨「也許是說出不久後便被人抄錄下來。」斯密看來不同意此說，因為他主張「他們〔指阿摩司和何西阿〕的預言大概是一代人之後才結集成書。」但這種觀點不排除個別預言是在更早前便被抄錄下來。

8 就像其他聖經研究方面的課題，學者對〈何西阿書〉不同部分的成書年代意見並不一致。很多學者相信，這經卷在約西亞時代或更後來經過修改，有些學者還認為這些修改具相當重大的神學意涵。我採取的立場和施威尼一致。艾伯慈對〈何西阿書〉斷代問題的複雜性有所說明。

9 索奧主張，「認識」這個動詞表示「契約或婚姻的兩造承認彼此有密切關係。」。

10 〈何西阿書〉十三章四節。

11 〈出埃及記〉廿章三節和〈申命記〉五章七節。弗里德曼認為，〈申命記〉版本的十誡出於「申命記史家」（特別是這些史家的第一批）之手，並暫時把〈出埃及記〉版本的十誡認定是一份獨立文件，說那是由「修訂者加插進去」。柯林斯指出，有些學者主張「我們無法想像十誡中的第一誡是出現於何西阿之前的時代。」柯林斯還指出，第一誡「相當於鼓吹一神崇拜……」

12 譯注 前面譯注已提過，「和合本」中文聖經把這一誡譯為「除了我以外，你不可有別的神。」

13 〈何西阿書〉十四章三節，七章十六節，七章十一節。有關七章十一節的解釋，Coogen指出「淪為笑柄」是指以色列與埃及洽談結盟一事。

之間的小國，所以「結盟」往往意味著當別人的附庸。當〈何西阿書〉抱怨以法蓮的領袖「他們與亞述立約，把油送到埃及」時，[14]它反對的不是賣油給埃及，而是反對把油拿去進貢。

不過，強權還不是唯一的問題。[15]正如聖經學者斯威尼（Marvin Sweeney）指出，何西阿顯得「敵視一切外國事物」。確實，何西亞對外邦的猜疑程度已經幾近仇外狂。他這樣說過：「以法蓮與列邦人攙雜……外邦人吞吃他勞力得來的，他卻不知道。」又說：「以色已經被吞吃……在諸國間是個無用的附庸國。」[16]亞哈和所羅門等國王當初會推行國際主義外交政策，是因為認定此舉可以讓以色列更富強，何西阿卻不如是想。他看到的是以色列愈來愈貧窮，而這種貧窮又被國際力量所加深：「〔以色列人〕所種的不成禾稼，就是發苗也不結實；即便結實，也必被外邦人吞吃」[17]既然外邦不能帶給以色列好處，那外國人崇拜的神祇自然不值得敬拜，甚至不值得尊重。

事實上，何西亞用來表述其政治孤立主義和宗教孤立主義的是同一套語言。他這樣告訴以色列人：「你們離棄了你們的上帝，扮演妓女。」又指出，那些透過膜拜迦南神祇來求雨和求財富的以色列人等於是說：「我要追隨我的情人們去，他們會給我餅、水、羊毛、麻、油和酒。」這種不貞潔的意象也被何西阿用於形容以色列的外交政策。他說，以法蓮的領袖「投奔亞述，如同獨行的野驢；以法蓮在一眾愛人之中叫價，而雖然他們在列邦之間叫價……但不久將會在〔外國〕君王和首領所加的重擔下衰微。」[18]在何西阿看來，神學和地緣政治是互為倒映的。

有道理的偏頗

「只愛耶和華運動」的鼓吹者會對外交結盟充滿偏見並非突發事件。學者很早便注意到，先知書（prophetic books）裡瀰漫著一股反國際主義的氣氛，認為與他國結盟就是對耶和華不忠（有人稱之為「先知書的民族主義」）。但這不是說所有學者都贊同我在這裡的觀點，即政治與經濟因素可以左右神學。因為，即便政治與經濟因素跟宗教態度之間真有對應關係，它們何者是因何者是果，仍有待商榷。何西阿有可能是因為厭惡國際主義才會成為一神崇拜者，但也有可能是偏好一神崇拜才會討厭國際主義。一神崇拜者也有其他理由討厭締結聯盟，例如，有些先知認為，求助於強權等於是對耶和華缺乏信心，等於不相信單憑祂便可確保以色列無虞。

所以，我們為何不認真看待這些先知說的話，相信他們的外交觀點是受他們神學觀點所形塑，而不是反過來？某種程度上，我們大概真的該相信先知自己的話。何西阿及同時期的先知在在看來都是信仰堅定的人。《聖經》記載，何西阿聽到上帝吩咐他「去娶淫婦為妻」之後，果真去娶了個淫婦，而上帝會這樣吩咐，顯然是要隱喻以色列對耶和華的不忠。這還不夠，何西阿還給其中一個兒子取名為「不是我的百姓」，用以顯示耶和華對不忠以色列人的不悅。[19]各位大可不必太過同情何西阿的兒子，因為先知以賽亞一樣給兒子取了個怪名字，暗示以色列人即將遭受亞述人的「擄掠搶奪」[20]。這一切都顯示出，他們主張一神崇拜具有強烈的宗教動機，主張一神

14〈何西阿書〉十二章一節。如艾伯慈等學者主張，這節經文是何西阿時代很久後才被人加入〈何西阿書〉。

15 何西阿此處看來是反對以色列與敘利亞新近簽訂的一份條約。

16〈何西阿書〉七章八至九節，八章八節。

17〈何西阿書〉八章七節。艾伯慈認為，這經文是慨嘆以色列因為需要付出大量貢品而被搾乾。

18 何西阿書〉九章一節、二章五節、八章九至十節。Coogen對八章九節的註釋指出「君王和首領所加的重擔」一語是指外國的侵逼。

19〈何西阿書〉一章二節和九節。

20〈以賽亞書〉八章三節。這預言是預言以色列即將被亞述征服。

不是出自利害盤算，也不是基於地緣政治的考量。

然而，真正重要的不是何西阿等先知為什麼會宣揚一神崇拜的信息，而是這信息怎麼會產生共鳴，引起廣泛迴響。關於這點，我們不妨拿生物演化來類比。達爾文派的理論認為，最容易擴散到整個物種的遺傳特徵，通常是那些最適於該物種生存和繁衍的特徵；至於這些特徵當初何以會突變出來，則跟它們後來何以會擴散開來無關。對此，我們不妨說，何西阿的信息是個「文化突變」，而其他先知也會有其他「突變」。所以，即便我們不確定何西阿的主張是否受國際情勢的影響而產生，都無關乎何以他的「突變」會擴散開來而其他先知的不會。問得更細緻些：何西阿的信息愈來愈受歡迎，是不是因為有愈來愈多人相信，以色列跟列國的關係基本上是零和關係，所以不大可能從國際主義中獲益？

當時的以色列人是有理由這樣認為的。何西阿的先知生涯始於耶羅波安二世（Jeroboam II）統治晚期，歷時數十年。在這之前，北王國經歷了長達一世紀的和平繁榮。然而，一待耶羅波安二世在公元前七四七年駕崩，北王國的國勢便急轉直下，歷經四分之一世紀的動盪不安。這個事實在在為零和的世界觀提供了許多養分。

其時，亞述恢復了它早前的好戰態度，揮軍西進，向以色列等弱小國家索取鉅額進貢。以色列曾乞靈於結盟，想要聯合大馬士革以及腓尼基人和非利士人的部分城市，共同反抗。亞述的反應是迅速攻占以色列大部分國土並夷平許多大城市，最後，以色列的版圖僅剩下首都撒馬利亞和四周的丘陵地帶。以色列國土大大萎縮，還得定時向亞述納貢。然後，猶大國王因聽信了餿主意，以為可以指望埃及撐腰，便不再向亞述納貢。亞述大怒，出兵包圍撒馬利亞，於公元前七二二年攻破城池，擄走大批人口（此即「以色列消失的十個部族」）。北王國至此覆滅，以色列的香火只能靠南方的猶大王國賡續。難怪北王國滅亡時，何西阿的外交孤立主義（連同它的神學蘊涵）會找到大批聽眾，並傳播到猶大王國去（可能是逃出北國的何西阿信徒所帶去）。[21]

北王國覆滅後，南王國的外交前景一點都不光明，一樣得面臨亞述的逼凌。接下來二十年，它就像北王國曾嘗試的那樣，設法締結同盟，但皆以失敗告終。在以法蓮滅亡的二十年後，亞述人兵臨耶路撒冷城下，讓猶大國王變成「一隻籠中鳥」（這是亞述人編年史的形容）。為了說服亞述退兵，猶太人不得不傾盡聖殿和國庫裡的黃金，並答應向亞述俯首稱臣。

猶大王國後來的歷史將有光明時刻，而它跟鄰國的關係也不總是零和關係，因為有時結盟會發揮作用。儘管如此，在接下來的世紀，猶大王國作為一個小國，在美索不達米亞強權的虎視眈眈下仍然處境維艱：它面對的強權首先是亞述，然後是取亞述而代之的迦勒底帝國（Chaldean Empire，亦稱新巴比倫帝國）。所以，猶大王國花了相當多時間在兩種處境中轉換：或是反抗某個強權然後失敗，或是屈辱地接受附庸國的身分。[22]在這種情況下，尊崇異國神祇的誘因就變得十分微弱。

21 有些學者認為何西阿本人也許也逃到了猶大王國。

22 當然，屈居附庸地位雖然在一些人看來是「屈辱」，但在另一些人看來卻是相對有利的選擇。事實上，以色列國王會願意接受附庸國身分，顯然是認為此舉會比反抗有利，可以帶來經濟上的好處。無論如何，接受附庸地位大概至少會讓一些以色列人願意接納外邦神祇，反觀反抗政策必然會導致官方排斥外邦神祇（科根指出：「亞述雖然沒有正式要求屬國向它的文化看齊……猶大王國還是面對了在一個國家規模上同化異邦模式的問題，這在它的歷史上還是頭一遭……猶大國民敵不過一些新神祇的誘惑。」誠如布倫金索普指出，在以法蓮滅亡後的猶大王國，「附庸地位理應會增強折衷主義的傾向。另一方面，頻繁的政治解放嘗試又是不變地跟宗教復舊和宗教改革一起出現。」就像我在下面會談到的，這種模式顯然大體適用於公元前八世紀的三個猶大國王：據《聖經》記載，採抵抗主義的希西家和約西亞是一神崇拜者，而向亞述稱臣的瑪拿西是多神教徒。

弱小民族的神

一神崇拜的崛起雖是受外交事務之賜，卻也可能從以色列的國內政治得到助力。自何西阿的時代開始，也就是先知反對敬拜耶和華以外的神祇開始，階級戰爭在以色列便甚囂塵上。與何西阿同時代的北王國先知阿摩司（Amos）[23]曾痛斥富人「他們踐踏貧民，推開路上的窮人。」又說富家主婦「欺負弱者，壓迫窮人，支使丈夫倒酒給妳們喝！」[24]同一時期，先知以賽亞也在南王國抱怨：「你們制訂不公平的法律來壓迫我的子民。你們用這方法剝奪窮人的權利，使他們得不到公平；你們用這方法侵占寡婦和孤兒的產業。」[25]

為什麼這些先知在責備富人時，又會譴責人們崇拜耶和華以外的神祇？這也許是因為，人們仇視上層階級和國際主義的情緒很自然會轉移到外邦神祇身上。考古挖掘顯示，在何西阿的時代，以色列社會極度貧富不均。那也是個對外貿易大為擴張時代，而窮人不會看不出來，富人跟這種國際貿易關係匪淺，這不止是因為富人控制了對外貿易並從中獲利，更因為他們家擺著琳琅滿目的昂貴舶來品。[26]

阿摩司沒有明說富人是憑藉外貿致富，卻一再譴責炫耀性消費，譴責有錢人以招搖的舶來品擺闊。他的箭靶是那些「睡在象牙床上」的人（考古學家在以色列北部出土的八世紀象牙呈腓尼基造型，帶有埃及的裝飾基調）。[27]這個時候，以賽亞也在南王國批評猶太人「與外邦人擊掌」（這是達成商業協議的動作），以及「家裡堆滿了金和銀」。[28]

時至今日，有錢人同樣會以舶來品擺闊，也同樣會因此而招忌。但在古代，財富和外貿的關係比今日還要緊密，這是因為當時的遠來商品主要是些奢侈品。那個時候，運輸方式仍然原始而昂貴，只有高價的貨品值得花力氣運至遠方。最大宗的國際貿易是珠寶、布料和香料，而這些東西也只有惹人厭的有錢人買得起。所以，「只愛耶和華運動」的反國際主義衝動很自然會從人們嫉恨菁英階級的心理獲得支持。

另一位激烈的一神崇拜先知西番雅（Zephaniah，他比何西阿、阿摩司和以賽亞約晚生一個世紀）也曾指出，當最後審判日來到，耶和華將會重重懲罰統治階級和「一切效法外族習俗的人」。[29] 他說，屆時，商業區將會響起切齒哭泣聲，因為「所有的商人都死了，有錢人被剷除了。」[30]

西番雅知名度不高，這大概是因為〈西番雅書〉是全《聖經》篇幅最短的經卷之一，但他卻值得我們注意。一般認為，他生活在公元前七世紀的最後幾十年，當時「只愛耶和華運動」已經大有斬獲，成了當權派。但即便我們不知道西番雅的生存年代，不知道〈西番雅書〉是何時寫成

23 學者認為阿摩司雖然生於南王國，但他的信息是對北王國的聽眾而發。阿摩司比何西阿少談神學問題，而許多學者認為，從他明確說出過的神學意見判斷，他不必然是個「一神崇拜者」。不過，斯密主張，揆諸阿摩司的文本獲得留存，證明他是受「只愛耶和華派」的肯定，而且，後來的一神崇拜先知（如下面將會談到的西番雅）也採取了阿摩司的論點。無論如何，阿摩司（〈阿摩司書〉五章廿六節）曾批評以色列人不應膜拜撒雇特（Sakkuth）和克汪（Kaiwan），而這兩個神祇大概都帶有亞述血統。另外，阿摩司也從未贊成過以色列人應拜耶和華以外的神。值得順帶一提的是，阿摩司和以賽亞之類的先知雖然採取了反菁英階級措詞，但這不表示他們不是菁英階級，只表示他們的支持者包括了非菁英階級。

24 〈阿摩司書〉二章七節，四章一節。

25 〈以賽亞書〉十章二節，現代中文譯本。有些學者相信，這一章經文是以賽亞故去好一段日子才由後人添加進去。

26 施尼德溫德討論過都市化和社會層級化如何導致以色列人對抱持世界主義的菁英階級產生仇視情緒。

27 〈阿摩司書〉六章四節。

28 〈以賽亞書〉二章六至七節。

29 〈西番雅書〉一章八節，現代中文譯本。

30 〈西番雅書〉一章十一節，現代中文譯本。

和編訂而成，它仍是大有價值的作品，因為這是一部色彩鮮明的一神崇拜小冊子，印證著我們在前文勾勒出的畫面：「只愛耶和華運動」是靠著批判國際主義外交政策和仇視那些從中獲利的菁英階級，獲得群眾支持。

西番雅反對得最激烈的神祇，當然都是帶有外邦氣味的。他警告說，耶和華很快便會懲罰那些「敬拜耶和華卻又奉米勒公之名發誓」的人（米勒公是住在今日約旦一帶的亞捫人的神祇）。他又說，耶和華會懲罰那些「在屋頂上敬拜天上萬象（host of the heavens）的人」（「天上萬象」是指那些被神化的星辰，亞述人流行這種崇拜，而駐以色列的亞述官員大概也是拜這種教）。[31]耶和華要剪除的當然還有猶大王國「剩下的所有巴力餘孽」。[32]

西番雅就像何西阿一樣，對外邦的態度跟他對外邦神祇的態度如出一轍。當他宣布耶和華將「摧毀亞述」的時候，欣喜之情溢於言表。在他的預言裡，亞捫人和摩押人亦在劫難逃，他們的地將「永遠荒廢」，因為「我那些劫後餘生的子民要掠奪他們，占領他們的土地。」[33]不過，一如何西阿的情況，我們不太清楚在西番雅的個案中，到底是地緣政治影響著神學，還是反過來。因為對外邦和對外邦神祇同時有敵意，並不表示一定是前者帶來後者。無論如何，激烈的一神崇拜者或一神主義者會希望甚至預料膜拜別神的異國會覆滅，實屬情理中事。

不過，這些國家有時並不單是因為神學的理由而毀滅。耶和華和眾先知之怒有時是直接源於「最現實的理由」。西番雅指出，摩押人和亞捫人之所以注定滅亡，是因為他們「他們嘲笑我的子民，揚言要侵占他們的土地。」[34]西番雅對亞述人的自信滿滿顯然很不是滋味，否則他不會在痛快淋漓地預言亞述首都尼尼微將被耶和華毀滅的慘狀之後，又語帶調侃地說：難道這個滿目瘡夷的廢墟便是「那個素來歡樂安全、目中無人的城市嗎？。」[35]這類酸溜溜的語氣在那些強調獨尊耶和華的先知文本裡十分常見，例如〈以賽亞書〉也說過：耶和華「要終止驕傲人的驕傲，貶低殘忍自大的人。」36

這類態度可以顯示出，仇恨或屈辱情緒可以讓人產生強烈的仇外態度，連帶強烈厭惡外邦的神祇。就此而言，說以色列人會排外是因為他們認定國際關係是一種零和遊戲，可能是不精確

31〈西番雅書〉一章四至五節。有考古證據顯示，在公元前第八和第七世紀，駐巴勒斯坦的亞述官員流行崇拜太陽和月亮之類的天體。以色列人的是在公元前第八和第七世紀前後開始崇拜天上萬象，而這有可能是受亞述人和亞蘭人的影響。

32〈西番雅書〉一章四節。要詮釋這些出自西番雅書的段落包含很多困難。第一個問題是，「巴力所剩下的所有餘孽」到底包不包括「天上萬象」。我的看法追隨布倫金索普，他把西番雅的信息概括如下：「他指責政治菁英不該參與巴力崇拜，參與亞述的太陽崇拜、月亮崇拜和星體崇拜，不應崇拜亞捫神祇米勒公……。」布倫金索普還指出，以色列「接受了外邦的習俗與服飾，並對傳統宗教持有一種開明的懷疑態度。」與此相關的另一個問題是，〈西番雅書〉是寫成於何時。有些學者相信，〈西番雅書〉大部分寫成於被擄時期，甚至更晚。艾伯慈懷疑，這經卷的核心部分（一章七節至二章四節）是寫成於前被擄時期，因為它們譴責對外邦友善的菁英階級，但沒有反對崇拜哪個特定神祇。不過，即便對外邦神祇（如星體神）的譴責是在公元前六世紀加進去的，艾伯慈仍然相信，它們「主要是反對在公元前七世紀入侵的和在亞述漫長占領期間流行的外邦崇拜。」值得指出的是，這類為個別經文斷代的做法在學者之間已經退流行，他們或是認為這是不可能的任務，或是認為其方法論預設有問題（即認為《聖經》沒有經歷那麼多細部的重編）。

33〈西番雅書〉二章九至十三節。

34〈西番雅書〉二章八節。這節經文很能說明要把《聖經》對某個外邦的責難聯繫於某件歷史事件有多麼困難。斯威尼指出，摩押人和亞捫人都佔領過一些以色列人認為是屬於他們的土地（這些土地原是亞述在公元前八世紀所征服，而當亞述撤離後，摩押人和亞捫人趁虛而入）。斯威尼又指出，其他學者認為這經文是後人在被擄時期加進〈西番雅書〉，主張它的緣起跟巴比倫人入侵摩押有關。艾伯慈則認為〈耶利米書〉裡一個對摩押、阿捫和以東的指控是出於這些國家參與到一個聯合反抗巴比倫的陰謀（耶利米贊成以色列當巴比倫的附庸）。還有一些學者認為，有證據顯示，以東曾利用以色列人被擄的機會，佔領了猶大地域。

35〈西番雅書〉二章十五節。

36〈以賽亞書〉十三章十一節、二章十一至十七節。

的。因為有時情緒反應才是事情的重點，而利害盤算只是發生在潛意識的層面。[37]

古代的政治社會環境跟今日全球化政治社會環境多有相似之處。昔一如今，國際貿易和隨之而來的經濟繁榮都帶來了社會變遷並擴大了社會裂縫，把富有的世界主義菁英跟較窮和心態較狹窄的人對立起來。昔一如今，有些窮人會對外國的影響力（經濟和文化兩方面）抱著矛盾甚至仇視心態，所以也會仇視那些靠著國際貿易致富的菁英階層。有人還會把他們的仇外心理延伸到神學上，對外來宗教非常反感。這種動力必然會在不同程度上助長基督教、猶太教和伊斯蘭教基本教義派的坐大。同樣顯然的是，這種動力也會對他們所崇拜的上帝起著形塑作用。

兩種理論

最起碼，這是解釋以色列何以會邁向一神崇拜（和一神教）的其中一種猜想。讓我們稱這個猜想為「外交政策假設」，因為它把解釋的關鍵放在以色列的外交政策上，並將以色列早期的一神崇拜者視為狂熱的民族主義者。此外，它把他們視為是民粹主義的民族主義者，靠著鼓動一般人仇視從國際主義外交政策獲利的菁英階級，推進自己的大業。

「外交政策假設」有其優點。首先，它解釋了為什麼《聖經》在呼籲人們獨尊耶和華的時候，常常混合著民族主義和反外國的情緒，而這種情緒還高漲到溢出上述引用過的先知經卷之外。《聖經》對古代以色列歷史的主敘述展現在所謂的「申命記歷史」（Deuteronomistic history）：它始自〈申命記〉，然後貫穿過〈約書亞記〉、〈士師記〉、〈撒母耳記上〉、〈撒母耳記下〉、〈列王紀上〉和〈列王紀下〉。在這部「申命記歷史」裡，每逢以色列人離棄耶和華，就一定被說成是受到外國邪惡勢力所影響，說成是以色列人模仿「列國的可憎習俗」所致。

[38]這種見於《聖經》一神崇拜經文的這種民族主義調子（有時甚至可說是仇外主義調子）需要一個解釋，而「外交政策假設」可以解釋這一點。

但「外交政策理論的最大缺點是無法全面而自足地解釋一神教在以色列的演化。沒錯，根據「外交政策假設」的觀點，徹底的民族主義（即拒絕跟所有國家結盟）是可以導致徹底的一神崇拜（即拒絕拜耶和華以外的）所有}神）。但在現實生活中，你卻不可能找到一個徹底的民族主義國王，因為任何國王的利益總會有與國家利益匯流的時候。你固然可以說，以下這個現象可以佐證民族主義外交政策真的更能助長一神崇拜的趨勢：那些民族主義傾向較強的國王，通常不太歡迎外來神祇，國際主義較強的國王則反之。這話是沒錯，但如果要充分解釋一神崇拜的出現，便需要有個民族主義傾向徹底得難以置信的國王方能說得通。

再者，即便真有這種國王，「外交政策假設」還是未能完全解釋一神崇拜的演化。畢竟，一神崇拜所要求的並不止是拒絕崇拜外來神祇。上一章提過，以色列的一神教有可能是從以色列的多神教演化出來：有跡象顯示，以色列人是先有本土的多神教，後來才轉向一神崇拜，最終又轉向一神教，把萬神殿裡的每個神祇都除去，獨留一位。

以色列萬神殿裡當然也許有些神祇是舶來品，但他們顯然不可能全都是新近輸入的。記得耶和華的配偶亞舍拉嗎？她早前是跟著厄勒勒的，所以在以色列受膜拜的歷史應該非常悠久。可是，待一神崇拜抬了頭、當了家，她一樣要被迫跟耶和華離婚。可以想見，一定還有其他具有正宗以

37 仇恨之類的情緒是「天擇」內建在人類心靈裡。但這並不表示人類情緒總是可靠的嚮導，一定會讓人知所善用環境內的非零和契機。因為，當一種情緒是專為狩獵採集社會而設計，但你卻把它用在截然不同的環境，它們便有可能會失能。有關這個問題，我在第十九章還會詳談。

38 〈列王紀下〉廿一章二至三節。

色列血統的神祇被掃地出門。而要徹底完成這種清理門戶的工作，一神崇拜的鼓吹者就必須得到國王的支持，但一個傾向民族主義外交政策的國王並不必然會支持掃除耶和華以外的所有本土神祇。

事實上，國王要處理的政治事務並非只有外交事務，還得應付國內的政治情勢。基於這種考量，對於一神崇拜是怎樣爭取到關鍵性的支持人數，便出現了另一種解釋。讓我們稱之為「國內政治假設」。現代人習慣把古代君王想像為大權在握的專制統治者，但他們事實上常常得面對其他權力的掣肘：貴族、部落酋長、氏族族長或祭司等。在公元前第一千紀的中葉，政治情勢的發展讓以色列國王獲得了大權一把抓的機會，但想抓住這機會，國王便得跟「只愛耶和華運動」結盟。所以，在「國內政治假設」的認定裡，滅絕耶和華以外所有神祇之舉乃是這種權力鬥爭邏輯的反映。

國王何以變得更虔誠

這種邏輯發端於一個事實：以色列國王總是對耶和華特別有感情。祂畢竟是國神，是帶領國家打仗的神；更重要的是，祂是國王權力的合法性基礎。〈詩篇〉甚至把以色列國王稱為耶和華的兒子。[39]所以，即便是最多神教取向的國王，一樣會喜歡禮敬耶和華。例如，雖然亞哈被指稱他因為受耶洗別之惑而崇拜巴力，但他還是用耶和華的名號給幾個兒子取名字。

其他有權有勢的人也是如此。在公元前八世紀，隨著文字書寫逐漸普及，以色列留下了愈來愈多人名——主要是透過石頭或骨頭雕刻而成的「印章」留存下來。最先研究這批印章的學者之一是蒂蓋（Jeffrey Tigay），他在研究過公元前第八、七和六世紀初期大約一千二百個印章後指出，約有半數印章的名字都是指涉神祇，其中超過八成的名字是指涉耶和華。[40]但這並不表示至少有八成以色列人傾向一神崇拜（理由很多，其中之一是以色列人應該不會用女性神祇的名字給兒女命名，但考古學家卻找到數目龐大的女神小雕像，意味著以色列人中間流行女神崇拜）。[41]但正如學者埃德爾曼（Diana V. Edelmann）所說的，出土的印章至少顯示，「那些希望兒子可以在宮廷中居高位的人，都會用萬神殿中為首男神（即耶和華）的名號為兒子命名。」所以，早在「只愛耶和華黨人」高奏凱歌以前，耶和華已是國王和宮廷的重心，是國家事務的主人。所以，如果有哪個單一神祇會讓國王願意命運相繫，那就非耶和華莫屬。

這不止是因為耶和華是國神，可讓國王的權力獲得加持。一個強大耶和華和一個強大國王之間還有更具體而微妙的關連。

在古代的以色列，先知是國王最重要的顧問之一。他們提出的指示是源出於神祇。所以，如果他們贊成或反對發起一場戰爭，那理由並不單是軍事層次的，而更多是在傳達耶和華的旨意。他們自稱可以探測神旨，甚至目睹「神祇會議」的進行情況（一位先知為確立自己的權威，這樣告訴亞哈：「我看見耶和華坐在寶座上……」[42]）。國王若是想要把持施政方向，方法是決定讓哪些耶和華先知有更多曝光機會。所以，耶和華雖然多多少少是國家的主人，國王仍然對國家事

39 一個例子見於〈詩篇〉二篇七節：「你是我的兒子；我今天作了你的父親。」這看來是加冕儀式的一部分。另一個例子見於〈撒母耳記下〉七章十四節。

40 這是個保守的估計。在那六百六十九個帶有神祇指涉的名字中，有五百五十七個是指涉耶和華。剩下的一百一十二個名字中，有七十七個帶有el字：這個字固然可能是指涉迦南神祇厄勒，但也有可能是用作普通名詞，指涉耶和華。

41 戴伊指出，這種女神小雕像（他認為是亞舍拉）「數目龐大」地出現在公元前八世紀和七世紀的猶大王國。（我在上一章也提過，考古學家曾出土一些提及耶和華和「祂的亞舍拉」的銘文。）

42 〈列王紀上〉廿二章十九節。

務擁有很大發言權。[43]

問題是，耶和華雖然在戰事方面乃無可否認的權威，卻不是所有政治事務的唯一神聖指導者。其他神祇一樣有自己的意見，而他們的先知也會殷勤地代為傳達（《聖經》曾不悅地指出，以色列北王國一度有「四百個事奉亞舍拉的先知」[44]）。我們有理由相信，國王對這些先知的控制力要比對耶和華的先知來得小。[45]

你甚至不必是先知才有資格對國事發表意見。古代人有琳琅滿目的各種準巫術占卜技巧，而這些技巧以色列一件都不缺。你甚至可以透過通靈幫死人招魂，向他們請教國事。這類通靈術在影響力上說不定甚至不輸耶和華的先知：《聖經》用來指涉死人靈魂的字眼是「伊羅欣」（elohim），而同一個字也被用來稱呼耶和華。[46]

簡言之，超自然多元主義乃是王權的敵人。如果每個神祇的每個先知鎮日都在宣示神諭，而每個氏族的祖靈都對政治事務有意見，國王對該聽誰的便會很頭大。為了統一政治權力，他也必須統一超自然的權力。歷史學家和神學家米勒（Patrick D. Miller）在《古代以色列的宗教》（*The Religion of Ancient Israel*）一書中指出，「只愛耶和華黨人」的一個目標是「控制通達神旨的管道。」[47]

事有湊巧，那種助長仇視外邦神祇的仇外心理也助長了對耶和華以外其他本土神祇的厭惡。政治科學最可堪信賴的其中一條法則是所謂的「集結在大旗下」效應。每當國家發生危機（不管是戰爭爆發還是受到可怕的恐怖攻擊），國家領袖的支持度就會增加。在古代，政教尚未分離，當國家的終極政治領袖和宗教領袖都是一位神的時候，這條法則理應尤其有效。由於以色列在公元前八世紀之末碰到的那場危機主要是和外交事務有關，所以對耶和華的崇拜特別有利。[48]從古以色列人歷史的最早期起，耶和華便是主管外交事務的神祇，所以他也是個總司令神：他可以授權出兵，並帶領人民安然渡過戰爭。所以，當國家處於動盪飄搖，耶和華自然而然會特別得到民眾愛戴。[49]又由於敬虔心態是有限的資源，所以當耶和華成為眾人目光焦點時，其他神祇（包括本土神祇）自會受到冷落。

有些學者認為，單憑這種動力便足以把以色列推向一神教的軌道。神學家泰森（Gerd Theissen）說：「以色列持續處於危機狀態」，而「長期的危機導致了長期的一神崇拜。」但事情恐怕要比泰森說的更複雜。這是因為「集結在大旗下」的效應除了會在宗教層次發揮出來，還會在現實政治的層次發揮出來。當國家陷入危機，國家領袖受愛戴的程度便會增加，而人民也會更願意授與他更多權力。要是一個國家領袖希望獲得更大權力（大概每個國家領袖莫不如此希望），這正是大好時機。

43 上引的〈列王紀上〉廿二章可反映以色列國王的謹慎：在聽取過四百個耶和華先知的主戰意見後，亞哈又在猶大國王的慫恿下（當時南、北王國是盟友），問了另一個以悲觀出名的先知的意見。

44 列王紀上〉十八章十九節，現代中文譯本。

45 這是米勒（Patrick D. Miller）的主張（他與筆者私下交流時告知）。倒不是說耶和華的先知從不會批評或反駁國王（例如大衛王的先知拿單便曾指責國王不該與別示巴有染）。那只表示國王比較有能力限制耶和華的先知，比較沒能力限制其他先知（如亞舍拉或巴力的先知）。

46 〈撒母耳記上〉廿八章十三至十五節。

47 米勒特別提到「耶和華派對傳統占卜方法的譴責」。但他同意我說的，以色列國王較能影響耶和華的先知而較無法控制其他神的先知。

48 斯密認為，一神崇拜反映著民族危機所催生的民族主義。哈爾彭也認為，軍事危機、仇外心理和獨尊耶和華的呼聲三者有著對應關係。

49 有些人主張，這一類「暫時性一神崇拜」（即因應一時需要而對某個神祇特別尊崇）反覆見於古代的中東地區。而既然是出於一時需要，這個被特別尊崇的神祇有時也可以是（例如）雨神。

但他要怎樣把握這個契機呢？現代政治家是透過修改法律：透過立法賦予聯邦政府更大權力，讓他可以有更大的警察權、徵稅權以及忽略公民自由的權力。這種方法在古代也可行，但更好的方法位於一個完全不同層面：剷除各種本土神祇，國王便可以把耶和華的權力永久最大化，從而帶來了王權的永久最大化，而這也相當於把戒嚴令永久化。

在邁向公元前七世紀的末葉，以色列神學史上最重要的國王把握住了這個大好時機。想見到他大名並不難，因為被《聖經》罵的以色列國王不知凡幾（標準罪名都是「行耶和華眼中看為惡[50]的事」），這一位卻難得獲得《聖經》的稱讚：「行耶和華眼中看為正的事」[51]。這國王名叫約西亞（Josiah），於公元前六四〇年前後登基，距上一位「不行惡事」的國王希西家（Hezekiah）約半個世紀。

約西亞是孩提時被擁立為王，而擁立他的派系被學者稱為「反亞述的民族主義者」。約西亞推行的是犢武的外交政策，完全符合「外交政策假設」對一神崇拜國王的行為預期。不過，這點也不違背「國內政治假設」，因為一個領袖未嘗不可能是蓄意製造軍事敵對，好攫取更多權力。出於同一理由，即便約西亞會反抗亞述不是著眼於集權，他仍然可能意識到此舉讓他變得更有權力，於是決定順應潮流，並為這趨勢推波助瀾，借此剷除國內的萬神殿。

另外可以同時佐證「外交政策假設」和「國內政治假設」的一點是，主宰公元前七世紀的三位以色列國王全都顯示出，意識形態和神學有著對應關係：希西家同時是民族主義者和一神崇拜者，瑪拿西（Manasseh）同時是國際主義者和多神信仰者的，約西亞是民族主義者和一神崇拜者。[52]由於「外交政策假設」和「國內政治假設」並不互斥，所以這種對應關係對兩者都有利。

教父

上述三位國王各代表著多神教與一神崇拜歷時一世紀角力過程中的樞紐時刻，其中又以約西亞最具關鍵性。即便他本人只是位一神崇拜者[53]，但回顧起來，他卻儼如是一神教的教父：獨一

50 如果你從第十三章開始讀〈列王紀下〉，會反覆讀到這句子。在希西家之前，「行惡事」國王與「不行惡事」國王的比例約是三與一之比。

51 〈列王紀下〉廿二章二節。

52 希西家和瑪拿西雖然是父子，但兩人秉持的是不同神學。《聖經》讚美希西家「行耶和華眼中看為正的事」，因為他對耶和華極為虔誠，不鼓勵國人拜耶和華以外的神（見〈列王紀下〉十八章三節）；反觀瑪拿西卻「為巴力築壇」，拜各色神等，「行耶和華眼中看為惡的事」（見〈列王紀下〉廿一章二至三節）。

兩人的政治意識形態也不同。學者指出，希西家追求的是「擴張主義的民族主義」，曾攻打「南面的以東人和西面的非利士人」。他還拒絕屈辱地與亞述結盟，寧可選擇注定失敗的反抗，以致於最終猶大王國被包圍和孤立（雖然根據《聖經》所述，以色列是拜希西家的英勇抵抗，才不致全面被亞述征服，但哈爾彭等學者認為，這只是勉強為希西家挽回面子的說詞）。

瑪拿西的政策與希西家相反。有考古學家指出的，瑪拿西「決意把以色列整合到亞述的世界經濟體系裡」，所以願意當亞述的附庸國。霍恩曾主張，瑪拿西的宗教政策不是為討好亞述而量身打造，因為亞述並未要求附庸國崇拜亞述的神祇。另一方面，布倫金索普卻指出，當附庸國者需要簽署一紙條約，表示願意接受「亞舒爾的牛軛」（亞舒爾是亞述的國神）。而且，即便亞述沒有要求以色列人拜亞舒爾，倘若以色列禁止國人拜他，一樣有可能破壞兩國的關係。

近年來的考古挖掘顯示，瑪拿西致力於非零和遊戲之舉確有斬獲。在他的統治下，外貿有擴大跡象，讓希西家時代曾被孤立的以色列經濟趨於復興。簡言之，以色列在這個關鍵世紀的外交政策佐證了我的一個主張：人們如果認為自己可以從與外邦的互動中獲利，便會對外邦的宗教習尚抱持比較敞開的態度。

然而，我們不應太誇大理論與證據的符合程度。畢竟，希西家不是個完全的孤立主義者（例如他曾尋求與埃及結盟，以對抗亞述）。但總的來說，瑪拿西的國際主義取向看來要遠大於希西家。

53 有些人不太相信約西亞在位時確有發動過宗教改革。

真神的舞台就是由他架設的。

我所謂的「教父」是正面意義的「教父」，不是黑手黨的「教父」，雖然約西亞在貫徹自己政策時並不排斥使用一些狙殺手段（起碼〈列王紀下〉有這樣的暗示，而很多學者相信，〈列王紀下〉的記載比以利亞的故事更可信）。[54]首先，約西亞下令祭司把耶和華聖殿裡其他神祇的祭器給移走和燒毀，其中包括「為巴力和亞舍拉製作的器物」以及「為天上萬象所造的器物」（從上下文看，「天上萬象」所指的是各種被神化的星辰）。繼而，他下令把放在聖殿入口用於太陽崇拜的馬匹移走，並「用火焚毀太陽使用的馬車」。他也夷平各種為外邦神祇建造的廟宇，這些神包括「西頓人的可憎神祇亞斯他祿、摩押人的可憎神祇基抹，以及亞捫人的可憎神祇米勒公」，又在這些地點撒上人骨頭。約西亞還下令取締靈媒、巫師、家宅神和偶像，總之是「把一切可憎之物盡數從猶大王國全地和從耶路撒冷除去。」[55]

就像希西家一樣，約西亞把猶大王國各地崇拜耶和華的邱壇除去（這些邱壇說不定也兼拜其他神祇）。[56]但約西亞的眼中釘並不止這些邱壇本身。《聖經》記載，約西亞在剷平這些邱壇的同時，又把主持它們的祭司給「廢去」，特別強調要廢掉那些「向巴力、向太陽、向月亮、向星辰獻祭」的祭司。在從前的北王國境內，約西亞雷霆手段要更進一步：他「把邱壇的所有祭司都殺死在壇上，並在壇上燒人的骨頭，事畢後就回耶路撒冷去了。」[57]

這時的耶路撒冷顯然比他離開前要更權大勢大，因為所有位於耶路撒冷以外的神旨來源已一概消滅。有學者形容此舉是「祭拜中央化」。約西亞此舉有雙重意義。

首先和最明顯的是，他把百姓對其他神祇的忠誠全數移轉到耶和華身上。其次，較不顯眼地，他把耶和華的崇拜中央化了。這就是他要剷平各地邱壇之故。一直以來，耶和華都在各地的邱壇與其他神祇一起受崇拜，只要那些邱壇繼續存在，繼續由國王不易控制的地方祭司和地方先知主持，就無法一統耶和華意旨的解釋權。事實上，耶和華的旨意在各地方和在耶路撒冷又彼此互異，以致耶和華有時看似分裂為許多不同分身。考古學家找到過一些公元前八世紀的文書，它們提到耶和華的時候不是光稱「耶和華」，而是帶有地名：如「撒馬利亞的耶和華」或「提幔（Teman）的耶和華」。在神權政體裡，這類的神祇分裂是會威脅國家統一的。所以，當約西亞把耶和華的崇拜權收回耶路撒冷的聖殿，也就保護了耶和華的同一性和猶大王國的統一性。

這點可能就是《聖經》一段著名經文的深意所在。猶太人稱這段經文為「示瑪」（Sh'ma, 誡命之意），耶穌也說它是整部《希伯來聖經》最重要的誡命[58]。約西亞應該會同意耶穌的見解，因為學者一般認為這經文是他進行宗教改革的基礎文獻之一。「示瑪」常被翻譯成一神教的宣言，至少是被翻譯得像一神崇拜的宣言，如《新修訂本標準英譯聖經》就是這樣翻譯：「以色列啊，你聽好：我們的上帝耶和華是獨一的主。」然而，正如英譯本編者在註腳裡承認的，這句經文還可以翻譯為「我們的主是一個主。」由於聖經英譯本的一貫做法都是把希伯來原文的「耶和華」翻譯為「主」，所以，「示瑪」更精準的翻譯應該是：「以色列啊，你聽好：我們的神耶和華是一個耶和華。」[59]

換言之，這經文的重點也許不在強調以色列人不可崇拜耶和華以外的神，而在強調，猶大王

54 我會說〈列王紀下〉有關約西亞的記載要比有關以利亞的記載可信，理由有二：約西亞的時代比以利亞的時代要接近〈列王紀下〉的成書時代；（二）對申命記史家來說，約西亞的宗教改革是個彆扭的事實（他最後不得善終和把以色列帶向衰敗，皆不符合一個獨尊耶和華國王該有的命運）。如果要虛構，他們不會虛構這種事。

55 〈列王紀下〉廿三章四節、十一章、十三至十四章、廿四章。

56 〈列王紀下〉廿三章八節。是否有出土證據可以佐證真有此摧毀行動，一直爭議不斷。

57 〈列王紀下〉廿三章四節、廿章。

58 〈申命記〉六章四節和〈馬可福音〉十二章廿九節。

國各地方崇拜的耶和華只是耶路撒冷耶和華的延伸。所以，耶和華意旨的唯一合法傳達者乃是耶路撒冷的先知，而他們為方便國王諮詢，都是住在王宮裡。地方擁有詮釋權的時代結束了。

約西亞對神權和政治權力的中央集權化也明訂在「申命記典律」（Deuteronomistic Code）[60]的另一段經文裡。在其中，耶和華宣布：「誰不聽先知奉我名所說的話，我必討誰的罪。但若有先知奉別神的名說話……那先知必被治死罪。」這還不止，耶和華又明令，若是有誰（無分一般人或先知）慫恿你拜別的神，你就應該殺死那人，不管那人「是你的手足，或是你的兒女，或是你懷中的妻，或是如同你性命的朋友。」又如果你前往以色列人的城鎮，發現那裡拜的是別的神，「你必要用刀殺盡城裡的居民，把城裡一切盡皆摧毀，連同牲畜都不放過。」[61]

但不管有多雷厲風行，約西亞並未完全成功。考古學家在公元前七世紀晚期的許多住宅裡，都找到一種女性小人像（幾乎可以確定是女神的像，且極有可能就是亞舍拉），可見當時人們仍繼續在暗地裡崇拜別的神。儘管如此，約西亞的統治仍然標誌著邁向一神教的分水嶺。如今，耶和華（更精確地說是耶路撒冷的耶和華）成了唯一獲得官方認可的以色列神祇。

在以上的描繪中，約西亞的形象讓人不敢恭維：他顯得是個不擇手段的極權主義者，為政治盤算而奪去百姓所愛戴的許多神祇。但他仍然有一些可稱道之處：他奪走了百姓一些東西，卻又以其他東西來補償。約西亞的改革並不侷限在宗教層面，而是兼及社會層面：給予農人債務寬免，保護他們的土地不受掠奪，還建立了初步的社會福利系統。[62]

所以，「外交政策假設」再得一分，因為約西亞對低下階層的照顧符合了這理論的主張：「只愛耶和華運動」的能量是同時來自反國際主義情感和階級仇恨（這兩種感情都可以溯源到何西阿、阿摩司和以賽亞的時代）。不過，再一次，「外交政策假設」的得分並沒有讓「國內政治假設」失分。因為，上述兩股動力在國內政治領域依舊有作用：民族主義情緒可讓人們拒拜外邦神祇，進而願意大幅移除本土神祇，從而讓王權得到鞏固。兩股動力的能量應該都來自以色列不利的國際處境，所以我們不需要在這種理論中左右為難。儘管如此，以下兩個問題還是值得我們深究：這兩股動力是否真的扮演一樣著吃重的角色？如果是，那它們的關係又是如何？

把非異類給異類化

「外交政策假設」強調，排斥外邦神祇是邁向一神崇拜的推手。這點當然沒有錯，因為約西

59 美國猶太教對「誡命」最通行的翻譯與《新修訂本標準英譯聖經》的替代性翻譯類似：「以色列啊，你聽好：主是我們的上帝，主是一個。」（這是Kevin Osterloh在與筆者私下交流時惠告。）如果以「耶和華」代替「主」，這譯文便作：「以色列啊，你聽好：我們的神是耶和華，耶和華是一個。」麥卡特反對這詮釋，認為它與〈申命記〉六章五節不一致（我不了解是怎麼個不一致法）。他還說，沒證據可以證明，約西亞把耶和華崇拜中央化是為了消滅各種地方性的耶和華崇拜（即便實際後果是如此）。儘管如此，麥卡特還是指出，各地對耶和華「的觀念與崇拜方式想必是大為不同。」他舉了一個類似例子：「尼尼微的亞舒爾」和「阿爾比勒（Arbela）的亞舒爾」雖然都是亞舒爾，但亞述人卻把兩個神祇列在同一份神祇名單上，由此可見它們是「被看成是半獨立的」。艾伯慈認為這經文包含雙重意義：一是我強調那種意義，一是一神崇拜的意義，亦即（一）只有一個耶和華；（二）耶和華是以色列唯一崇拜的神。

60 譯注〈申命記〉十八章十九至廿節指出：「若有先知擅敢託我〔耶和華〕的名說我未曾吩咐他說的話」，必會被治死罪。這不表示先知是否亂傳神旨是由國王負責斷定，而只表示，先知的預言若被證明為誤，便可判死罪。但經文總有詮釋的空間，國王自利用它來支持自己的判定，把說假話的先知治死。

61 譯注「申命記典律」是聖經學者之間的學術用語，指〈申命記〉十六至廿六章。

〈申命記〉十三章六至九節、十三章十五節。

62 約西亞其中一項改革是堅持國王「不可多立妃嬪」（〈申命記〉十七章十七節）。雖然《聖經》對此所作的解釋是神學性的（多娶妻子會讓國王的心偏離耶和華），然而，任何不鼓勵多妻制的系統性政策都會帶來平等主義，換言之，是讓較貧窮或地位低的男性較有娶到妻子的機會。

亞所壓制的許多神祇都被《聖經》或明或暗地說成是外邦神祇。但我們應該把《聖經》的話照單全收嗎?上一章提過,有些《聖經》作者喜歡誇大他們不喜歡的東西的外國成分。所以,奉行一神崇拜的先知跟奉行一神崇拜的政治家所做的有可能是一樣的事情。也許,《聖經》醜化耶和華以外其他神祇之舉,反映的不止是約西亞的神學,還是他的措詞技巧:給本土神祇貼上舶來品標籤,好把他們逐出萬神殿。

聖經學者哈爾彭(Baruch Halpern)基本上就是這樣認為。他相信,以色列宗教改革時期被「烙上外邦污名」的神祇,本來都是耶和華在以色列萬神殿裡的下屬。[63]哈爾彭主張,《聖經》「系統化地掉轉傳統仇外辭令的槍頭……以對付以色列的傳統宗教」,最後讓以色列的宗教成了「自己的異己」。[64]根據這種觀點,《聖經》把膜拜某些神祇說成「列國的可憎習尚」時[65],乃是要利用國人對外國事物的憎厭來清除本土神祇。

這主張有幾分說服力,但評價它的困難在於我們難以知道哪些被取締的神祇屬於本土神祇。學者對這個問題追根究柢了數十年,但對某個神祇到底是舶來品還是土產意見分歧。雙方都非常賣力,以致聆聽他們你來我往列舉證據時,會讓你進入一種高頻率的擺動狀態。但在這種擺動狀態稍作停留是有好處的,因為到頭來,這種懸而不決的局面會告訴我們一些有關眾神演化的重要事實。

當約西亞決定要把祭「天上萬象」的祭器給燒毀時,這些東西原是放在耶和華自己的聖殿裡,而這點對哈爾彭的主張十分有利。[66]所以,顯然以色列社會的主流(包括耶路撒冷的先知)原先都認為這些神祇隸屬於耶和華的大家庭,而非猶大王國邊界之外的入侵者。然而,我們不能排除一個可能,那就是他們有可能是不久前才從國外輸入。例如,自以色列北王國在公元前八世紀晚年覆滅後,亞述文化便大盛於該地,也慢慢侵入到南王國(它是亞述的附庸),而亞述人的宗教一向有強烈的「拜星」傾向，所以，《聖經》裡提到約西亞取締的一些習俗（如「拜月亮、十二宮並天上萬象」）說不定就是由亞述傳入。[67]也許，到了約西亞的時代，這些外來神祇已經深受耶和華崇拜者的喜愛，所以被當成耶和華大家庭的成員。事實上，考古學家曾發現一枚公元前七世紀中葉的巴勒斯坦印章，章身雕有亞述風格的月亮聖像，但擁有者卻以耶和華的名號為名：納坦雅胡（Natan-Yahu）[68]。

63 哈爾彭的觀點與我不同，他認為這種把仇外情緒導向污名化本土神祇的取向至少可追溯至何西阿。但這種主張要能成立，必須假定何西阿會同時譴責外交結盟政策和譴責崇拜多神（正如哈爾彭指出，何西阿通常不指明他反對的是哪個神祇），是一種污名化本土神祇而又不太明說的迂迴修辭策略。我的詮釋（見本章稍前）則是，何西亞會反對外邦神祇而偏好一神崇拜，是受他的仇外心理驅使（他本人可以意識不到這種動機）。如果他真的是想利用人們的仇外情緒，他理應會更清楚說出他想要污名化的本土神祇是哪些。無論如何，使用仇外措詞去污名化本土神祇最清楚明確的例子，是在何西阿故去後好一段日子才出現（這是假定斷代相關文本的主流意見正確）。就連哈爾彭都同意，這過程最矚目的階段是發生在何西阿時代之後的好一段日子：「正如一般指出的，在約西亞進行改革的時代，把傳統習尚污名化為外邦習尚的現象最為清晰。」艾伯慈對何西阿的詮釋在一些方面跟哈爾彭相似。

64 哈爾彭也指出過，耶和華屬下的神祇有時可能兼具本土神和外邦神的雙重身分。在把「巴力」（baal）用作普通名詞時，他這樣寫道：「巴力崇拜和他的附庸身份（或盟友身份）大可以是表示，他既是輔助耶和華的神祇，又是一個外邦神祇。」

65 〈列王紀下〉廿一章二至三節。

66 〈列王紀下〉廿三章四節記載，約西亞下令「把那為巴力和亞舍拉，並天上萬象所造的器皿」通通給從聖殿搬走。廿三章十一節又提到，他下令把放在聖殿大門用於崇拜太陽的馬匹給帶走（不過，那些強調日神崇拜是源自外邦的學者往往把這種崇拜的傳入時間定為埃及統治時期而不是亞述統治時期）。

67 〈列王紀下〉廿三章二節。洛芬克力主：雖然《聖經》這部分（〈列王紀下〉廿三章四至十四節）所譴責的神祇常常被賦予「迦南名字」，但明顯的是，「約西亞的宗教改革很大程度是要摧毀亞述的宗教」，所以，它反映的也許是以色列「脫離亞述的民族獨立」。艾伯慈也主張，約西亞攻擊的宗教習尚主要是亞述勢力消退後殘餘在以色列的宗教習尚。

然而，正如學者漢迪指出，我們有理由懷疑，以色列人拜月亮的歷史要早於公元前七世紀，即早於深受亞述文化影響之前。據一則年代也許很古遠的《聖經》經文記載[69]，約書亞曾命令月亮在軌道上停止不動，而耶和華則發揮影響力讓月亮聽命。[70]如果月亮只是一塊無生命的大石塊，你要如何去命令它？正因為這個緣故，學者長久以來都懷疑，經文中的的「月亮」（yareah）其實是指**月神**。這個猜想得到烏旮瑞特古文書所佐證，因為它提到，在公元第二千紀晚期，迦南有個月神名叫雅里（Yarih）。有證據證明，他是厄勒所喜歡的下屬，所以，耶和華與月神可能彼此已經認識了相當長的時間。[71]（《聖經》編訂者沒過濾掉約書亞命令月神停止運行這一幕，可能要以此凸顯從多神教到一神教的轉換。）

約西亞所消滅的神祇裡，有許多的身世都像月神一樣古老和模糊，讓人說不準他們算是外邦神還是本土神。女神阿斯塔特（Astarte）便是一例（《聖經》裡的「亞斯他祿」和「天后」顯然也是指阿斯塔特）：她固然是受到腓尼基城市西頓（耶洗別的老家！）所崇奉，並因此被《聖經》罵為「西頓人的可憎神祇」。[72]然而，我們從烏旮瑞特古文書得知，她也是以厄勒為首的迦南諸神的一分子，而我們說過，耶和華後來接收了厄勒的身分。所以，阿斯塔特說不定就像月神一樣，從很早期便是耶和華的扈隨。[73]事實上，學者後來發現，阿斯塔特其實就是美索不達米亞女神伊什塔爾的迦南翻版（第四章便提過伊什塔爾這位放蕩女神。她有段時間被膜拜者視為是男性雄風驚人的巴力的配偶——兩神堪稱絕配。）

至此，我們開始明白，要斷定一個神祇到底是外邦神還是本土神何以會如此困難。諸神的血緣關係極度錯綜複雜，所以，即便某個本土神和某個外邦神非常相似，仍不代表前者一定源於後者，因為他們也有可能是同個祖先的不同後嗣。例如，腓尼基神祇巴力固然是耶洗別從推羅帶到以色列，但誠如學者斯密所說，以色列人可能更早便在崇拜巴力，而這巴力是「如假包換的迦南遺產」。[74]不過，外邦巴力神的存在倒是讓反對本土巴力神的以色列人更輕鬆便把他污名化。

反對本土巴力神的以色列人？這是指以利亞之類的巴力反對者嗎？這讓我們回到了本章早先提出的那個問題：究竟以利亞跟亞哈和耶洗別之間發生過什麼事，而這事又為什麼會發生？現在，我們有了更好的立足點可以回答這個問題。

68 譯注「納坦雅胡」意指「耶和華曾賜予」。

69 坎伯等認定這經文的年代屬於前約書亞時期。這經文自身提到，它記載的事情取材自〈雅煞珥書〉(the Book of Jashar)——〈雅煞珥書〉不是正典的一部分，《聖經》別的地方亦提過這文本。

70〈約書亞記〉十章十二節，。在這節經文裡，雖然是約書亞命令太陽和月亮停止不動，但耶和華當時是臨在的，所以，約書亞的命令應該是得到耶和華的加持。

71 戴伊指出：月神有可能是以色列的本土神祇，這點可從以下事實得到佐證，那就是，當《聖經》指責人們崇拜月神時，並沒有使用鄰邦的月神專名（如辛恩*Sin*或撒哈爾*Sahar*），而是了用希伯來文的「月」。戴伊又在同書第六章論證，在猶大王國受人祭拜的許多星體神祇雖然常常被說成是源自亞述、亞蘭或其他外邦，但他們也許都來自本土的「迦南」。

72〈列王紀下〉廿三章十三節。學者大多同意（但不是沒有反對聲音），阿斯塔特、阿斯他祿和「天后」是同一個女神。

73 雖然《聖經》責怪所羅門王不應受一個西頓姬妾所惑，引進阿斯塔特的崇拜，但《聖經》其他地方卻顯示（如〈士師記〉二章十一至十三節），早於所羅門王許久以前，以色列人便開始拜阿斯塔特。斯特恩指出，阿斯塔特是許多迦南民族的女主神。

74 特別值得一提的是斯密指出：「從累積起來的證據顯示，巴力是個被接納的以色列神祇……沒有早於公元前九世紀的證據可以顯示，巴力是耶和華的重大威脅。」戴伊也反對流行的見解，主張耶洗別崇拜的巴力是沙曼巴力（Baal-Shamem）而不是麥勒卡特（Melqart，即「推羅的巴力」），因為前者「很久以前便受到以色列的迦南人和折衷主義的以色列人所崇拜。」不過戴伊也承認，沙曼巴力是「這時期最重要的推羅神祇」。

重訪以利亞

以利亞安排兩神對決的故事出現在〈列王紀上〉，換言之是出現在構成「申命記歷史」那七部經卷其中之一。這七部經卷會被稱為「申命記歷史」，是因為它們鋪陳的以色列歷史完全符合〈申命記〉所揭櫫的神學、道德與法律原則。那麼，這些原則是哪些？約西亞色彩的原則。這不表示整部「申命記歷史」都是寫於約西亞的年代，由約西亞的書吏執筆（大多數學者都同意，〈申命記〉起碼有些部分寫成於約西亞的時代之前和之後）。它所表示的是，這歷史是從約西亞的意識形態看事情，而如果約西亞的書吏真的動手寫過一篇政治宣傳品，那他們寫出的東西大體會像「申命記歷史」。

假如各位就是約西亞的書吏，下筆前會考慮到哪些因素？首先是考慮到即便國王設法提倡獨拜耶和華，也總會有若干巴力的死忠分子我行所素。又假定當時國家正處於多事之秋，而國人的仇外情緒又大為高漲，那麼，以下這個寫法會對國王很有幫助：（一）把巴力說成外邦神祇；（二）把巴力說成是某個前代國王所娶的狐媚外邦女子所帶進來；（三）把那個國王寫得很差勁。學者施尼德溫德（William Schniedewind）相信，在約西亞之前的時代，亞哈的名聲固然已經不好，但他的主要劣行只是侵占一個平民的葡萄園。然後，在亞哈死後的許久，有些「只愛耶和華」人士加重了他的罪狀，把他說成是祭拜女神亞舍拉的始作俑者（〈列王紀上〉就是這樣說）。再後來，亞哈進一步被誣為「明目張膽崇拜腓尼基神祇巴力」。施尼德溫德指出，到了這時候，《聖經》已經出現了一種辯難的新招數：「把任何偶像都當成外邦神看待。」

換言之，歷來猜測以利亞何以要反對亞哈崇拜巴力，其實是白花力氣。整件事情說不定是子虛烏有。但我在本章前面已經指出，這問題在某個意義下並不重要，因為不管我們認定事情是真是假，它的蘊涵都是一樣的。

不管是哪種情形，轉向一神教都是發自人們對外國事物的厭惡情緒。如果以利亞的故事是真，那他至少有一部分支持者是因為仇視腓尼基而加入他的陣營。但如果那故事是虛構，不過是後來的一神崇拜鼓吹者所杜撰，那也很可能是出於仇視腓尼基。看待各先知書裡那些為一神崇拜發聲的經文段落，我們也可以做如是觀。[75]在何西阿，一神崇拜傾向和仇外態度是交織在一起的，而即使這種連帶觀點是經過後人誇大或出於後人杜撰，後人會這樣誇大或杜撰也一定有原因。同樣地，西番雅會同時撻伐外邦人和外邦神，一定是有原因的。所以，不管這些經文寫成於何時，或是否真是先知本人所寫，有一點都是無可否認的：要把耶和華提高為唯一真神的運動，是籠罩在民族主義甚至仇外主義的情緒裡的。

換言之，即便「外交政策假設」在神學的層次有誤（即誤以為一神崇拜的重點只是反對外邦神祇），它對以色列所作的政治心理學分析仍然正確。作為身處列強夾縫的小國，以色列經常要在兩難中作出選擇：跟強大的敵人一戰，或是忍受屈辱條件求取和平。這必然會讓以色列人對外產生敵意，而老百姓對巴結外國勢力的菁英階級的仇視情緒，又會進一步加強這份敵意。因此，縱使「國內政治假設」所言不虛，消滅本土神祇之舉的最終動機是為了鞏固王權，但「只愛耶和華運動」的助力一樣可以是來自「外交政策假設」所揭示的那種仇外心理。所以，不管被《聖經》歸類為「外邦神」的神祇是否真為舶來品，「外交政策假設」和「國內政治假設」都捕捉到了那些驅使以色列人從多神教轉向一神崇拜的心理動力和政治動力。

75 到底〈阿摩司書〉、〈何西阿書〉和「第一以賽亞」是不是後人從所謂的「約西亞史觀」大大重編過（約西亞的時代晚比這幾位先知晚了約一世紀），現在有些學者認為，〈西番雅書〉有很大部分是寫成於西番雅死後幾十年間。斯威尼則對傳統觀點作出捍衛，認為〈西番雅書〉根植於約西亞的時代。

所以，「神學寬容法則」（更精確的說是該法則的反面）再次獲得了印證：當一群人認定他們是在跟外邦人進行零和遊戲，便不會寬容甚至痛恨外邦的神祇和宗教習尚。不管《聖經》列舉的各個「外邦」神祇是否真是舶來品，這條法則照樣站得住腳。

儘管如此，我們難免還是會想知道，《聖經》所貼的標籤精確或不精確到何種程度？「申命記歷史」（基本上它反映的是約西亞的意識形態）是真誠出於民族主義的義憤，才會激烈譴責一切非我族類的事物嗎？還是說那只是一種狡猾手段，要利用人們的仇外心態去污名化以色列的本土事物？

答案毫無疑問是兩種成分都有。一方面，以色列人想必在不太遙遠的過去吸收了一些道地的外邦宗教成分。我們很難想像，在公元前八世紀和七世紀，位處亞述周邊的小國，會不為亞述的神祇建廟（情形就像在美國勢力圈內的現代小國，一定會有麥當勞或星巴克），也很難想像不會有以色列人對這種文化入侵感到氣憤（仇視美國文化霸權的人也多的是）。另一方面，「申命記歷史」的作者無疑還動用了一些措詞技巧，讓一些本土神祇散發出外國味。例如，就連亞舍拉這麼以色列血緣豐富的女神，《聖經》作者一樣有辦法讓她浸透著外國氣息：「事奉亞舍拉的先知是耶洗別所供養。」[76]

事實上，「申命記歷史」從一開始便不忌諱把任何本土神祇污蔑為外邦神祇。上一章說過，以色列的其中一個開國神話便是（它出自申命記系統的〈約書亞記〉）：以色列人從曠野進入應許之地，並迅速征服了原住民。考古證據已經證明這不事實。現在值得我們注意的是，這故事包含著一個弦外之音：所有迦南本土的事物其實都是異類，屬於「外邦」文化所有，而多虧上帝的眷顧，以色列人已把這文化給消滅[77]（只差沒有消滅得夠徹底）。

《聖經》常常把這暗示給明說出來。上面提過，《聖經》曾斥責「列國的可憎習尚」，但那只是節引，其全文為：「耶和華在以色列人面前掃除列國的可憎習尚。」[78] 類似說法一次又一次在申命記系統的經卷裡出現，為的是要矮化耶和華的對手。有段經文提到（這經文大概是為了合理化約西亞的激烈手段而設），摩西在以色列人要進入迦南以前，如此教導他們：「你們不可……占卜、觀兆、行法術、用符咒，求問鬼神或死人的陰魂。」為什麼呢？因為這些都是「可憎習尚」。事實上，正是因為迦南的原住民「行這些可憎習尚，耶和華你們的上帝才會把他們從你們面前趕走。」所以，「你們進入上主所要賜給你們的土地後，不可隨從當地各民族的可

76〈列王紀上〉十八章十九節。

77〈約書亞記〉本身（第十三章）即透露出迦南人並未被約書亞消滅殆盡。
「申命記歷史」的政治杜撰與它的宗教杜撰齊頭並進。雖然《聖經》作者把公元前十世紀的大衛王國描寫成一個強大國家，儼然是一個發育完全的「文明」（考古學意義下的「文明」），但現在卻有些考古學家懷疑這幅畫圖。首先，在這個所謂「統一君主國」的階段，以色列的南、北兩部有可能其實是不統一的：大衛王和他的繼承者所羅門有可能只統治著猶大一地。雖然猶大以北的以色列人「王國」也許真的配稱「王國」，卻沒多少考古證據可以證明，猶大的社會組織也達到了「國家」的層次。所以，也許就像一位人類學家主張的，所謂的大衛「王」和所羅門「王」其實「只略強於一個山鄉的酋長。」尼耳亦同意，在公元前八世紀以前，猶大只是一個「不大的猶大酋邦」，又主張這個酋邦「在政治和經濟上都依賴於推羅。」事實上，直到公元前七世紀之前（公元前七世紀是希西家和約西亞主政的時期），猶大也許還沒有成為一個發育完全的「國家」。
如果這種修正主義觀點正確，那麼前修正主義者的觀點（即《聖經》）又是從何而來？為什麼《聖經》的作者會認為，以色列口傳傳說的觀點值得採信，從而把以色列描寫成有過一個南北統一的黃金時代？一個可能的解釋是，這種說法可以合理化約西亞擴張猶大王國疆界的計畫。也許，隨著亞述勢力的退卻，南方以武力兼併北方的時機看來已告成熟，而如果這兼併被說成是**重新統一**，被說成是回到上帝最初的計畫，將有助於安撫北方人的情緒（他們也許不是那麼樂於被兼併）。事實上，北方對約西亞的反抗正可解釋為什麼他對待南、北兩方的祭司的態度會有所不同：南方的祭司被迫提早退休，北方的祭司被殺。（既然北王國自公元前八世紀便落入亞述的控制，我們大有理由相信亞述神祇在北方比在南方還要流行。）

78〈列王紀下〉廿一章二至三節。

憎習向」[79]顯然，在這段經文寫成之時（肯定是寫成於摩西時代之後許久，並極有可能是寫成於約西亞之時），各種迦南宗教的習尚還在以色列人中間大肆流行——若非如此，這段文字根本沒必要出現。

「中命記歷史」雖然包含一些狡猾的神學和歷史成分，但這不必然表示它是蓄意造假。它的作者大概有許多人，成書時間跨越幾世紀，靠的材料主要是經長時間逐漸形成的口傳歷史。而任何人類學家都會告訴你，一個文化的口傳歷史雖然往往包含若干事實真相，但也一定會有所偏頗，而這偏頗並非蓄意引導的結果。其中一種偏頗稱為「民族標記」（ethnic marking）：族群要能形成、凝聚，就必須凸顯出本族群與附近族群的差異。[80]隨著時間的推移，這些差異會被放大，在歷史神話裡獲得定形，累積起來便會形成重大扭曲。但這不表示這扭曲是個人蓄意為之。

在這個意義下，以色列的開國神話（以色列人來自埃及，並迅速征服迦南原住民）乃是以色列開國真相的自然產物。這個開國真相是：以色列民族產生自迦南境內，並在那裡定型。把本土的迦南傳統重新歸類為異物乃是定型過程的一部分，若非如此，以色列便無法雕塑自己的身分認同，把自己從中東文化的背景中凸顯出來。然後，這種開國神話又會自然而然地跟其他現實（包括以色列的艱難國際處境、國王對中央集權的渴求和一神崇拜的出現）交織在一起，共同譜寫出我們所知道的以色列歷史。

不寬容的用途

讓我們回到那個更大的問題：邁向一神教的演化真如一神教的批評者所說那樣，會助長不寬容的好戰心態嗎？至目前為止，我們都還沒能否證這指控。不寬容心態是約西亞政策取向的重要部分。他的雄心包括兩個方面：先是把猶大王國變成中央集權化的國家，然後再以這強壯的肌肉拿來攻擊他人：兼併以色列的北部（此地在一個世紀前已被亞述征服），然後再向外開疆闢土。「只愛耶和華運動」的強烈民族主義色彩很符合這種擴張主義的需要，因為既然附近的多神教民族老是用他們的宗教來污染以色列，那以色列就可毫不猶豫地摧毀這些民族。就像「申命記典律」所說：

> 至於這些民族的城，耶和華既已賜你們為業，城中凡有呼吸的，一個不可存留。只要照耶和華所吩咐的，將這些西臺人、亞摩利人（Amorites）、迦南人、比利洗人（Perizzites）、希未人（Hivites）、耶布斯人（Jebusites）都滅絕淨盡，免得他們教導你們學習一切可憎習尚，拜他們的神，以致讓你們得罪耶和華你們的神。[81]

至於那些住得較遠的民族，由於他們較不容易污染以色列的文化，所以可以獲得較寬大的處置：若一個遠方城鎮乖乖投降，它的居民就可以免死，以奴隸的身分繼續活命；若是它敢反抗，那「你們要殺盡城裡的男丁」，但其他人可以免死：「至於女人、孩子、牲畜，和其他的東西，

79〈申命記〉十八章九至十三節。
80「民族標記」最常見於語言的演化：一個族群會發展出一種與附近族群不同的方言。
81〈申命記〉廿章十六至十八節。有些人主張，這種屠殺只適用於那些位於以色列附近又不肯乖乖投降的城鎮。但〈申命記〉沒有明說過種話，只說過遙遠的城鎮若肯乖乖投降的話可以免死。不過，從經文的措詞方式，我們不能排除這條件適用於鄰近的城鎮。然而，有個理由可以反對這種詮釋：〈申命記〉命令殺光鄰近城鎮的人，所持的理由是此舉可以防止他們教壞以色列人。所以，即便他們願意乖乖投降，一樣有可能會教壞以色列人。不過，最終來說，這經文本身的模稜兩可是無法解決的。

你們可以當戰利品拿走。」[82]

所以，說到底，「只愛耶和華黨人」清洗的神祇有多少是舶來品、有多少是本土貨，這個問題並不重要。不管答案為何，約西亞倚仗的燃料都是民族主義。不管答案為何，一旦一神崇拜確立，它的民族主義激情都可用於打擊外邦人或不合群的以色列人。不管答案為何，「只愛耶和華運動」的高峰階段都沒能驅散人們對一神教的常見指責：傾向一神教會讓人傾向不寬容的心態。「申命記典律」容許人們殺盡一城的人（不管那是以色列城鎮還是外邦城鎮），理由只有一個：那些人犯了神學上的錯誤。[83]約西亞的邏輯很簡單：外邦人拜的神祇是壞神，拜這些神祇的人也一定是壞人。這種狠毒的不寬容心態不過是「只愛耶和華運動」政治邏輯的自然反映。

簡言之，耶和華若想要達到某種我們今日所謂的道德高度，那以色列人的宗教還得再演化。事實上，以色列的宗教若想贏得它後來在歷史裡的地位，它除了需要在道德向度再演化，還必須在神學的向度再演化。畢竟，一神崇拜還不是一神教。申命記系統的經卷無一清楚說過，唯獨耶和華存在，其他民族的神祇全是假神。迄約西亞的時代結束為止也從未有一個先知，清楚說出過這種話。所以，顯然的是，以色列想要走出一神崇拜而走入一神教，還需要一些額外動力。

只是當初誰都不會料到，這動力是股慘痛的動力。歷史證明，約西亞雖然充滿戰鬥精神，深信獨尊耶和華必定會獲得護佑，但他只是小孩玩大車。他將在戰場上鎩羽而歸，並為以色列的歷史引入一場讓人永難忘懷的大災難。在以色列人接下來要承受的心理創傷裡，一神教的衝動將變得具體可觸。只有事後回顧，我們才可能清楚看出這條弔詭的因果鏈索：對耶和華一心一意的崇拜雖然帶來國難，但國難卻會反過來加強這種崇拜，把它帶到新的高度，跨越最後門檻，從一神崇拜進入一神教。

82〈申命記〉廿章十三至十四節，現代中文譯本。

83嚴格來說，「申命記典律」不寬容的不是外邦宗教本身。它會批准屠殺一整城的外邦人，不是因為他們拜壞神，而是因為這種崇拜有可能會污染以色列人的宗教。不過，在實踐的層面上，這種分別並不構成差異。

07 從一神崇拜到一神教

From Monolatry To Monotheism

猶大國王約西亞有可能是歷史上最因敗得勝的一位國王。

一方面，我們幾乎完全無法反駁學者斯威尼所說的：「約西亞的改革一敗塗地。」約西亞原想統一以色列南北兩部，恢復昔日大衛帝國的氣象，好讓以色列的國神獲得更大榮光。但事與願違，約西亞最後死於埃及人之手。他的死因充滿迷霧[1]，但這事情最後卻讓猶大王國當了二十年的屈辱臣奴，先是臣服於埃及，再臣服於巴比倫。繼之而來的是一場彌天大災難：當猶大國王希底家（Zedekiah）起而反抗巴比倫時，巴比倫人把他俘虜，當著他的面殺死他幾個兒子，又挖去他雙眼，再放一把火把耶和華的聖殿夷為平地。接下來，巴比倫把一個幾年前便開始執行的計畫貫徹到底：把以色列的上層階級押解到巴比倫。[2]這是公元前五八六年的事，而「被擄巴比倫」一事也成了古代以色列歷史最著名的創傷。按照古代的神學觀點，這事件無疑代表著巴比倫的國神馬爾杜克把耶和華大大羞辱了一番。這種結果，是幾十年前約西亞對耶和華大唱贊歌時做夢也沒想到的。

然而，事實證明，這禍事卻是耶和華碰過最好的美事。約西亞的「獨尊耶和華」神學不僅存活了下來，還以最雄渾和濃烈的形式存活下來並取得勝利。日後，猶太人（然後是基督徒和穆斯林）將會相信，亞伯拉罕的上帝不獨是唯一值得敬拜的神，還是唯一存在的真神。換言之，一神崇拜將會發展為一神教。正如神學家克萊恩（Ralph W. Klein）所說：「被擄的以色列神學家把他們蒙受的災難做出了充分利用。」

發動一場石破天驚的神學革命並不是一蹴可就的事情。然而，如果說被擄給了以色列的知識分子什麼好處，那就是給了他們大量時間去思考自身處境。他們將會在巴比倫待上近半世紀，等到波斯人征服巴比倫，才得以陸續返回故都。然後，在耶路撒冷，一些歷經被擄之火煉淨的觀念將會開花結果。

弄懂災難的意義

有些學者認為，一神教基調會誕生，是因為人們想「弄懂」耶路撒冷為什麼會陷落。此說精確但不充分。對，宗教總是致力於理解禍事為什麼會發生；對，被擄的以色列知識分子無疑有大量時間思考，而他們的思考無疑也導致了一神教的誕生。所以，某個意義下，「被擄」神學真的是在處理「惡的問題」或「苦難的問題」。問題是，除非你相信有一個全能和全善的上帝，否則「惡的問題」和「苦難的問題」根本無從出現。可是，這樣一個全能和全善的神祇並不存在於以色列人被擄以前。祂是在「被擄」階段才出現的，而我們想要解釋的，正是這種神祇如何會在被擄的過程中產生，所以一神教不可能是創造它的那些神學反省的前提。

另外，把以色列的神學革命說成是「弄懂」苦難的意義，是「沉思」惡的問題，也會讓這種

1〈列王紀下〉對約西亞的死因交代得非常簡略：「法老王尼哥率領軍隊到幼發拉底河幫助亞述皇帝。約西亞王到米吉多去迎戰埃及軍，結果陣亡。」（廿三章廿九節）〈歷代志下〉卅五章的說明較為詳細：約西亞聽了餿主意，挑戰一支本來不是要衝著他而來的軍隊，結果兵敗身亡（這記載也不免提到，約西亞沒理會先知得自「上帝之口」的警告，獨斷獨行，才會遭此下場）。不過，由於〈歷代志〉的寫成時間晚於〈列王紀〉，許多學者都對它的精確性表示懷疑。

2《聖經》對於這些事件的說法見〈列王紀下〉廿五章。它的說法看來經得起歷史研究的審視。

思索顯得抽象和哲學，顯得不那麼急迫。幾乎可以肯定的是，產生一神教的「神學論述」最初是以政治爭吵的形式出現的：參與爭吵的陣營各有各的神學，又互相指控對方該為災難負責。

《聖經》記述了一個以色列神學家互相指責的場面。在巴比倫征服猶太以後，先知耶利米（Jeremiah）等一群人逃到了埃及。這群人對於以色列何以會落得這種下場意見分歧。耶利米認定，這是因為有太多以色列人崇拜別的神，導致耶和華不悅，要大大懲罰以色列。耶利米相信，要是以色列人不知悔悟，繼續「向天后燒香」，耶和華將會用刀兵或饑荒滅絕所有以色列人。[3]但天后的信徒卻持另一種觀點。他們認為，以色列的問題出在有太多耶利米這一類的人，換言之是有太多「只愛耶和華黨」的黨人。他們眾口一詞地說：「那時，我們吃得飽，非常享福，無災無禍。但是，自從我們停止向天后燒香獻酒，我們就樣樣缺乏，我們的同胞不是戰死就是餓死。」[4]

他們還真是說到了痛處！假若耶利米言之有理，獨尊耶和華真的是國家強大的保證，那以色列在約西亞進行了宗教改革以後又怎麼會分崩離析？更重要的是，以色列的墜落是以約西亞的凶死揭開序幕的，而此人正是只愛耶和華部隊的總司令。凡此種種讓人不得不對「只愛耶和華運動」的前提起疑，這個前提就是：耶和華是個有能力保護你的神，而且會在你單單敬拜祂的時候保護你。

耶和華是靠什麼挺過這種強而有力的攻擊呢？是靠來自朋友的一點點幫忙。在約西亞過世到聖殿被焚毀的二十年間，即便「只愛耶和華運動」已失去了約西亞在位時的政治勢力，卻依舊活躍。[5]所以耶利米並不孤單：整個巴比倫都有以色列的思想家願意以自己的聲譽為耶和華的大能背書。這民族最優秀的心靈將會尋找一套神學，以調解以色列大能神與以色列大災難之間的扞格。

解決方法很簡單。約西亞雖已改革官方宗教，但官方宗教與一般人的信仰是有出入的。雖然《聖經》告訴我們約西亞大力取締「家戶神」[6]，但從考古學家在一般人家大量挖出的小女神像觀之，他並未完全成功。所以，耶利米和其他一神崇拜鼓吹者便可以辯稱，平民百姓對耶和華的不忠乃是以色列取咎之由。

另外，約西亞的幾個後繼之君也沒有追隨他對耶和華的敬虔。如果王室和尋常百姓都對耶和華不忠，難怪耶和華沒有保護以色列！

當然，並不是所有後約西亞時代的倒行逆施都可以解釋約西亞為何不得善終。不過，「遲來的公道」這個概念被證明是有用的。約西亞幾位前任國王都是多神教徒，最胡來又最具影響力的是瑪拿西。在瑪拿西統治的半世紀，神學雜交在以色列大行其道，直到約西亞登基的兩年前才略微收斂。所以，約西亞繼承的是一份巨大惡業，不是他能完全抹淨的。〈列王紀下〉告訴我們，雖然約西亞「盡心、盡性、盡力地歸向耶和華」，但「耶和華對猶大王國所發的烈怒仍不止息，此乃因瑪拿西所做的諸事大大惹惱祂。」[7]

迄今為止都說得通。前約西亞的罪孽和後約西亞的罪孽解釋了何以耶和華會任由祂的百姓被外邦征服。事實上，這個解釋就是見諸「申命記歷史」中的標準解釋（「申命記歷史」止筆於〈列王紀下〉，最後記述的是「被擄」一事）。

3〈耶利米書〉四十四章廿五至七節。
4〈耶利米書〉四十四章十七至八節，現代中文譯本。
5〈列王紀下〉廿四章把約西亞四個後繼之君都定位為「行惡事」的國王，換言之都是多神教的支持者。不過艾伯慈認為，即便在這時期，「只愛耶和華運動」仍然保持活力。
6〈列王紀下〉廿三章廿四節。

兩種層次的規模

不管是在以色列還是整個中東地區，把國家的災難解釋為國神之怒所導致都不是新鮮之舉。[8]當摩押人在公元前九世紀被以色列打敗，他們就是用這方式解釋他們的國神基抹何以會袖手旁觀。摩押王米沙（Mesha）在「米沙石碑」說過：以色列「之所以能讓摩押受屈辱許多年，是因為基抹對他的土地生氣。」但摩押人並沒有因此推論說基抹是唯一的神。相似的，以色列人在較早前的挫敗中也沒有得出這個結論。那麼，是什麼讓巴比倫的征服顯得與眾不同？是因為它的規模。這規模在兩個意義下前所未有。

首先，巴比倫人對以色列的征服是全面性的。《聖經》記載，耶和華曾用其他小邦懲罰以色列好幾次：有一次，上帝把以色列人「交在美索不達米亞的古珊・利薩田王手中。他們服事了古珊・利薩田八年。」另一次，耶和華「使摩押王伊磯倫比以色列強盛」，迫使以色列當了十八年的附庸國。[9]但敗於巴比倫的結果卻不是當附庸國，而是徹底亡國，菁英分子也被擄，而且這次以色列人也不是落在其他迦南部族手裡，而是落在以色列人所知的最大帝國手裡。

這種失敗的規模未必會使所有以色列思想家設想出單一的全能神，卻無疑會驅使其中一些人朝這方向思考。因為，一個神竟能發動一個帝國作為責罰以色列人的工具，就意味著祂的力量非常強大。這種弔詭的邏輯可以回溯到公元前八世紀，當時強大的亞述帝國蹂躪整個以色列，又剷平其部分地區，導致以色列的先知不得不把此事解釋為上帝所作的懲罰。所以，當以賽亞引用耶和華的話說：「亞述是我抒發怒氣的棍。」[10]他要呈現的可不是個泛泛之神。耶和華既使得動亞述，便表示祂的能力比亞述的國神阿舒爾還強大。

以賽亞寫下這話的時候，是住在相對安全的南方。當時猶大王國雖然備受亞述人逼凌，卻還不致像北王國以法蓮那樣，整個被滅掉。被擄時期的神學家卻不是這樣，他們直接經歷亡國的創痛，不得不痛定思痛，思索他們會被擄到一片奇怪異域的道理何在。這是第二個意義的「規模前所未有」。以色列人不但國土被征服，還目睹他們最具體的國族象徵被毀：國神耶和華的聖殿付之一炬。現在，他們住在操別種語言、拜別種神祇的人們中間。這不止是一場民族安全的危機，還是民族身分的危機。

這兩種「前所未有的規模」（以色列在國際上的慘敗，以及人民承受的深邃創傷），讓以色列的神學家只剩下兩個基本的神學選項。第一個是承認他們的神打了敗仗：耶和華已經盡了力，但還是敵不過強大的巴比倫國神馬爾杜克。但國神無能的觀念從不具有吸引力（對以色列人如此，對摩押人也如此），而對被擄的以色列人來說更是難以忍受。因為如果耶和華真是打了敗仗，祂可說是敗得徹底：祂的家（聖殿）被摧毀，祂的百姓被擄去。承認你的神敗得如此淒慘，幾乎等於承認你的神已死。而在當日，國神之已死無異於民族之死。因為在當時代，神祇認同、國家認同和民族認同三者是分不開的。

所以，剩下的只有第二個選項：把以色列的大敗視為耶和華的旨意。但如果這是耶和華的旨意，那就表示祂比人們原以為的還要強大。當初耶和華能把亞述作為祂「抒發怒氣的棍」已經

7〈列王紀下〉廿三章廿五至六節。
8 有鑑於以色列人更早前便用過耶和華之怒來解釋以色列何以罹災，所以，一些用這方式來解釋前被擄時期挫敗的經文（如〈以賽亞書〉九章十一至十二節，十章五節；〈阿摩司書〉五章廿六節；〈士師記〉三章八節，〈士師記〉三章十二節）有可能本身便屬於前被擄時期。即使這些經文不屬於前被擄時期，我們亦有理由相信上述的解釋策略是前被擄時期的常見策略。
9〈士師記〉三章八、十二節。
10〈以賽亞書〉十章五節。

很了不起，但祂現在還更了不起，因為這回受祂使喚的乃是征服亞述的巴比倫人。根據〈哈巴谷書〉的說法，當巴比倫剛起兵要東征西討時，耶和華曾親自提醒以色列人：「『留心觀察你們周圍的國家，你們對所看到的會很驚奇。我要做一件事，你們聽了都不會相信。我要使凶猛、殘暴的巴比倫人強盛起來。他們要橫跨世界，征服別人的土地。他們將要譏誚君王，嘲笑官長。』」[11]想想看，耶和華竟能讓巴比倫人不知不覺地代祂施行懲罰，這是何等的能耐！顯然，巴比倫國神馬爾杜克只是祂操縱的傀儡！

這就是以色列一神教的弔詭。誠如斯密指出的：「以色列位居政治秩序的最底層，卻反過來把自己的神高揚為全宇宙的統治者。」這種邏輯也許聽起來倒錯，但仍然合乎邏輯：一個能使喚已知最大帝國的神也必然是能主宰歷史的神。

不過，「邏輯」這個用語有點誤導，因為它太乾巴巴了。宗教總是由思想和情感的互動生成。只有透過被擄神學的情感肌理，我們才能對它的邏輯有更佳理解。現在，我們終於可以回答這個問題：到底，在亞伯拉罕的神變為獨一真神那一刻，即在「神祇」（god）剛變為「上帝」（God）那一刻，祂是什麼模樣？

以賽亞的再臨

沒有一個《聖經》作者比先知以賽亞更能釐清這個問題。但這個以賽亞並不是住在猶大王國那個以賽亞。學者現在大多同意，後者只是〈以賽亞書〉前面三十九章的作者，至於另外的十五章（也有可能不止此數）則是寫成於被擄時期，成書時間晚前面的章節一個多世紀。其作者被學者稱為「第二以賽亞」（Second Isaiah），從他身上最能鮮明反映「被擄」帶給了以色列神學何種影響。「第二以賽亞」把被擄生活比喻為「苦難的爐」，而他也比任何《聖經》作者更能顯示這個爐的功用。[12]

在「第二以賽亞」裡[13]，耶和華常常會直接說話，而且絕不謙遜，例如：「我是主，在我以外並沒有別神；除了我以外再沒有神。」「唯有我是主；除我以外沒有救主。」「我是首先的，我是末後的；除我以外再沒有真神。」「在我以前沒有真神；在我以後也必沒有。」「我是創造萬物的，是獨自鋪張諸天、鋪開大地的。」「我創造光，又創造暗。」[14]這就怪不得聖經學者會認為「第二以賽亞」是一座里程碑：先前幾個世紀，「只愛耶和華」的先知都不敢斬釘截鐵地越出一神崇拜的雷池，但這一次，終於有人清晰有力地把一神教的信念給說了出來。

除一神教的成分，這些經文包含的另一個成分也引起學者至少同樣程度的關注。如果誠如「第二以賽亞」所說，耶和華真是「全地之神」，那會隨之而來的問題便是：祂對全世界的人是採取何種態度？當以色列人的苦難結束後，他們又會跟世界其他部分的人維持何種關係？對這個問題，一般的解釋都很讓人振奮。「第二以賽亞」的上帝承諾祂將會「把公義帶給萬邦。」由是觀之，祂不僅能力無遠弗屆，關懷亦無遠弗屆。由於這種關懷的擴大，耶和華也讓以色列肩負起一項重大使命。在一段常被引用的經文裡，耶和華表示：「我還要使你（以色列）作萬邦的光，叫你把我的救恩帶到全世界，直至地極。」[15]

11〈哈巴谷書〉一章五至六節、十節，現代中文譯本。
12〈以賽亞書〉四十八章十節。
13 譯注 作者有時把「第二以賽亞」用作人名，有時用作書名（即指〈以賽亞書〉後十五章經文）。英文中以作者名字代表作品名稱是常例。
14〈以賽亞書〉五十四章五節、四十三章十一節、四十四章六節、四十三章十節、四十四章廿四節、四十五章七節。

這個高逸的解釋在那些信奉基督教或猶太教而又承認這兩教有黑暗面的思想家之間相當流行。他們說，在早期，耶和華固然流露出一些國族沙文主義和不寬容的性格（如〈約書亞記〉和〈申命記〉中的一些記載），然而，祂到最後卻成熟起來，成為關心全人類福祉的神。而這個時候，以色列在經歷與列國許多世紀的衝突後，也終於要改變角色，從耶和華那裡接過啟蒙萬邦的使命。你不妨說，從這個時候起，以色列人的世界觀已經從「零和」轉變為「非零和」，不再把外邦人視為「不共戴天的敵人」，而視為「潛在的教友」。

考慮到以色列神學家的被擄處境，對「第二以賽亞」的這個解釋是說得通的。心理創傷可以帶給人改變，而這改變的幅度往往又與受創傷的程度相當。如果你因為酒後開車而報銷了一輛車，你也許會發誓此後不再喝酒；但假如你因為酒後開車而使兒子喪命，那你就不只是從此戒酒，而是整個人生都發生劇烈改變：你也許會發起一個喝酒不開車的運動，甚至把這個任務視為自己的使命。被擄到巴比倫去的思想家承受的心理創傷比較類似失去一個兒子而非失去一輛車，他們需要的是一個可以解釋這苦難並帶給這苦難正面意義的範式。只有這樣的新範式可以形鑄出新的宗教熱忱，帶來終極的救贖力量。

他們也終於找到這範式（起碼根據人們對「第二以賽亞」的標準解釋是如此）：以色列人是因為不忠於耶和華而蒙受大災難，自此以後，以色列人有責任提醒世上其他民族，不要重蹈以色列的錯誤。照這個解釋，一神教從誕生一開始便帶有普世主義和道德色彩，而如果它日後表現出任何好戰的態度，那完全是一種歧出，是對一神教原先理念的背離。

然而，如果仔細閱讀被擄時期的《聖經》文本，我們的結論不會那麼溫馨，我們會發現出現在一神教誕生之初的普世主義，其實不那麼有「道德」意味。無疑，各種被擄時期的文本都預言列國會透過以色列而認識以色列的神。然而，中東地區的國家本來就都千方百計要別國肯定自己的神，而且通常是訴諸軍事手段來達成。要別國承認你的神偉大，等於要別國承認你國家偉大。事實上，「第二以賽亞」也是這個樣子。它指出：凡折磨和奴役過以色列的國家，最終都會得到應有的懲罰，並被迫承認以色列在政治和神學上的優越性。

例如，「第二以賽亞」裡的上帝在談到埃及人、伊索比亞人和示巴人（Sabeans）時，這樣預言：「他們必帶著鎖鍊過來隨從你們〔以色列〕，又向你們下拜，祈求你們原諒，並說：『上帝真是只在你們中間，此外再沒有別神；除祂以外沒有別的神。』」[16]

幾章經文之後，耶和華又告訴以色列人：「我要向列國示意，向萬民發訊號」這話看似充滿道德寓意，然而，耶和華之所以示意，是為了教導列國事奉以色列。至於這些國家的統治者，他們「必將臉伏地，向你們〔以色列人〕下拜，並舔你們腳上的塵土。然後你們會知道，我就是主。」不僅如此。⋯⋯「我要使壓迫你的人互相殘殺；他們因喝自己的血醉倒。那時候普天下都會知道，我是拯救你的上主；我是你的救贖主，是以色列大能的上帝。」[17]

以此觀之，被擄時期的一神教神學其實並沒有太不同於那以零和思維為動力的一神崇拜，反而更像是後者的借屍還魂。「第二以賽亞」對列國將臣服於以色列的預言，所繼承的是「詛咒列國」的傳統（許多被擄時期之前的先知書文本都有這種傾向）。這種零和視野的血緣說不定還可以上溯得更早。據聖經學者艾伯慈（Rainer Albertz）在《被擄的以色列》（*Israel in Exile*）一書中主張：這種文類是源自幾個世紀前以色列人開戰前使用的先知詛咒文。

不過，艾伯慈就像許多「被擄神學」的詮釋者一樣，設法去肯定這神學最美好的一面。評估

15〈以賽亞書〉五十四章五節、四十二章一節、四十九章六節。
16〈以賽亞書〉四十五章十四節。
17〈以賽亞書〉四十九章廿二、廿三、廿六節，現代中文譯本。

過一系列見於〈以西結書〉的復仇經文後（這經卷極有可能寫成於被擄時期），艾伯慈指出：這些話「總以出人意表的和解語氣作結：即認定耶和華終會帶領以色列的所有鄰國（以東除外）認識耶和華。」[18]

「認識耶和華」是一種有意思的說法。這個說法也見於〈以西結書〉裡耶和華針對亞捫人所說的一番話：

> 因為你們拍手雀躍，幸災樂禍，瞧不起以色列的土地，我要把你們交給外國人；他們要來洗劫你們。我要消滅你們，使你們瓦解不成國，不再擁有自己的土地。這樣，你們就知道我是上主。[19]

換言之，所謂的「認識」是指認識誰才是老大。〈以西結書〉其他表現出「出人意表和解語氣」的經文也是如此：上帝會安排摩押人被一個鄰國征服，到時摩押人「就會認識我是耶和華知道」。而摩押人之所以會受上帝懲罰，是因為他們不認為以色列有什麼特別，以為「猶太家與列國無異」。非利士人和基利提人（Cherethites）也是同樣命運：「我必向他們發烈怒，大施報應。當我報復他們的時候，他們就會認識我是耶和華。知道」[20]

另外，〈以西結書〉也提過西頓（耶洗別王后的老家）將會認識耶和華：

> 因我必在他們中間行審判，顯神聖；
> 因為我必使瘟疫進入西頓，
> 使血流在它的大街小巷；

被殺的必在其中仆倒，
四面八方有刀劍臨到它。
然後他們就會認是我是耶和華。[21]

耶和華在這裡承諾祂必會向西頓人「顯神聖」（manifest my holiness），這不由得讓人聯想起奧托（Rudolf Otto）一九一七年出版的著作《神聖的觀念》（*The Idea of Holy*）。正如奧托指出的，在古代，「神聖」這概念不像現代那樣，具有道德善的涵義（《聖經》裡用到「神聖」一詞時，往往只是指遵守誡律所帶來的潔淨）。尤有甚者，奧托主張，在其最原始的形式裡，「神聖」是表現在他所謂的「使人敬悚交加」（numinous）：一種可以帶來驚恐的雄渾力量（sublime force）[22]，一種「駭人的莊嚴」（aweful majesty）。

18 艾伯慈認為〈以西結書〉有一些部分也許是寫成於後被擄時期。
19 〈以西結書〉廿五章六至七節。現代中文譯本。
20 〈以西結書〉廿五章十一節、廿五章八節、廿五章十七節。
21 〈以西結書〉廿八章廿二至三節。
22 譯注 神話學家坎伯（Joseph Campbell）對「美」與「雄渾」（sublime，或譯「崇高」）這兩個概念所作的說明或可供參考：「美是賞心悅目的，而雄渾則是讓人戰慄的。雄渾的經驗經常產生在一個極為浩瀚的空間或一個表現出巨大力量的環境。舉例來說，如果你身在一個正在受到激烈空襲的城市，說不定就會體驗到雄渾。我是說真的！你身在其中多久，就會感受到雄渾多久。你會覺得戰慄，會覺得被巨大的力量攫住。」（見《英雄的旅程》）

終極的復仇

那麼，上帝的這種「神聖」力量是怎樣施展的呢？難道被擄中的一神教鼓吹者是幻想以色列大軍有朝一日會征服全世界嗎？在〈以西結書〉裡，耶和華告訴以色列人：「當我透過你們在列國眼前顯神聖的時候……他們就會認識我是主。」[23]把這段經文解讀為軍事願景是有道理的，因為在古代的中東地區，神祇的大能都是透過國家的國力來彰顯。

以色列有很長一段時間都是處於這種邏輯的接受端，反觀以色列的長期壓迫者亞述則剛好相反。亞述人每征服一個地區就會俘虜或摧毀當地偶像，以凸顯他們軍事勝利背後的宗教真理，顯示所有外邦神祇都比亞述的國神阿舒爾矮一截。一篇記載亞述人攻克一座以色列城池的亞述銘文這樣矜誇：「他們信賴的神祇被當作戰利品。」[24]

更重要的是，以色列的夢想（即東山再起，在軍事和神學兩方面洗雪前恥）是有先例可援的。這個先例不是別人，就是以色列的征服者巴比倫。亞述人曾在公元前七世紀初血洗巴比倫，把馬爾杜克的神像從巴比倫的神廟給擄走。當時，巴比倫人就像一世紀後的以色列人一樣，把這大災歸因於主神對他們的責罰。後來，他們又像以色列人一樣，相信神祇的眷顧已經重新迴轉。於是，巴比倫人決心復仇，要用軍事勝利來彰顯大神的榮耀。巴比倫國王尼布甲尼撒（Nabopolassar）在一份文書裡宣布：「大主人馬爾杜克對我垂青，要我為阿卡德復仇……他挑選我統治全地和全地的民，把他們所有人交在我手裡。」[25]所以，征服以色列也被巴比倫人認為是馬爾杜克復仇大計的一部分。

現在輪到以色列有似海深仇。在地緣政治的層面，他們永遠無法取得巴比倫人取得過的成功[26]，所以，這個復仇計畫只能在神學的層面展開。艾伯茲把一些被擄時期的反巴比倫經文稱為

「復仇神學」（retribution theology）。但這稱呼其實適用於大部分的被擄時期神學，包括那種賦予一神教生命的神學。

復仇衝動遍見於所有人類，這幾乎可以肯定是來自我們物種的基因。當事人可以深深地（甚至灼熱地）感受到這種衝動。然而，不管復仇衝動有多情緒化，它都有自己的邏輯，而正是這種邏輯讓以色列的一神教變得可理解。借《聖經》的說法，這邏輯便是：「以眼還眼，以牙還牙。」即以符合比例的幅度懲罰侵犯者。那麼，以色列受到的苦難又是什麼幅度的呢？巴比倫人不止占奪了他們國土，還羞辱了他們的神。巴比倫人不僅擄走以色列人，又殺死他們的神。亞述人只是掠奪聖殿裡的財寶，巴比倫人則是把聖殿本身給摧毀。在古代的中東，神的主廟就等於這個神的家。[27]

這種終極的過犯，只有終極的報復才能扯平。巴比倫人既殺死以色列人的神，那以色列人唯一合比例的報復就是殺死巴比倫人的神，也就是認定這個神不存在。倘若其他民族的神已不存在，而你的民族又只承認耶和華是唯一真神，那你自然而然就會從一神崇拜邁向一神教。

這並不是說一神教就像是二加二等於四那樣，是硬性從復仇邏輯導出。因為摧毀耶和華聖殿

23〈以西結書〉卅六章廿三節。
24這銘文出自薩爾貢二世的「尼姆魯德棱柱」（Nimrud-prism）。
25這文書未提尼布甲尼撒的名字，但說話人無疑是他。
26我們大有理由猜想，對於這個復仇計畫會不會是由以色列親自執行這一點，不同猶太神學家有不同看法。如「第二以賽亞」就暗示，這計畫會是由強大的波斯帝國代行。另參見〈以賽亞書〉四十四章廿八節，四十五章一節。
27後被擄時期的猶太人可以主張，耶和華其實從未住在那已被摧毀的聖殿裡，說祂只不過是把「名字」放在那裡。事實上，有些前被擄時期的《聖經》文本看來就是這樣主張。不過，史尼德溫德認為，在早期以色列的日常用語裡，說某人的「名字」住在某地方，等於是說該人擁有那地方。

畢竟只是巴比倫一個國家，但一神教要能確立，卻需要其他非巴比倫的神祇也一併消失。不過，從被擄時期文本對列國不加區別地詛咒觀之，其他國家也在以色列人痛恨巴比倫的心理中受到池魚之殃。以色列人在被擄所感受的屈辱是那麼的深重，以致非得把耶和華提升到前所未有的高度不足以雪恥，這也表示，他們必須把其他國家的神祇低貶到前所未有的低度。所以，一神教的產生除了有別的原因外，還是一種終極的復仇。

終極的救贖

但復仇心理不是「被擄神學」的唯一催化劑。我們記得，在「第二以賽亞」裡，耶和華曾承諾會把救贖帶給世界，直至地極。這種承諾總應該包含某些正面的東西吧？

也許。不過，除非你仔細定義「普世主義」這個詞，否則你無法把被擄時期的上帝稱為普世主義上帝。因為「第二以賽亞」雖說過上帝是萬民的神，卻沒說過祂對萬民都一樣關心。奧爾林斯基（Harry Orlinsky）是最先反對把「第二以賽亞」解釋為光明的國際主義文獻的聖經學者之一：「《聖經》裡的以色列國神是全地的上帝（universal God），但不是國際的上帝（international God）。」這是因為，上帝曾經跟以色列立約，所以會獨厚以色列。事實上，奧爾林斯基認為，耶和華會要以色列「把光帶給萬邦」，正是為了凸顯以色列獨一無二的地位。奧爾林斯基寫道：「以色列將會透過上帝所賜予的勝利和復興讓萬邦目眩。整個世界都會屏息看著這個單一的燈塔——這個唯一曾與上帝立約的民族。作為上帝權柄和全能的表徵，以色列將會是各國的榜樣。」

這並不是說耶和華對世界其他人民沒有義務。正如奧爾林斯基指出，世上任何地方發生的謀殺和暴行都是「違逆上帝訂定的宇宙秩序」，所以，最終來說，上帝意旨的落實對全世界愛好和平的人來說都是好消息。「第一以賽亞」有段著名經文，對世界的未來充滿美好遐想：

上主要解決國際間的糾紛，
排解民族間的爭端。
他們要把刀劍鑄成犁頭，
把鎗矛打成鐮刀。
國際間不再有戰爭，
也不再整軍備戰。[28]

所以，雖然其他國家不可能指望像以色列那樣獲得上帝的特別眷顧，上帝在「第二以賽亞」裡說過的話仍然算數：祂會把公義帶給萬邦，到時，「遙遠的島嶼等著我，盼望我去救援它們。」[29]

儘管如此，在上帝建立世界秩序大計的第一階段，工作還是懲罰那些威脅國際秩序的人——這些人全都曾是以色列的敵人。被擄時期的上帝頗像檢察官，把罪犯繩之以法作為短程目標，把公平正義帶給社會作為終極目標。不同之處只在於，上帝要繩之以法的是世界大部分國家。

如果說上帝的短程計畫是理解一神教演化的關鍵，那祂有關世界秩序的遠程計畫將可闡明被擄神學的另一個重要面向：民族救贖。人類有各種方法應付長期的壓力，其中之一是預期明天會

28〈以賽亞書〉二章四節，現代中文譯本。
29〈以賽亞書〉五十一章四至五節。

更好。這種預期心理就像復仇心理一樣，往往表現出一種對稱性：目前的壓力愈沉重、愈無望，人所預期的美好明天就愈華美。最極端的形式表現在末世論（apocalypticism）：這種思想相信，總有一天（通常是在時間的「終了」），姍姍來遲的正義終會獲得伸張。

最為人知的末世論思想見於早期基督教，但不同版本的末世論思想曾在不同時代和不同地方出現，而它們出現的環境大體相似。二十世紀早期美拉尼西亞人（Melanesian）的「貨物崇拜」（cargo cult）便是一例。為回應歐洲人的壓迫，原住民先知預言救贖的日子終會到來，屆時，在碼頭或飛機場卸下的貨物（此乃殖民者的權力象徵）將不是來自外國，而是原住民的神祇和祖先送來。屆時，白人會一夕間淪落到社會最底層，原住民則會從此過著舒適優渥的生活。

同樣，被擄時期的以色列人也相信，最後審判日會帶來的不止是復仇的快感，還有救贖的舒適（這裡的「救贖」是世俗意義的，指可免除一切痛苦煩惱）。等上帝向全世界頒布祂的律法之後，以色列將不再需要擔心有外敵入侵。在最後審判日，「凡製造偶像的都必抱愧蒙羞」，此時以色列「必蒙主的拯救，得永遠的救恩。你們必不蒙羞，也不抱愧，直到永世無盡。」在最後，「主救贖的民必歸回，歌唱著回到錫安[30]；永樂必歸到他們的頭上。他們必得著歡喜快樂；憂愁歎息盡都逃避。」[31]

這套一神主義的救贖神學在公元前六世紀末獲得了大鼓舞：被擄的以色列人**果真**得以回到耶路撒冷。他們固然不像某些以色列神學家所預期的，是靠著武力反抗贏得自由，得以回歸故土的事實還是佐證了一神教背後的邏輯。當時，波斯征服了巴比倫，而波斯國王居魯士（Cyrus）恩准以色列人回家。在一神主義者眼裡，這事情的涵義不可謂不巨大，因為它顯示出耶和華的力量果真大得驚人：祂不止可以操縱一個大帝國來征服亞述，還可以操縱另一個更大的帝國來征服亞述的征服者。

《聖經》把居魯士的軍事成功歸功於耶和華：「我攙扶他（居魯士）的右手，使列國降伏在他面前。」耶和華告訴居魯士，祂將會幫助波斯在戰場上得勝，好讓這位國王知道「點名提拔你的人就是我耶和華，就是以色列的上帝。因著我僕人雅各的緣故，因著我所揀選的以色列的緣故，我就點名提拔你。知道知道」[32]（但居魯士自己的解釋卻有所不同：一塊一八七九年出土的陶柱體記載，居魯士是奉巴比倫主神馬爾杜克之召前去征服巴比倫和其他國家。而自此以後，居魯士也把馬爾杜克視為「大主人」，忠心崇奉。）

所以，說到底，一神教背後的邏輯是頗為簡單的，可以用那些遭被擄以色列知識分子的心理狀態來加以解釋。在這些人看來，只有把思想推到最極端，耶和華的榮譽和以色列的尊嚴方可得到挽回。因為如果巴比倫人的勝利不是意味耶和華的無能，如果耶和華在眾神之中不是個弱雞，那以色列的大災一定是由祂自編自導。但能導演這種規模的災難不啻表示上帝能夠主導歷史，而這點便限縮了其他神祇的揮灑空間。另外，如果上帝在編排這齣大戲的過程中重拾了自己的尊嚴，那相對地，其他神祇的尊嚴和能力必然會掉到谷底，甚至消失無蹤。甚至，唯有耶和華把以色列人引頸企盼的世界秩序帶到人間，祂對世界的駕馭才可能永久而完整——因為過去兩世紀的歷史顯示出，要是上帝沒有這種駕馭世界的能力，世界將會繼續帶給以色列麻煩。

這種涵蘊（即其他神祇相對於耶和華來說基本上是毫無力量的）仍然不等於一神教。因為我們可以想像一種可能：以色列思想家在徹底閹割其他神祇之後，並不殺死他們。儘管如此，被擄者的處境仍然解釋得了一神教的大部分神學邏輯，因此「第二以賽亞」和其他被擄時期經文所顯

30 譯注 Zion，指以色列。
31〈以賽亞書〉四十五章十六至十七節、五十一章十一節。
32〈以賽亞書〉四十五章一節、四十五章一至四節。

示的一神教思想，就不需太驚訝了。

但這是一神教嗎？

這就是為什麼我會稱之為「一神教思想」而不是「一神教」。因為，在被擄時期的文本裡，我們除了看到一神教的宣示，還偶爾會看到一些不那麼一神教的語句。例如，「第二以賽亞」在描述巴比倫敗於居魯士之手時，曾提到彼勒（Bel，馬爾杜克的別名）和他兒子尼波（Nero）：「彼勒和尼波曾受人的膜拜，現在都馱在驢背上……成為戰利品，給帶走了」[33]（事實它們並沒有成為戰利品，因為居魯士採取了聰明的統治手段：寬容甚至歡迎被征服國家的神祇）。所以，如果你重讀上面引用的各段「第二以賽亞」經文，並用「耶和華」一詞來代替「主」（現在的標準英譯本都是用「主」來翻譯原文的「耶和華」），那它們將會失去一點點一神教的光澤。

另外，我們對被擄時期以色列的實際宗教面貌幾乎一無所知，也少有證據顯示，被擄時期結束後，以色列人奉行的就是一神教。在極可能是寫於被擄時期之後的〈瑪拉基書〉裡，上帝對一群不相信祂統治著全世界的猶太人說話。祂說，你們等著瞧，等到祂懲罰了以東人（Edomites），你們必相信我是統治全地的主，必會說：「大哉耶和華，祂的權柄及於以色列邊界之外！」[34]

有鑑於我們對一神教思想火花初現後那幾個世紀的猶太宗教面貌所知無幾，所以我們很難認為以下這些問題已經結案：為什麼「第二以賽亞」的願景會在被擄時期的各種願景中脫穎而出？為什麼這種一神教思想不會像埃及和美索不達米亞一樣，興旺一陣子之後便趨於式微？

其中一個理由是，孕育一神教的民族逆境一直存在。以色列在被擄結束後並未獲得獨立，而它在波斯統治下享有的自治也沒能永遠持續。自亞歷山大大帝在公元前三三二年征服巴勒斯坦後，接下來的幾個希臘帝國王朝都對以色列實施高壓統治。這最終引爆了一場反抗。以色列在為獨立而戰的同時，自然會帶動民族主義情緒，自然會痛恨外邦神祇，連帶痛恨那些附翼外族統治者的菁英階級。事實上，這場起義的導火線正是希臘統治者企圖要把一尊宙斯神像供奉在耶路撒冷的聖殿。起義獲得了成功，讓以色列在公元前一四二年至六十三年之間獨立了一段時間，而這勝利想必也會讓起義所依據的神學身價暴漲。

一神教哲學

希臘哲學或許也曾在較不政治而較思想的層面滋養過以色列的一神主義。早在亞歷山大大帝征服巴勒斯坦以前，希臘思想家便設想過神祇只有一位。[35]雖然希臘統治者最後被逐出以色列，但猶太文化與希臘文化在這之前已發生相當程度的融合。

希臘的一神論源出於一個偉大的創發：對宗教觀念進行理性的提煉。有些人認為，嚴格意義的神學就是希臘人所發明（當然，任何宗教其實都會多少受理性指導，例如被擄的以色列思想家曾根據他們的困厄環境調整了他們的神學）。希臘人強索力探的態度，預示著現代人企圖調和宗教信仰與科學世界觀的努力，而在這個意義下，希臘思想家會被一神論吸引，實屬自然。自然界顯得愈是合邏輯（即表面的不規則愈是能由規則的定律所解釋），就愈是有道理把神祇濃縮為某

33〈以賽亞書〉四十六章一至二節，現代中文譯本。這話當然有可能是帶有挖苦意味。
34〈瑪拉基書〉一章四至五節。
35 弗雷德主張，包括柏拉圖和亞里斯多德在內，許多希臘思想家都像後來的基督徒那樣，是一神主義者。

個住在萬物背後的單一動力。在公元前六世紀，哲學家色諾芬尼（Xenophanes，他也許是第一個希臘一神論者[36]）談到上帝應該是什麼樣子時，這樣指出：「祂總是停留在同一處，什麼都不推動。他不會在不同時間去不同地方，然而，他不費吹灰之力便可以憑著意念動搖萬物。他什麼都看得見，什麼都想得到，什麼都聽得見。」

在統治過以色列的帝國中，希臘人並不是第一個強調自然界具有規律性的民族。早在被擄時期，巴比倫天文學家已經能夠預測日蝕和月蝕。正如哈爾彭指出，這種「天象有可預測性的想法」有時可以啟動「激烈的神學動盪，因為它讓眾神的獨立性一下子受到質疑。」[37]哈爾彭相信，以色列的思想家說不定早在被擄時期之前便已熟悉這種早期的天體科學，因為亞述人曾雇用巴比倫人作為天文學家（亞述在公元前八世紀統治過以色列一段很長時間）。

所以，《聖經》會怒斥那些崇拜星辰的人，除了出於政治因素，也許還出於知識原因。畢竟，何必賦予機械性自然現象自主性，甚至是神性呢？為什麼要把天體的變化視為不祥之兆？（「耶和華如此說：『你們不要效法列國的行為，也不要像列國的樣子，為天上萬象而驚惶。』」[38]）對於運作如鐘錶發條般精密的夜空，更可信的解釋是這夜空背後有位唯一真正自主的神祇（「萬象之主」）。正如「第二以賽亞」所說的：「你們向上舉目，看誰創造這萬象？是祂按數目領出萬象，一一點名。」[39]

不過，對以色列神學最有影響力的帝國主子大概是波斯人，他們在巴比倫之後和希臘人之前統治過以色列。波斯人信的是拜火教，而學者一般都把這宗教稱為「二元性」宗教，因為它不止拜一個善神（創造萬物和保護人類的神），還拜一個惡神，並相信善神和惡神不斷戰鬥。基督教和猶太教都有二元論的影子，因為在這兩種宗教裡，魔鬼撒旦都不是可以等閒視之的超自然生靈。無論如何，「二元論」的拜火教都比一般古代宗教更接近於一神教。[40]

此外，以色列和波斯的關係（一種非零和關係）也非常有利於潤滑兩者的宗教交流。自居魯士征服巴比倫（也許更早），被擄的以色列人便視他視為盟友。居魯士沒有讓他們失望：他放他們回歸故土，用長長的鏈索統治著新以色列。各位若懷疑單是這點是否足以讓以色列人對居魯士的神學保持開放，那請看看這個事實：他是整部《聖經》裡唯一被稱為「彌賽亞」的非以色列人。[41]正如學者斯密指出：《聖經》對居魯士的形容聽起來就像是拜火教徒在歌頌他們的善神阿胡拉．馬茲達（Ahura Mazda）。[42]出於這個理由，斯密懷疑，波斯人能夠對以色列的神學發揮影響力，可能是精心策劃的結果。[43]

36 這個頭銜能不能成立，端視你怎樣解釋色諾芬尼以下這句話（上下文已失佚）：「一位神，他在眾神與眾人中最大。」柯克認為，色諾芬尼不太可能是認為「其他小神是以任何方式連結於這位『唯一神』，除非是作為它的朦朧人形投影。」。但無論如何，亞里斯多德都說過，色諾芬「是第一個……猜測神是統一的人。」

37 哈爾彭主張，希臘宗教哲學和以色列後被擄時期宗教思想的對應關係不只是前者影響後者所致，即不只是希臘化風氣致之，而更是由於在幾個世紀以前，巴比倫天文學的科學規律性觀念曾分別傳入希臘和以色列。哈爾彭還相信，有些科學觀念以隱晦的比喻方式進入了《聖經》。

38 〈耶利米書〉十章二節。

39 〈以賽亞書〉四十章廿六節。

40 但我們不確定，拜火教的二元論是不是蛻變自一種更早期（以色列被波斯統治時期）的波斯多神教。

41 〈以賽亞書〉四十五章一節。英譯文把居魯士稱為「受膏者」，但希伯來原文作「彌賽亞」。

42 幾乎所有這些類似的形容都是見於〈以賽亞書〉四十四章廿四節至四十五章十五節。

43 正如斯密指出，「第二以賽亞」有關耶和華是怎樣召喚居魯士的記載，和上文提過那篇泥滾筒銘文多有相似之處。據〈以賽亞書〉四十五章一節所述，耶和華指派居魯士「使列國降服在他面前，扯下各國王的王袍。」那篇泥滾筒銘文則記載，馬爾杜克認定居魯士夠資格當「世界的統治者」，預言「各君王和各總督會向他俯首」。斯密懷疑，這兩段記載其實都是居魯士自編自導：前者供以色列人消費，後者供巴比倫人消費。斯密相信，這信息是由滲透到巴比倫帝國的波斯間諜傳播，以煽動巴比倫的許多不滿子民支持波斯入侵。依據這種觀點，「第二以賽亞」能準確預言到被擄的以色列人將可回歸故土，並非事出偶然。

這不無可能。但無論如何，以色列的「被擄神學」都是有機地從約西亞的神學裡生長出來的，因為它能滿足被擄者的各種心理需要，以致不太可能是從波斯入口的全新產品。更可信的情形是，一神教思想是歷史悠久的以色列思想潮流跟居魯士的政治策略匯流的結果。[44]居魯士當然有能力加強某些以色列的思想潮流而壓制另一些。例如，他可以決定讓哪些以色列人（以及哪些以色列文本）回歸耶路撒冷，以形塑以色列新政府的形貌。他也有理由喜歡一神教：這種神學大概會比當日其他以色列神學更能促進帝國的和諧。事實上，在下一章，我們將會看到，有證據顯示，被擄時期之後的以色列神學真的是受到居魯士的策略所指引。

至此，對於一神教何以能夠在以色列獲得鞏固，我們已經提出夠多的可能理由，勉強可以彌補證據的短缺。[45]我們有理由相信，一神教之所以會出現並得以維繫，是以色列人的屈辱感所使然。不過，如果一般被歸類為被擄時期的《聖經》經文真是出自被擄時期，那我們除了可以一窺以色列第一個清楚分明的一神教思想的背後動力，還可一瞥唯一真神剛出生時是什麼性格。

那祂是怎樣的一個神？如果忠實評估相關經文，我們很難會認為，祂是許多當代信徒心中那個上帝：一個有現代道德情感的神，一個有博愛精神的神。如果我們非得用「是」或「否」去回答貫穿本書的那個問題（即亞伯拉罕系上帝在誕生之初是位愛好和平且有容人之量的神嗎？），答案將會是「否」。

當然，各位可能會寧可不採納這種簡單的回答。確實，在一神教誕生之初，上帝的性格是件非常複雜的事情（大概連被擄至巴比倫的一神主義神學家之間也是意見分歧），而這種複雜性無疑也已經因為時間的淘洗而失佚了不少記載。儘管如此，如果我們看看《聖經》裡最早明白宣示一神教來到的那些經文，並問是什麼情感看似會帶來這般宣示，那答案看來是恨多於愛，是復仇心理多於慈悲心腸。就證據所容許的程度來判斷，那個被猶太教徒、基督徒和穆斯林敬拜的唯一真神，在誕生之初乃是個復仇之神。

幸而，這點無關緊要。因為對二十一世紀的世界來說，救贖之道雖頗大取決於亞伯拉罕系的上帝有多愛好和平和多寬容，卻不取決於祂在一神教誕生之初有多少這類成分。理由是，歷史已經證明，亞伯拉罕系一神教是非常有道德可鍛性的宗教，有時只要時地合宜，就可以成為寬容和慈悲的泉源。正如我們在後面各章會看到的，這個事實同時展現在猶太教、基督教和伊斯蘭教的後續發展裡。

其中，基督教當然是最著名的例子。《新約聖經》直接鼓吹博愛，又明白說出這種態度有別於《舊約》裡的道德態度。例如，耶穌說過：「你們一向聽說：『當愛你的鄰舍，恨你的仇敵。』只是我告訴你們，當愛你們的仇敵，為那些逼迫你們的人禱告。」[46]

如果本書的前提正確，那我們就有理由認為，《希伯來聖經》的作者若是落在與基督徒相似的環境，他們一樣說得出類似的話。事實上，幾章之後我們將會看到，《希伯來聖經》真說過跟耶穌幾乎一模一樣的話，而且這話也許就是《新約》作者的靈感來源（他把原話略加改動，再假借耶穌之口說出）。

本書的前提還包含這樣一個涵蘊：慷慨精神不是不可磨滅地烙印在基督徒的靈魂裡，一如復仇之心不是不可磨滅地烙印在猶太人的靈魂裡。所以，換成是基督徒身處被擄猶太人的處境，他們的神學反應說不定會相似。

44 斯密自己留餘地給這種可能性，指出「第二以賽亞」對波斯持歡迎態度，可能是「為了身在巴比倫的耶和華社群的護教需要，並繼續發展以色列傳統中獨尊耶和華的措詞。」

45 以色列一神教的另一個可能推手是亞述宗教：帕爾波拉力主，亞述宗教「在本質上是一神論的」。

46〈馬太福音〉五章四十三至四節。

這不止是個臆測。《新約》的最後一卷是〈啟示錄〉，而它就像其中那些被擄時期的文本，瀰漫著末世論色彩，深信救贖的日子終將來臨。它說，到了那一天，敵基督（anti-Christ）將會被制服，而長期受苦的基督徒將會獲得獎賞。但那個會被上帝責罰的敵基督又是誰呢？〈啟示錄〉告訴我們，這個人身上帶有666的印記，而跟據一些學者的解釋，這三個神祕數字代表的是尼祿（Nero），即那個對基督徒極盡迫害之能事的羅馬皇帝。所以說，當基督徒面對羅馬人的迫害時，態度跟備受巴比倫人迫害的猶太人如出一轍：夢想報仇雪恨，並將這夢想體現在神學裡。

這還不夠，〈啟示錄〉更把「敵基督」比喻為「巴比倫大淫婦」，又在稍後歡呼她的衰敗：「哈利路亞！救恩、榮耀、權能都屬乎我們的神！……因祂已審判了那用淫行敗壞世界的大淫婦，並且給祂的僕人們伸了冤，向大淫婦討回他們流過的血。」接下來有更多讓基督徒拍手稱快的經文。〈啟示錄〉告訴我們，在千福年來臨以前，會先有個騎白馬的騎者來到世界（一般認為這騎者象徵耶穌），他的名字是「上帝的道」（The Word of God）；他將「本著誠信公義施行審判和發起爭戰」；他身上「穿著濺了血的衣服」，會「有利劍從他口中出來，可以擊殺列國。他必用鐵杖轄管他們，並要踹全能神烈怒的酒醡。」[47]這種驚心動魄的描寫要讓「第二以賽亞」都自歎弗如。

那麼，另一個上帝到哪兒去了？那個希望你去愛仇敵的上帝怎麼不見了？這是因為，隨著大環境改變，上帝亦會發生改變。這種改變的動力在猶太教、基督教和伊斯蘭教都發揮過作用，也是本書後面各章的主要關注。

47〈啟示錄〉十七章五節、十九章一至二節、十一至十五章。

08

Philo Story

斐洛的故事

〈出埃及記〉記載，上帝透過摩西向以色列人發布這道誡命：「不可毀謗上帝（God）。」[1]至少，大部分《聖經》的現代譯本是這樣翻譯的，意味著耶和華再一次要求人們要尊敬祂。但在《七十士譯本》（成書於公元前三世紀左右的《聖經》希臘文譯本），同一節經文卻帶有不同意思：它要求的是不可毀謗「眾神」（gods）。

有個古代猶太人把這翻譯當成窺見上帝靈魂的一扇窗口。他是亞歷山卓的斐洛（Philo of Alexnadria），出生於公元前第一世紀近末年，他在耶和華身上看出了濃厚的寬容精神。斐洛相信，即便天地只有獨一真神，這個神也會「贊成信徒接受和尊榮別人從一開始便相信的神祇。」斐洛其實不相信其他民族所信奉的神祇**真的存在**。他是個虔誠的猶太教徒、熱切的一神論者。儘管如此，他相信上帝的法則「節制著祂的信徒，不容他們對別的神口出污蔑之語，因為這法則相信讚美要比毀謗更讓人受益。」

為什麼斐洛會對〈出埃及記〉二十二章二十八節作這樣的詮釋？有人也許會認為，那是《七十士譯本》的翻譯所導致。換言之，根據這種見解，希臘語流利的斐洛是讀了《七十士譯本》的翻譯，直接據之解釋。你大可把抱持這種想法的人稱為「經文決定論者」（scriptural determinist），因為他們相信，經文本身可以對信徒的思想產生決定性的影響，至於他們是身處何種社會與政治環境則不太相干，甚至完全不相干。

1 〈出埃及記〉廿二章廿八節。

「經文決定論」聽起來像個高深的學術範式，但它被非學院人士拿來使用之後，後果堪慮。九一一恐怖攻擊事件之後，美國人因為想了解事件背後的成因，好幾類書籍的銷售量扶搖直上。有些人買介紹伊斯蘭教著作，有些人買中東近代史，有些人買《古蘭經》英譯本。當然也有人通通都買。其中，只買《古蘭經》英譯本的人顯示他們有「經文決定論」的傾向。他們似乎是認為，光憑古代經文便可以了解恐怖分子的動機：只要在《古蘭經》找到一些鼓勵教徒對非信徒暴力相向的章節，便是找到了九一一事件的根本起因。

有些人因為深受經文決定論影響，所以對世界的未來十分不樂觀。他們指出，三大一神教的聖典全都鼓勵信徒殺害異教徒，而既然它們在這個擁有核子武器和生化武器的世界具有最後發言權，所以，世界大亂只是遲早的事：我們遲早會目睹一場讓十字軍都自歎弗如的大屠殺。

幸而，對於斐洛為什麼認為上帝深具寬容精神，還有另一種詮釋，而這詮釋並沒有把《七十士譯本》的譯文看成是決定性的。畢竟，斐洛如果想要鼓吹寬容精神，不是非得藉助〈出埃及記〉第二十二章二十八節不可。他不是非得藉助這經文，才可說明尊重他人觀點是保存「和平」和「尊嚴」的前提。所以，說不定，是他身處的大環境鼓勵他去呼籲尊重別人的信仰和觀念。所以，即便他沒有在〈出埃及記〉找到證據，他照樣會在《聖經》的其他部分找出證據。

那麼，斐洛身處的是什麼大環境？為什麼斐洛會覺得寬容精神值得嘉許，有些猶太教徒卻不這麼認為？同樣地，為什麼今日有些猶太教徒、基督徒和穆斯林會覺得寬容觀念有吸引力，而他們一些同教人士卻痛恨甚至殺害異教徒。事有湊巧，這兩個問題的答案基本上是一樣的。斐洛的個案說明了何種大環境會讓人們傾向和平共存，除此以外，它也可以幫助我們對第六章勾勒的「神學寬容法則」有更深一層的了解。

在審視斐洛個案的過程中，我們將可看見是哪些要素推動著耶和華的道德成長。上帝都是透過追隨者說話，所以，當占上風的詮釋發生改變，上帝的性格亦會發生改變。猶大國王約西亞進行宗教改革時代的耶和華固然是傾向懲罰不忠者，而一神教誕生時的那個耶和華固然懷有復仇心理，但祂會不會繼續保持這種暴戾性格，卻取決於祂的信徒怎樣看待祂。斐洛全心全意相信耶和華是唯一真神，但不相信祂是個不寬容又報復心強的神祇。只要斐洛的這種觀點能傳布開來，上帝就有可能成長，變得更有道德包容性，甚至變得更靈性深邃。

只要斐洛的觀點**有可能**傳布開來，受到人類歷史的基本傾向所青睞，那麼，上帝的成長在某個意義下就是「自然而然的」，是人類歷史的本質部分——即便這成長是斷斷續續的，有時還會陷入停滯甚至倒退狀態。斐洛的個案顯示，事情果真如此，促使上帝道德成長的動力的確常常比帶來停滯和倒退的動力強大。它也顯示出，何以在二十一世紀，上帝向善的力量一樣有機會再次勝出。

各位也許會認為，若是有人能夠反映出（更精確地說是「體現出」）歷史具有道德趨向性，此人便算得上建立了豐功偉業。但斐洛的功業比這還大。因為如果道德趨向確實內建於歷史，仍有三個問題有待回答：首先，這是表示歷史有某種「更高目的」（higher purpose）嗎？即有著某種最終需要靠人類來促成的既定計畫嗎？其次，若真有這樣的計畫，它可以說在某個意義上是神聖（divine）的嗎？又，如果這問題的答案是肯定的話，我們有可能構築出一套跟這種神聖現象相符合的現代神學嗎？（這神學將不包含坐在寶座上的擬人化神祇，它的神祇觀要抽象得多，也會保留充分空間供科學法則揮灑。）相當神奇的是，斐洛的著作雖然寫成於現代科學出現前近兩千年，它們卻為這樣的神學勾勒出粗略的輪廓。

但事有緩急先後。在說明斐洛是如何協助創造一個知性上現代（intelecturally modern）的上帝之前，我們有必要先看看他是怎樣協助創造一個道德上現代的上帝。

翻譯的可迴旋空間

上帝之所以能夠成長，一大原因是經文充滿著語意學上的彈性。在一定範圍內，信徒總可以在他們的神聖經典裡找到他們想找的東西，用它們來滿足心理、社會和政治上的需要。翻譯的可迴旋空間來自好幾個源頭，而加總起來便可產生改頭換面的效果。

其中一個源頭是語言的歧義性。不管是哪種語言，單字很多時候都可以有一個以上的意義，所以閱讀過程必然涉及意義的選擇。當書寫者的脈絡與閱讀者的脈絡非常不同時（例如兩者時代或地域相隔遙遠），文本的意義就可能被閱讀者扯離作者的原意。電視影集《陰陽魔界》（*The Twilight Zone*）有一集的內容，是地球人找到外星訪客留下的書籍《服事人》（*To Serve Man*）[2]，以為那是一部聖典，殊不知那是一本人肉食譜[3]。

幸而這些地球人後來及時更正翻譯，沒有被吃掉。不過，更常見的情形是，一段文字並無所謂的定解。斐洛的倫理學依據（即〈出埃及記〉二十二章二十八節）就是一例。在「不可毀謗神」一語裡，「神」字的原文是elohim，但在希伯來文裡，elohim這個字可作複數或單數理解，即可解作「神」或「眾神」。當elohim是句子主詞，我們可以藉由動詞的形式判斷elohim是複數還是單數（一如英文的動詞若帶有s字尾，就表示主詞是單數）。然而，在〈出埃及記〉二十二章二十八節，elohim是受詞而不是主詞。所以，譯者對單複數的選擇便擁有很大的決定權[4]。

那麼，在上述的情況中，《七十士譯本》之所以把elohim譯為「眾神」，是為了刻意鼓吹信仰的寬容嗎？有可能。但即使沒有這種方便，斐洛大概一樣找得到方法去強調耶和華愛好和平及寬容的一面。要知道，他可不是創造性翻譯（creative translation）的新手（例如，他曾經主張「耶路撒冷」這地名的意思是「和平願景」——即便這城市的名字更可能是來自撒冷〔Shalem〕這個古代神祇）。另一個原因是，文字的歧義性從不是創造性釋經者唯一仰賴的工具。

他們的另一種工具是選擇性記憶。也就是說，你在詮釋《聖經》之時，大可為自己方便而忘記《聖經》的某些部分。例如，在幾次十字軍東征期間，基督徒因為恨不得對異教徒茹毛飲血，所以非常看重《聖經》裡上帝授意集體屠殺的那些經文。反觀在冷戰期間，美國的國際盟邦包括了信奉伊斯蘭教和佛教的國家，所以把同一批經文給冷凍起來，以致有好幾代美國基督徒都片面地沐浴在光明的聖經故事裡。

同樣的，斐洛也有能耐跳過《聖經》那些較陰暗的部分。例如，在一篇談《希伯來聖經》的「公義」觀念的文字裡，他援引了〈申命記〉二十章的某些文字作為論據。然而，這章內容事實上包含我先前引用過的那段可怕經文：

> 至於這些民族的城，耶和華既已賜你們為業，城中凡有呼吸的，一個不可存留。只要照耶和華所吩咐的，將這些西臺人、亞摩利人、迦南人、比利洗人、希未人、耶布斯人都滅絕淨盡，免得他們教導你們學習一切可憎習尚，拜他們的神，以致讓你們得罪耶和華你們的神。[5]

2 譯注「服事人」一語典出《新約聖經》裡耶穌之言：「因為人子來，並不是要受人服事，乃是要服事人。」

3 譯注「服事人」一語的原文又可解作「烹調人肉」。

4 總的來說，從這段經文的脈絡判斷，把elohim譯為單數似乎更適合。儘管如此，譯者仍然完全有權自行決定它是複數還是單數。

5 〈申命記〉廿章十六至十八節。

各位也許會認為，斐洛一定無法調和這段經文和他心目中那個公義的上帝，因為經文裡明明白白主張，只要是異教徒，不分男女老幼，都該悉數滅絕。斐洛顯然也是這樣認為，不然他不會完全略過這段經文，只把焦點放在〈申命記〉二十章的另一個部分：此處耶和華表示離以色列較遙遠的城鎮可以從輕發落。這些城鎮若是不肯投降，「你們要殺盡城裡的男丁」，但其他人可以免死：「至於女人、孩子、牲畜，和其他的東西，你們可以當戰利品拿走。」[6]

不過，即便是在此處，斐洛還採取了另一種「創造性詮釋」的工具：對經文進行寬鬆的甚至有誤導性的意譯。他強調，以色列必須「饒過婦女」，哪怕「整支敵人軍隊都得殺死」。他這個譯法，事實是暗示不在軍隊裡的男丁不必殺死，但這明明不是經文的意思。尤有甚者，斐洛又表示，殺死所有男丁是以色列懲罰那些「毀棄盟約者」的做法——事實上，那是上帝指定以色列人對任何敢抵抗的城鎮採取的手段。二十世紀初期把斐洛作品翻譯為英語的學者科爾森（F. H. Colson）說過：「我想，斐洛會奇怪地把這種屠殺限制在背叛盟約的城鎮，唯一的解釋是，他深信律法[7]絕不會授權以色列人從事征服性或侵略性的戰爭。」

字詞歧義性、選擇性記憶和誤導性意譯這幾個因素加在一起，可以大大影響信徒對他們宗教的理解。不過，若論威力強大，這些工具還是比不上把經文解釋為隱喻（metaphor）和寓喻（allegory）。這方法可以一次過否定經文的字面意義，賦予它們截然不同的內涵。

這方法在二十世紀初期也曾被以甘地為首的印度教徒使用過。為化解《薄伽梵歌》（Bhagavad Gita）開頭段落的野蠻氣氛（它們顯示大神黑天〔Krishna〕鼓勵信徒誅殺敵人，即使對方是自己的親屬），甘地指出，「誅殺敵人」只是個比喻，象徵的是一場內心爭戰：對抗我們內心黑暗面的爭戰。同樣，有些穆斯林也相信，《古蘭經》所說的「聖戰」並非對付非信徒的軍事戰爭，而是指人的內在戰鬥。

斐洛也使用了相同策略。在談及耶和華把埃及軍隊淹死於紅梅一事時，斐洛基本上把它解釋為一個形而上寓言：「在埃及為奴」是比喻一個人身體受七情六欲束縛，而「出埃及」是比喻精神解放和邁向接受屬靈指引。從這個角度看，當那些被淹死的埃及官兵吐出最後一口氣時，象徵的是靈魂終於從牢籠中逃脫。斐洛指出，當《聖經》喝彩著「祂將馬和騎者投在海中……耶和華是戰士」，事實上是在讚美上帝有大能征服人的情欲。斐洛並非否認上帝淹死埃及軍隊是史實，卻強調整件事情的重點在於鼓勵人自我轉化，不是鼓勵人殺戮敵人；是鼓勵人逃離動物性衝動，不是鼓勵人放縱這些衝動。[8]

世界各大宗教的思想家莫不使用過斐洛的機巧手段。這解釋了為何單一宗教的內部常會出現重大分歧，為何道德與神學觀點會因時、因地、因人而異。那麼，為什麼某時某地的人會選擇和平與寬容，而另一些時地的人卻不作如是想？公元前二世紀，馬加比派（Maccabean）的猶太人把耶路撒冷從塞琉古帝國手中解放之後，曾選擇摧毀國內的所有異教神廟。然而，事隔兩世紀之後，在另一座城市，斐洛卻呼籲採取不同的態度。為什麼會有這種分別？

斐洛的生平

斐洛生活在幾個交疊的平面。他在道德和宗教平面上是猶太人，在政治平面上是羅馬帝國的

6〈申命記〉廿章十三至十四節。
7 譯注 指《妥拉》（Torah）裡的神聖律法。《妥拉》又稱《摩西五經》，指《希伯來聖經》的〈創世記〉、〈出埃及記〉、〈利未記〉、〈民數記〉和〈申命記〉這五卷。以色列人相信它們記載著上帝向他們曉諭的律法。
8 斐洛寫過一整本論寓喻的書。不過，他有時雖然會不理會某些經文的字面意義，有時又會捍衛字面意義。

子民，在知識和社會平面是個強烈希臘化的人（亞歷山卓雖然位於埃及，但上層階級卻以希臘人佔多數，因為該城是亞歷山大大帝於公元前四世紀所創建。勢力次大的是埃及人，他們人數最多，但勢力不及希臘人。）

斐洛出生在一個有財勢的家庭。想保持這種地位，首要之務是跟當時的權貴階級（羅馬官員和上流的希臘人）打好關係。財勢之家要跟其他財勢之家保持良好關係本不是什麼難事，但斐洛的猶太血統讓事情變得複雜些。猶太人的一神教偶爾會惹惱當地的多神教徒，特別是羅馬皇帝有時會自稱為神，要求所有百姓膜拜。[9]這種要求引起虔誠猶太人反抗，而他們的反抗則點燃希臘人和埃及人的反猶情結。

當然，一個猶太人可以選擇放棄猶太教信仰（斐洛的侄兒便選擇了這條路，後來仕途順遂，當上了埃及總督）。但斐洛是個非常虔誠的猶太教徒，所以不得不想辦法調和他身處的幾個世界，力圖在希臘人、羅馬人和埃及人的世界中，保住猶太人的性命以及猶太宗教的完整。

這可不是膽氣弱的人做得來的事。試想像，如果要你去向以神祇自居的羅馬皇帝卡利古拉（Caligula）解釋，為何亞歷山卓的猶太會堂不供奉他的像（遑論耶路撒冷的猶太會堂），你會不嚇破膽嗎？斐洛便做過這事情。當時，亞歷山卓的猶太會堂因為拒絕供奉卡利古拉的像，引起一些希臘人和埃及人的不滿，他們發起暴動，攻擊猶太人，把一些猶太人給燒死。為此，斐洛率領一個代表團前往羅馬，為猶太人請命。他若不這樣做，官方將會繼續授意對猶太人作出迫害。

斐洛後來記下了他跟出了名自戀的卡利古拉皇帝的周旋過程，這過程當然一點都不好玩。一開始，卡利古拉問他，猶太人為什麼拒吃豬肉，斐洛回答：「民各殊俗。我們猶太人固然把某些事物視為禁忌，但我們的反對者何嘗不也把另一些事物視為禁忌。」這時，在場一位斐洛的同情者插嘴說：「可不是，就像羊肉那麼容易取得，許多人卻不吃羊肉。」卡利古拉回答：「當然不該吃，羊肉並不好吃。」羊肉話題至此結束。[10]

儘管如此，斐洛最後還是達成任務，讓亞歷山卓的猶太人可以繼續保有原來的生活和信仰。卡利古拉當著斐洛面前宣布：猶太人「雖然愚蠢到家，竟拒絕相信朕已獲得神性」，但這些人說到底「只是不幸，並非居心叵測。」

學者歷來對卡利古拉是不是瘋子各執一詞，但最起碼他在處理斐洛的要求時是理性的。他最後會勉為其難採取寬容態度是可理解的。不管卡利古拉與猶太人之間的神學差異有多麼大，兩者的關係終歸是非零和的。猶太人是個有生產力的民族，且素來按照規定繳納稅款。所以，放任人們把亞歷山卓的猶太人殺光，不但對國家來說是經濟損失，還會刺激到帝國其他地區的猶太人，並鼓勵其他地區的人攻擊猶太人。至於從斐洛的立場來看，只要發生暴力，猶太人都必定是輸家。所以，「自己活也讓別人活」對雙方來說才是合邏輯的立場，而至少在這一次，勝出的是合邏輯的立場。

就我們所知，與卡利古拉的見面是斐洛政治事業的最高峰，然而，促進非零和關係卻是他一生的關懷所在。猶太人在亞歷山卓的地位並不穩固，他們能獲准信奉一神教，這本身便是一大勝利。但如果他們繼續自不量力地惹是生非，便會被視為有攻擊性的不寬容分子，而他們的身分也會從獲得寬容的少數族群變成討人厭的敵人。當斐洛詮釋〈出埃及記〉二十二章二十八節的時候，他顯然是致力於改善耶和華的形象。他指出，有鑑於這節經文表現出寬容精神，他實在搞不懂，別人怎會認為猶太教是「志在破壞其他人群的風俗習慣」。

9 古迪納夫指出，一神教對羅馬統治者來說是有威脅性的，因為折衷主義乃是帝國的統治策略的一部分。

10 斐洛告訴我們，在場有些人聽了卡利古拉這話便笑了出來。一些學者相信，卡利古拉意在暗暗諷刺不寬容態度的自以為是。但這未免太抬舉卡利古拉的見識。

斐洛雖然出生在賽局理論（game theory）現身前的近兩千年前，但他幾乎已經把寬容態度所倚仗的非零和邏輯給闡述了出來。他看得出，一方的不寬容態度會孕育出另一方的不寬容態度，最後帶來雙輸。不管異教的神祇有多謬誤，只要那些相信異教的人「不願跟那些不樂於接受異教的人和平共處或調和，就必會帶來戰爭。」而戰爭又是絕不可取的，因為「律法〔妥拉〕已向我們表明，和平的根源是一種美麗的財產。」

和平、兄弟情誼和權力

要評估斐洛的寬容觀念在多大程度上接近「非零和邏輯」，我們得先看看「非零和邏輯」的真實面貌。由於非零和遊戲可以帶來雙贏，所以有人認為，它會讓參與的兩造趨之唯恐不及。但事情卻未必如此。幾乎毫無例外地，任何非零和遊戲都會有個零和的面向，即總有一個利益衝突的面向。例如，如果你要買輛新車，總會有個價格區間是對你有利，而另一個價格區間是對經銷商有利。現在，姑且假定對你有利的價格是兩萬八千美元以下，而對經銷商有利的價格是兩萬七千美元以上。由於這兩個區間有重疊的部分，所以，如果能在重疊區內達成交易，對你和經銷商都是有利的；換言之，你們的遊戲會是個非零和遊戲。然而，你們之間仍然潛藏著利益衝突，因為成交價愈是接近兩萬七千美元對你愈有利，愈是接近兩萬八千美元對經銷商愈有利。成交價在兩萬七千到兩萬八千美元區間內的任何移動，都會讓一方的利益減損而讓另一方的利益增加。討價還價還有可能引起雙方互不信任，甚至導致破局（也就是雙輸局面），讓買賣雙方都無法獲得成交所帶來的利益。

斐洛和卡利古拉的潛在利益衝突要比買車人和車商之間大得多。卡利古拉希望帝國子民把他當成神祇膜拜，若有少數人抵死不從，對他便有危險：要是其他異教徒模仿這些倔強的猶太人怎麼辦？[11]至於斐洛，他當然樂見卡利古拉垮台，因為先前的羅馬皇帝對猶太人都比較寬容。但不管卡利古拉和猶太人多麼討厭對方，都存在一個抑制因素讓雙方不敢輕舉妄動：只要弄不好，就有可能雙輸。

單是這一點便足以讓情況成為非零和遊戲。因為，如果雙方得到的都是負值，那兩個負值加起來並不等於零。另外，避免雙輸的情況發生，這本身便是一種雙贏。正因為這個理由，冷戰的數十年核子對峙也可說是一種雙贏：並不是因為成功避免核子戰爭可以讓雙方獲得具體好處，而是因為，反過來的情況會讓雙方蒙受巨大損失。所以說，這種另類的非零和邏輯一樣可以帶來某種寬容精神：雖然西方和東方都愈發覺得對方邪惡，但雙方都不敢輕啟戰端。

同樣，斐洛會鼓吹寬容，未必表示他喜歡異教神祇甚至喜歡異教徒。因為至少有一個異教徒（卡利古拉）是他痛恨的，而他看來對埃及人也欠缺好感（在一段看似泛指所有埃及人的文字中，斐洛說過：「他們是邪惡的溫床，他們靈魂裡的惡意和壞脾氣是土產鱷魚和角蝮蛇的翻版。」[12]）儘管如此，斐洛仍然明白，相互毀滅是愚蠢的行徑，此所以他會鼓吹寬容。

但如果權力分配突然出現了戲劇性變化，如果猶太人反抗羅馬統治者的成功率陡升，那斐洛鼓吹寬容和和平共處的調子說不定便會大幅降低。事實上，在一段隱約指涉羅馬統治的文字裡，他這樣說過：「當機緣容許，反對我們的敵人和摧毀他們的攻擊力當然是好事，但既然缺乏這

11 大概是為防止別人效尤猶太人的態度，羅馬人後來明文聲明：猶太人之所以可以豁免供奉官方神祇，是因為猶太一神教的傳統源遠流長，非其他宗教群體可比。

12 整段話有可能只是指那些持反猶太主義的埃及人。然而，從它指控這些人有著埃及本土野生動物特徵這一點，這指控也可能適用於全體埃及人。

種機緣，為安全起見，我們應當保持安靜。若有人想從紛爭獲得任何好處，方法就是去化解紛爭。」[13]

斐洛這番話透露出一個重點：我們在第六章所提出「宗教寬容法則」是不完備的。該法則認為，一群人若是認定自己跟另一群人在進行非零和遊戲，即認定彼此禍福相倚，他們對待對方神祇的態度便會愈寬容。但嚴格來說，人們寬容外邦神的態度並不總是依賴非零和邏輯。假定羅馬當局能輕易鎮壓住猶太人的起事，而他們也可以從這種鎮壓獲得好處，那結局便只能是單贏。所以，斐洛會竭力避免惹起事端，大有可能是因為他知道一旦發生紛爭，猶太人大有可能是輸的一方。基於這個新的理解，我們可以把「神學寬容法則」修正如下：當一群人認定採取不寬容態度更有可能讓自己成為輸家，那不管他們身處的是零和還是非零和環境，都會更傾向於寬容；另外，當遊戲雙方都相信互不寬容會帶來雙輸，那他們的遊戲也會變成某種類的非零和遊戲，而他們也會比較傾向於相互寬容。

所以，讓我們回到原初的問題：為什麼斐洛會鼓吹寬容，而比他早兩世紀的以色列猶太人卻選擇摧毀異教偶像？理由也許是，兩世紀前的猶太人相信他們不會因此引火上身。事實證明他們的想法正確：他們成功推翻了他們的帝國主子。所以，斐洛若是易地而處，說不定也會採取同樣立場。

這種說法也許會讓人洩氣，因為它似乎等於把「道德體悟」的「體悟」二字給拿掉，把「寬容」化約為一種實用策略。

但這種洩氣也許是沒有根據的。策略性智慧和道德體悟並不是互斥的。出於各種原因，起初是策略性的行為（如勉為其難地寬容），未嘗不能發展為更衷心的寬容態度——這種態度不僅懂得欣賞寬容，甚至會懂得欣賞多元信仰的美。所以，基於實用和利己考量而選擇和平共存，有時未嘗不可能是邁向無私思考的第一步。而一旦你踏出第一步，之後會走得多遠是沒有限制的。畢竟，歷來都有人發展出發自內心的博愛態度，並以一套完整的哲學清晰地闡明出來。

賽局理論與《聖經》

那種以策略性考量為出發點的另類「非零和邏輯」在人類世界其實是相當普遍的特徵。換言之人們有時會表現得不那麼自私，其實是出於自私的理由，而這類另類的「非零和邏輯」也反覆在《希伯來聖經》冒出，特別是容易在以色列人願意承認某位外邦神祇的場合看到，便可以找到這些記載。例如，在〈士師記〉裡，以色列人因為在亞捫人手上吃了場敗仗，很希望可以避免另一場衝突，所以，我們看見以色列人軍事領袖耶弗他這樣問亞捫人的王：「你們的神基抹不是已把你們的地賜予你們？我們的神耶和華不是已為我們把別人給趕走，讓我們得了他們的地嗎？」[14]當和平共存對你有利時，外邦人的神祇便值得你尊重。

最起碼，他們的神值得你口頭上尊重。當耶弗他提到「你們的神基抹不是已把你們的地賜予你們」時，他避而不談《聖經》的另一個主張：亞捫人的土地不是基抹所賜予，而是耶和華所賜予。值得注意的是，這另一個主張就像耶弗他的突發寬容精神一樣，也是為了合理化一種和平共存的政策而產生。在出現該主張的經文段落裡，耶和華建議以色列人不要掀起跟亞捫人的紛爭：

13 古迪納夫對這段文字有一個看來可信的詮釋：「如果斐洛有能力摧毀羅馬人的勢力，他會樂意為之。」但也有些學者認為，斐洛對羅馬人的仇視不若古迪納夫以為的強烈。

14 〈士師記〉十一章廿四節，現代中文譯本。這經文看來在什麼時候給人搞亂過，因為在《聖經》其他地方都說基抹是摩押人的神，而由於基抹看來是摩押人的族神，所以不太可能同時是其他民族的族神。

「你們不可侵擾他們，也不可與他們爭戰，因為我不會把亞捫人的土地賜予你們，因我已將那土地賜予羅得的子孫。」[15]羅得是亞伯拉罕的侄兒，而《聖經》把亞捫人說成是羅得的後代，等於是把亞捫人和以色列人說成是一家親。

所以說，同一種賽局理論思路（在目前的個案中是追求色列人和亞捫人的和平共存）是可以有不同的神學表現形式的。當聽眾是亞捫人時，這思路會表現為以色列人對亞捫人的神表示尊敬；當聽眾是以色列人時，這思路會讓耶和華的愛心圓周擴大，使祂向普世主義邁出一小步（因為此時亞捫人也被說成是耶和華的百姓）。不管是哪一種方式，不管是上帝稍稍邁向跨族群寬容或是稍稍邁向普世主義，都是道德上的進步。

這種把耶和華的愛心明智地擴大到亞捫人的表現，印證了我在上一章所主張的：唯一真神在剛誕生時是什麼性格，長遠來說無關宏旨。儘管催生一神教的力量是仇恨，但上帝在成長的過程中卻無需繼續對以色列的四鄰保持敵意；即便被擄時期的上帝所表現的「普世主義」只是復仇行動的委婉詞，這個上帝照樣可以成長，逐漸邁向道德的普世主義，把愛心涵蓋四海。〈以西結書〉（學者普遍相信它寫於被擄時期）固然說過：「亞捫人將不會被列國所記得。」[16]然而，上帝更早前既然眷顧過亞捫人，那祂在未來就未必不會再對他們寬慈以待。[17]

尤有進者，上帝的愛心有時雖會倒退，但只要祂的愛心時刻被記錄在經文中，往後時機一到，祂就有可能把這愛心重新發揮出來，甚至發揮得比原來更大。《希伯來聖經》反覆要求以色列人善待那些移入以色列的外邦人，有一度甚至這麼說：「要愛客居者如己，因為你們在埃及地也作過客居者。」[18]斐洛以這節經文為基礎，作出過一次簡短的高翔遐想。他說，上帝希望「這國家的所有成員都愛護新住民，而且不止是像愛親戚朋友那樣愛他們，還是像愛自己的身體與靈魂那樣愛他們。在身體方面，他們會把新住民的利益視同自己的利益；在靈魂方面，他們會跟新住民同喜同悲，彼此就像是同一個軀體的不同部分，由肢體情誼統合在一起。」

路得與約拿

《聖經》反覆顯示出耶和華具有道德成長的爆發力。例如，在《希伯來聖經》近結尾的〈路得記〉裡，我們看到了一個異乎尋常的宣布：大衛王並不是血統純正的以色列人。[19] 原來，他的曾祖母路得不但是個外邦人，還是來自那個讓以色列吃過無數苦頭的外邦：摩押。對此，一般的詮釋是，《聖經》要以此顯示上帝的愛超越族群界線，顯示上帝的愛能為任何敬拜祂的人所獲得。據〈路得記〉所述，當「摩押女子路得」表示願意皈依耶和華，並以行動證明自己具有勤勞和仁慈的美德後，她獲得了以色列人的接納。有個以色列男子遇到她並得知她的事情以後，這樣說：「願耶和華照妳的行為予妳賞賜，願妳滿得以色列上帝耶和華的賞賜，在祂的翅膀下得到蔭庇！」[20] 然後，這個男人為了促成路得獲得賞賜，又娶了她為妻。

該如何解釋〈路得記〉的包容精神呢？不同理論有不同解釋。有些學者認為，這經卷是寫成

15〈申命記〉二章十九節。這經文沒提亞捫人血緣的一個不堪入耳細節，那就是，他們雖然是亞伯拉罕侄兒羅得的後裔，卻是羅得與一個女兒亂倫所出。摩押人也是一樣。《聖經》看來是想用這一點來解釋他們怎麼會老是跟以色列過不去，老是跟以色列處於零和關係。不過，當以色列人想要跟亞捫人和平共處時，耶和華就沒理由要再強調零和性。

16〈以西結書〉廿五章十節。這經文看來不是指所有亞捫人都會被滅絕，而是指他們將會被另一個國族征服，從此永遠無法恢復原有的國族身份。

17 這是假定，我引用那兩段提到亞捫人的經文中，至少有一段是前被擄時期的文本，而大部分學者都是如此認為。

18〈利未記〉十九章卅四節。

19 基督教的《舊約聖經》把〈路得記〉放在較前面的「歷史類」經卷，但在《希伯來聖經》，它卻排在全書最後幾卷。

於被擄時期之後，以異族通婚大行其道的事實作為背景。[21]當被擄的以色列人回歸故土以後，發現猶太人與外邦人通婚的現象非常普遍，便爆發了一場有關這現象是好是壞的爭論。反異族通婚得一派最後得勝，但學者相信，〈路得記〉是贊成異族通婚一派的文學遺產，所暗示的乃是：既然大衛王本身便是異族通婚的後代，那異族通婚怎麼可能是一種罪！

另一些學者認為〈路得記〉成書時期要早許多，甚至可回溯到大衛王和所羅門王的時代。根據《聖經》記載，這兩位國王在位時雇用了許多外邦人，讓他們在皇家工程裡當工人或是在軍隊裡當傭兵。所以，〈路得記〉會鼓勵跨族群的寬容，反映的是跨族群經濟交流的事實。

值得注意的是，這兩個理論有一共通之處：以非零和邏輯作為解釋基礎。當外邦人答應為以色列統治階層工作時，雙方都知道他們會從這種合作關係中獲益；當外邦人和以色列人結婚時，新郎和新娘都相信他們可以在這種關係中互蒙其利。在這兩種設想中，任何強調民族和睦的故事（像〈路得記〉）都可以潤滑已在進行的非零和遊戲。不管是經濟上還是通婚上的互蒙其利，凡是可以從中受惠的以色列人都會鼓勵〈路得記〉這類故事流傳開來。

重點不在這兩個理論何者正確，而是任何說得通的理論都必然會跟它們相似。如果你想解釋〈路得記〉所鼓吹的跨族群和睦與寬容，就必須找出是哪些人會從這種和睦中受惠，而你會找到的，一般都是那些以某種方式參與跨族群非零和遊戲裡的人。

不管〈路得記〉的故事是何時出現、何時被寫下來，它都是在被擄時期結束後才被納入《希伯來聖經》，而在此之前，一神教思想業已清楚見於「第二以賽亞」。更早之前，耶和華談到外邦人時從不會有什麼好話，對摩押人更是大肆譴責（〈西番雅書〉：「我那些劫後餘生的子民要掠奪他們」；〈以西結書〉：「我要使摩押邊境的城鎮被攻擊」。[22]）所以，〈路得記〉最終會被收入猶太教的正典，無論如何都顯示出耶和華具有道德成長的潛力。

另一部讓人振奮的《聖經》經卷是〈約拿書〉。這書卷大約寫成於被擄時期之後，不然也一定是像〈路得記〉一樣，是被擄時期之後才被納入《希伯來聖經》。如果你問任何人，〈約拿書〉裡的先知約拿有過什麼神奇遭遇，那他們多半會告訴你，約拿在一條鯨魚的肚子裡待過（《聖經》說的其實是「巨魚」，沒提這魚是不是鯨魚），而且活了下來。不過，〈約拿書〉的這個情節其實遠不及書中另一個情節神奇。

在故事一開始，上帝交代約拿前去尼尼微，斥責那裡的人淫邪敗德，預言他們必遭天譴。約拿抗拒這個差派。他坐船逃走，但船被上帝所攪起的海浪打翻，他落入水中，再被一條大魚吞到肚子裡。上帝把他放出來，堅持要他到尼尼微執行任務。約拿只好照辦，把上帝的警告傳達給尼尼微人。沒想到這警告引起尼尼微國王的注意，他緊急呼籲百姓懺悔、守齋、披麻布，要「各人回頭離開所行的惡道，丟棄手中的強暴」，因為這樣一來，「上帝或會回心轉意，不發烈怒，使我們不致滅亡，也未可知。」[23]

看到尼尼微人懺悔，上帝果然動了惻隱之心，收回成命。約拿卻不高興。因為這正是他一開始擔心的事，也是他當初抗拒上帝差派的原因：他知道上帝到頭來會證明自己是「滿有恩典、滿有憐憫的神，不輕易發怒，有豐盛的慈愛。」[24]約拿不滿上帝對尼尼微人施恩是有理由的：尼尼微是亞述的國都，而亞述人一向對以色列多所壓迫。[25]從這個角度看，耶和華會對尼尼微大發慈

20〈路得記〉二章十二節。
21這種觀點一度稱霸武林，但隨著時光流轉，它的光環如今已略為褪色。
22〈西番雅書〉二章九節；〈以西結書〉廿五章九節。
23〈約拿書〉三章八至九節。
24〈約拿書〉四章二節。

悲更是讓人莫名其妙。不過，上帝慈愛的深度又豈是約拿所能測度的？在〈約拿書〉結束時，上帝這樣曉諭約拿：「我豈能不愛惜尼尼微，要知道，這大城裡有十二萬多人是連左手和右手都分辨不開來的……？」[26]

這節經文會讓人震撼，不僅因為它顯示上帝關懷尼尼微人，還顯示祂的關心有多麼細緻入微。表面上看，上帝會赦免尼尼微人是因為他們願意懺悔，但從這節經文看，上帝此舉更像是因為悲憐他們的糊塗。當祂說尼尼微人連左右手都不會分辨時，是指他們缺乏分辨善與惡、對與錯的能力。

傳統上，這種不能區分善惡的無知是會引發上帝的烈怒，而不是祂的慈悲。這也為什麼以色列人會吃盡苦頭：他們老是忘記拜耶和華以外的神是「惡」，所以屢屢受到懲罰。這也是何以上帝會信誓旦旦，老是揚言必會懲罰每個已知的國族：因為它們不明白攻擊或羞辱耶和華的百姓是「錯」。然而，在〈約拿書〉裡，上帝卻一反常態，突然因為尼尼微人的道德混淆而心生憐憫，即使這些人一直是以色列的壓迫者。〈以西結書〉裡的上帝曾自豪地說，祂讓亞述人受苦受難是「這些人的邪惡咎由自取」[27]，然而，〈約拿書〉裡的上帝卻不願意看到亞述人受苦受難，又把他們的邪惡看成是值得悲憫的糊塗。這個上帝在在顯示出祂具有快速成長的潛力。

帝國的優點

上帝有成長潛力是好事，但世界真正需要的是一個確實在成長的上帝。今天，全球化已經把世界變得太小，各大宗教發生摩擦的機會也愈發增加。如果就連亞伯拉罕系的上帝（猶太人的上帝、基督徒的上帝、穆斯林的上帝）都無法促進寬容精神，那所有人便會陷入大麻煩。我們有了一個全球化的社會組織，所以也需要一個愛心涵蓋全球的上帝。《希伯來聖經》有沒有預示過一個全球性的神祇呢？

古時候，最接近全球化的物事是多民族帝國。因為帝國的出現，不同種族與不同宗教的人群被拉到同一個屋頂之下，進入單一的經濟交換平台。這些人的關係是非零和的：若他們能和平共處便會互蒙其利，反之便會互蒙其害。這就是以色列人在被擄時期結束後所身處的大環境：從一個獨立國家（最起碼是個附庸國）變成是大帝國的一小部分。這個帝國願意尊重以色列的宗教，前提是以色列必須跟鄰居和睦共處。所以，這個時候，我們該問的問題是：在一神教的這個較早階段，亞伯拉罕的上帝對現代世界的非零和性格是否有所察覺？當上帝的道德成長符合以色列的利益時，祂曾出現這樣的成長嗎？

上面提到的〈路得記〉和〈約拿記〉（假定它們真是寫成於被擄之後的話）都以讓人鼓舞的方式回答了這個問題。〈約拿書〉裡的上帝會對尼尼微人心生憐憫，有可能就是因為此時的尼尼微人就像以色列人一樣，同是波斯帝國的成員。〈路得記〉對摩押人的包容態度顯然也可以作如是觀。被擄時期以前的《聖經》文本把摩押人的起源說得很不堪：他們的始祖摩押被說成是羅得酒後亂性，與一個女兒亂倫所生。[28]然而，到了後被擄時期，《聖經》裡的摩押人卻變得有頭有臉得多，搖身一變成為了大衛王的祖先。帝國所能帶來的差異大矣！

25 這種敵對關係大概是〈約拿書〉歷史背景的一部分，而據〈列王記下〉記載，有一個較約拿早的先知生活於公元前八世紀中葉。不管〈約拿書〉寫成於何時，它都有可能是以色列人歷史記憶的一部分。

26 〈約拿書〉四章十一節。有些論者認為〈約拿書〉是說明上帝的博愛，但另一些學者懷疑此說或是給它加上限制。

27 〈以西結書〉卅一章十一節。

28 〈創世記〉十九章卅至卅八節（一般認為這幾節經文屬於「J典」）。

大概，最能證明上帝在被擄時期之後有所成長的，是《聖經》裡被學者歸類為「祭司典」（Priestly source）的部分。「祭司典」這觀念來自我在第五章提過那個韋爾豪森的「假說」，而會有此稱呼，是因為它反映了一個祭司階層的觀點。大部分學者都同意，「祭司典」若不是寫成於被擄時期，便是寫成於被擄時期一結束之後（當然，也有可能是兩者兼有）。不管是兩種情況中的哪一種，我們都有理由相信，「祭司典」會符合波斯帝國領導階層的口味。波斯人既然把以色列人放歸耶路撒冷，又給予以色列一定程度的自治權，自不免希望以色列統治階層能夠配合波斯的帝國政策。所以，如果「祭司典」是寫成於被擄時期之後，那寫它的祭司應該都是些通得過波斯審查標準的人。同樣，即便「祭司典」是在被擄期間寫成於巴比倫，它的作者也理應是得波斯人歡心的祭司，否則的話，「祭司典」不可能回到以色列，並產生巨大影響力。所以，不管怎麼看，「祭司典」都大有可能代表著帝國的聲音，體現著波斯想要烙印在新以色列的價值觀。

「祭司典」表現的世界觀反映出，帝國確實可以擴大道德關懷的半徑。首先，跟較早期的《聖經》文本相比，「祭司典」更傾向於認定列國（而不只是以色列）都在上帝的計畫中扮演一定角色。例如，據前被擄時期的《聖經》文本記載，上帝曾答應亞伯拉罕，會讓他的後代生養眾多，把許多好事帶給世界：「我必叫你的子孫成為一個大國，我必賜福給你，叫你的名為大。」[29]值得注意的是「一個大國」幾個字，因為在「祭司典」裡，上帝對亞伯拉罕的應許有一點點不同：「你必作多國的祖先。」[30]

類似的重點轉移也出現在雅各的故事。雅各是亞伯拉罕的孫子，也是以色列的族祖。在大約寫成於被擄時期之前的一段〈創世記〉經文裡，雅各的命運由他父親以撒的祝福預示出來：「願多民事奉你，願多國跪拜你。」[31]但在「祭司典」，以撒對雅各的祝福卻變成：願雅各的後裔「成為一個多民的共同體」[32]。另外，「祭司典」也記載，上帝曾親自告訴雅各，將來會有「一個國家和一個多國的共同體從你而生。」[33]

如果「祭司典」的重點轉移真的是因應帝國的包容精神而生，那其他事情也可獲得解釋，特別是「El Shaddai」這個奇怪的用語。我在第五章談過，El Shaddai一般被翻譯成「全能上帝」（「全能」是誤譯，「上帝」是部分誤譯，因為El既可作普通名詞的「神」解，也可解作「厄勒」）。這個用語在〈出埃及記〉出現過，當時上帝告訴摩西：亞伯拉罕、以撒和雅各都只知道祂叫El Shaddai，不知道祂叫耶和華。為了解釋這一點，我曾經假定這故事在以色列出現得非常早，而當時以色列一些部族因為締結聯盟，有需要把厄勒信徒和耶和華信徒的信仰加以調和。

但也有可能，這故事是成形於較晚時期，反映的也是較晚期的政治現實，而且是由以色列的國際環境所促成而非國內政治所促成。一般都認定，上面提到的〈出埃及記〉六章三節是屬於「祭司典」。所以，說不定，把耶和華等同於El Shaddai，為的是促進帝國和諧，讓以色列與四鄰的關係更為和諧。

另一些線索也指向同一方向。「祭司典」另有一處也是把耶和華等同於El Shaddai，它就位於剛剛引用過，上帝應許亞伯拉罕成為「多國」祖先那段經文。[34]另外，在那兩段提到雅各後裔會

29〈創世記〉十二章二節。在前被擄時期的《聖經》文本中，上帝確是應許過世界其他國家和民族會透過亞伯拉罕而得到賜福，卻沒說過亞伯拉罕所生的後代會建立多個國家。只有「祭司典」裡的上帝說過這話。
30〈創世記〉十七章四節。
31〈創世記〉廿七章廿九節。
32〈創世記〉廿八章三節。
33〈創世記〉卅五章十一節（弗里德曼的翻譯）。在同屬「祭司典」的〈創世記〉四十八章四節中，上帝對雅各說過同一句話。
34〈創世記〉十七章一節。

構成一個「共同體」的經文裡，上帝也是被稱作El Shaddai（但未明指出祂等於耶和華）。所以說，「祭司典」一共有三個段落提過El Shaddai，而三次都跟「共同體」（由「多民」或「多國」構成）的願景有關。[35]有鑑於El Shaddai在整部《希伯來聖經》才出現七次，它光是在「祭司典」便出現了三次，比例不可謂不高。[36]

但何以採取這個特定名稱來稱呼上帝，是一個更具國際包容性的表現？一個可能的解釋是，在波斯帝國境內，不止一個民族把他們的神稱為El Shaddai，而「祭司典」想要強調，這些民族的神和以色列的神是同一位。[37]

另一個更有趣的解釋是，「祭司典」的雄心事實上要更大：想要解決帝國和諧與以色列人自尊心之間的緊張關係。先是，在〈創世記〉裡，「祭司典」勾勒出一份全面性的「族譜」，把中東地區各民族的族祖說成是遠親或近親，從而在各國之間建立起親屬關係。例如，這份「族譜」把以東人的始祖以掃（Esau）說成是以撒的兒子（以色列人的祖族雅各也是以撒的兒子），如此一來，以東人和以色列人便成了近親。這種「列國族譜」並不是多有創意的發明，「祭司典」不過是把其他《聖經》作者勾勒過的血統關係作出整合並加以補充。不過，誠如瑞士學者斯密德（Konard Schmid）所主張，「祭司典」會致力於把諸國始祖整合成一家人，也許是想促進以色列與四鄰民族的關係。

這種做法當然會獲得波斯人歡迎，因為「列國族譜」裡的許多民族已成了波斯帝國一部分，把它們說成具有血緣關係有助於強化帝國的團結。說不定因看中這「族譜」的暗示，波斯的統治者還曾把它推廣到帝國其他地區。但無論如何，這「族譜」的含義對以色列人本身是昭然若揭的：他們的族祖和帝國其他成員的族祖是有血緣關係的（姑勿論這關係有時多遙遠）。

然而，這個為促進帝國和諧所作的構想，卻會跟以色列的自尊發生抵觸。因為如果誠如「祭司典」所言，雅各是亞伯拉罕的孫子，而亞伯拉罕的神是El Shaddai——，除非「耶和華」和El Shaddai只是同一位神的不同名字。[38]

論者認為，「祭司典」就是以這種方式化解了「列國族譜」所引起的難題。[39] 然而，如果這真是「祭司典」要面對的問題，那把耶和華等同於亞伯拉罕的上帝並沒有完全解決問題。這是因為，在「列國族譜」裡，有些民族的族祖甚至比亞伯拉罕還要年高德劭。例如，亞伯拉罕還只是諾亞的十世孫，反觀亞述人和亞蘭人的祖族卻是諾亞的三世孫！賦予他們這麼高的地位固然會讓波斯帝國的兩個重要成員覺得很樂，但以色列的神學家（如「祭司典」的作者）又要怎樣解決個中蘊含的神學難題？難道真把亞述人的國神阿舒爾說成**也是**耶和華嗎？

也許真是如此。因為事實上，El Shaddai並不是「祭司典」稱呼耶和華最常見的別名。它更常

35〈創世記〉卅五章十一節，四十八章三節。

36《希伯來聖經》提到過El Shaddai七次（〈創世記〉十七章一節，廿八章三節，卅五章十一節，四十三章十四節，四十八章三節；〈出埃及記〉六章三節；〈以西結書〉十章五節），而弗里德曼（Friedman）認為，這七節經文只有兩節不屬於「祭司典」（我基本是根據弗里德曼的架構來認定哪些經文屬於「祭司典」）。其中一節是〈以西結書〉十章五節（一般認為它屬於被擄時期前後），一節是出自「E典」（學者一度信心滿滿認定「E典」的年代要比被擄時期早上許多，但現在已經開始懷疑它夠不夠資格自成一種「典」）。值得指出的是，所有韋爾豪森認定的「典」近年來都開始受到一點質疑。但總的來說，「祭司典」要比「J典」和「E典」可以視為一個較一貫和鮮明的聲音。與此同時，學界還有另一種趨勢，那就是把這些典的年代定得愈來愈晚。所以，即便「祭司典」的作者身分在近年來愈來愈朦糊的話，那麼，那些認為「祭司典」是前被擄時期文本的學者亦愈來愈站不住腳。前一個趨勢不利於我在這一章對「祭司典」的分析，後一趨勢則會為我的分析加分。

37另一個可能是，「祭司典」要融合的不是上帝兩個同時代的不同名號，而是兩段不同的歷史記憶，換言之，說不定另有一個波斯帝國的成員（例如以東）也是自認為是亞伯拉罕的後裔，但一直以來都是崇奉El Shaddai，而「祭司典」之所以把耶和華等同於El Shaddai，是為了讓以色列更容易於跟這個鄰近民族和睦相處。

用的別名是「伊羅欣」（elohim），而這個名稱的地緣政治意涵說不定比El Shaddai還要大。

大寫的上帝

「伊羅欣」一詞看來是從亞蘭語傳入希伯來語的（亞蘭人是以色列的北鄰）。「伊羅欣」這稱呼見於被擄時期以前的經文，也見於「祭司典」，但這並不奇怪，因為自公元前八世紀開始，亞蘭語便成了地區性的通用語。出於這個原因（即「伊羅欣」是個跨國界的用語），它特別符合「祭司典」的國際主義觀點的需要，因為正如學者所指出，「伊羅欣」非常適合用來指涉「國際化和非特定」的神祇。

事實上，「祭司典」提到「統治全地」的上帝時，都稱祂為「伊羅欣」。《聖經》記載，大洪水退去後，天上出現彩虹，所象徵的是「上帝與地上各樣有血肉的活物所立的永約。」這段經文是後來添加的，屬於「祭司典」一部分，而經文裡的「上帝」一詞便是作「伊羅欣」。同樣地，在〈創世記〉第一章，那個祝福全人類並委託他們管理世界的「上帝」也是作「伊羅欣」。[40]

斯密德指出，「祭司典」用來稱呼上帝的三個名字（「伊羅欣」、El Shaddai和耶和華）分別對應於三個「同心圓」：最大圓是世界，管治它的上帝是「伊羅欣」；第二個圓是亞伯拉罕的各系後代，它的上帝被稱作El Shaddai；最小的圓是以色列，在這個圓裡，上帝被人用祂的正確專名稱呼：耶和華。」根據這觀點，「伊羅欣」一詞對被擄時期後的以色列人有了新一層的意義。「祭司典」等於是把它從普通名詞（你們的「神」、我們的「神」）改變為專有名詞（「上帝」）。某個意義下，這現象一點都不奇怪，也不怎麼新鮮，因為假如你是一神教徒，那指涉神的普通名詞必然會相等於神的專有名詞。儘管如此，斯密德還是認為，這種文法策略有更深密的意涵，而這意涵是新的：「祭司典」是要以此暗示，不同民族的神祇都只是同一神祇的不同展現。

我們不妨比較一下「祭司典」的一神教和「第二以賽亞」的一神教。在「第二以賽亞」，一神教是透過排除其他民族的神而成立。這時，列國都是以色列的敵人，而它們信奉的都是假神，非得等到真正的上帝降臨他們中間不會幡然覺悟（「我要使壓迫你的人互相殘殺；……那時候普

38 這種張力不止可以解釋〈出埃及記〉六章三節，還可以解釋〈申命記〉第32章（我在第五章提過，根據這經文所述，耶和華是「至高者」（Elyon）的兒子，而至高者諸子各統領世上一個民族）。

前面提過，Elyon一詞有可能是「至高者厄勒」（El Elyon）的縮寫，所以是指厄勒（厄勒一度是迦南萬神殿的最高神）。另外，El Shaddai有可能本來亦是指厄勒，換言之，Elyon和 Shaddai只是用來形容同一位神的兩個不同形容詞（一如基督徒會把上帝稱為「全能上帝」和「慈愛上帝」）。若真是如此，〈申命記〉第卅二章（未被改動前的版本）所要呈現的，乃是一個跟「祭司典」和其他《聖經》作者有志一同的諸神譜系。如果耶和華是雅各的上帝，雅各又是亞伯拉罕的後裔，那〈申命記〉第卅二章「本來」要表明的便是這個：耶和華是亞伯拉罕崇奉的厄勒的子嗣，在萬神殿裡的位置比厄勒要低。

如果這猜想屬實，則不管是誰後來改動〈申命記〉第卅二章，他所做的事都跟「祭司典」作者在〈出埃及記〉六章三節所做的沒兩樣：終結耶和華的較低地位，並把兩個不同的神說成是同一位。唯一差別是，〈申命記〉的改動者比「祭司典」的作者晚生幾百年，而在當時，耶和華與厄勒各種名號（如Shaddai、Elyon等）的等同已被視為理所當然。所以，他唯一需要做的，只是把經文裡提到耶和華是厄勒子嗣一語改掉。

39 事實上，「祭司典」還進一步加強了以色列獨一無二的地位，因為它強調，上帝與亞伯拉罕立的約不適用於他的所有子孫（如以東人的族祖便沒包括在內），而只會沿著其中一支族裔（雅各那支）傳遞下去。〈創世記〉十七章廿一節（一般歸為「祭司典」）申明，聖約會由亞伯拉罕傳給以撒，但不會及於亞伯拉罕另一個兒子以實瑪利。〈創世記〉廿八章一至六節（一般也是歸為「祭司典」）亦強調，上帝的祝福會透過亞伯拉罕傳給以撒再傳給雅各，但不會及於以撒另一個兒子以掃。

40 〈創世記〉九章十六節、一章廿六至八節。

天下都會知道，我是拯救你的主。」）[41]與此相反，「祭司典」的一神教乃是透過承認其他民族的神而確立。在在看來，「祭司典」都是要把一套民族主義性格激烈的「排他性神學」，轉換為較國際主義取向的「包容性神學」。

若真如此，這將是上帝具有可鍛性的又一明證。一神教會出現，本是為了把以色列抬高到列國之上，現在它卻成了讓以色列可以跟四鄰共榮共存的平台。亞伯拉罕的上帝正在成長。

至於那些埃及人……

但這成長是有限度的。畢竟，波斯帝國雖然幅員遼闊，但並不涵蓋全世界。事實上，在以色列人獲准回歸故土之後，波斯人面臨著一個大敵：埃及。如果「祭司典」真的代表波斯的聲音，那我們理當可以預期，它對埃及和埃及神學的態度不會太友善：後被擄時期的上帝也許是統治全地的，但這並不意味祂的關懷是平均分配給全地。

「祭司典」對埃及的態度看來確實不好。例如，在「列國系譜」中，跟以色列血緣關係最疏遠的，非埃及而莫數。以色列的族祖亞伯拉罕被說成是諾亞兒子閃（Shem）的後人，是個敬拜耶和華的人[42]；至於埃及人則被說成是諾亞另一個兒子含（Ham）的後人（《聖經》雖沒提含是什麼信仰，卻強調此人品德欠佳）。[43]

「祭司典」加進《聖經》裡的歷史敘事讓埃及的道德地位更形低落。〈出埃及記〉瀰漫著以色列人對埃及的恨意。當然，這恨意不是「祭司典」**虛構**出來的，因為相同的恨意早見於被擄時期之前的《聖經》文本，而我們也幾乎可以肯定，最早期的以色列部族曾經跟埃及發生衝突。即便如此，「祭司典」還是深化了《聖經》妖魔化埃及的傾向。

例如，「祭司典」告訴我們：「埃及人嚴嚴地使以色列人做工，使他們因做苦工覺得命苦。」因此，「以色列人因做苦工，就嘆息哀求」，而他們的哀求被上帝聽見。上帝因此大發雷霆，說出一番祂在「第二以賽亞」裡幾乎對以色列每個敵國說過的話：「我將伸手攻擊埃及。等我把以色列人從他們中間領出來的時候，埃及人自會認識我是主。」[44]

接著，「祭司典」歷歷如繪地描寫了上帝是如何對以色列人伸出援手：祂先把埃及全國的水源都變成血，又讓本是住在水邊的青蛙肆虐埃及四境。接著是個昆蟲為患的時期（至於這昆蟲是虱子還是蚊蚋，不同的翻譯者有不同判斷）。繼而，耶和華使所有埃及人和牲畜都染上「起泡的瘡」。最後，在一個夜晚，耶和華擊殺了埃及所有胎昭誕生的人和牲畜。這就是逾越節（Passover）的由來。[45]「祭司典」的經文規定以色列人此後必須守逾越節以紀念這一天，這等於是把對埃及人（波斯帝國的敵人）的敵意永遠銘刻在猶太教的儀曆裡。

在有關逾越節的敘事裡，「祭司典」看似給自己惹上一些神學上的麻煩。它記載，耶和華這樣宣布：「我將要對埃及的眾神施行審判。」[46]這就怪了，耶和華不是唯一真神嗎，那又何來「眾神」？話是沒錯，不過「祭司典」可能是認定，曾有個時期，當耶和華尚未定於一尊之時，

41〈以賽亞書〉四十九章廿六節。
42〈創世記〉九章廿六節。含的後裔包括《聖經》聲稱曾被以色列征服的迦南人。閃的後裔除了以色列以外，還包括好些波斯屬國。特別是，如果你接受弗里德曼對〈創世記〉第十章的分析，則「祭司典」還硬把亞述人（「亞舒爾」）和亞蘭人（「亞蘭」）塞進了閃的族裔裡去。
43〈創世記〉九章廿至廿六節。
44〈出埃及記〉一章十三至十四節、二章廿三節、七章五節。
45〈出埃及記〉七章十九節、八章一至二節、八章十六至十七節、九章九節、十二章十二至廿節。
46〈出埃及記〉十二章十二節。

宇宙裡有過別的神。正是由於耶和華所施行的「審判」，其他神祇被判了死刑，所以這番記載不但沒有違反一神教的宗旨，反而可作為一神教誕生的里程碑。無論如何，這節古怪的經文在在透露出，就算施密特的說法正確，即「祭司典」的神學具有國際包容性，它的包容性仍然不是**普世**的。顯然，別國神祇若想得到「祭司典」的包容神學所包容，他們的百姓最好是先投入波斯帝國的懷抱。

簡言之，「祭司典」是鼓吹遠距離的友誼，卻沒有鼓吹普世的友誼。所以，「祭司典」裡的上帝（祂在被擄時期結束後多多少少成了以色列的官方神祇）並沒有成長到我們希望看到的程度。但我們應該要求更多嗎？畢竟，在「祭司典」的時代，非零和的動力並沒有發展到全世界的範圍。例如，以色列就沒有可能跟東亞發生雙贏的機會，而埃及只要一天是波斯帝國的敵人，以色列便一天不可能跟埃及攜手合作。所以，既然耶和華已把祂的關懷伸延到以色能及的非零和關係，我們實不應對祂有更大奢求。

我們談的真是上帝嗎？

或者應該說，我們實不應對這位「上帝」有更大奢求。我一直在談的上帝，都是放在括號裡的上帝，換言之，是只存在於人們頭腦裡的上帝。例如，當我在第五章裡說上帝既強大又慈悲時，指的是祂的信徒認為祂既強大又慈悲。我們沒憑據可以認定，「外頭」真有一個上帝，可與人們頭腦裡的概念相符。同樣道理，當我說上帝顯示出道德成長的傾向時，我是指人們腦袋中的上帝觀念表現出道德成長的傾向。

從傳統信徒的立場觀之，這套說法當然無益於靈性的增長。事實上，我勾勒的世界觀對傳統的基督徒、穆斯林和猶太教徒來說，相當於一則「壞消息加好消息」笑話。笑話中的「壞消息」是，他們的神並不是生而完美，反而是生而不完美；「好消息」則是，這個不完美的神根本不是神，只是人類想像力的虛構物。對傳統的信徒來說，這兩個消息當然都是壞消息。

不過，傳統信徒參與對話時，本來就會抱著過高期望，總以為他們本教那套幾千年前形成的神學，一定通得過現代批判性思考的檢驗，毫髮無傷。不過，換成是今天那些只敢說自己具有宗教取向或靈性取向的人不會要求得那麼高。他們是出生在一個科學世界裡的，而科學的世界觀並不鼓勵靈性的探索，因此，他們只要得到一些證據，可以證明靈性探索不是完全無望，便於願足矣。這類人有一點像小說《卡拉馬佐夫兄弟們》裡的老卡拉馬佐夫：當他一個相信無神論的兒子告訴他，「上帝」和「永生」都是騙人之說時，他鬱鬱地自忖：「這麼說，一切歸根究柢都是空囉。」不過，他還是不肯死心，因此逼自己相信：「這宇宙總還有一些什麼別的吧？有些什麼別的總比萬事皆空要好。」

這宇宙真是還有些什麼別的嗎？有證據可以證明嗎？有任何跡象可以顯示，生命不止是構成我們臭皮囊的那些次原子粒子的總和，而是還帶有某種目的、某種意義，甚至某種可稱為「神聖」的性質嗎？如果你要求的只有這麼少（即抱著現代性格的謙遜懷疑主義態度進行探究，而不是像古代人那樣對天啟深信不疑），那麼，對歷史所進行的理性評估將會顯示出讓人振奮的結果。對，誠如老卡拉馬佐夫所相信的，確實有跡象顯示，這宇宙裡是有些什麼的。

但什麼樣的證據才夠資格證明這世界存在著「更高目的」？其中之一是，歷史要能顯示它具有道德取向。要是歷史真會把人類意識導向道德的體悟（不管這個過程有多麼緩慢、多麼時斷時續），那就可以證明，歷史不是盲目的，而是多少帶有目的性，最起碼是比相反的情形顯得有目的的性（所謂的「相反情形」，是指歷史沒有顯示出任何可見的方向，甚至顯示出每下愈況：人類愈來愈道德敗壞、愈來愈復仇心重和盲信）。

回到本書的探討脈絡，我們可以這樣說：只要「上帝」真有顯示出成長的傾向，那就多少可以證明，歷史是具有某種目的性。這又會引出以下這個問題：如果「上帝」真的會成長，而且是頑強地持續成長，那是否表示我們可以開始考慮把框住它的括號給移除？換個方式說，假使人類對上帝的概念顯示出道德成長，而人類道德也顯示出相應的成長，又假使人類的道德成長是出於歷史背後的基本驅力，而且我們又認定這成長足以證明歷史具有「更高目的」，那麼，這一切夠不夠作為證明真有上帝存在的證據？

但我們不應該跑過頭。「更高目的」是非常模糊的詞語，因為「更高目的」除了可以是傳統意義下的神所規定，未嘗不可能由神以外的物事所帶來。[47]

無論如何，我在下一章還是會嘗試探討，如果歷史真有顯示出目的性，這種目的性會有哪些神學蘊涵。然後，在隨後幾章，我會聚焦在這歷史本身。我會設法顯示，雖然人類的上帝概念有時會開倒車，但總的來說它的道德內涵仍然愈來愈豐厚，而「上帝」之所以愈來愈道德，是因為人類本身愈來愈道德。至於人類為什麼會愈來愈道德，我的主張是大環境的誘導所致，是非零和動力的寬度和密度都與時俱進所致。科技的演進（輪子、道路、字母、火車、晶片）讓愈來愈多相隔遙遠的人群有機會進行非零和互動，而這種互動又往往是發生在不同的種族、國家和宗教之間。光是有這樣的互動並不保證人類道德必然會進步，但它卻會不斷努力壓倒其他的取向，而每過一段時間，它總會勝出一次。

非零和動力的頑強成長是人類歷史的核心現象，而且固存於「文化演進」這個引擎本身。限於篇幅，我無法在本書對此作出論證（我在上一部作品《非零》〔Nonzero〕已經論證過）。不過，隨著本書的推進，非零和性的成長將會愈來愈明顯，而上帝亦會顯示出相應的成長。所以，非零和動力可說是「上帝」成長背後的「第一推手」(prime mover)。不過，也許我們該把「第一」拿掉，只稱之為「推手」，因為我們無法排除這種可能性：非零和動力本身是由別的東西所推動，而這「別的東西」也許是傳統信徒所理解的那個上帝，又也許是比上帝更抽象、更哲學性也更深邃的東西。

不過，在繼續講述上帝成長的故事以前，我們該先看看一位古代思想家是如何卯盡全力，設法兩者兼得：他一方面以抽象的方式理解上帝，把神祇看成是某種貫穿人類歷史的邏輯；另一方面又保留下傳統宗教帶給人的情緒滿足感。事有湊巧，這個思想家就是亞歷山卓的斐洛。

47 即使一個系統的目的性真是源自一個「更高」層次的源頭，也不必然意味有一個神或某種非物質性的力量存在。例如，有些生物學家和哲學家不忌諱把動物說成是有目的性的系統（動物畢竟是在追求攝食等各種目標，最終又以繁衍為目的）。而在這個案中，為動物注入目的性的也是個全然物質性的系統：天擇。一般來說，當我主張這地球的生命演化（從太初的細菌一直演化到網際網路）帶有「更高目的」的正字標記時，我對這「目的」的「源頭」都是採不可知論的立場。我不排除這「源頭」也許是某種神祇（一種智慧非常高的生靈），但也有可能是截然不同的東西，例如規模非常龐大的「天擇」過程（說不定宇宙是由宇宙的天擇過程所演化出來，這過程會更青睞那些可以孕育出相信道德真理並順應這真理生活的生命，而不青睞那些缺乏這類道德秩序和神學取向的宇宙）。

09

邏各斯：神的運算法則

Logos: The Divine Algorithm

人們有時會用一個地理類比來比喻科學與宗教之間的衝突：雅典與耶路撒冷的衝突。前者是世俗哲學的發源地，後者是天啟真理的象徵。許多早期的宗教思想家都漠視這衝突，或是設法低估它的重要性。基督教神學家特土良（Tertullian）在公元二〇〇年前後曾經有此一問：「雅典跟耶路撒冷有什麼瓜葛？」他自己的回答是：這瓜葛愈少愈好。既然世人已透過基督獲得天啟真理，「我們不想再參與各種古怪的辯論。」

不過，彼時是彼時。如今，科學的力量已經如此強大，神學家無法繼續置之不理。對大部分受過高等教育且嚴肅以對的人來說，雅典和耶路撒冷之間必須作出調和，否則耶路撒冷勢必會從地圖上除名。

亞歷山卓的斐洛早在兩千年前便對此有深刻體認。這是因為，亞歷山卓名符其實就位居雅典和耶路撒冷之間，而斐洛本人也深受這兩種文化的薰陶洗禮。他所繼承的猶太傳統和身處的希臘氛圍，驅使他去調和聖經神學與希臘哲學。他設法想要證明，天啟真理不止禁得起理性的挑戰，還能從理性吸取養分；反之亦然。

某個意義下，這只是非零和邏輯鼓勵思想綜合的又一例子。就像公元前第三千紀的美索不達米亞諸城邦因為互相依賴，產出一個泛美索不達米亞的萬神殿，希臘人和猶太人的互相依賴也導致了斐洛致力融合猶太和希臘思想。但對斐洛來說，這工作不僅是出於現實考量，不僅是因為唯有如此才能讓猶太人和希臘人融洽相處。斐洛本身還是希臘文化的愛好者和參與者，熱愛戲劇、賽馬和拳擊，也一定有許多好朋友是希臘知識分子。朋友間關係愈密切，便愈有必要共享相同的世界觀。這是人性之本然：為維持友好關係，我們從事非零和遊戲的本能會鼓勵思想綜合；一如把別人界定為敵人時，我們從事零和遊戲的本能會鼓勵強調人我的思想分歧之處。

除了想保住非零和關係，斐洛還想化解認知不和諧的問題。斐洛相信，猶太教的全部內容和希臘哲學的大部分內容是真理，而只要它們一日彼此扞格，他就一日不得安寧。[1]

但他不止是致力於把兩種文化解釋為可以相容。因為，如果終極的天啟真理是來自耶和華，那希臘哲學最深刻的洞見一定也已經預示在《聖經》裡。為了達成這個任務，斐洛祭出他全部的思想靈活性，對《聖經》作出創造性詮釋（往往也是寓意化詮釋）。曾經有功於恢復斐洛大思想家地位的宗教史家古迪納夫（Erwin Goodenough）指出：「他以摩西的語彙來理解柏拉圖，又以柏拉圖的語彙來理解摩西，深信兩人基本上所說的是同樣的事情。」另外，「他常常說柏拉圖的觀念是抄襲自摩西，然而，他對聖經的詮釋又常常讓人覺得，摩西受過柏拉圖的思想訓練。」

儘管斐洛表演的思想特技有時會顯得動作僵硬，它們仍然產生出一些具有恆久價值的成分。如果亞伯拉罕系三大宗教的信徒想在古代神學家中找出最早具有現代性格的神學家，那大概非斐洛莫屬。又即便他們要找的不是最早而是**最佳**，斐洛仍然會雀屏中選。在他那套有時看似徒勞的

1 斐洛這個神學使命也是衍生自他的道德使命：要說服世人相信，耶和華是個寬容、愛好和平的神。斐洛接受以下這個誕生於被擄時期的觀念：萬邦有朝一日終會「認識」上帝，但負責關鍵啟蒙任務的是以色列人。然而斐洛也不同於被擄時期的先知或當代其他猶太人，他不認為這種啟蒙任務會透過軍事手段達成。他拾起一個更振奮人心的先知意象，努力把以色列的任務解釋為「把光帶給萬邦」，要透過榜樣和理性把耶和華的真理帶給異教徒。威爾遜指出，斐洛設法把猶太人的彌賽亞主義給「去政治化」，所以他本人雖然具有「強烈的民族主義傾向」，卻仍然願意降低彌賽亞的大能。斐洛固然一度遐想，有朝一日，有個彌賽亞式的人物會降臨，壓服「所有人口眾多的大國」，但正如柯林斯所力主的，斐洛所憧憬的不是對外邦人的征服，甚至不是一場以民族為界線的戰爭：「斐洛嚮往的是道德的屬靈凱旋，不是彌賽亞國王的軍事勝利。」至於斐洛是不是預期「猶太教將得到看得見的勝利」，則難以定論。

神學體系的最核心，存在著一套生命力旺盛的現代神學。

為雅典和耶路撒冷之間搭橋只是斐洛著手的跨文化工程之一。當耶穌在加利利傳道時，斐洛正在亞歷山卓架設新的世界觀，而這世界觀的關鍵元素和專門術語將會在此後兩百年間的基督教鞏固時期再次出現於基督教。另外，他有些作品的調子會讓人聯想到佛教，也因此會讓人聯想到猶太教、基督教和伊斯蘭教內部發展出來的密契主義傳統。在這一點上，斐洛的神學也預示著那種不著重神祇的現代靈修流派。但這些額外貢獻全都是從他核心關懷有機地生長出來，而他的核心關懷是調和猶太宗教與希臘哲學。

上帝作為程式設計師

斐洛對信仰與理性的綜合非常全面，因為他不僅關心神學的理性，還關心儀式的理性（他是第一個以個人衛生的理由為割禮辯護的人）。不過，從現代的觀點看，他最大的貢獻還是在於設法化解那個最不利於傳統宗教和科學感情彼此靠近的元素：擬人化的上帝觀，特別是那種認為上帝常常干預人間事務的擬人化上帝觀。

在《聖經》裡，上帝有時會被描寫得像是具有人類的身體（例如說祂「坐在寶座上」），或是具有人類的心理特徵（容易嫉妒、發怒等）。自色諾芬尼之後，這樣的神祇觀便已在希臘哲學家中失寵。色諾芬尼（他比斐洛早五個世紀）指出，擬人化的神學相當武斷，因為牛或馬如果有神學，那「馬也會把神描繪為馬的形象，牛也會把神描繪為牛的形象」。另外，一個常常干涉人間事務的上帝（祂會用瘟疫、暴風和雷電來懲戒不乖的人）也不容易跟科學的世界觀和平相處。科學世界觀固然要在斐洛故去近兩千年後才完全成熟，但它的主導精神（對自然現象作出統一解釋）卻早早便出現在古希臘，可以追溯到亞里斯多德的時代。

斐洛採取的方法很簡單：逕把《聖經》對上帝的擬人描述說成只是比喻。雖然他自己多少相信上帝具有位格，但他最基本的立場是：「沒有任何名字或言說或概念足以形容上帝。」

但拋棄擬人化的神祇觀會引起一個問題。要說上帝不是任何人類概念可把握並不難，要說上帝是超在和無可名狀也不難。但倘若如此，那祂跟這個世界有什麼關聯？更重要的是，祂跟我們之間有什麼關聯？我們要怎樣才能從一個隱匿的上帝那裡得到慰藉、幫助和道德指引？古迪納夫這樣界定斐洛需要面對的挑戰：「一個無關的存有（Unrelated Being）必然以某種方式與我們相關。」[2]

斐洛以一個概念回應這挑戰：邏各斯（logos）。這詞語既是希臘日常語言的一部分，又是希臘哲學的專門術語。名詞「邏各斯」衍生自動詞形式，後者意指「說話」和「數算」等，故名詞形式的「邏各斯」自然而然可指「語言」、「帳目」、「運算」等。待古代哲學家都把它拿來使用過之後，它又被添入大量其他意義，包括「理性」與「秩序」。為了調和一個超在的上帝和一個積極有為的上帝，斐洛動用到「邏各斯」的各種意義，甚至自創新義。

一方面，就像古迪納夫所指出，在斐洛，邏各斯是「宇宙的主導原則」，是「規範所有人與物質的自然法則」。在這個意義下，邏各斯類似於現代科學家找出的各種物理、化學和生物基本法則有賴它的存在，世界才得以保持完整和正常運作。斐洛寫道：「邏各斯是宇宙的『紐帶』，無物可將之掙斷。」

2 一般都認為，斐洛提出邏各斯之說，是為了架接超在上帝與物質世界之間的鴻溝。溫斯頓對此曾提出異議，不過，他的異議與其說是全盤否定主流的觀點，不如說是給主流觀點加上限定。

但斐洛的邏各斯卻具有普通科學法則所缺乏的神聖深度。首先，它可以驅動物質與人類，從而驅動歷史。當然，你也可以說科學法則具備同樣功能，但如果科學法則不是上帝制定，你便沒有理由預期科學法則會把歷史帶往特定方向。邏各斯則相反，因為根據斐洛的想法，邏各斯可以帶給歷史方向，而且是把歷史帶向道德的方向。歷史總是向著善而移動。斐洛相信，由於邏各斯的作用，歷史最終會把所有人類團結在政治自由中：「整個世界最後將會是單一國家，享受到最好的典章制度：民主制度。」

另一方面，斐洛又相信邏各斯的存在要早於人類和世界，因此又早於物質。上帝在動手創造宇宙之前，先創造出邏各斯，而邏各斯的作用猶如建築藍圖之於建築師或演算法則之於程式設計師。早在現代科學置疑〈創世記〉的六日創世說之前，斐洛便已設法先發制人，阻止這衝突的發生。他力主，「六日」只是一個比喻，指的不是上帝用六日創造了天地萬物，而是指上帝用六日創造了邏各斯。邏各斯等於一個神聖的程式，待上帝把這程式放入物質世界，它便會根據設定，創造出世界、動物與人類。[3]接下來，在邏各斯的自動運作下，上帝給世界制定的計畫會次第展開。學者朗尼亞（David Runia）這樣說過：「邏各斯既是上帝創造天地萬物的工具，又是讓宇宙可以按神旨運作的工具。」斐洛自己的說法則是：「邏各斯是由上帝的心靈構思出來，它先於萬物而存在，又展現於萬物的聯繫中。」

斐洛時代之前的希臘思想家認為，邏各斯以兩種方式在人類身上活化：一是在心靈中活化（換言之是體現為人的思想），一是在言語中活化（換言之是體現在思想與物質結合之時[4]）。斐洛的神學把這種二分法應用於上帝。首先，上帝在心靈裡構思出邏各斯，然後，在創造天地萬物之時，祂「說出」邏各斯，讓它融合到物質之中。所以，祂除了在太初對宇宙說過話之外，此後還繼續透過邏各斯的運作，對我們說著話。你也可以選擇別的比喻，有些學者把邏各斯比喻為

「上帝的呼吸氣息」，有些比喻為上帝射出的「氣流」，有些則比喻為「上帝朝向創造的臉」。但不管怎樣比喻，邏各斯都是人類與神祇界的接觸點。

這個邏各斯的概念解釋了上帝為何可以既超在、又臨在於世界。上帝本身是凌駕於物質宇宙的，一如電視遊戲的設計者是外在於電視遊戲。然而，電視遊戲本身（盒子裡的程式）卻是設計師的延伸，是設計師心靈的反映。同樣，如果上帝在邏各斯裡灌注了祂的靈性和價值觀，那麼，我們只要認識了邏各斯，就等於知道了上帝的意向，甚至等於認識了上帝的一部分。上帝也許是外在於物理宇宙的，但誠如古迪納夫所說：「在這個世界裡有著上帝的內在臨在，有著上帝的協同作用。」所以，你大可以說，人類的任務就是協同於上帝的協同，把祂的旨意推向實現。但要做好這工作，人得先了解上帝在邏各斯裡寫入了什麼。

與程式同步

不過，在瀏覽斐洛複雜世界觀之時，我們總得拋棄電視遊戲的比喻，不然就要對它作出大幅修正（畢竟斐洛本人從未使用過類似比喻）。因為不管上帝有多超在，我們總有辦法跟祂發生實際接觸；反觀，打再多的「小精靈」都無法讓我們認識它的原設計者。斐洛的不同詮釋者對於人類能多接近上帝，意見不一。有些人認為，斐洛相信，人類有可能跟上帝發生某種直接接觸；有些則認為，我們頂多能跟「神界」發生連結，但無法直接與上帝自身交流。

3 溫斯頓認為，嚴格來說，斐洛相信上帝只花了一天時間創造邏各斯。
4 譯注「聲音」或「文字」都是一種「物質」。

但不管我們能接近上帝到何種程度，想要達到最高程度，第一步都是要了解上帝的旨意。所以，解開了邏各斯之後，人類可以得著的不只是知性啟蒙，還是靈性啟蒙。學者托賓（Thomas Tobin）指出：「邏各斯的作用是要引導人類靈魂前去神祇的領域。」雖然人不可能完全了解一個超在和無法名狀的上帝，這種努力仍然值得付出，因為你愈是努力，就會愈像上帝。古迪納夫則這樣說：「我們可以成為超人，是因為超人某種程度就是我們的一部分。」達到這境界的關鍵是跟邏各斯建立和諧關係。

但要怎樣才能解開邏各斯呢？如果你是猶太人，你便占了優勢。斐洛相信，猶太人因為上帝的厚愛，獲得了最早的天啟。他說，邏各斯就反映在《妥拉》裡——上帝交給摩西的猶太律法。事實上，《妥拉》不止是邏各斯的反映（即不僅可以教人如何與管治宇宙的法則達至和諧），它所記載的律法本身便是邏各斯的**一部分**。就此而言，邏各斯跟佛教的「法」（dharma）有觀念上的相似：它既是關乎萬物的真理，能揭示宇宙的運作法則，又是我們該如何生活的指引。它既是自然法則，又是教導我們如何與自然和諧一致的法則。

邏各斯這種雙重性格讓一些人覺得難以理解，因為我們今日習慣把「描述」的領域（自然法則）區分於「規範」的領域（道德法則）。但在許多古代思想家看來，兩個領域的關係親密無間：自然的基本法則既是由完美的上帝所制定，我們就理當按照這些法則生活行事，協助它們實現。換言之，是應該協助邏各斯把人類推向上帝所希望人類移動的方向。

那上帝又希望人類朝哪個方向移動？斐洛的回答是：朝人群與人群之間更大的和諧移動。摩西所開示的《妥拉》內容非常繁複，但斐洛認為其精神可用一言蔽之：「最神聖的先知〔即摩西〕透過各種規範要讓人們達到的目標，特別是以下的這些想期望人們達到：不對立、敦親睦鄰、夥伴情誼、互惠互補，俾使所有家庭、城市、民族、國家和全人類可以邁向最高幸福。」

好吧，就算善待他人甚至部族之外的人是認識上帝的起點，但斐洛開出的那帖與上帝連結的祕方顯然不會僅止於此吧？另外，外邦人又要怎樣應用這帖祕方？上帝既然一開始沒有向他們示《妥拉》，他們為什麼要追隨斐洛對《妥拉》所作的摘要？難道他們應該以猶太人為榜樣嗎？

斐洛顯然也贊成這方法，只不過他不認為那是唯一的方法。邏各斯的美妙之處在於，一個人不是非得透過他人教導才可能認識它。例如，古希臘的哲學家雖然沒接受過猶太人的教養，照樣可以活出《妥拉》的精神：「最卓越哲學的信徒從他們哲學所獲得的（就像猶太人從自家習俗和律法所獲得的）道理是這個：應該追求認識至高者，認識萬物最根本的『原因』……」斐洛相信，古往今來每個人原則上都可以參透邏各斯，進而跟上帝達到某種和諧。這是個可以靠經驗探究解決的課題。

那麼，那些未獲傳授天啟知識的人又要如何展開這種探究呢？對於這個問題，斐洛並沒有直接和清楚的回答。事實上，斐洛對很多問題都常常沒有直接回答。一直以來，學者對斐洛作品的深意多所爭論，他們努力解決其中一些弔詭，並設法摹描出他思想的輪廓，並在必要時想辦法填補空白（斐洛有些作品只剩斷卷殘篇，有些更是完全散佚）。

針對人如何透過觀察和反省來了解邏各斯這個問題，我們可以一關鍵事情作為填補空白的出發點：斐洛把邏各斯等同於智慧，並且常把這兩個詞語交換運用。[5]他有時會說，人的靈魂是靠著邏各斯的接引而得以跟神祇界溝通，有時他又會說，是智慧把人的靈魂帶到物質世界之外（例如他說過：「唯獨智慧可讓哀求的靈魂逃逸到『非受造者』那裡去。」）

5在斐洛之前，已有一個猶太教派別把上帝的邏各斯連結於智慧。這個等式亦見於《所羅門智訓》和《便西拉智訓》。前者幾乎可以肯定是略早於斐洛的亞歷山卓猶太人所寫，後者則寫成於耶路撒冷，年代大概比斐洛早一個多世紀。

這個「邏各斯＝智慧」的等式看似乏善可陳。首先是因為，斐洛的邏各斯觀念本來便包含許多面向，我們再把「智慧」加進去似乎只會把事情弄得更複雜。其次，把「智慧」說成通向上帝的道路，也未免老生常談得讓人失望。然而，「邏各斯＝智慧」確實是破解斐洛密碼的關鍵，可以讓我們明白邏各斯何以是通向上帝的管道。另外，這等式也會帶給我們一個額外好處：有機會聆聽到一首靈性詩歌。

解剖智慧

如果你從《聖經》的背景接近這首詩歌，它會特別有震撼力。因為，斐洛在邏各斯和智慧之間畫上等號，乃是繼承了猶太人的「智慧文學」（wisdom literature）傳統。這個傳統的作品包括了〈箴言〉以及《聖經》以外的其他神聖文本，如《所羅門智訓》（Wisdom of Solomon）和《便西拉智訓》（Book of Sirach）。在這些書卷裡，智慧都絕不只是一種立身處世的聰明。〈箴言〉把「智慧」描繪為女性：「凡覓得智慧者，這人便為有福」，因為「她的好處勝過白銀，她的收益勝過黃金。」事實上，「你渴求的許多事物中，無一可與她相比……她的路是歡樂，她的道是平安。對把握到她的人而言，她是生命之樹；凡能把她緊握不放者，便是得到了福樂。」[6]簡言之，「智慧」是值得人追求的女子。

有些人覺得這只是詩的筆法，然而，「智慧」卻有可能一度是個女神，而且有可能就是耶和華的女兒。在〈箴言〉裡，她無疑多少被描繪為是耶和華所生，因為她曾自言：「在耶和華造化的起源，在太初創造萬物之先，祂創造了我。」然後，在誕生之後，這位「智慧」女士的作用又顯得跟斐洛所勾勒的邏各斯頗為相似，即作為上帝創造天地萬物的關鍵中介。她說過：「祂在淵面的周圍，劃出圓圈……當祂為大地立定根基之時，我就在祂身旁，像個工頭，日日為祂所喜愛。」[7]

這會引起一個問題。當斐洛說智慧可以把人類提升到物質世界之上時，他似乎是指智慧是一種人類可企及的洞察，然而，當〈箴言〉談到上帝藉由創造「智慧」來創造宇宙時，智慧似乎又是上帝用來設計物質界的方法。所以，人類擁有的智慧在看來截然不同於上帝擁有的智慧。是這樣嗎？

兩者沒差那麼遠。斐洛世界觀的美妙之處正在於，它認定這兩種智慧之間存在潛在的連續性：凡夫俗子只要夠殷勤，一樣可以參與到上帝的智慧裡。神智與人智的這種連續性，也反映在〈箴言〉用比喻去說明的「智慧」的兩種角色：她既是上帝創造天地的幫手，但又鼓勵凡夫俗子追求她。但現在讓我們丟掉這些比喻，因為不管把「智慧」（亦即邏各斯）給擬人化甚至神化會讓古代人多麼心往神馳，但要向現代人解釋斐落的世界觀，我們還是得訴諸現代和抽象的語言。唯有如此，我們才能說明白，為什麼上帝在建立世界之後，凡夫俗子只要肯運用頭腦，一樣可以跟神界進行某種交流。換言之是明白上帝是如何設立邏各斯，來讓殷勤尋求屬靈真理的人可以循邏各斯回到上帝。

《聖經》裡智慧的邏輯

6 〈箴言〉三章十三至十八節。

7 〈箴言〉八章廿二節、八章廿七至卅一節。

〈箴言〉和其他猶太的「智慧文學」都是隸屬古代中東地區更大的「智慧傳統」。這種文學最初是為那些快要步入成年的上層階級少年而寫，某個意義下，都是道德勸勉類的讀物。所以〈箴言〉才會在一開始便宣稱，它是想要給讀者灌輸「正直、正義和忠實」的情操。然而，在一下節經文裡，它又話風一轉，強調本身具有實用價值，讀了它可使「頭腦簡單的人變機靈」，可使「少年人知所審慎」。[8]

在智慧文學的邏輯裡，這兩個目標並不扞格，因為它相信一個前提：學習美德的智慧可以讓人認識美德，而遵循美德行事又最是合乎個人的自身利益。〈箴言〉裡的「智慧」女士這樣說過：「我（智慧）是機靈的鄰居，口袋裡裝滿審慎的知識。」[9]這就是何以一個人即便不是猶太人，即便沒有機會接觸到《妥拉》，一樣有可能認識邏各斯。方法很簡單：觀察世界的運作，看看哪些行為可以帶來美好後果，而哪些行為會讓人悔不當初。凡是能帶來美好後果的行為都更可以反映美德、體現智慧，讓人與邏各斯合流。

斐洛當然會贊成人尊重權威，接受智慧文學教導的各種訓誨。這不但是因為它們都是神聖的書卷，是上帝心意的反映，還是因為它們都是一些最敏銳的觀察者對人類處境的觀察心得，歷經許多世紀累積而成。直接向這些書卷學習可省下不少力氣。儘管如此，人在追求智慧時仍然可以不用假手聖哲之言，因為原則上，任何人只要願意細心觀察人類行為，都可以得著智慧。所以，當〈箴言〉指出「驕傲在敗壞以先，狂心在跌倒之前」[10]，它只是在報告一個觀察結果：狂妄的人常會自食苦果。這是世界運作的方式。

《便西拉智訓》亦復如此。它指出：「許多人因為貧窮得免犯罪，直至安息之日亦不會受到試探。」反觀「富有之人徹夜狂歡，自招衰損；焦慮亦使他失眠。」這些都是事實性陳述。以下這個教誨也是事實性陳述：「嫉妒和憤怒可縮短壽命，擔憂可使人未老先衰。」研究情緒與健康關係的現代學者，一定會同意以下這個也是出自《便西拉智訓》的主張：「一顆愉快的心有益身體。」

即使是在道德領域，智慧文學一樣重視因果關係的探討。〈箴言〉提醒年輕人別墮落為殺人的盜匪，理由是靠刀劍維生者必死於刀劍：「他們躺著等待，結果只殺害自己；他們設下埋伏，結果只取了自己性命。凡貪人錢財者都是這種下場；貪財之心會奪去貪財者的命。」一個人也不應該與別人妻子通姦，因為這種犯行會讓犯者失去名譽，甚至更多：「嫉妒心理會讓女子的丈夫怒髮衝冠，報仇之時決不留情。」[11]

這種歸納而來的道理並非鐵律。整體來說，智慧文學並不認為惡人一定有惡報，或惡人一定不能飛黃騰達。事實上，這類作品不時都會怨嘆一下這世界不盡公道。儘管如此，它們基本上還是認定，我們可以從經驗歸納出一些具有統計有效性的行為準則，看出善人一般有善報，惡人一般有惡報。所以，智慧文學基本上是一套人類行為的科學，而這也正是它具有現代性格的部分。它把社會世界視為自然世界的延伸，相信這兩個世界的基本法則都是可透過經驗研究洞悉的（〈箴言〉清楚指出過這種關聯：「北風會引起雨，讒謗別人的舌頭會引起怒容。」[12]）正如馮拉德（Gerhard von Rad）在其經典之作《以色列的智慧》（*Wisdom in Israel*）指出的：智慧文學意識到「眾多經驗背後存在著一個秩序」。

8 〈箴言〉一章三節（馮拉德的翻譯）、一章四節。
9 〈箴言〉八章十二節（馮拉德的翻譯）。
10 〈箴言〉十六章十八節。
11 〈箴言〉一章十八至十九節，六章卅四節。
12 〈箴言〉廿五章廿三節。

但這秩序是哪裡來的呢？這就是科學與神學之間的核心差異。在神學，這秩序被認為是來自邏各斯的運作，而邏各斯又是來自上帝。祂建立世界，把世界設計得具有各種因果關係，而人類出於自利心理，會去研究這些因果關係，以便趨吉避凶，這樣一來，世人自然會愈來愈趨向美德。所以，當〈箴言〉指出「凡挖坑的，自己必掉在其中；凡滾石頭的，石頭必反滾在他身上」，我們大可不必認為是上帝把挖坑者推入坑中或把石頭反滾在滾石頭的人身上，因為憑藉上帝設計的社會「重力」，便足以帶來這種效果。[13]這也許就是何以上帝不用整天忙著用打雷閃電來懲罰惡人的緣故：世上一切都是按照上帝創世時的原設計（邏各斯）運作。

在這種世界觀裡，宗教的信仰和科學家的信仰相差無幾，因為兩者都相信世界由有條不紊的法則所管轄。如馮拉德所指出的：「智慧文學相信，人與人的基本關係是有穩定性的，相信他人和自己的反應相似，相信人的生活是由可靠的秩序得到支撐，並且或明示或暗示地相信，是上帝讓這些秩序付諸運作。」

同樣道理，順應於這社會秩序（即避行惡事以免自食惡果）便是讓自己順應於上帝。〈箴言〉固然強調是世間的力量讓做壞事的人得懲罰（如通姦者會被帶綠帽的丈夫狠狠修理），但仍然主張「敬畏耶和華是知識的開端。」[14]「智慧」女士在〈箴言〉裡也說過：「我兒，你若領受我的言語，記取我的命令，呼求明哲，揚聲求聰明，那你就會懂得敬畏耶和華，並得以認識上帝。」

這就是神智和人智的關聯所在。上帝因為滿有智慧，所以可以把世界設計得讓凡是採取明智方式追求自利的人都可以獲得智慧。這解釋了〈箴言〉裡的「智慧」女士何以可以扮演兩種角色，何以她既是上帝本身的智慧（她在上帝創造天地之初扮演「工頭」角色），又能賦予人類以智慧。因為按上帝智慧的安排，這世界就是被設定成可以把人類導向智慧。

某個意義下，邁向智慧就是邁向上帝的心靈。斐洛說過：「因為智慧乃是筆直的公路，所以，當人類心靈沿著這條路走，最終一定會到達目標：認識和認知到上帝。」當我們明智地航行於社會世界裡時，我們就是在追隨邏各斯，回到它的本源。

明智地順服於邏各斯意謂著謹守德行（斐洛把德行擬人化為女子），這並非偶然：「當上帝的邏各斯底達塵世之後，會把人分為兩種，一是親近德行的人，一是背離她的人。邏各斯會給予前者援助，提供他們蔭庇與絕對的安全，又會給她的敵人無可補救的滅壞。」

這就是何以在某個意義下，人是有可能跟神界接觸的。因為，得到智慧意味著跟邏各斯和諧一致，而邏各斯是上帝智慧的延伸。這是我們在塵世所能企及的神界的向度。

這種理論聽起來頭頭是道，但卻有一個問題：太乾巴巴了！當一般信徒談到「與神交流」，他們嚮往的是一種奇特的感覺，例如感到狂喜、感到神聖。但迄今為止，我們聽到的只是這個：如果你小心翼翼，遵行正道，那你就會在某個意義下與神所流出的邏各斯合而為一。

當然，對古代人來說，被擬人化甚至神化的邏各斯或「智慧」女士相當具有情感吸引力。在〈箴言〉裡，她有時近乎在勾引人：「不離棄她，她就會指引你；愛她，她就會保護你。」[15]難怪斐洛會一度稱「索菲亞」（Sophia）是他的妻子（「索菲亞」是「智慧」的希臘文）。不過，如果只有把這些意象當真的人才能進入斐洛所勾勒的宗教狂喜，那我們現代人恐怕會不得其門而入。因為即便我們把智慧稱為索菲亞，我們照樣很難把它想像為女性，更遑論想像為女神。

13〈箴言〉廿六章廿七節。科克是率先指出〈箴言〉的獎懲系統具有機械性質的人之一；他主張，即便耶和華有時被描繪為介入懲罰，祂大多數時候也只是監督這機械性系統的運作。
14〈箴言〉一章七節。
15〈箴言〉四章六節。

幸而，斐洛並不完全依賴擬人化的「智慧」來說明如何才能與神接觸。他的形上學指向一條較現代的涅盤之道，而他對這道路有頗為詳細的勾勒。

涅盤的祕笈

斐洛主張，每個人的心靈都跟邏各斯有著雙重關係。首先，人的心靈之於身體，就像邏各斯之於物質世界，換言之，心靈是我們的主導原則，一如邏各斯是宇宙的主導原則。其次，每個人類心靈都是神聖邏各斯的一小片，是邏各斯在微觀層次的延伸。斐洛寫道：每個心靈「都是神聖而蒙福靈魂（指邏各斯）一個不可分的部分。」在這個意義下，你根本無需追求與神祇界連結，因為你與生俱來便是它的一部分。

不過，有「連結」是一回事，「連結」得深淺又是另一回事。人的心靈有不同部分，但只有**理性**的部分是邏各斯的直接延伸。依斐洛之見，人類的理性經常與我們各種低下的動物衝動處於戰爭狀態，而如果後者得勢，我們的知覺便會受到扭曲，而我們的動機也會受到污染。所以，一個人的理性愈是能駕馭卑賤的情欲，他跟神界的連結便愈深。

如果你想跟神有最深的連結，即如果你想在最大許可範圍內親近上帝，就必須讓自己在最大程度上連結於邏各斯，方法是保持理性心靈的絕對清明，抗拒一切情欲與誘惑。斐洛指出：「所有肉體的夥伴都憎惡並拒絕智慧的道路，想方設法敗壞它，因為再沒有兩樣事物比真知和肉身的歡愉還要水火不容。」善的最大障礙便是「靈魂受到情欲所毀傷。」[16]

在這裡，斐洛的說話調調跟一位更早期的思想家非常相似，後者也是把七情六欲視為開悟的敵人。根據最早期的佛教經典，佛陀曾經說：「最佳的美德是無情無欲，最佳的人是有眼睛可看的人。」斐洛與佛教思想的相似處還有更深一層的相似之處。佛教不僅極不信任激情，還極不信任那個會帶來狡猾扭曲的機制：感官知覺。佛陀對「六識」曾表示強烈懷疑，認為它們會唆使我們作出許多錯誤判斷，其中之一是低視其他人類同胞。斐洛對「感官」的描繪亦有相似之處，曾指出「它的判斷標準是錯謬而腐敗的，浸泡在虛假的見解之中。」另外，斐洛也像佛陀一樣，認為人的清明認知的污染源是「我執」（斐洛稱之為「嫉妒」），並對這種心理大加撻伐）。

另外，斐洛也像東方的密契主義者一樣不信任語言，深信人類語言由於構造粗糙，不但無力於捕捉實相的質地，反而會構成認識實相的障礙。他譴責語言的「自鳴得意和自大自誇」，說它「膽大包天，竟敢嘗試那不可能的任務：指著影子告訴我們實體是什麼樣子。」

就像佛陀一樣，斐洛相信，想對付人的這種處境，需要動徹底的手術。如果一個人想更靠近神界，就不能「讓思想被囚禁在身體裡，放任自由意志自行其是。人必須把思想釋放到堅牢的圍牆之外，把自我（self）留在後頭。」要做到這一點，人有需要過著隱修般的孤獨生活。因為，想要與邏各斯結合，你必須先讓自己跟「身體及其各種沒完沒了的欲望」分離；你的靈魂必須與「理性的鄰居——非理性——分離，不讓非理性成分像五道暴流般從我們的五官湧出，激起洶湧的七情六欲。」另外，「理性機能」也必須「把自己與自己切斷，與表面上看起來最貼近它的東西切斷，即文字言說。」這一切的目的是「廢棄身體，廢棄感官知覺，廢棄有聲的語言，讓心靈裡的邏各斯或思想可以單獨留駐；因為只有在這種孤獨中，邏各斯或思想才可以與心靈和諧一致。」只有這樣，內在於我們的邏各斯才會「愉快地向『獨一的存在』（Sole Existence）致上敬禮。」（斐洛所謂的「獨一的存在」是指上帝，而他的這種抽象用語無疑會讓人聯想起一些現代

16 斐洛另外又說過：「祂自己的聖言（邏各斯），是人類心靈賴以被創造的原型。」

神學用語，如「終極的實在」或「存有的根基」之類。）

簡言之，在斐洛看來，人想要跟上帝交流，首先需要嚴厲摒棄心靈裡所有不聖潔的傾向，以便獨留下某種類似「純理性」或「純智慧」的東西。唯有個人身上的小邏各斯恢復純淨無染的原貌，他才可望與周流遍布的大邏各斯有清晰的連結。這時，一個人的心靈就會是上帝心靈的本質性延伸。斐洛寫道：「所以，如果你想要讓上帝成為你心靈的一部分，必須把心靈變成值得祂居住的地方。」[17]弔詭的是，當理性完全壓倒情感，人不但不會變得毫無情感，反會得著最深邃美好的情感：斐洛稱之為「清醒的迷醉」。

他這番話是發自親身體驗嗎？他留存至今的著作斷片透露出他一度與神發生狂喜的結合：

> 曾有一個時期，我沉浸於哲學，全神貫注於冥思宇宙及其各部分，體會到「心靈」（Mind）是何等的美、可欲而蒙福。我持續不斷地與神聖的話語和教誨交流，貪婪而不饜足地愉快暢飲它們。此時，沒有任何卑下的念頭臨到我，我也不以求名、求財和求取身體的舒適為念；相反，我的靈魂陷入狂喜，像是被提升到高處，得與日月星辰、諸天和宇宙為伴。然後，當我從上界向下凝看，以理智之眼俯視塵寰，紅塵的一切以難以形容的壯觀畫面向我完全展開。此時，我深慶能逃脫凡俗生命的種種災難，自覺有福。

回到現實

然而，在同一篇文字裡，斐洛又告訴我們，這段至樂的沉思歲月後來嘎然而止：一連串的事件把他拉回到人類事務的世界（他自己的形容是：「見不得人好的『嫉妒』就潛伏在我左右，並突如其來地設計我。」）自此，他「在政治事務的浩瀚海洋裡被翻來捲去，至今無法浮出水面。」（不過，他有時還是能偶開天眼覷紅塵：「每逢從政治波濤中暫獲片刻寧靜，我頃刻便能長出翅膀，乘著知性的微風，掠過海浪，貼著水面飛行。」這時，他都可以張開眼睛並「被智慧之光所充滿。」）

某個意義下，斐洛是誇大了行動生活與沉思生活之間的緊張關係，誇大了政治與開悟之間的緊張關係。誠如我們所見，他曾經把「智慧之光」用於為亞歷山卓的猶太社群謀福祉。他發現，猶太人所身處的，是個跟希臘人和羅馬人有非零和關係的環境，所以決定用《聖經》意義的智慧來回應這個環境：透過理性地追求自利（猶太人的利益），他最終落在德行的一邊（捍衛了跨宗教的寬容和相互尊重）。所以，他的政治生涯可說是聽命於邏各斯的吩咐。

在斐洛的人生裡，我們再一次看到了「大智慧」（Wisdom）與「小智慧」（wisdom）的連鎖關係，看到了大邏各斯（神訂計畫的展開）與小邏各斯（斐洛心靈裡的邏各斯）的連鎖關係：斐洛透過把自己的小邏各斯擦拭光亮，照映出大邏各斯的樣子，他也把上帝的計畫更往前推。

這裡，我們也再次看到「作為歷史主導原則的邏各斯」和「作為道德原則的邏各斯」的連鎖關係：為回應前者的驅策，斐洛幫忙推進了後者，幫忙把他理解的《妥拉》理念實現出來。

但整幅拼圖還缺了一片拼圖板。邏各斯是怎麼「驅策」斐洛的呢？它一開始是怎樣安排「斐洛」身處於非零和處境的？我們得記得，斐洛會提出邏各斯的觀念，基本用意是以之取代那個凡事親力親為、動輒干預人間事務的上帝。如果這樣的「上帝」存在，斐洛當然就是由祂所挑選，再由祂把斐洛放進一個非零和處境，好讓斐洛能夠明智地回應這個處境，把祂的計畫往前推進。

17 朗尼亞力主，最後一個「他」字是指摩西，但其他絕大多數學者都相信那是指上帝。

然而，因為邏各斯不是人格神而更像是自然法則或電腦程式，只會不停地自動運轉，因此，這樣機械性和只管大原則的邏各斯又怎能把斐洛給「挑」出來，讓他有機會大顯身手？

斐洛沒有回答這問題。不過，我們不難拼湊出一個跟斐洛的思路不相違逆的猜想。以下是其中一種猜測，它可以解釋邏各斯作為宇宙的演算法則，是如何把斐洛放在一個非零和處境裡。

斐洛相信，人身上的邏各斯體現在理性心靈，而我們知道，理性心靈是愛探問、愛發明的，也正是這種心靈帶給人類不斷增加和形形色色的技術創新：從輪子到太空梭、從楔形文字到網際網路等（正因如此，斐洛才會把心靈裡的邏各斯稱作「種子邏各斯」（Logos spermatikos）：這是古希臘哲學家的用語，意指「孕育著種子的理性」）。然而，科技演進又總會把差異愈來愈大和住得愈來愈遠的人群拉進非零和處境中，所以，總會反覆有不同族群裡的個別理性心靈受到召喚，以明智的方式回應這類處境，起而鼓吹寬容精神。

這種鼓吹會不會獲得廣泛迴響，誰都說不準。歷史證明，許多人群的相互接觸最後只帶來了暴力和摧毀。但只要不斷有人願意像斐洛那樣，抱著明智的自利心態回應日益增長的非零和性，寬容精神打敗不寬容態度的次數便會愈來愈多，而總的來說，人類也會愈來愈朝道德啟蒙的方向邁進。有時，重點只在於你是不是能不帶情緒地運用理性：就像斐洛的例子所顯示，不管他有多麼不喜歡卡利古拉皇帝之類的敵人，但因為願意服從理性，他仍然願意把著眼點放在雙方的共同基礎，不是放在相互差異。

我並不是暗示，如果一定要斐洛用二百五十字概括大邏各斯和小邏各斯的互動本質，他一定會寫出上面這段話。不過，我還是相信，我的解釋不但可以說明大、小邏各斯的互動關係，還可同時兼顧斐洛的世界觀和歷史呈現的走向。

甚至，說不定斐洛自己也會認可我的說法，因為他曾說：「為了讓宇宙展現出類似文學傑作的和諧，邏各斯會在敵對雙方的相互威脅中進行調和，給雙方找出一條通向和平與和諧之道。」換言之：個人的智慧（如斐洛自己的智慧）是可以帶來和平與和諧的，而因為這種個人智慧可以實現大智慧（神的智慧）的目標，因而可證明大智慧的存在。

斐洛了解到，智慧之所以偏好和平與和諧，不是因為和平比戰爭高尚，而是因為和平可以讓雙方產生有生產性的互動，帶來雙贏。會導致這種雙贏，一個基本理由是，不同的國家民族往往有不同資源、不同長才。只要不打仗，彼此總有可互補的時候。在描繪歷史的發展方向時，斐洛一度把這種互補性放在歷史發展的核心。談到「所有受造物」的時候（「所有受造物」除了指不同物種的動物和植物，也指不同的族群和不同的國家），他指出：「上帝沒有讓這些不同的受造物完全自足，不必需要彼此。正因如此，每種受造物在想要獲取所需時，都得遵循一條可獲得這些所需的道路，而這條路道必然是互助和互惠。因為就連七弦琴也是由音調不同的弦線所構成，上帝乃刻意把各種受造物造得需要互惠和結合，讓他們知所彼此親近、和睦共存，好形一個單一的和諧體，以不吝互相分享為原則，藉此讓整個世界能達至繁榮的頂點。」

距斐洛寫下這番話迄今已過去兩千年，世人仍然沒有到達四海皆兄弟的境界。不過，正如他所預期，歷史已經帶來了若干道德進步，讓人對未來有理由抱持樂觀。各位若是不以此說為然，不妨回過頭去讀讀《希伯來聖經》。這個建議也許會讓各位覺得奇怪，因為依我那種疑神疑鬼的解經方式，怎麼可能會從《希伯來聖經》讀出希望來？事實上，許多人就是因為抱著疑神疑鬼的方式讀經才會失去信心。以〈利未記〉中的「當愛鄰舍如己」一語為例，許多人就是因為知道了此語只在鼓勵以色列人愛自己同胞而非鄰族，大感失望。聖經學者奧爾林斯基是其中之一，他給許多道貌岸然的《聖經》經文漏過氣，又特別給這節經文漏過氣。談到〈利未記〉十九章十八節時，他長嘆了一聲：「唉，它的作者想著的只是他的以色列同胞。」但這是一種錯誤的反應，理由有二。

值得樂觀的理由

首先，這個「愛所有以色列人」的誡命在其出現的當時實標誌著道德的一個進步。當以色列各部落還沒有熔鑄為單一政治體的時候，人們的道德關懷很少會超出部落的圓周之外。隨著部落擴大為國家，開啟了非零和遊戲的新契機，不同部落可以聯手對抗共同敵人。在這個過程中，「愛所有以色列人」的誡命有助於把所有以色列人熔鑄為一個整體。在這個意義下，把《妥拉》裡的上帝話語帶給以色列人摩西，可說是在為邏各斯服務。所以，「愛鄰舍如己」的涵蓋範圍雖然不是全人類，不足以代表古往今來人類道德的至高點，卻仍代表著道德分水嶺，因為它擴大了兄弟之愛的圓周。

第二個讓我們不應對「愛鄰舍如此」的民族主義感到失望的理由是：今日會有許多人為此感到失望，正證明了人類的道德感已比《聖經》的時代有了長足的進步。奧爾林斯基那一聲「唉」，正是我們值得稱慶的理由。

這個進步不是始自現代。正如奧爾林斯基自己指出的：「無庸置疑，到了後聖經時期（postbiblical period）早期，〈利未記〉十九章廿八節便成了猶太教國際主義的根據（後來又成了基督教國際主義的根據），由此產生出四海一家和所有人類基本平等的觀念。」

當然，如果這發展真是受我所描述的那一類邏各斯所驅動（換言之是人們以明智方式回應技術進步的結果），那類似的道德推進便不應只見於猶太人或基督徒，因為不管是智慧還是科技演進，都不是他們所專有。我們有理由推想，隨著科技的觸鬚把愈來愈多人群連結在一個相互依賴的多種族網絡裡，類似的進步也會發生在中東之外的地區。事實也是如此。

全球性邏各斯

在公元前第一千紀，當《希伯來聖經》強調人應該愛鄰舍、善待外邦人，或預期萬民會把刀劍打造成犁頭之時，世界其他地區的文化亦朝著同一個方向推進。

在中國，孔子強調最高的德目是「仁」，並像希勒爾（Hillel）[18]後來解釋《妥拉》那樣，把「仁」的內涵解釋為「己所不欲，勿施於人。」孔子還呼籲人應該「愛人」。當然，就像〈利未記〉「愛鄰舍」的誡命一樣，孔子呼籲的只是愛自己同胞。然而，比孔子晚生一代的墨子卻明確說出，人應該愛所有人。墨子指出，最高神「天」「必欲人之相愛相利，而不欲人之相惡相賊也。」又說過：「今天下無大小國，皆天之邑也。」

同一時期前後，印度的佛教經卷《慈悲經》亦有類似說法：

不要欺騙他人，
不要蔑視任何地方的任何人；
不要出於憤怒和仇恨而互相製造痛苦。
當如母親用生命保護她的獨子那般，
對一切眾生施以無限的仁慈心，

18譯注　公元一世紀初的耶路撒冷猶太教聖經註釋家。

對整個世界施以無限的仁慈心，
無論在高處、低處或地平，
不受阻撓，不懷仇恨，不抱敵意。

無疑，這類道德見地就像「智慧文學」的道德見地一樣，是源於實用動機，即相信行善會對行善者有利。[19] 佛陀便說過：「有德者可以在這個世界得快樂。」（理由之一是，放下仇恨可以帶來「心靈寧靜。」）孔子也說過：「不仁者，不可以久處約，不可以長處樂。仁者安仁，知者利仁。」又說過：「君子去仁，惡乎成名？」[20]

但無論如何，在公元前第一千紀，從太平洋到地中海的整個歐亞大陸，聖哲都呼籲人們擴大道德觀懷的圓周，呼籲人們培養愛心而制止仇恨。稱他們為「智者」一點都沒錯，因為他們的精神與「智慧文學」如出一轍，強調的是一種開明的「利己」心態：如果想平平安安，如果想獲得心靈平靜，就應該好好駕馭人性中的陰暗面，擴大道德關懷的界線。

這並不是說，道德進步的歷史是線性的，每個世紀的人都較前一世紀的人更不自我中心更寬容、更愛好和平。許多在公元前第一千紀出現的道德見地雖然受人推崇，卻沒有獲得落實，甚至直至今日還是如此。看看二十世紀的各種人類殘暴行徑，一切便盡在不言中。另外，我們也不清楚，人類的道德紀錄在未來是不是會獲得大幅改善，或是人類會不會以智慧來回應全球化社會所構成的巨大相互依賴網絡。邏各斯所能做的，只是不斷擴大人類互相交流的機會，讓更大的道德關懷可以獲得理性的基礎，其餘的事都要靠人類自己，而歷史卻顯示出人類常常錯失這些機會。儘管如此，無可否認的是，自文明肇始至今，人類的道德進步在損益相抵後得到的淨值是正值。而正如上面所指出，其中一次道德進步的大爆炸是出現在公元前第一千紀。

但為什麼這類道德睿見會在公元前第一千紀突然從各地同時冒出呢？是哪種邏各斯的「化身」推動著人類道德向前邁進？

毫無疑問，這是因為物質環境在公元前第一千紀發生了巨大轉變。[21]當時貨幣已經發明，中國、印度和中東都有使用。商路不只比從前更多，還往往跨越政治上的邊界。歷史家麥克尼爾（William McNeill）指出，在這一千年裡，自由市場已經出現，部分補充了由國家控制的經濟體系。因此，城市變得更大、更熱鬧，也讓更多種族雜處一處。

這一切至少導致三個後果。

首先，擴大的經濟互動關係意味著不同族群甚至不同政治體之間有了更多非零和關係。所以，人們有了更大的自利動機去關心我群以外的人群的福祉。自利心態固然不會鼓勵一個人去愛他者，但它起碼不會鼓勵人去恨別人。

其次，愈來愈多人發現，自己身處的環境截然不像「天擇」當初為人類所「設計」的環境。「情緒」這東西在更早的環境固然相當有用，如今卻變得價值可疑。在狩獵採集階段的村落，怒火固然可以幫助人們捍衛自己利益，但如果你是因為別人超車便怒不可遏，那麼怒火只是徒然

19 因為德行會對那個久經考驗的宗教目標（即保障社會秩序）有所裨益，這種把實用主義擴大到社會層次的做法亦被明說了出來。正如佛陀在上引的同一段經文指出過，「仇恨」之所以要不得，是因為它會引起「敵對」。佛陀在另一個地方也說過：「如果我可以奪你的性命，你的同夥一樣可以剝奪我的性命，而我的同夥一樣可以奪他們性命。所以，透過仇恨，仇恨將不會被撫平。」主張博愛的墨子曾指出沒有戰爭可證明是有益於人類時，而這個說法等於承認和平可以帶來非零和性的利益。對墨子思想體系的實用主義性格，阿姆斯壯有一詳盡的分析。孔子的整個價值體系（包括對「仁」的強調）也是著眼於社會秩序的維繫。

20 但孔子似乎鄙夷那些只為了博取名聲而擺出仁慈門面的人（見《論語》廿二章廿節）。

21 阿姆斯壯曾指出社會變遷（包括都市化）在這時期的道德思想所扮演的角色。

增加心臟病發的風險。當然，古中國、古印度和古埃及都是沒有汽車的，然而，在這些地方，因為法律和警察取代了私下報復，成為社會秩序的維持者，怒氣和恨意便失去了部分功用，變得越來愈無所謂，甚至有百害而無一利。早在公元前第二千紀初期，一份勸人為善的埃及文本便已警告：由於「製造事端如同火燒乾草」，所以，一個人「若是處身一群脾氣暴躁的人中間，便應該控制好自己……不用言詞挑釁別人……你不理他們，神自會報應他們。」

第三，隨著愈來愈多人群互相接觸，觀念交流的機會也會愈來愈多。這些觀念有些涉及該如何處理上述提到的第一和第二類變遷。如果抑制仇恨和擴大愛心被證明是有利於個人，這類建議就會在人群匯聚處迅速傳播開來。值得一提的是，〈箴言〉也說過，「智慧」女士在人匯聚之處的工作成績最是卓有成效：「智慧在街市上呼喊，在廣場上發聲，在熱鬧街頭喊叫，在城門的入口處說話。」隨著科技演進把愈來愈多的人群拉在一塊，這演進會同時創造出新的問題和新的解決方法，而結果往往是帶來一些鼓吹「利他就是利己」的主張：「她站在高處，站在路旁，站在十字路口……高聲喊說：『愚蒙人哪，學會謹慎檢點吧……我所說的話莫不是符合公義的道理。』」[22]

旅程

某個意義上，我們已經首尾相接地走了一個圓圈。最初，我們談到了耶和華是怎樣發軔於多神教脈絡，並受其他神話角色（如「瘟疫神」和「熱病神」）所圍繞。這似乎都證明了，古以色列人的宗教確實有一些「原始」的源頭。然而，到頭來，《聖經》裡較隱晦的一個神話角色（「智慧」）卻又顯示出它可以跟一套相當現代（甚至更可信）的神學接榫。這套神學的大體輪廓被斐洛勾勒了出來，而它的核心動力更是體現在斐洛自己身上：體現在他致力鼓吹跨文化寬容精神一事上。

斐洛過世的數十年後，邏各斯的觀念現身在一部希臘文的書卷裡，從此變得聞名遐邇。但邏各斯的這個角色日後又會隱晦起來，因為當該書卷被翻譯成其他歐洲語文時，「邏各斯」一詞被翻譯為上帝的「聖言」（Word）[23]。例如：「太初有聖言。」這書卷就是〈約翰福音〉，也就是《新約》四福音的最後一卷和最具神話色彩的一卷。

換一種翻譯方式，〈約翰福音〉一開始是這樣說的：「太初有邏各斯，邏各斯與上帝同在，邏各斯就是上帝。」隨著〈約翰福音〉的開展，我們會清楚看見，耶穌基督就是這邏各斯的化身：「邏各斯就成了肉身，住在我們中間，充充滿滿的有恩典有真理。我們也見過他的榮光，正是父獨生子的榮光。」[24]

斐洛與耶穌同時代，而他自己也說過，邏各斯是上帝的兒子。到底〈約翰福音〉有沒有受斐洛的影響，我們不得而知。但無論如何，〈約翰福音〉的作者都絕不只是把「邏各斯」理解為上帝的「聖言」。任何生活在公元前一世紀晚期希臘—猶太世界的知識分子都一定會在哲學或神學作品裡碰到「邏各斯」一詞。斐洛的用法絕不是同類作品中的異數，因為《所羅門智訓》之類的作品一樣是把「邏各斯」等同於「智慧」，指出它是一股有著神聖來源和啟蒙效果的力量。無怪乎〈約翰福音〉會稱耶穌「是真光，會照亮〔啟蒙〕一切生在世上的人。」又說耶穌「是萬民的光。這光照在黑暗裡，而黑暗無法制服它。」[25]

22〈箴言〉一章廿至廿一節、八章二節、五節、八節，譯者自譯。
23 譯注 這話通行中譯是太初有道，而「道」的觀念確實較近於「邏各斯」。
24〈約翰福音〉一章一節、一章十四節。

但耶穌真的是邏各斯的道成肉身（incarnation）嗎？他看起來當然是個資格十足的候選人。根據《聖經》所述，他宣揚仁厚、寬容，甚至博愛，所以在在看起來都是致力於邏各斯所致力的工作，即擴大道德關懷的圓周。事實上，我說過，甚至摩西也可以被視為邏各斯的化身，因為他曾把道德關懷從部落的層次提升到民族的層次，要求猶太人應該「愛鄰舍如己」。如果耶穌真的如《聖經》所說，曾經把仁愛之心更向前推，把它從民族的層次推進至全球的層次，那他當然是邏各斯的體現者。

但如果《聖經》有關耶穌的記載都是虛構的呢？要是耶穌從未說過那些勸人彼此相愛的教誨呢？會不會，有關耶穌這個人，我們唯一敢肯定的只是他相當不同於《聖經》裡的記載？那樣的話，會不會讓耶穌變得較不像是邏各斯的化身？這樣的話，我們是不是就不應該相信有邏各斯這回事？這些問題，我將在下一章討論。

25〈約翰福音〉一章九節、一章四至五節。

III

They stood still, looking sad.
Then one of them, whose name was Cleopas, answered him,
"Are you the only stranger in Jerusalem who does not know the things that have taken place there in these days?"
He asked them, "What things?"
They replied, "The things about Jesus of Nazareth,
who was a prophet mighty in deed and word before God and all the people,
and how our chief priests and leaders handed him over to be condemned to death and crucified him.
But we had hoped that he was the one to set Israel free."
Luke 24:17-21

"Finally, brothers and sisters, farewell.
Put things in order, listen to my appeal, agree with one another, live in peace;
and the God of love and peace will be with you.
Greet one another with a holy kiss."
2 Corinthians 13:11-12

基督教的「發明」

The Invention Of Christianity

他們就站住，臉上帶著愁容。
二人中有一個名叫革流巴的回答說：
「你在耶路撒冷作客，還不知道這幾天在那裡所出的事嗎？」
耶穌說：「什麼事呢？」
他們說：「就是拿撒勒人耶穌的事。
他是個先知，在上帝和眾百姓面前，說話行事都有大能。
祭司長和我們的官府竟把他解去，定了死罪，釘在十字架上。
但我們原盼望他就是能讓以色列得自由的那人！」
〈路加福音〉第廿四章十七至廿一節

還有末了的話：願弟兄們都喜樂。
要作完全人；要受安慰；要同心合意；要彼此和睦。
如此，仁愛和平的上帝必常與你們同在。
你們要以聖吻彼此問候。
〈哥林多後書〉第十三章十一至十二節

10 耶穌行過些什麼事？

What Did Jesus Do?

宗教史家常根據一個弔詭的標準去判斷《聖經》某項歷史記載的可信度：愈說不通便愈有可能是史實。更精確的說法是：一項記載在神學上愈說不通，便愈有可能是史實。理由是，如果《聖經》的作者真有虛構事情的話，他們絕不會虛構一些跟他們神學兜不攏的事情。所以，當你看到他們設法自圓其說，便表示該事情真有可能發生過。這個道理在聖經研究的圈子裡已是常識，無由反對或忽略。

正是基於這個理由，《聖經》有關猶大國王約西王獨尊耶和華的記載被認為是可信的。因為既然約西亞最後不得善終，而以色列的國運又是因他而掉落谷底，那麼，對《聖經》的編訂者（都是些一神教徒）來說，把約西亞說成是多神信仰的支持者會更方便些，因為如此一來，便可以把他的下場解釋為招致神怒所引起。既然他反對多神信仰在神學上會帶來那麼大的不便，那對於《聖經》何以納入此事，最好的解釋便是：那是史實。

我們大可把這個判定歷史可信度的標準稱為「神學不便利性準則」（rule of theological inconvenience）。基於這個準則，許多聖經歷史學家才會認為耶穌受難之說可信，即便相關文字記載要等耶穌釘十架的二十年後才首度出現。[1] 這事情在神學上太講不通了，以致我們有理由相信它真的發生過。

我這樣說一定讓各位覺得奇怪。因為，對基督徒來說，還有什麼比耶穌死在十字架上更好理解的呢？基督受難乃是基督教的中心命題，是上帝愛世人的一大見證。正如〈約翰福音〉第三章十六節所言：「上帝愛世人，甚至將祂的獨生子賜給我們……」這番話在今人讀來仍會悸動，對古代世界的衝擊更是無可估量。要知道，一直以來，神祇都是人類獻祭的對象，但《聖經》裡的神不但不要求人類獻祭，反而用自己替人類獻祭（可稱之為一種終極獻祭）。[2]所有人的罪孽都因為上帝的自我犧牲而獲得補贖。

這種獻祭方向的逆轉還只是「十架神學」的第一幕。這神學的第二幕（即耶穌復活）同樣帶有強大象徵意義，它意味著永生是人可能獲得的，且任何種族、任何階級的人基本上都有資格獲得，唯一的要求是你必須接受耶穌復活是事實。上引的〈約翰福音〉第三章十六節的全文作：「上帝愛世人，甚至將他的獨生子賜給他們，叫一切信祂的不致滅亡，反得永生。」〈加拉太書〉把這種開放的政策說得更清楚：「從此不再有猶太人或希臘人之分，不再有奴隸或自由人之分，不再有男人或女人之分，因為你們全都在基督耶穌裡合而為一了。」[3]普世救贖意味著上帝無比仁慈也無比慷慨，所以，在基督教裡，很難想像有什麼比上帝讓祂的獨生子釘上十架更說得通。

那麼，學者又怎麼會認為它通得過「神學不便利性準則」的檢驗？因為，不管現在的我們看來它有多麼說得通，在事發當時卻非如此。對耶穌的門徒來說，耶穌遇害除了對他們構成重大的情緒衝擊，還讓他們不知要如何對別人啟齒。

要知道，耶穌的門徒一直認定耶穌是彌賽亞[4]（希臘文的「基督」一詞相當於希伯來文的「彌賽亞」）。今天，基督徒都相信彌賽亞是由至高者派來，進行終極的犧牲，以換取世人的靈

1 例如〈加拉太書〉三章一節曾提到基督受難一事，但這書信一般認為是寫於公元六〇年代早期。

2 很多記載都顯示，反對向上帝獻祭的主張在耶穌運動的圈子裡形成共識之時，同一習尚也在猶太教式微。有學者認為這趨勢是開始於公元八世紀初第二聖殿被羅馬人摧毀之後。

3 〈加拉太書〉三章廿八節。

魂救贖。但在耶穌的時代，人們卻不覺得喪失生命也是彌賽亞的職責之一。

在希伯來文，名詞「彌賽亞」是由動詞轉成，而該動詞意謂「用油膏抹〔某人〕」。在《希伯來聖經》裡，以色列諸王有時會被稱為耶和華的「彌賽亞」，意指他們是受上帝膏立為王。[5]到了公元前第一千紀晚期（耶穌快要誕生之時），一些猶太教宗派相信，世界末日即將來臨，而上帝將會派來一個「受膏者」（即彌賽亞），跟上帝的敵人進行最後決戰。最通行的解釋是，這個彌賽亞就像《希伯來聖經》提到的其他「受膏者」一樣，是個王。[6]正因如此，我們才會在〈馬可福音〉讀到，耶穌的迫害者在他的十字架上頭寫著「猶太人的王」幾個字，又嘲弄他：「以色列的王基督，你現在可以從十字架上下來，叫我們看見，就信你所說的。」[7]

但不是只有國王有資格當彌賽亞。《希伯來聖經》偶爾也會把大祭司或先知稱為神聖的受膏者。這種分歧性也反映在耶穌時代前後的末世論思想。根據《死海古卷》所述（這古卷由一門猶太教宗派留下，該宗派在耶穌出生前一個多世紀活躍於死海附近），善對惡的終極決戰將會由兩個彌賽亞式人物率領，他們一位是祭司，一位是君王。不過，即便彌賽亞就是國王，他會戰勝也未必是透過武力。例如，據寫成於耶穌誕生前數十年的《所羅門詩篇》（*Psalms of Solomon*），一位彌賽亞國王將會「用他口中的話語摧毀無法無天的國族。」

不過，有一點卻是所有耶穌時代持末世論思想的猶太人都同意的：彌賽亞將會在終極之戰中戰勝邪惡，把上帝的治權帶到人間。這點首先是意味，彌賽亞不會在最後決戰之前死去。[8]由於當時流行這種宗教邏輯，耶穌之死必然對門徒帶來重大打擊，因為門徒一直把他視為彌賽亞。

不過，這個困難不是不可克服的。因為，如果按照流行的宗教邏輯，約西亞國王的下場一樣證明了多神教可取，而一神崇拜不可取，但既然「只愛耶和華運動」能用深具創意的方式力挽狂瀾，那耶穌運動（Jesus movement）的推動者未嘗不能表現出同樣的創意。一如獨尊耶和華的猶太人有辦法把一場大災難說成是上帝大能的象徵，耶穌的追隨者最終也想出了辦法，把另一場大災難說成是上帝無比慈愛的象徵。

他們是怎樣做到的？為什麼要這樣做？要回答這些問題，我們必須先明白，這種「把檸檬變成檸檬汁」的伎倆不是初生基督教和初生猶太一神教的唯一相通之處。兩者的另一個共通處是用經文來重塑歷史，以遮蓋宗教教義的實際演化軌跡。《希伯來聖經》後期的一神教作者和編訂者透過改寫以色列的歷史，透過把耶和華之外的神祇通通說成是外來物，營造出一種假象，讓人誤以為以色列人從一開始便是信奉一神教。《新約聖經》的作者則是透過改寫耶穌的生平營造出另一種假象，讓人誤以為耶穌信徒在基督受難前和基督受難後秉持同一套信仰。在耶穌死後數十年和數世紀發展出來的基督教，讓自己處處顯得是直接衍生自耶穌實際言行，而這表示，耶穌的言行有時會受到竄改。

4 有關「歷史的耶穌」有沒有認為自己是彌賽亞，或他的門徒有沒有認為他是彌賽亞，學者意見不一。（最早一部福音書記載，彼得曾猜測耶穌就是彌賽亞，見〈馬可福音〉十四章六十二節，耶穌當時未置可否，卻在死前不久宣稱自己是彌賽亞。）我的猜測是，耶穌和他至少一部分追隨者都多少設想過這種可能性。另一個相關的問題是耶穌有沒有自認為是「人子」（這問題的討論見本書第十三章）。

5 〈撒母耳記上〉十二章三節、五節。《新修訂本標準英譯聖經》把這個字譯作「受膏者」，但從希伯來原文觀之，這個字的味道更像是「彌賽亞」。

6 有這種預期的其中一種猶太文本是《所羅門詩篇》，特別是第十八篇。此文本寫成於耶穌誕生前數十年。

7 〈馬可福音〉十五章卅二節。

8 對這觀點持異議的其中一位學者是諾爾（Israel Knohl）。他指出，據公元前一世紀晚期的一段希伯來銘文記載，天使迦百列曾使一位彌賽亞式人物在死後三天復活。據諾爾的翻譯，這銘文作：「我迦百列命令你，王子中王子，三天後從岩縫中的糞堆裡活過來。」但其他學者認為這翻譯不妥（「活過來」三個字特別不妥），而諾爾後來亦承認，他的詮釋（這詮釋認定彌賽亞受難的觀念曾出現在耶穌時代之前）有些猜測成分。

這倒不是說，《希伯來聖經》和《新約聖經》的作者蓄意作假。這是因為，即便沒有人刻意引導，任何口耳相傳的口頭傳說亦總會呈現出慢慢扭曲變形的趨勢。我們有理由相信，在耶穌遇害後，他的追隨者為爭取信徒，會給有關耶穌的故事加鹽加醋，而因為他們深深期盼耶穌真的是彌賽亞，所以又會對自己所加鹽醋信以為真。

無論如何，《聖經》作者有沒有蓄意作假對我們的探討無關緊要。重點是，我們若想破解基督教革命的真相，便必須用讀「舊約」聖經（即《希伯來聖經》）的同一種方法去讀《新約聖經》。我們必須記住，《聖經》的敘事所反映並不只是事件發生的時代，還反映事件被寫下的時代。有了這種認知，我們才可能弄懂，何以釘十架這件本足以讓耶穌信譽萬劫不復的事件，到頭來反會轉化為博愛的象徵。

要達成這種轉化當然得費一番工夫。因為真實的耶穌——即「歷史的耶穌」（historical Jesus）[9]——從未鼓吹博愛。最起碼，這是我們仔細而帶批判地閱讀《新約》之後會得到的印象。

「歷史的耶穌」

有關「歷史的耶穌」是個怎樣的人，我們幾乎難以斷定，因為可靠的相關資料很少。《聖經》裡有關耶穌的記載見於四福音（〈馬太福音〉、〈馬可福音〉、〈路加福音〉和〈約翰福音〉），而它們寫成於公元六十五年至一百年之間，換言之，是寫成於耶穌死後三十五年至七十年之間。[10]到了這個時候，有關耶穌生平的那些原始材料（不管是以口傳或書面方式流傳）無疑都已因應信徒的心理需要和修辭需要而被重塑過（《新約》保羅書信的寫成時間較早，最早的一些大約寫於耶穌死後二十年左右，可惜它們對耶穌的生平一無所述，也極少引用他的話語）。

普遍認為，四福音之中，〈馬可福音〉的記載最接近事實。它寫成於公元七〇年前後，相當於耶穌受難後的四十年左右。這個時間落差不算短，但這段時間能累積的可疑材料總比後來三部福音書能接觸到的要少（〈馬太福音〉和〈路加福音〉成書於耶穌受難後約五十年，〈約翰福音〉更成書於耶穌受難後六、七十年）。更重要的是，當馬可寫作福音的時候，應該還有若干知道耶穌生平細節的人尚在人世，而他們的記憶說不定可以約束作者的天馬行空。隨著時間流逝，這些人愈來愈少，而隨著一個又一個十年過去，其他福音書作者的創作自由也愈來愈大。

如果我們按成書先後順序考察四福音，會發現它們包含的可疑材料愈來愈多。馬可所寫的東西固然沒有多少「樸實無華」的成分，但顯然要比後來的福音書樸實無華（四福音作者的真實名字都不得而知，但為方便計，我提到作者時都會用書名所見的名字稱之。）

茲舉一個例子。福音書記載，耶穌自小生長在一個不起眼的村落：拿撒勒。但《希伯來聖經》曾經預言，彌賽亞是大衛王的後代，而且會像大衛王一樣誕生於伯利恆。[11]這便產生一個問題：「拿撒勒人耶穌」怎麼會出生在伯利恆？馬可從未正視這個問題，但到了馬太和路加筆下，這個問題的答案卻出現了，而且是兩個不同的答案。按路加的解釋，耶穌父母為參加一次人口普查去了伯利恆，又在耶穌出生後回到拿撒勒。但在〈馬太福音〉，耶穌的父母卻看似一直住在伯利恆

9 譯注 聖經學者的用語，意指透過可靠歷史材料還原出來的耶穌真實面貌。

10 有關四福音的彼此關係，我採取的是大部分學者同意的觀點：〈馬可福音〉最早，是根據口傳材料或／和書面材料寫成，成書時間大概是公元七〇年後不久（但也有可能早至六〇年代中葉），也就是耶穌故去的大約四十年之後。〈路加福音〉和〈馬太福音〉成書於公元八〇或九〇年代左右，它們的作者要嘛是參考過馬太的文本，要嘛是參考過一組與馬太文本密切相似的資料。〈約翰福音〉成書最晚（但不晚於公元一百年），其作者大有可能未讀過前三部福音，依賴的是一些其他的口傳和書面傳說。

11 見〈約翰福音〉七章四十二節，〈彌迦書〉五章二至五節。

利恆。那他又怎麼會在拿撒勒長大？馬太告訴我們，這是因為他雙親為避難而逃到埃及，待離開埃及時又覺得回伯利恆不安全，便定居在「一個叫拿撒勒的小鎮」[12]。路加和馬太之間的矛盾顯示出，對於耶穌是哪裡人，我們應該相信成書更早的〈馬可福音〉的說法：拿撒勒人耶穌從頭到尾都是拿撒勒人。

另一個例子是耶穌對自己的死是何種態度。如果耶穌是上帝兒子，是被父神派到人間赴死，那我們理當預期他會從容就死（即便不快樂，但至少會表現出凜然態度）。畢竟，他一直知道上帝有這個計畫，而且知道自己會在死後復活。但馬可對耶穌最後話語的記載卻是：「我的上帝！我的上帝！你為什麼離棄我？」聽起來就像被釘十架一事大出耶穌意料之外，就像他自感走到了人生盡頭。但在比〈馬可福音〉晚出十或二十年的〈路加福音〉裡，耶穌卻沒有這種困惑茫然，反而相當鎮定地說：「父啊！我將我的靈魂交在你手裡。」〈約翰福音〉則記載，耶穌死前只說了兩個字：「成了！」一點困惑驚訝都沒有。[13]（最感人肺腑的耶穌遺言見於〈路加福音〉：「父啊！赦免他們吧；因為他們所做的，他們不曉得。」然而，這番話看來是後人加入的）。[14]在這件事情上，〈馬可福音〉再次顯示出，它比後出的三部福音包含更多「神學不便利」的內容。

然而，至少還有兩件神學不便利的事實不止出現在〈馬可福音〉，還出現在〈馬太福音〉和〈路加福音〉。第一件，當法利賽人[15]要試探耶穌，要他變些神蹟來看看時，他沒能變出來。第二件事情是，耶穌在自己家鄉未能獲得接納，而且一樣行不出有力的神蹟。有些學者認為，這些失敗的事例竟不止留在〈馬可福音〉，而且還留在更後來的福音書，可能表示它們已成了反對耶穌運動者的把柄而流傳甚廣，讓三位福音書的作者無法迴避。

即便馬可不是唯一承認這些彆扭事實的福音書作者，他對這些事實的記載仍較忠實，少些後來福音書的文飾。〈馬可福音〉記載，當耶穌未能應一些法利賽人要求顯示神蹟後，便負氣上船去了，走前說了這番話：「這世代憑什麼要求神蹟呢？我實在告訴你們，這世代的人不會看見任何神蹟。」到了馬太，這個故事獲得了整容。耶穌一樣未能在法利賽人面前顯神蹟，但這次他卻說出了理由：這世代的人是邪惡的，不配看到神蹟。另外，耶穌還把法利賽人看神蹟的要求倒打一把，指責他們昧於讀出「時代的徵兆〔神蹟〕」。在另一個地方，耶穌又利用法利賽人要求看神蹟的機會，用謎樣的語言預言自己將要遇難和復活：〈馬太福音〉此舉等於是說，耶穌已經向法利賽人顯出神蹟，只是他們太盲目，視而不見罷了。而到了〈路加福音〉（少數學者認為它與〈馬太福音〉同時代，大部分學者認為它晚於〈馬太福音〉），這問題被輕描淡寫化：要求耶穌行神蹟的不再是法利賽人，而是些無足輕重的路人，而這一次，耶穌也是信心十足地用一些不充分的理由把他們給打發走。[16]

對為耶穌辯護的人來說，最難解釋的大概是他怎麼會在自己家鄉受到厭棄。拿撒勒是個只住著大約三百居民的小鎮，他們大部分都應該認識耶穌，其中有很多都是他親戚。難怪耶穌被鄉人厭棄的事實會讓馬可、馬太和路加都覺得有必要面對和加以辯解，而他們也一個比一個成功。

12〈馬太福音〉二章廿三節。〈路加福音〉（一章四十六至九節）以另一種方式解決了這問題。

13〈馬可福音〉十五章卅四節；〈路加福音〉廿三章四十六節；〈約翰福音〉十九章卅節。〈馬太福音〉（廿七章四十六節）採取的是馬可的版本：「為什麼離棄我？」（這一點符合很多學者一個看法：〈馬太福音〉寫成於〈路加福音〉之前，所以年代上較接近〈馬可福音〉。）

14〈路加福音〉廿三章卅四節。請參見《新修訂本標準英譯聖經》的註釋。

15譯注 Pharisees，公元前二世紀至後二世紀猶太教一個重要派別，強調應嚴守律法的細節。在《新約聖經》裡，法利賽人被描繪為「假冒為善」的偽君子的象徵。

16〈馬可福音〉八章十二節；〈馬太福音〉十六章三節，十二章四十節；〈路加福音〉十一章十六至四十一節。

在這三部福音書裡，耶穌都是用一句格言似的話，把自己受同鄉厭棄的事實輕輕打發掉。格言的最早版本見於〈馬可福音〉：「大凡先知，除了本地、親屬、本家之外，沒有不被人尊敬的。」接下來，馬可指出，耶穌「在那裡既不能行什麼異能」，便任由那裡的人繼續停留在「不信」狀態。但馬太卻別出心裁，把這兩句話倒接在一起，弄成因果關係，儼然是在教育讀者「不信者恆不信」的道理：「〔耶穌〕因為他們不信，就不在那裡多行異能了。」路加採取的是不同策略。在路加的描寫裡，耶穌不是應觀眾要求表演神蹟卻失敗，而是先發制人地向群眾指出他知道他們想要看他顯異能：

我知道你們必會引這諺語向我說：「醫生，你先醫自己吧！」又會說：「我們已聽說你在迦百農行過什麼事，你也在自己家鄉行給我們看看吧。」但我實在告訴你們，沒有先知會被自己的家鄉所悅納。

然後，耶穌又引用《希伯來聖經》的先例，指出先知都只會在外地而不會在本鄉顯神蹟：例如，先知以利沙便曾醫治一個敘利亞的痲瘋病人，卻沒理會以色列的痲瘋患人。在這裡，〈路加福音〉是要暗示，群眾會反對耶穌，不是因為他無法行神蹟，而是因為他對外邦人表現出同情態度。[17]

雖然比〈馬可福音〉晚出的福音書所包含的可疑傳說與解釋愈來愈多，但這並不表示馬可的記載白璧無瑕。事實上，馬可本人看來正是四福音裡一種最突兀的辯護策略創始人，而他使用這種策略，是為了解釋一個問題：既然耶穌是上帝派來傳揚「上帝的國近了」，何以生前只成功說服了極少數的人？

〈馬可福音〉第四章記載，耶穌對一大群群眾說了一個深奧的比喻，聽得人人一頭霧水：

在無人的時候，跟隨耶穌的人和十二個門徒問他這比喻的意思。耶穌對他們說：「上帝的國的奧祕只叫你們知道，若是對外人講，凡事就用比喻，好叫『他們看是看見，卻不曉得；聽是聽見，卻不明白；恐怕他們回轉過來，就得赦免。』[18]

這可怪了，耶穌既是上帝所派來傳播天國的信息，卻故意打啞謎，好讓大部分人聽不懂！雖然這種說法在《希伯來聖經》有先例可援（耶穌引用的就是先知以賽亞的典故），但它的怪異程度也只能稍微沖淡。所以，極有可能，馬可寫出這段話，是為了解釋耶穌既是上帝派來啟蒙世人，何以生前只能啟蒙的人寥寥無幾。這個問題太重要了，必須有個解釋，而馬可的解釋也因此被保留在〈馬太福音〉和〈路加福音〉。

這就是見於四福音之間一種普遍的、不對稱的模式。〈馬可福音〉比後來的福音書留有更多餘地給「神學不便利」的事實（「為什麼離棄我？」），而當其他福音書選擇保留這些事實（如耶穌是拿撒勒人一節），它們都會保留馬可的解釋策略，有時還會額外加入一些馬可沒有的辯解方法。隨著一個又一個十年過去（公元七〇年而八〇年而九〇年），耶穌的故事愈發不受歷史記憶約束，也愈來愈引人入勝。

這種趨勢在最後一部福音書達至高峰。我說過，有些彆扭事實連馬太或路加都覺得不能不面

17 〈馬可福音〉六章四至五節；〈馬太福音〉十三章五十八節；〈路加福音〉四章廿三至廿四節。

18 〈馬可福音〉四章十至十二節。這經文指涉〈以賽亞書〉的第六章：在該章經文裡，上帝授意以賽亞把預言說給聾子聽。施魏策爾以「預定論」（doctrine of predestination）解釋耶穌為什麼蓄意把話說得不清不楚。

對，但約翰卻完全沒有這種顧慮：他不是把這些事實棄而不顧，便是將之顛倒過來。〈約翰福音〉完全沒提耶穌是拿撒勒人一節；至於耶穌在法利賽人面前變不出神蹟來一節，〈約翰福音〉不僅沒提，反而一次又一次描寫法利賽人如何被耶穌的眩目神蹟所折服。有一個法利賽人還驚歎：「你所行的神蹟若是沒有上帝同在，將無人能行。」[19]

事實上，到了約翰筆下，耶穌行神蹟的大宗旨已經有所改變。在〈馬可福音〉裡，耶穌不會行招搖的神蹟，而且在私底下向門徒顯神蹟時也是頗費氣力才辦得成。（馬可也許是為了回應一些批評者的質疑：為什麼除耶穌的門徒外，這麼少人見過他行神蹟？）然而，〈約翰福音〉裡的耶穌所顯的神蹟卻蔚為壯觀，其中一次是讓拉撒路（Lazarus）死而復活（前三部福音都沒記載）。在讓拉撒路復活以前，耶穌先這樣指出：拉撒路會病死，「乃是為了彰顯上帝的榮耀，也叫上帝的兒子因此得榮耀。」另外，〈約翰福音〉裡的神蹟也變得明顯帶有象徵意味。例如，耶穌在使一個盲人重見光明後，這樣表示：「我是世上的光。」[20]

這是一個極不謙遜的宣稱，但約翰筆下的耶穌本來就不是謙遜的人。前三部福音從未把耶穌等同於上帝，但在〈約翰福音〉裡，耶穌卻宣稱：「我與天父原為一。」[21]及至這個時候，基督徒的傳說與神學已演化了六、七十年，而它們也比從前更不願聽命於人們對真實耶穌的記憶。

這一切顯示出，如果我們想要試著還原出「歷史的耶穌」，哪怕只是還原出一個梗概，最理想的出發點是最早的一部福音，即〈馬可福音〉。它包含最多「神學不便利」和只微微修飾過的事實，所以理應包含至少若干程度的真實性。

馬可筆下的耶穌是什麼樣的人？首先像是喜歡冒險犯難的人。一開始，他在約旦河接受了施洗約翰的洗禮，然後單獨在曠野裡待了四十天。這個情節也許不足取信，但耶穌未嘗不可能以此舉作為他彌賽亞事業的前奏。我說過，有些印第安人會用孤獨苦修的方式進行「靈境追尋」，設法透過與某些超自然生靈晤面獲得靈啟。在〈馬可福音〉裡，扮演超自然角色的是撒旦，他百般誘使耶穌放棄自己的使命，但以失敗告終。

耶穌的使命包括兩方面。

第一方面是到處遊方，為人治病、趕鬼，偶爾還會讓食物增加許多倍[22]。就這一點而言，耶穌相當類似當時許多在巴勒斯坦四處遊走的靈力治療師和驅魔師。他看起來還像個「原始」社會裡的薩滿師：在學徒階段結束後（受到前輩施洗約翰的祝福並在苦行中鞏固自己的職志後），他具有了為人醫治肉體疾病與心理疾病的能力。我說過，很多真實生活裡的薩滿師在施行異能時其實是使用了障眼法，耶穌也是這樣嗎（有一部學術著作就叫《魔術師耶穌》）？還是說他只有一種「恩賜」（例如說很擅長安撫那些因歇斯底里致病的人），但門徒在為他宣傳時卻添油加醋，把他說成無所不能？還是說耶穌的神蹟全是信徒杜撰，好抵消他數度變不出神蹟的著名失敗？

我們不知道答案。但無論如何，如果耶穌只是個普通的巴勒斯坦遊方行異能者，我們就不會

19〈約翰福音〉三章二節，九章十六節，十一章四十七節。
20〈馬可福音〉五章卅七節（＝〈路加福音〉八章五十一節）；〈約翰福音〉十一章四節、九章五節。
21〈約翰福音〉十章卅節。
22 譯注 指耶穌以五餅二魚餵飽五千人一事。

聽聞他的名字。真正讓耶穌變得大有影響力的是使命的第二部分，而這個使命與薩滿師的工作無關。〈馬可福音〉記載，耶穌一從曠野回來，便前往加利利，傳講「上帝的國」（Kingdom of God）即將來臨的信息。

在這一點上，耶穌事實上是拾起了「第二以賽亞」在五百多年前留下的末世論觀念。以賽亞曾預言，耶和華有朝一日必將公義帶給世人，屆時，被壓迫者與有權有勢者的地位將會逆轉。耶穌分享以賽亞的這種觀點，並這樣說：「在前的必將在後，在後的必將在前。」但對於這個逆轉的日子何時會來臨，耶穌說得比以賽亞更具體：很快。救贖的日子近了，屆時善將會打敗惡。「福音」（意指「好消息」）一詞也是由此而來。耶穌在〈馬可福音〉所說的第一句話乃是：「日期滿了，上帝的國近了，你們當悔改，相信好消息。」[23]

那麼，「上帝的國」來臨時是什麼樣子？有些經文把它形容得像虛無飄渺的屬靈之物，彷彿只是個比喻。例如，耶穌曾說過：「上帝的國不是眼所能見的。人們也將不會說：『看哪，在這裡！看哪，在那裡！』因為上帝的國就在你們中間。」但這節經文出自耶穌死後大約五十年才寫成的〈路加福音〉，目的大概是讓耶穌「上帝的國」快來之說顯得不是空話。較可靠的證據來自〈馬可福音〉，在那裡，耶穌用一個預言說明「上帝的國」會何時來臨，又如何來臨：「我實在告訴你們，站在這裡的其中一些人將會在未嘗死味以前，便得見上帝的國來臨掌權。」又說當「上帝的國」臨近，世人必然會曉得，因為屆時「太陽會變黑，月亮也不放光，眾星要從天上墜落。」[24]

「上帝的國」在來臨時刻這麼驚天動地是有道理的，因為這蒙福事件不啻是把上帝的完美國度（前此只存在於天上）移植到人間，使不完美的人間變得完美。正如〈主禱文〉所說：「願你的國降臨，願你的旨意行在地上，如同行在天上。」

上帝的旨意乃是要叫那些不配得「上帝的國」公民權的人滾蛋，接受永罰的煎熬。所以，當耶穌說以下這番話的時候，他可不是在打比喻：倘若你走在救贖之路途中有一隻腳叫你跌倒，你應該把它砍下來；「如果你的一隻眼睛使你犯罪，把它挖出來！缺了一隻眼睛而進入上帝國，比雙眼齊全被扔進地獄裡好多了。在那裏，……烈火永不熄滅。」[25]

愛在哪裡？

那麼，要進「上帝的國」，需要具備哪些資格？耶穌對「公義」作何理解？如果我們竭盡所能去還原「歷史的耶穌」，那麼，哪些被說成是他鼓吹的道德教誨將可證明真是他傳揚過的？若從最早一部傳達耶穌信息的福音書觀之，答案將會讓那些相信基督把上帝無限慈愛帶給世人的基督徒感到失望。

在〈馬可福音〉，「愛」這個字只在一段經文裡出現過。[26]該經文記載，有個文士（scribe）問耶穌，《聖經》哪一條誡命最是要緊。耶穌給他指出了兩條誡命：「第一要緊的是……『當盡心、盡性、盡意、盡力愛上帝你的神。』第二要緊的是：『當愛鄰舍如己。』」[27]文士聽後大表

23〈馬可福音〉一章十五節。

24〈路加福音〉十七章廿至廿一節（「上帝的國就在你們中間」又可譯作「上帝的國就在你們心裡」）；〈馬可福音〉九章一節（《新修訂本標準英譯聖經》的編者指出，「便得見上帝的國大有能力臨到」）；〈馬可福音〉十三章廿四至廿五節。

25〈馬可福音〉九章四十七至八節。

26〈馬可福音〉十二章卅至卅三節。另外，〈馬可福音〉十章廿一節也出現過過去時態的「愛」（loved）字：「耶穌看著他，就愛他，對他說……」

贊同，還說這兩條誡命「比一切燔祭和各樣祭祀更重要。」耶穌嘉許他說：「你離上帝的國不遠了。」

這裡，耶穌傳達的無疑是一種「愛」的信息。但這愛有多寬呢？我先前指出，在《希伯來聖經》的「愛鄰舍如己」一語中，「鄰舍」多半是指其他以色列人。換言之，「愛鄰舍」真的是「愛鄰舍」，不是要你愛所有人。我們沒有憑據可以認為，在最早一部福音書裡僅兩見的「愛」字應作擴大解釋。

事實上，我們倒是有理由相信，情況剛好相反。兩部福音書都記載，曾有個婦人乞求耶穌為她女兒趕鬼。問題是她並非以色列人（一部福音說她是「迦南人」，另一部說她是「希臘人」），所以耶穌不願意幫她的忙，還用了讓人不敢恭維的比喻拒絕所請：「不好拿兒女的餅丟給狗吃。」那婦人聽了，可憐兮兮地回答說：「但是狗也吃牠主人桌子上掉下來的碎渣兒。」[28]於是，耶穌便給她扔了一些碎渣兒：幫她把女兒身上的鬼趕走。

耶穌的捍衛者也許會辯稱，這故事的要旨只是要顯示，外邦人一樣可以透過信仰獲得救贖。事實上，〈馬太福音〉就是這樣解釋，還讓耶穌讚歎道：「妳的信心大矣哉！」不過，在最先記載這故事的〈馬可福音〉卻沒提信心一節。在在看來，那個婦人之所以贏得耶穌回心轉意，是因為她願意承認自己的身分比以色列人低下。當婦人向耶穌鞠躬時，耶穌只回答說：「因這句話，妳回去吧；鬼已經離開妳的女兒了。」[29]

這個耶穌一點不像現代主日學歌曲裡提到的耶穌：

耶穌愛小孩，
全世界的小孩。

紅與黃，黑與白，
在祂眼中同等珍貴，
耶穌愛全世界的小孩。

為耶穌傳統形象辯護的人也許會指出，在〈馬可福音〉的最後，耶穌曾經告訴門徒：「你們往普天下去，傳福音給萬民聽。凡信而受洗的人必然得救。」然而，有證據證明，這話是後人加進〈馬可福音〉的。[30]再者，把以色列上帝的話帶給普天下，也不必然表示外邦人可以跟以色列人平起平坐。「第二以賽亞」一樣認定普天下終必會認識耶和華的榮美，並由此獲得某種救贖，但重點是他們必須向錫安俯首，聽命於以色列的神——也因此是聽命於以色列。事實上，〈馬可福音〉裡的耶穌直接引用過「第二以賽亞」的話：「經上不是記著說：『我的殿必稱為萬邦禱告的殿嗎？』」「第二以賽亞」說這話的意思其實是，所有外邦人有朝一日必會被帶到上帝位於以色列的殿，「要作祂的僕人」。[31]

簡言之，若根據〈馬可福音〉下判斷，那我們今日所認識的耶穌並不是真正存在過的耶穌。真實的耶穌固然主張我們應該愛鄰人，卻沒有主張我們應愛全人類；他固然主張我們應該愛上帝，卻沒說過上帝愛我們。事實上，如果你不為自己的罪懺悔，不把耶穌的信息當一回事，你就

27〈馬可福音〉十二章廿九至卅一節。
28〈馬太福音〉十五章廿七節。
29〈馬太福音〉十五章廿八節；〈馬可福音〉七章廿九節。
30《新修訂本標準英譯聖經》對〈馬可福音〉十六章十五至六節的註釋。這些經文未見於〈馬可福音〉最早期的抄本。一般的猜測是，它們是後人在二世紀早期所添加。

會被「上帝的國」拒諸門外（但耶穌不是說過「你們中間誰是沒有罪的，誰就可以先拿石頭打他」嗎？[32]這要怎麼解釋？事實上，這話只見於最後一部福音書，而且顯然是成書後幾世紀才加進去的。）〈馬可福音〉中既沒有「登山寶訓」，也沒有「八福」。耶穌亦不曾說過「溫柔的人有福了」、「連左臉也轉過來由他打」或「愛你們的仇敵」之類的話。

Q典

對那些希望耶穌說過上面三句話的人而言，他們尚存一線希望。這希望寄託在「Q典」。〈馬太福音〉和〈路加福音〉有許多相同記載，而這類相同記載可分為兩大類：一類見於〈馬可福音〉，另一類則否。大部分學者都依此推測，馬太和路加除了參考〈馬可福音〉，還參考另一份資料，而且理應是一份書面資料。他們稱之為「Q典」。如果「Q典」存在，那它一定比〈馬太福音〉和〈路加福音〉早（有些學者認為早很多），所以至少會像〈馬可福音〉那樣，多少可以透露出一些有關「歷史的耶穌」的信息。「Q典」包含「登山寶訓」，而「登山寶訓」裡最讓人眼睛一亮的是這番話：「你們一向聽說：『當愛你們的鄰舍，恨你們的仇敵。』只是我告訴你們，當愛你們的仇敵，為那些逼害你們的人禱告。這樣就可以作你們天父的兒子；因為祂叫日頭照好人，也照歹人；降雨給義人，也給不義的人。」[33]

這顯然是一種博愛的宣示。因為如果你連敵人都愛，還有誰是你不會去愛？然而，難以確定的是，耶穌這裡所說的「敵人」，究竟是指與猶太人為敵的人（即外邦人），還是指猶太人自己人中間的敵人。因為才兩節經文之後，耶穌對外邦人的態度便顯得很不客氣。該處，他勸勉猶太人應該把愛擴及家族圈子之外：「你們若單向兄弟姊妹問安，比其他人有什麼長處呢？就是外邦人不也是這樣行的嗎？」[34]學者塔克特（C. M. Tuckett）研究過這節經文和「Q典」的其他經文後指出：「Q典的自然語言似乎是認定，『外邦人』是那些不在得救贖範圍裡的人。」又說：「它的態度看來完全是以以色列為中心。」換言之，「愛你們的仇敵」就像「愛你們的鄰舍」一樣，只是一帖增加以色列社會凝聚力的處方，不是為鼓勵跨種族的情誼而設。

塔克特的意見當然有可能是錯的，但這個議題也許意義不大，因為在下一章，我們將會找到理由懷疑，真實的耶穌根本沒吩咐要「愛你們的仇敵」。

想找到耶穌明確呼籲以色列人愛外邦人的言論，我們得往〈路加福音〉裡找。路加記載，當耶穌肯定「愛你們的鄰舍」是猶太人的核心誡命之後，進而問了這個問題：「誰又是我的鄰舍？」他以一個故事來回答。他說，有個來自耶路撒冷的人遭強盜毆打後被丟棄路旁，有兩個猶太人經過，一個是祭司，一個是利未人（Levite），兩人都沒有理會傷者。然後來了一個撒馬利亞人，他出於同情，把那個受傷者給治好（撒馬利亞是古以色列北王國的一部分，後來迭遭異族征服和統治，以致猶太教未能生根，而撒馬利亞人也被猶太人視為外邦人）。講完這個故事，耶穌問道：「這三個人之中，誰算是那個落在強盜手中的人的鄰舍呢？」聽眾回答說：「是憐憫他

31〈以賽亞書〉五十六章六節。耶穌在〈馬可福音〉十一章十七節引用的是〈以賽亞書〉五十六章七節。〈馬可福音〉另一段叫人傳福音給萬邦的經文（十三章十節）大概也可作如是解，而且我們有理由猜測，它是後耶穌時代的產物，專門設計來解釋「上帝的國」何以遲遲沒有來臨（「然而，福音必須先傳給萬邦」）。米克斯指出，〈馬可福音〉十三章十節呼應著〈以賽亞書〉十九章六節和五十二章十節。

32 這是對〈約翰福音〉八章七節的通行翻譯。

33〈馬太福音〉五章四十三至五節。

34〈馬太福音〉五章四十七節。〈路加福音〉的對應經文不作「外邦人」而作「罪人」，但塔克特（Tuckett）指出，一般都認為這是後人動的手腳。

的那一個。」耶穌說：「你們去照樣行吧。」[35]

這個善心撒馬利亞人的故事現已成為主日學的基本教材，道理也很簡單：它明白主張愛心應該超越族群藩籬。然而，這個故事並不見於最早期的福音資料（即〈馬可福音〉和「Q典」），所以，它很可能不是出自耶穌之口。況且，它的精神不但抵觸較早期的福音書（例如耶穌曾把外邦人稱為「狗」），還相悖於大約同時期的福音書。〈馬太福音〉記載，耶穌在差派門徒出去傳福音前不久，曾交代他們：「你們不要去任何外邦人的地方，不要進撒瑪利亞人的城；應該去的是以色列家迷路羊的中間。」[36]

「上帝的國將臨」這信息所包含的以色列中心主義也受到《新約》其他部分的呼應。各位有想過，耶穌的門徒為什麼是十二人嗎？〈馬太福音〉和〈路加福音〉都說過，等「上帝的國」來到，以色列會從原來的十二個支派（部族）重建，而十二門徒將各掌管一個支派。由於他們會輔助「上帝的國」的統治者（這統治者若不是耶和華，也會是耶穌或其他神聖的受膏者）。這意味著，以色列在上帝的大計畫裡將占據一個顯赫位置，意味著「上帝的國」也會是「以色列王國」。[37]事實上，根據〈使徒行傳〉所述，眾使徒曾經問耶穌：「主啊，你復興以色列王國就在這時候嗎？」[38]

這個情節發生在耶穌復活之後，所以很可能根本不是史實。但重點是，〈使徒行傳〉的作者（他也是〈路加福音〉的作者）必然深深浸潤在耶穌必將掌權的地方傳說裡，所以認定眾使徒一定會問類似的問題。另外，如果耶穌真是一位普世主義者，他理當會利用這機會糾正門徒，告訴他們：「這事情無關乎以色列。」但耶穌的回答卻似乎是默默承認門徒發問的前提（即「上帝的國」等於「以色列王國」），因為他沒去糾正這種相提並論，只管糾正他們另一件事情，即指出上帝的心意不是人有資格猜測的：「父憑著自己的權柄所定的時候、日期，不是你們可以知道的。」[39]

耶穌有什麼新鮮見解？

耶穌常被視為激進的革命家，然而，從我們為「歷史的耶穌」還原出的粗略輪廓看來，他在許多方面都顯得相當傳統。

首先，正如史懷哲（Albert Schweitzer）在一九〇六年出版的名著《追尋歷史的耶穌》（*The Quest of the Historical Jesus*）所主張，耶穌乃是個持末世觀的先知[40]，也是早期末世論先知（尤其是「第二以賽亞」）的嫡系繼承人：因為儘管〈馬太福音〉把「上帝的國」解釋為「天國」（Kingdom of Heaven），但耶穌其實就像「第二以賽亞」一樣，預期「上帝的國」將會出現在人間。另外，就像以賽亞所期盼的王國，「上帝的國」不止以以色列的上帝為中心，還以以色列國為中心。研究早期基督教的學者桑德斯（E. P. Sanders）指出：「耶穌對上帝之國的願景符合猶太人引頸期待已久的盼望，他們始終盼著上帝會救贖祂的百姓，並締造出新王國，屆時，以色列將

35〈路加福音〉十章廿五至卅七節。〈路加福音〉四章廿四至七節同樣帶有跨族群愛心的信息。
36〈馬太福音〉十章五節。
37〈馬太福音〉十九章廿八節；〈路加福音〉廿二章卅節。另參見本書第十三章對「人子」意義的討論。〈馬太福音〉十九章廿八節用這個詞來指即將來臨的「上帝之國」的統治者，但在〈路加福音〉廿二章卅節，耶穌明白指出「上帝之國」是「我的國」。
38〈使徒行傳〉一章六節。
39〈使徒行傳〉一章七節。
40史懷哲的觀點得到葉爾曼（Ehrman）的有力支持，我的詮釋是追隨葉爾曼的腳步。

得享安穩和平，而外邦人將會事奉以色列的上帝。耶穌傳達的是那種有關上帝和以色列的傳統思想：上帝已經揀選了以色列，有朝一日會復興這個國族。」

至於耶穌為窮人和弱勢者仗義執言這一點也不新鮮。至少自阿摩司和「第一以賽亞」的時候起（即從早於耶穌七個世紀以前），以色列的先知即一再為社會底層說話。他們指控說，剝削窮人正是以色列忤逆耶和華旨意的表現之一。

但即便耶穌的末世思想和進步政治觀並不新鮮，他結合這兩者之舉卻頗具創意。正如前文說過，不管是在古以色列還是其他地方，末世思想總會預期一種兩極的逆反：被壓迫者總有一天會被抬高到眾人的頂端，而施壓迫者將會淪落到最底層。通常，這種權力的反轉被認為是在國際舞台上演：一整個民族（如以色列人）最終會凌駕於長久宰制它的四鄰民族。然而，耶穌卻似乎認定，命運的反轉不止會發生在國與國**之間**，還會發生在以色列國**內部**。他的一個著名應許是：「在前的必將在後，在後的必將在前。」這番話，乍聽只是「第二以賽亞」對國際局勢之預言的翻版，但耶穌還用它來預言國內局勢，即色列社會的未來狀況。當他指出「駱駝穿過針孔還比財主想進上帝的國容易」時，他的意思乃是，當最後審判日來到，以色列的窮人將會在社會階級獲得躍升。「第一以賽亞」鼓吹一種進步政治，「第二以賽亞」把末世論的兩極逆反思想推到高峰，而耶穌把兩者結合起來，又用後者來佐證前者。[41]

這種修辭策略在政治上是完全說得通的。耶穌的追隨者看來有一大部分是來自社會底層，而他們無疑會樂於聽到自己有朝一日可以翻身。這個信息也許還為耶穌贏得若干不那麼窮的追隨者：每次他援引駱駝穿過針孔的比喻，都是在勸說有家財的人變賣家產，加入他的團隊。

當然，我們不敢完全肯定耶穌真是把為窮人請命視為己任。窮人的問題在〈馬可福音〉不是重要主題，即便在「Q典」的「登山寶訓」裡，它的意義亦相當模稜兩可：〈路加福音〉固然記載耶穌曾經說過「貧窮的人（the poor）有福了」，但同一句話在〈馬太福音〉卻作「精神貧乏的人（the poor in spirit）有福了」。[42]

但最起碼，這信息在政治上是可理解的：能夠掀起革命的通常都是社會底層的人。另外，這信息最起碼並未與最早的福音書衝突。與此相反，「博愛」的信息卻顯然跟〈馬可福音〉的記載有所抵觸，也不是那麼有群眾吸引力的主張。那麼，「博愛」觀念是怎樣進入基督教傳統的呢？問題的答案與「歷史的耶穌」無關。要找到答案，覓處不在加利利的山頭，也不在耶路撒冷的街頭。我們需要了解的是羅馬帝國的城市，因為接下來幾十年，耶穌運動將會在帝國境內傳播開來。那也是今日基督徒所認識那個耶穌的成形之地，而這個耶穌是在真實的耶穌死後才形成的。在羅馬帝國的各大城市，那個原先被認為不會死但又死掉的耶穌基督將會復活。

41〈馬可福音〉十章卅一節；〈馬可福音〉十章十五節（另參考〈路加福音〉十八章廿五節和〈馬太福音〉十九章廿四節）。「第一以賽亞」（特別是第二和第四章）也包含末世論思想，但不如「第二以賽亞」鮮明突出，也沒有強調強勢者與弱勢者的地位逆轉。另外，「第一以賽亞」亦曾把左翼政治思想接軌於末世思想，但接軌方式跟我歸於耶穌那一種有所不同。以賽亞指出（見〈以賽亞書〉第二章），以色列必須改善國內的不公不義現象，才可望獲得民族救贖，在列國中崛起。

42〈馬太福音〉五章三節。（譯者按：「精神貧乏的人」是「和合本」修訂本的譯法，原作「虛心的人」。）

11 愛的使徒

The Apostle Of Love

如果誠如上一章所述，在耶穌真正傳講過的信息裡，「愛」並未占有很大分量，那麼是誰把它變成基督教的核心命題的？有功勞的人很多，但扮演發軔角色的非使徒保羅莫屬。

在現代世界，保羅對於愛的觀點，最為人知的是就那段在婚禮上都會宣讀的著名經文：「愛是恆久忍耐又有恩慈；愛是不嫉妒；愛是不自誇……」[1]但這段出自〈哥林多前書〉的文字只是保羅論愛之作的小樣本。前面提過，耶穌在整部〈馬可福音〉只提及「愛」字兩次，反觀保羅在單一封書信裡便用了不下十次。他有時談到上帝對世人的愛，有時談人應該愛上帝，但有半數時候，他談的是人應該彼此相愛——這種愛，他有時稱之為「兄弟之愛」（brotherly love）。[2]事實上，他是唯一明確宣示愛心應該跨越民族、階級甚至性別藩籬的《新約》作者。例如他在〈加拉太書〉就這樣說：「從此不再有猶太人或希臘人之分，不再有奴隸或自由人之分，不再有男人或女人之分，因為你們全都在基督耶穌裡合而為一了。」[3]

「使徒保羅」不是耶穌的十二門徒之一，還在耶穌遇難後迫害過耶穌的追隨者。據〈使徒行傳〉記述，他曾經「殘害教會，進各人的家，拉著男女下在監裡。」[4]不過，有一次，當他要前往大馬士革捉拿耶穌的敘利亞信徒，途中經歷了一次大澈大悟：他被一道強光照得目不能視，又聽見耶穌對他說話。從此，他徹底相信耶穌是為贖世人的罪而死。

保羅把餘生奉獻於傳布這信息，而且做得有聲有色。有些學者認為，對於基督教的最後成功，保羅的功勞並不亞於耶穌。不過，保羅卻有一個功勞還大於耶穌：是他把跨種族的「兄弟之愛」觀念注入基督教。

為什麼保羅會成為鼓吹上帝不分種族泛愛世人的尖兵？是因為他天性慈愛而寬容，會自然讓每個認識他的人都如沐春風嗎？似乎不是。即便在他寫的書信中（我們有理由認為他在這時候會較為收斂脾氣），他仍然宣稱那些不同意他對福音解釋的耶穌信徒應該「受到詛咒」，受到上帝的永刑。[5]學者蓋傑（John Gager）形容保羅是個「易怒的傳道者和組織者，受到耶穌運動圈子裡其他使徒的痛恨和激烈攻擊。」

所以，保羅會傳揚博愛信念並非出於天性慈愛，那怕我們知道他大半生都努力表現慈愛。這信念也不是順理成章衍生自他的耶穌信仰。保羅傳講的福音可以分成四部分：（一）耶穌就是猶太人引頸期盼已久的彌賽亞，即基督；（二）這位彌賽亞是為補贖人類的罪孽而自我犧牲；（三）凡信耶穌的人都可以得永生；（四）但他們最好趕快皈依，因為最後審判日近在咫尺。

這信息固然隱含一個慈愛的上帝，卻未直接涉及為何人應該彼此相愛，更少涉及何以人應該愛其他國族的人。所以，這種所謂的「基督徒之愛」的教義究竟從何而來？它源自保羅的進取雄心與當時大環境的互動。說到底，羅馬帝國的功勞並不亞於保羅。

1〈哥林多前書〉十三章四節。

2 這種強調見於〈羅馬書〉多處（包括十二章九節、十二章十節、十三章八節、十三章九節和十三章十節）。「兄弟之愛」是《欽定本》對〈羅馬書〉十二章十節的翻譯，但《新修訂本標準英譯聖經》把這個詞語去性別化。若只統計被大部分學者肯定是真品那七封保羅書信，則一共有六十節經文帶有「愛」字或類似意思的字眼。「愛」字在四部福音書共出現六十五次，但大部分都與耶穌的教誨無關。

3〈加拉太書〉三章廿八節。

4〈使徒行傳〉八章三節。

5〈加拉太書〉一章八至九節。

愛的關如

在耶穌受難後的那個世紀，羅馬帝國處於一種脫臼狀態。人們從農村和小鎮湧入城市，既無親族可以奧援，又得面對不同文化與種族的陌生人。古典學家陶德（E. R. Dodds）談到這些「大城市的無根居民」時指出：「他們是都市化的部落民，是到城市找工作的農人，是解甲的士兵，是被通貨膨脹所毀掉的食利者，是被釋放的奴隸。」

這種情形有點類似二十世紀之交的美國。當時，工業化把美國人拉進喧囂的城市，遠離自己的親族。正如社會科學家普特南（Robert Putnam）所指出，這些無根都市居民的湧現讓諸如角鹿社（Elks Club）和扶輪社之類的社團乘時而起，蔚為風潮。我們有理由相信，類似的社團在早期的羅馬帝國也曾蓬勃發展。它們有些是同業組成的行會（guild），有些是宗教崇拜團（cult，這個字在古代是指一群專拜某一個或幾個神祇的群體，不是指旁門左道的教派）。但不管形式為何，它們常常相當於一個學者所說的「虛擬家庭」（fictive family），專供一些離鄉背井的人士參加。

這些組織提供的服務從物質需要到心理需要無所不包（前者包括安葬貧苦的成員，後者包括讓成員有被關懷感）。在這兩方面，早期的基督教會都可以呼應時代的需要。陶德指出，基督教會為人們提供了「社會安全的基本保障」，包括照顧「鰥寡、老人、失業和殘疾者。它為窮人提供喪葬基金，在瘟疫時提供護理照顧。」至於心理需要方面，基督教會所提供的是「兄弟情誼」（在保羅的用法裡，「兄弟」是「耶穌信徒」的同義語）。一個教會相當於一個大家庭。

所以，某種程度上，保羅的「兄弟之愛」乃是時代的產物。基督教會可以提供人們所需的親情，而當時一些其他社團也致力於此。我們常用兄弟會（thiasos）是當時常用來稱呼這類組織的名稱，所以說，「兄弟之愛」並不是什麼新鮮用語。儘管如此，兄弟情誼在基督教會還是特別濃厚：一個學者指出，早期基督教「對親屬語言的使用程度乃是同時代其他社團無法望其項背。」在上述那封寫給哥林多[6]信眾的書信裡，保羅提到「弟兄」一詞不下二十次。

我們不難理解早期基督徒之間的親人感受何以會強於一般人。理由之一是他們是一神教徒。反異教徒雖然占人口大宗，但他們每個人的信仰忠誠度大概要同時分配給幾個不同的崇拜團，反觀基督徒卻是一起崇拜，而且只隸屬於一個宗教群體。所以，信眾間的關係相當緊密。但既然如此，保羅為什麼還要花那麼多時間去呼籲他們彼此相愛？

要理解保羅何以會成為愛的使徒和普世「兄弟之愛」的象徵，我們就要記得，他不只是耶穌的忠實信徒，還是個相當有雄心大志的人。他這雄心看來是發自信仰上的真誠，是相信自己所傳的信息是通向救贖的真道。不過，我們仍不妨把保羅比作一個現代企業家，因為這樣會說明很多事情。從這個角度看，他的努力是為了推廣自己的品牌（這品牌是「耶穌」），以及在羅馬帝國全境開設連鎖店（敬拜耶穌的地方教會）。正是這種企業精神讓保羅在傳道時特別強調「兄弟之愛」，若換成只打算小本經營一家普通雜貨店，他也許不會去費這種心。

執行長保羅

在古代世界，任何人想要創立一個版圖遼闊的組織，都得面對兩大難題：運輸技術的落後和通訊技術的落後。當時，訊息只能靠人力來遞送，而人又只能靠牲畜來運輸。所以，保羅建立了

6 譯注 Corinth，哥林多為希臘城市，一般譯作科林斯，但保羅寫給該地教會的兩封書信在「和合本」中文聖經分別作〈哥林多前書〉和〈哥林多後書〉，因此本書皆稱之為「哥林多」。

一間教會之後，再到遠方城市建立另一間教會，便等於去了另一個世界。他既無法常常回到原來的教會視察其營運，也無法用電子郵件對原來教會的牧者耳提面命。

面對這種極不便的景況，保羅的解決方式是充分利用該時代的通訊技術：書信。他常常寫信給遠方的教會，設法讓他們不背離他設定的大宗旨。這就是我們今天在《新約》所讀到的十三封保羅書信的由來（大部分學者相信，這十三封書信裡至少有七封不是贗品）。這些書信都包含信仰上的啟迪，但又不僅止於此，因為它們還是解決經營管理問題的指南。

一個例子見於〈哥林多前書〉裡那首愛的頌歌[7]。保羅這封信是為回應一個危機而寫。自他離開哥林多以後，該地的教會便陷入派系分裂，保羅的權柄亦受到挑戰。在信的開始沒多久，他便向哥林多信眾抱怨，他們不應該各樹一幟：「有些人說：『我是隨保羅的』，另一些人則說：『我是隨彼得的』。」[8]

哥林多教會還面臨另一個問題。許多教徒（一些學者稱他們為「狂熱分子」）都認為自己可以直接跟上帝溝通，靈性近乎圓滿。有些人覺得他們無需接受教會的行為規範；有些人為了炫耀自己的屬靈恩賜，故意在崇拜時以「方言」[9]說話。學者博恩卡姆（Gunther Bornkamm）指出：「這些『狂熱分子』的特徵是他們不認為自己需對其他教友負責。」

換言之，他們缺乏「兄弟之愛」。所以，保羅在〈哥林多前書〉裡（特別是第十三章：又稱「愛的篇章」，常在許多婚禮上被引用）特別重申這種愛的重要性。從這個角度出發，我們會對這章經文得到全新的理解。提到那些用方言擾亂崇拜的人時，保羅這樣說：「我若能說各種人或天使的方言，卻沒有愛，我就無異只是一個吵鬧的鑼、喧囂的鈸。」而當他說「愛是不嫉妒；愛是不自誇、不張狂」時，他是要告誡教徒，別把屬靈恩賜（如說方言或說預言的能力）拿來作為炫耀工具。

保羅並沒有禁止教友說方言，但他強調，用別的弟兄聽不懂的語言說話，並非愛的舉動；相反地，有愛心的人會把話說得清楚明瞭，因為如此方能「造就、安慰、勸勉別人」。為此，他制定了一些指導原則。首先，一個人若要說方言，旁邊要有人可充當翻譯；另外，不可有太多人同時說方言，而且說的時候應該輪流：「若有說方言的，只好兩個人，至多三個人，且要輪流著說。」至於說預言則是一件好事，因為那是旁人聽得懂的，而且可以幫助他人。但會不會有人因為自認為擁有說預言的能力而看不起保羅的權柄呢？不用怕，因為保羅有言在先：「若有人以為自己是先知，或是屬靈的，就該知道，我所寫給你們的是主的命令。若有誰不承認這個，他也不會得到承認。」[10]

「兄弟之愛」的美妙處尚不只是可以強化教會的凝聚力，它所喚起的親情還可以讓保羅的權威得到確立，不受挑戰。畢竟，建立哥林多基督徒大家庭的，不是別人，正是他保羅。他告訴哥林多的信眾，他寫這信，是「要把你們看成我鍾愛的子女來訓勉……因我在基督耶穌裡用福音生了你們。所以，我請求你們要效法我。」[11]

如果保羅沒有離開哥林多，他也許單靠自己的威儀便足以凝合信眾，比較不需要強調團結的重要性，比較不必強調所有弟兄都已在「基督的身體」裡成為一體。[12]然而，因為他殷勤地在羅

7 譯注 指〈哥林多前書〉第十三章，其核心經文為：「愛是恆久忍耐，又有恩慈；愛是不嫉妒；愛是不自誇，不張狂，不做害羞的事，不求自己的益處，不輕易發怒，不計算人的惡，不喜歡不義，只喜歡真理；凡事包容，凡事相信，凡事盼望，凡事忍耐。」

8 〈哥林多前書〉一章十二節。事實上，這書信不是保羅寫給哥林多教會的第一封，只是留存下來的最早一封。

9 譯注 在基督教，「方言」是指一種靈啟的神祕語言，當事人說得流利，但旁人會不知所云。

10 〈哥林多前書〉十四章三節、十四章廿七節、卅七至八節。

11 哥林多前書四章十四至十六節。

馬帝國各處建立教會，所以他不得不植下「兄弟之愛」作為主導價值觀，並孜孜不倦地加以灌溉。〈哥林多前書〉第十三章便是在這種背景下寫成，我們由此得到了西方文化最美的文學篇章之一（但它之所以這麼美，部分原因是我們把它抽離了原有脈絡）。

跨越疆界的愛

因此，對這位雄心勃勃的早期基督教傳道人來說，「兄弟之愛」的觀念至少有兩大用處。首先，在一個都市化的時代，教會表現的手足情誼可以吸引許多失去親情慰藉的人來歸信。學者帕格爾斯（Elaine Pagels）指出：「從一開始，會吸引外面的人走進基督徒聚會的……正是一群由屬靈力量組織為大家庭的人所散發的魅力。」（保羅顯然很在意他的教會是不是可以投射出一個有吸引力的形象。例如，他在〈哥林多前書〉說：「所以，若全教會聚在一起的時候都說方言，那偶有外面的人或未信主的人走進來，豈不會說你們都是瘋子嗎？」[13]）其次，「兄弟之愛」的教導可以充當保羅從遠處掌控各教會的方法，透過它來給各教會注入內聚力。

嚴格來說，強調「兄弟之愛」並不等於強調**跨族群**的兄弟情誼。就我們所知，有些早期的教會並不是族群混雜的，所以，個別的教會未必需要鼓吹跨族群的「兄弟之愛」來維繫凝聚力。那麼，「兄弟之愛」的跨族群意涵又是從何而來？

部分來自保羅對自己神聖使命的認定。他相信自己是「外邦人的使徒」，有責任把猶太彌賽亞（即耶穌基督）的救恩帶到猶太國度之外。正因如此，他才會說出「從此不再有猶太人或希臘人之分」這句名言。他深信，世上所有人都有資格享受上帝的救恩。

在讓希臘人與猶太人平起平坐的同時，保羅某個意義下也等於是把實用主義原則置於《聖經》的原則之上。就保羅的書信來看，他把福音傳給外邦人的使命是以《聖經》為根據，又特別是以「第二以賽亞」的末世論願景為根據，因為「第二以賽亞」預言過，彌賽亞終必來臨，讓全世界的人歸向耶和華。然而，正如我在第七章所指出，「第二以賽亞」鼓吹的並不真是萬族的平等主義。它的基本觀念是，外邦人的國家最終會卑屈地臣服於以色列的神，又因此是卑屈地臣服於以色列。它說過，上帝曾應許以色列人，當拯救之日來到，埃及人和衣索比亞人將一起「帶著鎖鍊過來隨從你們，又向你們下拜。」事實上，會下拜的不只是兩個國家，因為「萬膝必跪拜，萬口必起誓〔效忠〕」。因此，「以色列的後裔都必因耶和華而得勝與得榮耀。」[14]

當然，基督徒今日更喜歡強調的是「第二以賽亞」那些不那麼民族主義色彩的經文（如耶和華許諾會把「救恩帶到全世界，直至地極」的章節，或預言以色列將會無私地「把光帶給萬邦」的部分。[15]）但這些經文並不是保羅自己強調的。例如，在向羅馬信眾解釋自己傳福音給外邦人的使命時，他也引用了「萬膝必跪拜，萬口必起誓」的經文，卻沒提及「把光帶給萬邦」一節。他宣稱，自己的任務是幫助上帝「贏得外邦人的順服」。所以，保羅的思路看來並未背離過去的末世論先知；換言之，他相信自己的根本任務是規勸全世界臣服於以色列的彌賽亞。他指出，耶穌就是「第一以賽亞」所預言那個「會興起來統治外邦的人」。[16]另外，保羅看來也接受另一個傳統觀念：有猶太血統的人比沒猶太血統的人更容易得到上帝青睞，甚至更容易得到拯救。雖然

12〈哥林多前書〉十二章廿七節。
13〈哥林多前書〉十四章廿三節。
14〈以賽亞書〉四十五章十四節，廿二至三節、廿五節。
15〈以賽亞書〉四十九章六節。
16〈羅馬書〉十四章十節、十五章十八節、十五章十二節。

許多猶太人不承認耶穌是彌賽亞，但「因著受揀選，因著他們列祖的緣故，他們是受鍾愛的。」[17]

但最終來說，跟他基於現實環境所作的考量相比，保羅的這類理論與偏好都會變得無關緊要。不管保羅身上殘留著多少猶太人高於外邦人的思想，這些思想殘餘都會被他早早便做出的關鍵性決策大大稀釋。

保羅的經營模式

除保羅外，還有其他信仰耶穌的猶太人想把福音傳給外邦人。但他們很多都強調，外邦人若想得到耶穌的救恩，就必須先接受猶太律法的種種規定，這包括遵守一些嚴格的飲食規定，以及接受割禮。在現代麻醉劑尚未發明的年代，要求一個成年人接受割包皮手術可說是極盡「反誘因」之能事。

保羅清楚看出這些要求構成了多大障礙。大部分外邦人都不可能接受猶太人的飲食規範，更無法接受割禮，而保羅也不認為這是耶穌精神的本質部分：「當我們在基督耶穌的生命裡，受割禮或不受割禮都沒有什麼關係，惟有那以愛的行動表現出來的信心才算重要。」由於保羅非常熱切於拿掉割禮這道障礙，以致當他跟其他信徒爭辯這問題時，有時會把「兄弟之愛」忘到九霄雲外。例如，他在寫給加拉太教會的信中，就表示樂於看到那些堅持外邦人行割禮的人「割掉自己！」[18]（有些學者認為，「割掉自己」其實是英譯者的委婉譯法，更忠於希臘原文的翻譯可能是：「割掉那話兒！」）

保羅的經營才華無庸質疑。當日有許多宗教（包括一些「神祕宗教」）同樣在爭取不同族群的信徒，不過，這些宗教又總會設下一些門檻，包括經濟門檻（例如要求繳交入教費）。[19]基督教會的競爭利基，就是沒有設置這種經濟障礙，而保羅也時時刻刻留心，不讓其他門檻冒出頭來。

這種不理猶太律法的徵員政策一方面沖淡了保羅在〈羅馬書〉裡的思想取向（即認定自己的使命是要為以色列的彌賽亞征服外邦人），另一方面也給保羅招來「背棄」《妥拉》的指控。然而，這個「背棄」的原意只是吸引更多外邦人投入耶穌的陣營。事實上，保羅本人有可能是個謹守《妥拉》的猶太人，而他跟大部分其他猶太人的分野也只有一個：深信彌賽亞已經降臨過。（保羅從未在書信裡使用「基督徒」一詞）。

不管保羅有沒有自視為脫離猶太教，他都擔負不起把耶穌運動跟猶太教切斷的後果，因為猶太教的「下層建設」是他用得著的。根據〈使徒行傳〉記載，當保羅去到某個城市，他有時會利用當地的猶太會堂作為傳教之所。事實上，〈使徒行傳〉還指出，在保羅最重要的早期皈依者中，有些是猶太教徒。所以，保羅的耶穌運動雖然疏遠猶太人的儀式，卻繼續鼓勵信眾跟猶太世界保持聯繫。另外，即使保羅受到一些耶穌運動圈子裡的猶太人攻擊（這圈子外的猶太人更不用說），他仍然想辦法修補嫌隙，以保有一個更廣闊的地基。

簡言之，保羅架向外邦人世界的橋樑雖然被許多猶太人嫌棄，甚至保羅自己也受到嫌棄，但

17〈羅馬書〉十一章廿八節。保羅對猶太人與外邦人關係的看法相當複雜，有時還自相矛盾。認定外邦人終必臣服於以色列的彌賽亞並不是保羅對同一問題的唯一觀點，而學者對他基本上是持何種觀點亦有所爭論。

18〈加拉太書〉五章六節、十二節。

19帕格爾斯（Pagels）把早期基督教對比於阿斯克勒庇俄斯教派（cult of Asclepius）。阿斯克勒庇俄斯是醫療之神，這位神祇的祭司會向求診者收費。

他卻不能燒掉這座橋。正因此，保羅的書信才會始終帶有民族共生主義的色彩，而「不再有希臘人或猶太人之分」這句帶有民族平等意涵的話也才會進入《聖經》。

保羅經營模式的另一些面向，會更有力地把基督教的教義推向多民族的共榮共存。其中一個線索是上文所提過的：在保羅爭取到的重要早期皈依者之中，有些是猶太人。現在，讓我們把焦點放在「重要」二字上。在羅馬帝國裡，哪些人夠資格被視為是「重要」的皈依者？要怎樣才能爭取到他們？你會向他們要求什麼？他們又會從你那裡得到哪些回報？這些問題聽起來俗氣，甚至帶有馬基維利主義的氣味，但唯有知道答案，我們才能看出跨族群的寬容精神是如何深植於保羅使命的後勤補給策略，也才會知道他身處的大環境是多麼有利於達成這項使命。它們還會顯示出，何以他最終鼓吹的不止是跨族群的寬容或和諧，還是一種跨族群的兄弟情誼——一種跨族群的愛。

商務艙旅客

古時代一如今日，要開分店的前提是，你得找到人來顧店。這工作不是人人都能勝任。雖然基督教一向歡迎窮人和弱勢者加入，保羅卻需要找社會地位較高的信徒來營運教會。因為，首先，只有這樣的人可以提供信徒聚會地點。歷史學家雖然把不同城市的基督教信眾稱為「教會」，但實際上當時並沒有專供崇拜使用的建築，須借用某戶人家或禮堂來進行。學者米克斯（Wayne Meeks）指出，從〈使徒行傳〉判斷，保羅能在某個地方建立教會，都是強烈依賴「官員或富有的家戶主提供地方。」

對於這一點，〈使徒行傳〉有個別具說明性的片段。保羅有一次到腓立比（Philippi，羅馬在馬其頓的殖民城市），在城門外的河邊對一群婦女講道。〈使徒行傳〉這樣記載：「有一個賣紫色布匹的婦人，名叫呂底亞（Lydia），來自推雅推喇城（Thyatira），是個敬拜上帝的人〔意指她是猶太人〕。上帝打開她的心扉，讓她殷切傾聽保羅講道。」[20]呂底亞就是我們所知第一個皈信基督教的歐洲人，而她不只自己皈信，還領自己的「家戶」皈信（幾乎可以肯定的是，所謂的「家戶」除了指她的家人，還指僕人，甚至奴隸）。她對教會的服事也不僅止於此。〈使徒行傳〉繼續說：「她和她一家既領了洗，便求我們〔保羅一行人〕說：『你們若相信我是忠心事主的，便請到我家來住吧。』我們卻不過所請，便答應了。」但最後，顯然變成是呂底亞推不掉保羅的要求：她的家成了當地基督徒的聚會地點。[21]

要找到像呂底亞這樣的信徒，保羅得打入菁英分子的圈子。呂底亞販售的「紫色布匹」是種高價布料，由稀有的染料染成。她的客戶都是有錢人，而她能夠從小亞細亞的家鄉到馬其頓經商，也反映出她家底不薄。換成是今日，她就相當於坐飛機商務艙往返大西洋或太平洋兩岸的商人。

對保羅來說，能夠爭取到商務艙人士皈信，好處不止是這些人有資源可供教會使用。更重要的是，這些人總是因為經商或出差等理由而常常到處去。從〈使徒行傳〉可以知道，很多保羅早期的基督徒同伴都跟他本人一樣，是時常出遠門的人。米克斯指出，很多建立和維持教會的任務「都是因其他理由到遠方去的人所執行。」

這群經常南來北往的人對保羅至少有兩大幫助。首先，在尚未有公共郵政服務的時代，他們

20〈使徒行傳〉十六章十四節。
21另參見〈使徒行傳〉十六章四十節。

可以代保羅把書信帶給遠方的教會。其次，保羅甚至可以藉他們在遠方建立教會。

亞居拉（Aquila）和百基拉（Priscilla）夫妻就是個例子。〈使徒行傳〉記載，保羅是從雅典去到哥林多時認識他們，當時他們已經是基督徒（兩人本來住在羅馬）。這對夫妻跟保羅有許多共通處，其中之一是同行。〈使徒行傳〉告訴我們：「保羅因與他們同業，就和他們同住做工。」後來亞居拉和百基拉成了保羅教會的重要宣教士：搬到了以弗所之後，他們在自己家裡建立了教會。[22]

保羅和亞居拉夫妻的共同職業是製造帳棚，要不就是製革（究竟是何者取決於你怎樣詮釋希臘的原字）。這兩個行業都可以讓保羅和商業階級有所往來，但製造帳棚又特別有利於這個目的。在保羅的時代，帳棚不是給人度假用的。比較富有的商人出遠門經商時，都喜歡住在帳棚，因為當時的旅館大多髒亂且烏煙瘴氣。換言之，帳棚乃是當時商務人士的標準裝備，甚至在某個意義下，就等於是現代飛機的商務艙。如果保羅真是從事製造和販賣帳棚的工作，他便大有機會跟他想往來的人往來。

這些人就像今日的商務人士，大多是些世界主義者。他們各有不同的族群背景，也跟各種不同族群背景的人打交道，而出於經濟利益的驅使，這些人特別能夠寬容不同族群背景的人。就像世界主義價值觀是全球化時代外貿邏輯的一部分，這種價值觀也是內嵌於多民族羅馬帝國的外貿邏輯。當經濟利益把不同文化和種族的人拉進非零和關係時，跨種族和跨文化的寬容心態便有可能萌芽。在這個意義下，保羅有不少工作都是時代的進程事先為他準備好的。

不過，跨族群的寬容精神和跨族群的兄弟情誼仍然是有分別的。要充分解釋早期基督教何以要強調「兄弟之愛」，我們有必要更深入探究保羅的經營模式。

額外利益

有人會在某地方開設連鎖加盟店（如「麥當勞」或「必勝客」），是因為他預期此舉有利可圖。那麼，願意用自己家裡為基督教開分店的人，圖的又是何種利益？當然，主要是為了屬靈的利益（例如呂底亞看來便是因為保羅的講道很讓她感動而提供家裡作為教會），再來，也有可能是考慮到社會或經濟層面的利益。然而，隨著基督教連鎖經營的規模愈來愈龐大，隨著愈來愈多的城市出現教會，教會也帶給了教會領導人新的利益。

最重要的額外利益是這個：可靠的住宿處。出遠門時，夜宿帳棚當然是個不錯的選擇，然而一旦去到大城市，自然想會找更舒服的住處（尤其是有長住和做生意打算的話）。正因如此，保羅才會常常在書信裡請求地方教會接待路過的教會領袖。誠如學者所指出，這種好處後來慢慢擴及「所有信徒及其家人。即便他們對主人來說完全是陌生人，一樣會深受信賴，受到接待。」這是某種革命性創舉，因為在早前，「能夠安全地旅行和獲得接待，乃是有權有勢者的專利。」羅馬帝國的存在讓長途旅行變得比過去更容易，而基督教則把這事實作出最大利用。在某個意義下，一個地方教會猶如一間假日飯店。

但兩者還是有重大差別。假日飯店的老闆不會邀請旅客到家裡作客；另外，飯店也會事先登記旅客的信用卡號碼，以防他們賴帳。在古時候，接待不認識的客人比現今要冒更大的風險，但如果你不是普通旅客而是屬靈同胞（一個弟兄），別人就會較願意冒這種風險。

在羅馬帝國的時代，當旅人去到遙遠的大城市，常會遇到的難題是：在沒有網際網路的情況

22〈使徒行傳〉十八章二至三節。

下，要如何找到資訊並分辨東西南北。唯一可以幫助你的，就是在地人。但你又要如何找到在地人願意提供你寶貴的資訊，帶你在城裡走一圈，並介紹你認識其他同行和可能的客戶呢？這時，一群「手足同胞」就是無價寶：只要他們認定你也是「手足同胞」，便會願意向你伸出援手。保羅在寫給羅馬教會的信中這樣說：「我向你們介紹我們的姊妹菲比；她是堅革哩教會的執事。請為主的緣故，依照信徒的本份好好地接待她。無論她有什麼需要，請你們幫助她。」[23]

堅革哩（Cenchreae）是位於哥林多附近的海港，所以，保羅等於是要求羅馬的信徒把家人之愛擴大到希臘的信徒身上，以此把他帝國規模的教會組織編織得更緊密。正如學者麥克里迪（Wayne McCready）指出，早期基督教所使用的家人之愛語言不僅讓各教會更有內聚力，「同時也是超越地域的普遍原則，能把眾多地方教會團結為一個整體。」保羅的國際化教會固然是以既有的世界主義價值取向為基礎，但它在為有資財的信徒提供國際人脈網絡的同時，也超越了這些價值取向：它以跨族群的愛為核心價值，把整個系統固結在一起。

用這種商業角度來解釋宗教（特別是「愛的宗教」）的成長顯得很庸俗，因為這讓宗教顯得只是一種人脈網絡。不過，即使在今日，這種實際功能仍然是宗教部分力量之所在。以摩門教為例，其教徒成長率之所以可與早期基督教媲美，正是因為它證明了自己是有效的商業潤滑劑。在古代世界，宗教紐帶在商業上扮演的角色比今日還吃重。事實上，在古希臘和古羅馬，同業組織（如運輸業者或工匠的協會）從不是完全世俗性的。學者威爾遜（S. G. Wilson）指出：「宗教虔敬的成分普遍見於所有古代的協會，甚至普遍見於古代的一切生活層面。」由於沒有精密的法律條文和可靠的執法系統可以倚仗，古代的商業交易主要是靠人與人的互相信賴來維繫，而宗教上的教友情誼當然是這種信賴的一大基礎。

帝國帶來的契機

我以實用動機來解釋保羅何以要強調「愛」，多少帶點猜測性。因為我們對早期教會的所知有限，所以，對於它何以能飛速成長，無法提出有十足把握的解釋。然而，有一點卻是我們多少有點把握的，那就是，保羅的成功是靠著有利的外在條件加上對這些條件的有效利用。

在各種有利的條件中，羅馬帝國本身便是一大商業契機。它有良好的公路系統連接相隔遙遠的城市，還有一部統一的法典，凡此皆可為有雄心的商人打開新的遠景。而在保羅的時代，首先看出這種遠景的也是商人。基於這個理由，保羅的龐大雄心並不是一種癡心妄想。他可資利用的不止是羅馬帝國的廣大幅員，還有業已創造出的頻繁商業交流。保羅在此看出了前所未有的企業契機：他有可能建立一個帝國規模的宗教組織。

然而，要達成這個目標顯然沒想像容易，因為，在保羅建立基督教會之時（當時羅馬帝國已形成將近一個世紀），當時沒有哪個宗教成功做到這一點。當然，其他宗教一樣很興旺（特別是羅馬與希臘的神祕宗教），但它們看來缺乏統一的權威和統一的教義。其中一種大為風行的宗教是酒神崇拜（Dionysian cult），不斷從一城傳播到另一城（作為一種鼓勵飲酒的宗教，它會如此成功並不奇怪），不過，正如一個學者指出：「一旦某地方成立了崇拜酒神的組織，它基本上便會獨立運作，以至於各城市的崇拜儀式之間可以大異其趣。」顯然，要在眾多城市開設分店又想讓

23〈羅馬書〉十六章一至二節，現代中文譯本。

它們保持同聲同調，包容相當大的困難。

我們永遠不會知道保羅全部的成功祕訣，但其中一些秘訣應該就是我先前提過的那些。首先，他善用當日的通訊技術（人手攜帶的信件），在信件中以高明的招數（反覆重中家人之愛）讓遠方的信眾保持凝聚力。其次，他把手足情誼提高到地方教會和個別族群之上。這讓出遠門的教會領袖可以在各地獲得接待，而隨著時間推移，一般信眾也可以多少享受到這種好處。總之，「兄弟之愛」幫助了基督教會保持統一（最起碼比其他多頭馬車般的宗教統一）而且因為夠統一所以能長時間保持強大。

羅馬帝國既是一個多民族的政體，那任何人想要創建一個版圖遼闊的組織，就必須以民族包容性作為原則，因為非如此，有些寶貴的資源便會浪費掉，而有些本可招募到的人員也會招募不到。對保羅來說，帝國境內其中一項寶貴資源是散佈各地的猶太會堂，另一項寶貴資源是位於羅馬的基督教會。羅馬教會並不是保羅所創立，而我們有理由相信，拉丁系統教會和保羅手創的教會（希臘系統和小亞細亞系統的教會）在教義上有所出入。如果保羅喜歡，大可以尖銳化這種差異，以達到分裂的程度。但他卻希望利用羅馬教會的資源，以便於他到西班牙或歐洲其他地方傳道。這大概解釋了，何以他寫給羅馬信眾的信會表現得那麼親切熱絡：「我寫信給你們在羅馬、為上帝所愛、奉召作聖徒的眾人。我靠著耶穌基督，為你們眾人感謝我的上帝……我總在禱告裡提起你們……我期盼著看到你們。」[24]這種措詞不能說不親密：要知道，保羅幾乎不認識任何一個羅馬教會裡的人！然而，這正是一種對早期基督教成功方程式的應用。

這愛有多博？

各位也許會覺得，我把一種貨真價值的博愛精神說成是出自企業經營的策略性考量，聽起很不可信。事實上，它也真是不可信的。因為嚴格來說，在早期基督教所浮現的上帝並不是一個泛愛世人的上帝。要記得，早期教會的核心吸引力在於它鼓吹「兄弟之愛」，即一種家人間的愛。而家人間的愛就定義來說便是指向內而非指向外，即只會施於家人而不會施於所有人。

保羅鼓勵的總是這種愛，一種以其他基督徒為優先對象的愛。他這樣勸勉羅馬的信眾：「你們要以相互關懷彼此相愛。」他這樣勸勉加拉太的信眾：「你們要以愛心互相服事。」他提醒帖撒羅尼迦的信眾：「上帝教導你們彼此相愛，而你們也確實如此對待全馬其頓的弟兄。但我勸勉你們，我親愛的弟兄，你們還須更加彼此相愛。」[25]

這倒不是說，保羅的教導中毫無真正博愛精神可以立足的基礎。他常呼籲信徒把慷慨好客精神延伸到非信徒，偶爾還會擴及得更遠。例如，他呼籲帖撒羅尼迦的信眾：「又願主讓你們彼此相愛的心，並愛所有人的心，都能增長、充足。」儘管如此，他並不習慣於把基督徒和非基督徒等量齊觀。他告訴加拉太的信眾：「所以，有了機會，就當善待所有人，又特別是善待信仰大家庭裡的人。」[26]

保羅一直走在一條細繩上：偶爾會鼓勵基督徒「愛」非基督徒，但不會像鼓吹基督徒間的「兄弟之愛」那樣不遺餘力。說來吊詭的是，這種走細繩的作法正是早期基督教得以成功的關

24〈羅馬書〉一章七至十一節。
25〈羅馬書〉十二章十節；〈加拉太書〉五章十三節；〈帖撒羅尼迦前書〉四章九至十節。
26〈帖撒羅尼迦前書〉三章十二節；〈加拉太書〉六章十節。

鍵。

這是因為，一方面，把愛心延伸到非教徒幫助了基督教贏得令名。有些被關心過的人會加入教會，餘者無疑也會對教會評價極高。至於旁觀者，一樣會對教會幫助不幸者的善行刮目相看。

但基督教不可能對非基督徒無限寬厚。因為，它畢竟是個想要成長的組織，而它吸引人的誘因之一是它會像個大家庭一樣，為成員提供各種需要，包括急難救助。如果不加入基督教也可以得到這些資助，還會有多少人踴躍參加？另外，試問一小群人又怎能無限供應一大群不思回報的人？基督教的成長關鍵固然是善待教外人士，但這種善待不可能是無止境的。他們加入教會的話當然另當別論，不過一旦成為教內人，他們便也有回報的義務。

基督徒之愛的這種審慎特質，反映在基督教神學家特土良的一番話（他比保羅晚一個世紀）：「在我們敵人眼中，我們的殊異處是我們的仁愛之心。他們說：『看看，他們彼此多麼相愛！』」沒錯，基督徒是愛彼此，但不是愛每一個人。

這種審慎也見於〈馬太福音〉的一段著名話語。耶穌告訴門徒，他們應該善待每個身分最低微的人，如同對待他本人一樣，因為到了最後審判日，他便可以嘉許他們：「因為我餓了，你們給我吃；渴了，你們給我喝；我作客旅，你們讓我留宿；我赤身露體，你們給我衣穿；我病了，你們看顧我；我在監裡，你們來看我。」耶穌說這番話，看似要求門徒無條件地愛任何人，很少人注意到，他這要求有一個保留。因為，經文緊接著指出，門徒聽了耶穌的話之後都大惑不解，問道：「我們幾時在你生病時看顧過你？或在你坐監時探訪過你？」耶穌回答說：「我實在告訴你們，你們既對我最小一個弟兄（有時翻譯作「家人」）做過這些事，便等於做在我身上。」[27] 何謂「弟兄」、「家人」？在早期基督徒的用法中，這兩個詞語都是指其他基督徒。

當然，保羅如果是這用法的先驅，那在耶穌時代，「兄弟」之類的詞語說不定有更廣含義，可以泛指基督徒以外的所有人。不過，〈馬太福音〉的成書時間卻是在保羅之後，所以它的用語也得用保羅的用法來解釋。以此來看，我們將會發現這經文的精神跟保羅的態度相當一致，以致我們不能不懷疑，上述一番話只是馬太假托耶穌之口說出來，以再次鼓吹一個已證明對基督教有用的觀念。（相似記載並未出現在成書最早的〈馬可福音〉，也不見於那假設存在的「Q典」，僅見於〈馬太福音〉）。

雖然教徒身分可以讓人在保羅的教會裡享受「兄弟之愛」，但這種身分沒有終身保障。一旦成為弟兄，你的一言一行便會受到監控，而如果你極端我行我素，就會被逐出「家門」。保羅在〈哥林多前書〉裡過：「如今我寫信給你們說，若有稱為弟兄是行淫亂的，或貪婪的，或拜偶像的，或辱罵的，或醉酒的，或勒索的，這樣的人不可與他相交，就是與他吃飯都不可……你們應當把那惡人從你們中間趕出去。」[28]加入保羅大家庭的資格條件很寬鬆，但想不被逐出家門卻必須謹守嚴格規範。

這種嚴格的會員政策解釋了基督教會何以容得下不同社會階層的人（包括窮人）。因為，只要這些人不濫用教會的慷慨，不做壞事，教會就有可能對他們加以改造，讓他們變得具有生產力。事實上，基督教會看來是一條向上流動的管道，能給有志向學的人提供教育。公元二世紀一位基督徒指出：「在我們中間，不僅有錢人追求我們的哲學，窮人也享受到免費教育……我們接納所有願意聆聽的人。」

這是一條穩妥的方程式：向所有人伸出手，但只留下那些忠實和熱切的人。然而，這方程式

27〈馬太福音〉廿五章卅五至六節、卅九至四十節。
28〈哥林多前書〉五章十一至十三節。

也阻止了「博愛」變成真正的「博」愛。基督徒是可以把兄弟情誼延伸到非基督徒身上，但這種延伸只能是暫時性和條件性的。有兩種人絕得不到最完整的基督徒之愛：一是不加入基督教大家庭的人，二是加入了卻不配留下的人。結果就是，早期教會變得非常有內聚力。正如保羅所說：「我們這許多人在基督裡成為一個身體，作為肢體彼此聯絡。」[29]

如何理解「愛你的鄰舍」這條《希伯來聖經》誡命，取決於你怎樣定義「鄰舍」。保羅的確變更了鄰舍的定義，但沒有讓它無所不包。所謂的鄰舍，並不是任何一個「猶太人或希臘人」。在談到公元第三世紀的羅馬帝國時，布朗（Peter Brown）告訴我們：「教會的教義向基督徒定義出誰不是他的鄰舍：親族不必然是鄰舍；住同一區的人不必然是鄰舍；國人同胞不必然是鄰舍。他的鄰舍是其他基督徒。」

要善待弟兄，那敵人呢？

有一類「基督徒之愛」不符合這個公式，所以不能用保持教會內或教會間的凝聚力來加以解釋。耶穌在其中兩部福音書裡說過：「愛你們的仇敵。」[30] 這種愛背後的實用邏輯何在？如果它背後真有實用邏輯，那保羅何以又會察覺不到，以致從未這樣勸勉過別人？

其實，保羅雖然沒說過「愛你們的仇敵」，卻說過十分相近的話，因而顯示出他的確明白「愛你們的仇敵」背後的實用邏輯。事實上，有可能「愛敵人」的觀念就是由他帶進基督教的文獻，只是後來的人假托耶穌之口用更充分和豐滿的形式把它說出來。

我曾指出，「愛你們的仇敵」這誡命同時出現在〈馬太福音〉和〈路加福音〉。在馬太的版本裡，耶穌這樣說：「我告訴你們，當愛你們的仇敵，當為逼迫你們的人禱告。」保羅在〈羅馬書〉（寫成於〈馬太福音〉和〈路加福音〉之前許多年）則這樣說：「當祝福逼迫你們的人。只要祝福，不可咒詛。」[29]就算保羅沒說過愛敵人，他仍然說過很近似的話：「你的仇敵若餓了，就給他吃，若渴了，就給他喝。」[30]在同一個段落，他又提到：「不要以惡報惡……不要為自己報仇。」同樣，耶穌在勸人愛敵人之前也說過：「只是我告訴你們，不要與惡人作對。有人打你的右臉，連左臉也轉過來由他打。」[31]

保羅會鍾愛耶穌主張的同一組觀念當然不奇怪，因為他畢竟是耶穌的仰慕者。但如果保羅只是在複述耶穌的話，他何不指出出處，好讓他的教誨顯得更有分量？（他不是跟一群耶穌的信徒說話嗎？）而且，他為什麼沒有提耶穌那個更簡潔也更劇力萬鈞的教誨：「愛你們的仇敵」？是因為保羅不太熟悉耶穌的教誨嗎？不太可能。畢竟，根據保羅自述，他曾經在耶路撒冷待過兩週，跟使徒彼得住在一起，又會見了耶穌的弟弟雅各。[32]另外，既然他在耶穌教誨流傳的那個圈子裡待過許多時間，他不可能未曾風聞耶穌這句最讓人震撼的話語——除非耶穌根本未說過這樣的話。

同樣問題也適用於「兄弟之愛」的教誨。根據〈約翰福音〉，耶穌曾教導追隨者：「我交給你們一條新的誡命：你們當彼此相愛。」[33]這誡命其實一點都不新，因為保羅早在〈約翰福音〉成書的幾十年前，便給信徒灌輸過同樣觀念。類似的是，早在另三部福音書指出耶穌教人應該履行「愛鄰舍如己」的誡命時，保羅便已經教導加拉太會眾：「全部律法已包含在一句話裡：當愛

29〈羅馬書〉十二章五節。
30〈路加福音〉六章廿七節；〈馬太福音〉五章卅七節。
31〈馬太福音〉五章四十四節；〈羅馬書〉十二章十四至廿節；〈馬太福音〉五章卅九節。
32〈加拉太書〉一章十八至十九節。

鄰舍如自己。」此處，他一樣沒有提耶穌說過同樣的話。[34]

前面談過「兄弟之愛」具有何種實用價值，也談過保羅會有此觀念可能不是得自耶穌啟迪。但「愛你們的仇敵」這個觀念呢？如果耶穌沒有說過這話，保羅又是怎樣想出來的？

也許同樣是受到現實環境所啟迪。保羅屬於一個廣受仇視的宗教少數團體，這個團體若不對他人的挑釁採取克制態度，便有可能會遭受迫害，甚至因此滅絕。[35]就此而言，他的處境跟斐洛頗為相似。我們知道，斐諾曾呼籲猶太人同胞不要敵視占人口大宗的異教徒，又在猶太教的聖典裡提煉出跨信仰的寬容教義。

在在看來，保羅都知道，培養對敵人的仁慈之心會讓敵人感到挫折，讓他們得不到他們最想要的東西：一個仇視基督徒的理由，一個發動攻擊的口實。證據是，保羅在勸勉過基督徒應當給敵人提供飲食之後，又補充道：「你這樣行就是把燒熱的炭堆在他的頭上。」[36]

事實上，保羅並不是第一個看出，善待敵人是一種有力的反擊。「燒熱的炭」這個比喻其實出自〈箴言〉：「你的仇敵若餓了，就給他飯吃；若渴了，就給他水喝。因為，你這樣行就是把燒熱的炭堆在他的頭上。」[37]所以，保羅會把以愛心對待敵人的觀念帶入基督教，並不是出於一時聰明。他的智慧是來自希伯來的智慧文學。

上帝的成長（二）

我們先前是在一個神學的脈絡提遇到智慧文學。根據斐洛的神學（正如我在第九章指出，他的神學很具現代性格），人類智慧的累積是神意的展現。歷史的方向是由文化演進所推動，會驅使人類傾向於接受一些有用的教說，而這些教說又總是相當奇妙地包含著道德真理的一些成分。

隨著愈來愈多相隔遙遠和文化分歧的人群被拉進非零和互動的處境，人們會出於自利動機，願意承認其他人群的利益和人性。

我在第七章也曾大膽假設：「上帝」的成長說不定意味著上帝的存在。也就是說，如果歷史的進程會自然而然提升人類的道德，推向道德真理，並讓他們的上帝觀獲得相應的成長，那麼，這種成長也許可以作為證據，證明世界具有某種「更高目的」，而這目的來源也許夠資格被稱為神祇。

在本章，我們沿著「跨族群之愛」觀念的演化過程追溯「上帝」的成長軌跡。不過，細察之後，我們發現這觀念沒有當初想像的那麼原創或讓人動容，因為它還不是真正的「博」愛。儘管如此，它仍然有所建樹。因為，相信所有人不分民族或國族，都有資格獲得上帝的愛——這觀念本身是一種民族平等主義。而民族平等主義大概比任何替代方案都更接近道德真理。

所以，基於神學的目的，我們應該追問以下的問題：這種道德進步的教義，是近乎必然地從歷史發展的過程中產生嗎？還是它的出現純屬偶然，只是某個人情願地詮釋另一個人的先知事業的產物？如果答案是前者（即道德進步是歷史的自然產物），那「上帝的成長」就更有可能意味著上帝存在，至少是意味著有某種神聖事物存在（不管這事物跟古代的上帝觀多麼不相似）。

33〈約翰福音〉十三章卅四節。這節經文裡的「愛」也是指信徒間的互愛。

34〈加拉太書〉五章十四至十五節。保羅這個意見與耶穌不盡相同，因為後者不是認為「當愛鄰舍如己」這誡命縮影著全部律法的精神，而是認為它是兩條最重要的猶太誡命之一：另一誡命是盡心盡性愛上帝（見〈馬可福音〉十二章廿八至卅四節；〈路加福音〉十章廿五至八節；〈馬太福音〉廿二章卅九至四十節）。

35保羅在〈哥林多前書〉四章十二節曾自述他的受迫害體驗。

36〈羅馬書〉十二章廿節。

37〈箴言〉廿五章廿一節。

一直以來，我都是以單面向來看待保羅（把他視為那些手腕靈活和雄心勃勃的人之一，而他湊巧投身於創辦宗教事業），為的就是回答上述問題。因為，只要任何這樣的人傾向傳揚跨族群的寬容精神甚至跨族群的愛，他們的主張便可視為是當日社會、政治和經濟脈絡的自然產物。又，只要這個脈絡是龐大社會組織的自然產物，這類主張便可視為歷史自身的表述。

我們可以說，事情看來果真如此。隨著社會組織擴大，隨著羅馬人的大道穿過愈來愈多民族的邊界，經濟利益會把更多人群拉進世界主義和民族多元的世界，並進而演化出「慈愛上帝」（God of Love）的觀念，以反映這個事實。如果保羅的雄心真的是要建立一個規模相當於羅馬帝國的宗教組織，該組織的價值取向就必須容納羅馬帝國的民族多元現象。

但還有一些問題猶待回答。例如，保羅的企業雄心真的是較容易在帝國規模的環境中實現嗎？還是說，在帝國其他宗教的強力競爭下，保羅版本的基督教其實很容易落敗，中途夭折？又，如果保羅色彩的基督教真的被別的宗教打敗，那勝出的宗教又會具備哪些特徵？這些問題都有助於我們回答一個更大的問題：出現跨族群之愛的觀念是「注定」的嗎？歷史傾向於讓這個觀念繁榮茁壯嗎？我們永遠無法得知確切答案，因為有太多無法測量的變數。但下一章的討論將會帶我們向答案走得更近。

不多久，基督徒便惹惱了別人。早在公元六十四年（當時《新約》的經卷皆尚未成書），羅馬皇帝尼祿便下令把耶穌的追隨者塗上瀝青，釘上十架，用火燒死。據羅馬史家塔西圖（Tacitus）記載，這位不遺餘力迫害人民的皇帝，把燃燒的基督徒屍體「作為日光消退後的照明之用」。尼祿此舉的用意是拿基督徒當代罪羔羊，把燒毀大半個羅馬城的火災怪罪於他們（有人相信是尼祿自己放的火）。但基督徒和羅馬皇帝之間本就存在著更實質的緊張關係，這是因為基督徒就跟猶太教徒一樣，不肯接受羅馬的宗教模式。

羅馬政府對信仰一向採取放任政策，只要人民願意禮敬帝國的官方神祇，他們愛拜什麼就拜什麼。但基督徒卻拒絕膜拜官方神祇，而且不肯承認其他宗教的神祇存在。事實上，他們甚至積極挑戰其他神祇的正當性：因為基督徒不止是一神教教徒，還是踴躍勸人改教的一神教教徒。

這種勇於傳教的精神勝過了打壓的力量，使基督教能夠繼續壯大，並終於在公元三一二年越過了那道著名的分水嶺。皇帝君士坦丁因為獲得異象啟示，命令軍隊揮舞十字架旗號打一場關鍵性戰爭，結果大獲全勝。耶穌因之受到尊崇，羅馬政府開始對基督教採取寬容政策。然後，到了四世紀之末，基督教更被尊為國教，所有異教悉數遭到禁止。

君士坦丁皇帝改信基督教一事，一直是歷史必然論者和歷史偶然論者的爭論焦點。前者認為，基督教的得勝純屬偶然：如果君士坦丁沒有改變心意，基督教也許永難取代異教成為歐洲的宗教，如此，歐洲的歷史將會完全改寫。但持相反意見的一派則認為，基督教在當時雖然還不是最大的宗教，但教徒人數已經突破了關鍵門檻，所以無論如何都會取得最後勝利。

不管孰是孰非，現在讓我們姑且假定，基督教的勝利的確得仰賴君士坦丁，再假定他沒有打勝仗，或沒有使用十字架作為旗號，而基督教也中途衰微。如此一來，「兄弟之愛」這個跟基督教密切相關的觀念，命運將會如何？

這是個頗具神學重要性的問題。我在第九章曾指出，斐洛的神學因著「邏各斯」的觀念而顯得相當具有現代性格，而「邏各斯」的作用猶如上帝設計的驅動程式：它讓上帝的宇宙大計得以展開，而在這個過程中又可充當人類道德成長的引擎。但如果保羅「兄弟之愛」的觀念真會因為一場戰爭的敗北而毀掉，那豈不表示邏各斯這個引擎馬力不足？如果真有邏各斯這回事，那不就表示，道德啟蒙應該被某種比歷史偶然性更強的力量所驅動？但有證據可以證明這種力量存在嗎？我們憑什麼可以認為，即便君士坦丁沒有打勝仗，跨族群之愛的觀念照樣大有機會在當時許多相互競爭的宗教價值觀中脫穎而出？

一個開放平台

其中一個理由是，羅馬帝國的創建已讓民族和睦變成一件比從前更有價值的商品。這點我在前一章分析保羅運用哪些策略創建一個國際化教會時，已約略提過。為了更了解帝國帶來的附加價值，我們拿公元前二世紀的希臘島嶼提洛（Delos）作為對比（當時距離羅馬帝國的誕生還有一個世紀）。

在提洛，人們膜拜的神是海克力士—梅里卡提（Heracles-Melkart）：祂是推羅神祇梅里卡提和古希臘神話人物海克力士的合體，而在提洛拜祂的，主要是來自推羅的商人和運貨業者。事實上，這「宗教性」組織的正式名稱便是「推羅商人與貨運業者的海克力士崇拜團」。

推羅的商人與貨運業者會向海克力士—梅里卡提獻祭，是為了得到這神的保佑。然而，真正保佑他們的不是海克力士—梅里卡提，而是他們的「崇拜團」本身。因為加入這組織之後，便可以從其他商人和貨運業者取得有用的商業資訊，並與他們建立起良好的人際關係。從這個角度看，你可以說「崇拜團」相當於資訊庫和人脈網絡。如果你是個從推羅來到提洛島的商人或貨運業者，你很自然會想加入海克力士—梅里卡提崇拜團，因為其會員身分非常有價值。

對我們目前的分析來說，這點尤其重要：你的加入會讓這崇拜團的會員身分更有價值，因為多了一個人，組織的資料庫和人脈網絡便增大一分。換言之，**崇拜團的成員愈多，成員身分便愈有價值**。

經濟學家稱這種現象為「網絡效應」：網絡的單位愈多，每一單位的價值便愈增加。經濟學家當然不會用這觀念來分析宗教，他們喜歡它來分析軟體。最經典的例子是「微軟」公司的Windows作業系統。一旦Windows有了幾百萬個客戶，便會有大量其他軟體是專為Windows設計，這時，Windows將會比只有幾千用戶的作業系統有價值得多。每增加一台安裝Windows的電腦，Windows網絡的價值便增高一分，因為這會增加軟體商為Windows平台設計軟體的誘因。

「網絡效應」見於大多數可以多少構成網絡的事物上，宗教自不例外。而只要有「網絡效應」存在的地方，以下這條通則就能適用：想要獲得最大的「網絡效應」，一個社團組織應該避免對會員資格設立武斷的限制。現在讓我們把視線轉回提洛島去。

話說，海克力士—梅里卡提的崇拜團為他們的神蓋了一間廟，經過若干年後，有另一群人也給海神波塞冬（Poseidon）蓋了一間廟。這批海神的信徒來自貝利托斯（Berytos，即今日的貝魯特），正式名稱為「貝利托斯商人、貨運業者與倉儲業者的波塞冬崇拜團」。換言之，這崇拜團就像推羅人的海克力士崇拜團一樣，是個同業組織（只多了倉儲業者），不同之處是它選擇蓋另一家神廟去敬拜另一個神祇。

兩群人如果合流，好處不是更大嗎？他們的資源不是會因此加倍，資訊庫也會加倍嗎？這樣，他們不是在前往提洛、推羅或貝利托斯經商時都會得到接待嗎？換言之，拜「網絡效應」的作用，兩批人的融合不是會讓新組織的會員身分比原來更吸引人、更有價值嗎？

無疑，這兩個群體要融合存在一定困難，因為貝魯特和推羅兩個城市的文化頗有差異。然而，這種差異只是一種武斷的差異，因為從經商的角度看，這兩群人可以從友善的互動獲益。換言之，兩個崇拜團因為文化互異而不相為謀，遂使得潛在的互利性無法實現，讓「網絡效應」無法盡情發揮。理論上，這樣的畫地自限將會讓它們競爭不過一種對推羅人和貝魯特人都同時敞開的宗教。

在公元前二世紀的時候，這種互利性也許還不是那麼顯著。也許，來自推羅的商人和來自貝魯特的商人各有各的市場，雙方並無太多潛在的共通利益可言。不過，隨著羅馬征服了一個又一個國家，大環境為之丕變。在公元第一、二世紀，隨著「羅馬和平」（Pax Romana）[1]的廣披，一片巨大的商業舞台為之打開，讓不同的城市、族群和種族產生許多經濟互動的可能。這時候，一個有包容性的社團將比一個有族群取向的社團更能盡收「網絡效應」之利。

現在，讓我們假定基督教裡有兩個宗派，而兩個宗派又都鼓勵成員相親相愛，並從這種互動中獲得實質好處。再假定，其中一個宗派歡迎所有族群的人加入，而另一個宗派則對其他族群大肆刁難。這樣的話，前者不是更可以發揮「網絡效應」嗎？前者不是會比後者成長得更快嗎？換言之，保羅的基督教不是會比不鼓吹「兄弟之愛」的基督教更成功嗎？

事實上，我說的這個不止是個思想實驗。因為，在早期基督教裡，的確存在著好些宗派，它們原則上都有可能從耶穌運動的內部競爭中勝出，成為「主流」的基督教。而它們之中，又至少有一個宗派符合我所假想那種替代性模式。

為耶穌傳道的其他猶太人

我們記得，有些耶穌的追隨者堅持，外邦人若想加入耶穌運動，必須接受割禮；保羅為此很生氣，表示他巴不得這些人「割掉自己」。他們當然不會照做，而他們在兩個世紀左右之後的追隨者顯然也沒有照做。一些四世紀的文書記載，當時有個基督宗派叫伊便尼派（Ebionites），堅持任何耶穌的崇拜者都必須徹底猶太化。外邦人一樣有得救資格，但那是在皈依猶太教之後。換言之，他們必須願意接受猶太律法的約束，包括謹守某些飲食規定和接受割禮。

正如葉爾曼（Bart Ehrman）在《失落的諸基督教》（*Lost Christianities*）一書指出，伊便尼派的觀念多半比後來勝出的基督教宗派還要接近耶穌自己的觀點。伊便尼派相信耶穌不是神，只是一個彌賽亞，而且就像任何人一樣，都是由婦人懷孕所生（事實上，伊便尼派認為耶穌是上帝的**養子**，因為品行優異而被上帝選中）。

就此而言，伊便尼派確實要比今日的基督徒更忠於《希伯來聖經》。例如，〈馬太福音〉提到耶穌是處女所生時，是要暗示耶穌的出生方式應驗了〈以賽亞書〉的預言：「必有處女懷孕生子，人要稱他的名為以馬內利（Emmanuel）。」[2]然而，「處女」（這是《七十士譯本》的譯法）這個字的希伯來文原文卻是指「年輕女子」。

1 譯注 指羅馬帝國國境內靠羅馬武力維持的和平狀態。
2 〈馬太福音〉一章廿三節。不同於《欽定本》，《新修訂本標準英譯聖經》把〈以賽亞書〉七章十四節出現的該字眼譯作「年輕女子」。

儘管如此，在「彌因」之間的競爭賽中，勝負的關鍵往往不在於真理。伊便尼派因為不願讓外邦人加入耶穌運動，因此自己的思想主張也難推廣出去。兩相對比之下，我們會發現伊便尼派的教義會壓抑「網絡效應」，反觀保羅版本的基督教則簡直像針對「網絡效應最大化」而設計。無怪乎最後勝出的會是保羅的版本。

亞軍隊伍

當日，在爭取「主流基督教」頭銜的競賽中，還有另一支隊伍致力於把「網絡效應」最大化，而這支隊伍最後得到的名次看來是亞軍。那是一種「一神崇拜」類型的基督教，稱為馬吉安派（Marcionism）。創立人馬吉安相信，《希伯來聖經》所啟示的是一個神（一個易怒的造物神），而耶穌所啟示的是另一個神（一個慈愛的神），前者製造的各種災難壓得世人透不過氣來，而後者則為世人提供盼望）。馬吉安也接受保羅的跨族群「兄弟之愛」觀念。

馬吉安是把早期基督徒著作集結為正典的第一人（《新約》要再過兩百年才開始結集成書）。他編訂的「正典」包括了很多保羅書信以及四福音中的〈路加福音〉[3]（為防「救贖神」會被「造物神」所壓縮，他把〈路加福音〉裡耶穌提到上帝是「天地的主」之處均改為「天上的主」）。

馬吉安雖然接受保羅許多觀念，但他的宗派依舊成了保羅派教會的勁敵。隨著馬吉安的基督教顯出自己多麼雄健有力，兩者的競爭更是趨於白熱化。第二世紀一位保羅系統的基督徒曾帶點驚恐地指出：馬吉安的教義已經傳播到「每個國家的許多人中間」。晚至五世紀，基督教的主教還提醒要到遠方旅行的教徒，小心別誤入馬吉安派的教會。雙方競爭如此激烈並不讓人驚訝，因為兩者都同時標榜一種強勁有力的教義：兄弟之愛。

乍看之下，馬吉安基督教有個大失策：它燒掉一切跟猶太教之間的橋樑。馬吉安否定了《希伯來聖經》，又在他編訂的正典裡去除猶太教的基調，以致無法像保羅那樣，利用猶太教的「下層建設」來作為後勤支援和徵員之用。不過，待馬吉安派出現，保羅派基督教亦已燒斷一切通往猶太教的橋樑：因為自公元一世紀末起，基督教便不再自視為猶太教的一支，而公然的反猶太主義不久也在教會內部浮現。

基督徒與猶太人會出現緊張關係，所遵循的是我們現已熟悉的模式：當兩群人認定彼此是在進行非零和遊戲，寬容及和睦精神便會抬頭，然而，一旦雙方改變看法，認定彼此是在進行零和遊戲，寬容精神便會褪色。在羅馬帝國，任何拒絕崇拜國神的人都要得到特許，而想取得這種豁免權，最有希望的方法是證明你的宗教比羅馬帝國還要歷史悠久。基督教和猶太教雙方都可以拿出《希伯來聖經》來證明自己源遠流長。但源遠流長是一回事，能不能因此得到豁免又是另一回事。因為，希伯來的傳統真的可以有兩個合法繼承人嗎？

基督教為了增加自己獲得豁免的機會，必須挖猶太教的牆角。他們主張猶太人因為殺死了神的兒子，已經離棄了自己的神。根據公元二世紀的教父猶斯丁（Justin）的解釋，猶太男性必須接受割禮，正是上帝懲罰猶太人的象徵。（但割禮的歷史不是要比神子遇害還早了一千多年嗎？對這個難題，猶斯丁的解釋是：上帝有預知未來的大能。）

不過，這位猶斯丁在別的脈絡又為基督教能超越族群藩籬而自豪：「我們……曾經拒絕跟我

3直到公元四世紀，才明確有人開始嘗試編訂一部基督教正典，而又要到了該世紀之末（三九〇年代），才第一次有某個教會把今日見於《新約》的二十七部經卷列為正典。

們殊俗的部族一起生活，但如今，我們卻跟他們親密地生活在一起。」但顯然，基督徒這種寬容態度是要看對象、看脈絡的。當哥林多教會和羅馬教會休戚相關時，它們當然可以互相寬容。但當兩個「部族」要競逐某個單一獎項時（即競逐誰是希伯來傳統的正統繼承人），就另當別論了。

耶穌是必要的嗎？

馬吉安派具有的群眾吸引力顯示出，即便我們今日所認識的基督教（即保羅派的基督教）在公元第二或三世紀中道衰微，另一種版本的基督教一樣可能在眾宗教中勝出。這個版本的基督教同樣鼓吹跨族群的愛，因為只有這種教義可以把羅馬帝國開放平台所隱含的「網絡效應」物盡其用。不過，如果從來沒有耶穌其人，即沒有任何版本的基督教可供人提倡，情形又會如何？倘若真的如此，世界大概就不會有一種叫基督教的宗教。另一方面，即便耶穌從未出生，或只是沒沒無聞地死去，一樣會有其他傳揚跨族群之愛的宗教從眾宗教中脫穎而出。

這樣的宗教多得很。有聽過提亞納的阿波羅尼奧斯（Apollonius of Tyana）這個人嗎？他就跟耶穌一樣，生活在公元第一世紀。據他的信徒後來所述，阿波羅尼奧斯到處遊方，行各種奇蹟：治好瘸子和盲人，為人趕鬼。除此以外，他還能說預言。凡此皆顯示出，他能夠上通「天」聽（有人說他是神的兒子）。他教導世人應少為物質財富操心，多為靈魂的命運操心，並鼓吹一種分享的倫理學。他後來被羅馬人迫害，死後升天。這種結局，完全與他不平凡的出生背景相稱：在他出生以前，有個天國使者曾向他母親預告，他的兒子具有神性。

聽起來很耳熟？

不過，各位也許會抗議說，阿波羅尼奧斯可沒有提出跨族群之愛的觀念！然而，誠如我所說的，耶穌很可能也沒鼓吹過這種觀念。這是保羅發展出來的，而保羅是個宗教企業家，想用這觀念來黏合他那版圖遼闊的企業。

但如果保羅從未出生的話又會如何？他就不會是羅馬帝國時代的比爾．蓋茲，無法憑藉著一個開放平台創建出企業帝國。然而，任何時候，只要出現一個巨大的新平台（不管這平台是小型電腦的發明還是羅馬帝國的建立），便總會有人看出它的大用，並想方設法物盡其用。

用更專門的術語來說，只要有個包含潛在「網絡效應」的平台出現，就總會有人想出點子，把「網絡效應」發揮到最大，從眾多競爭者勝出。不管有沒有比爾．蓋茲，一旦電腦成為人人買得起的產品，就一定會有某種作業系統出現，獨領風騷。

阿波羅尼奧斯跟耶穌那麼相似也許不是偶然。當有關阿波羅尼奧斯的傳說被結集成書之時，基督教的福音書已經面世。所以，阿波羅尼奧斯的信徒說不定曾經自覺或不自覺地把福音書裡的耶穌形象借為己用。他們是否抄襲並不是重點，重點是，這種匯流是自然趨勢。古代的傳教者是在競爭激烈的環境裡工作的。一個宗教想要茁壯，它的賣點起碼不能少於競爭對手。所以，一個宗教自然會取法於成功的對手，一如互相競爭的軟體商會迫於市場壓力而師法對手某些受歡迎的特質。

所以，形式上的相似往往是激烈競爭的產物。耶穌的信徒看不起阿波羅尼奧斯的信徒，反之亦然；這就好比「蘋果」的死忠分子和「微軟」的死忠分子會互看不順眼。但這並不妨礙兩個作業系統採借對方有創意的特徵。

即便世界上從未存在比爾．蓋茲和賈伯斯，也總會有一種作業系統稱霸天下，而這種作業系統也一定會具有文書處理和收發電子郵件的功能。所以，即便保羅沒出生過，一樣會出現一種鼓吹民族和睦的宗教稱霸羅馬帝國。因為只有這樣的宗教可以盡收「網絡效應」的好處，把對手給淘汰出局。

君士坦丁的改宗

這樣的宗教理當會對皇帝深具吸引力。如果你是個統治多民族的帝國，難道不會樂於見到各民族和睦相處嗎？甚至提拔鼓勵這種取向的宗教？所以，君士坦丁會皈信基督教，也許並非偶然。在當時，征服和擴張的日子已經結束（引起君士坦丁皈信基督教那場戰爭是內戰），帝國的新挑戰是鞏固既有版圖。所以，君士坦丁會改弦更張，也許只是看出基督教是很好的社會黏合劑。[4]

皇帝皈信一個實用的宗教，這在歷史上並非頭一遭。早在公元前第三世紀，印度皇帝阿育王便率先做過一樣的事：改信佛教。他以激烈手段征服羯陵伽（Kalinga）之後，因為信奉了佛法，所以相信該地的百姓和自己的百姓其實是手足。在這之前，佛教還是初生之犢，是一種草根性的宗教運動，然而，因為獲得皇家的加持，遂得以在帝國全境落地生根。因為沒有阿育王時代之前的可靠佛教經典留存至今，所以我們無由知道佛陀本人是不是鼓吹博愛及和睦。不過，阿育王卻把他對佛教的理解銘刻在石頭、柱子和洞穴上，其中一些至今猶在（一篇銘文提到：「只有和諧是可頌讚的」）。一個皇帝會有這種思想感情是可理解的。

如果各位不相信帝國主義可以促進民族間的和睦，請看看基督教會尚未得勢以前，羅馬帝國是什麼樣子。當時，雖然沒有保羅幫忙，帝國政府一樣致力於促進民族間的和諧。在這個意義下，基督教只是順水推舟，再加把勁。早在基督教出現以前，羅馬人便推行一種有利於民族和睦的政策：所有人都必須崇奉國神，除此以外，他們愛拜什麼就拜什麼。自從基督教成為國教，帝國政府轉而推行另一種有利民族和睦的政策：鼓吹基督徒以對待手足般彼此相愛，並強烈鼓勵每個人成為基督徒。

沒錯，在基督教尚未成為官方信條之前，羅馬人對那些不願接受他們宗教寬容系統的人（即猶太人和基督徒）發起好幾波迫害狂潮。不過，基督教在轉占上風之後，一樣表現出不寬容的態度：迫害非基督徒。

所以，單從道德的角度來看，我們很難說得準保羅是不是把道德的進步推到歷史新高點。早在基督教出現以前，帝國的跨族群寬容公式已經證明效果卓著，而在基督教得勢以後，帝國的寬容公式照樣是效果卓著。在這兩個時期，有可能受到迫害的都是少數對這寬容公式持異議的人。

既然如此，保羅花那麼大的工夫所為何來？這就得問問保羅自己了。那麼，我們花那麼大工夫分析保羅版本的基督教何以能脫穎而出，又是所為何來？

所為何來

是為了兩件事：一是要顯示，在羅馬帝國，鼓吹族群和睦的教義總是容易占上風，因為這種教義將比別種教義更能充分利用帝國這個平台所能帶來的好處。其次是要顯示，在為這種邏輯服務時，上帝的適應力可以有多大。

耶和華的誕生始自一個決定性的民族偏見：獨厚以色列人。即便是在被擄時期，這位上帝雖

4 顯然，君士坦丁皇帝後來確實有看出來，保持基督教會的統一性對他會很有好處。

許諾萬邦都會納入祂的計畫，仍然認定外族最終必然卑屈地臣服於以色列人。換言之，當一神教思想第一次清楚浮現在「第二以賽亞」之時，它乃是為一個層級性體系服務。

然而，耶和華沒多久便開始圓熟。待以色列成為波斯帝國受眷顧的一員，呼籲跨族群和睦的呼聲便再度響起。正如我們所見，在《希伯來聖經》裡，鼓吹國際性包容心態最不遺餘力的，是「祭司典」的諸位作者。最起碼，他們是鼓勵以色列人以較友善的態度對待波斯帝國其他成員。對此，最有可能的解釋是，「祭司典」反映的是波斯領導階層想要推廣的價值觀。若真是如此，居魯士大帝就要比阿育王更早認為，帝國可以是一股有利於道德進步的力量。

接著，在以色列人結束被擄的五百年後，在亞伯拉罕系大家庭的基督教分支裡，上帝經歷了另一次轉變。「祭司典」中的上帝雖然開明，但始終是個國神，是以色列人的上帝（不過我已經說過，「祭司典」仍用了別的名稱稱呼上帝），反觀耶穌的上帝（至少是保羅的上帝）卻是個跨越族群界線的神祇。

儘管如此，我們仍然不應該像某些基督徒所主張的，基督教是以「博愛」的上帝取代了猶太教那個「特殊主義」的神祇。這首先是因為，早在保羅以前（甚至早在「祭司典」以前），《希伯來聖經》便呼籲以色列人應該以寬和之心對待移入以色列的外地人。另一個理由是，正如我已指出，保羅鼓吹的「兄弟之愛」並不是真正的「博愛」。它更強調的是愛其他基督徒弟兄而不是教外人士。事實上，基督徒的上帝雖然被認為無限慈愛，但祂一樣會重罰不信祂的人，讓他們在死後永遠受苦。這些時候，上帝可無法像某些父母懲罰孩子時那樣說：「這是為了你們好。」

換言之，基督教只是用一種特殊主義取代了另一種特殊主義。這種新的特殊主義不是以族群為基礎，而是以信仰為基礎。如果你不是信仰圈子裡的人，基督徒便不會真的愛你，至少不會以愛其他弟兄姐妹的方式來愛你。上帝也不會愛你，而即便祂真的愛你，也是用一種有趣的方式表現出來。就連那個把上帝引介給世人的民族（猶太人），一樣不夠資格進入天國，除非他們先拋棄猶太教信仰。

邏各斯的回歸

所以，這個上帝還有道德成長的空間。儘管如此，上帝已再次顯示出，祂是個富有彈性的神。祂顯示出，當不同人群（包括不同族群）進行非零和遊戲時，祂有能力作出適應，會沿著道德的向度成長，讓雙贏的局面可以進行下去。由過去的經驗顯示，科技演進有助於擴大非零和領域，因此未來也大有可能會呈現同一趨勢。所以，非零和的領域也許會繼續成長，而上帝也會繼續作出相應的成長。

當然，我說的這個「上帝」是框在括號裡的，因為真正在成長的是人類對上帝的觀念，而非上帝自身——至於「外頭」是否真有一個上帝，我們不得而知。然而，正如我在第八章所指出，如果「上帝」的觀念會成長，那這現象即便不意味著上帝存在，多少也意味著歷史固存著一個「更高目的」。我也在第九章說過，斐洛的「邏各斯」觀念是思考這個神聖目的的有用工具。

斐洛的神學有部分進入了諾斯底派（Gnosticism）。就像伊便尼派和馬吉安派，諾斯底派是早期基督教的一支，後來隨著保羅品牌基督教的大盛而式微。它的其中一個主張是，自我知識（self-knowledge）是得救的途徑，而我們知道，這也是斐洛強調的觀念。另外，諾斯底派也跟斐洛一樣，用「智慧」和「邏各斯」來理解上帝。[5] 他們把耶穌視為邏各斯的鮮明展現，是一本書（這書「是以天父的思想和心靈寫書」）的鮮明展現。耶穌「穿上那書；他被釘到一棵樹上；他在十架上頒布了天父的敕令。啊，多麼偉大的教誨！」

這些話，多少讓人回想起〈約翰福音〉的宣示：「〔邏各斯〕成了肉身，住在我們中間，充充滿滿的有恩典、有真理。我們也見過他的榮光，正是天父獨生子的榮光。」[6]（有些學者認為〈約翰福音〉是帶有諾斯底派色彩的福音書。）

把耶穌看成邏各斯化身有些道理。邏各斯的工作是擴大人類道德關懷的圓周，而只要耶穌有功於促進這個擴大過程，他某個意義下就可以稱得上是「道成肉身」，是邏各斯在人間的化身。而毫無疑問的是，〈約翰福音〉中的耶穌熱烈地鼓吹人們應該擴大道德關懷，是個「兄弟之愛」的熱烈鼓吹者：「我交給你們一條新的誡命：你們當彼此相愛。」[7]

這**真是**一條蠻新的誡命。當耶穌在最早一部福音書〈馬可福音〉裡，耶穌在要求人去愛「鄰舍」時，幾乎可以肯定他是呼籲以色列人愛其他國人同胞。但在最後一部福音書〈約翰福音〉裡，耶穌卻像保羅一樣，呼籲人應無分國籍地愛人。無疑，就像保羅一樣，他也是認為最濃的愛應該留給同教弟兄。例如，他在〈約翰福音〉裡補充：「你們若是彼此相愛，世人便會因此認出你們是我的門徒。」[8]儘管如此，到〈約翰福音〉寫成時（第一世紀末期），基督教會已經相當民族多元化，所以，這種愛即便不是博愛，仍然是一種跨族群的愛，朝普世主義邁出了一大步。既然耶穌的這種信息可體現邏各斯的精神，那我們把他稱為邏各斯的化身並不為過。

當然，真實的耶穌（「歷史的耶穌」）有沒有說過這類愛的教誨很成問題。但即使我們不能把邏各斯等同於「歷史的耶穌」，卻起碼可以把邏各斯等同於「想像裡的耶穌」，即基督徒心裡的耶穌（基督徒都相信耶穌說過那些道德教誨）。

這話聽來很弔詭：一個只存在於想像裡的耶穌怎麼可能是邏各斯的化身？然而，當基督徒尊崇著他們心目中的基督時，卻有可能正好是尊崇著一種真正帶有神性的東西。因為，基督徒心目中的基督有可能正是邏各斯所形塑。換個方式說，社會的擴大以及伴隨而來的民族間非零和關係的擴大，導致保羅強調跨族群的愛心，而這又導致再後來的基督徒[9]把這些信息假托耶穌之口說出，由他來揭櫫。所以，當基督徒在想像基督的時候，等於是在「愛的信息」的四周鋪上血肉，而在這個意義下，「聖言」（道、邏各斯）也真的獲得了肉身。

這一點，我們不妨拿「幻影說」（docetism）來作補充說明。這是個跟諾斯底派頗有淵源的宗教學說，長久以來都被認為是異端邪說。根據幻影說的主張，耶穌並不是**真的**由血肉所構成，只是個純粹的靈體，他的血肉之軀只是幻影，只是虛像（據一篇持幻影說立場的古代文獻所述，釘在十字架上的耶穌是笑嘻嘻的：他因為沒有肉身，根本不會覺得痛）。但幻影說又認為，耶穌的表象雖然只是幻影，卻仍然值得基督徒尊崇，因為這個幻影乃是來自於上帝，所以有神性貫穿其中。邏各斯神學也可以作如是觀：一方面，敬拜基督徒心目中那個基督乃是敬拜一個幻影，另一方面又是敬拜神性的顯現。換言之，基督徒所認識的那個耶穌既是幻象，又是上帝的真容。

職是之故，當基督徒敬拜上帝所授意的那個幻影時，其實相當近乎看見上帝的真容。這是人類能希冀的最大程度。畢竟，人類只是「有機的機器」（organic machine），被「天擇」設計成專門跟其他「有機的機器」打交道。他們看得見其他有機體、了解其他有機體，也會對其他有機體生出愛心和感激之心。但若想了解神祇、看見神祇並愛神祇，對凡身俗骨的人類來說未免是一種

5 諾斯底派的《真理福音書》（*Gospel of Truth*）這樣指出：「由於祂〔上帝〕的智慧透過邏各斯作為中介，由於祂的教誨由邏各斯傳達，祂的知識遂得以被降示。」（由Robert M. Grant，見http://www.gnosis.org/naghamm/got.html）
6〈約翰福音〉一章一節、一章十四節。
7〈約翰福音〉十三章卅四節。
8〈約翰福音〉十三章卅五節。
9 譯注 指四福音的作者。

癡心妄想。

13 耶穌如何會變成救主？

How Jesus Became Savior

對許多基督徒來說，「耶穌」的名字幾乎是「救主」的同義詞。正如《新約》所說，上帝差祂的獨子來，是為了讓「所有有生命的都看見上帝的救恩。」[1]

某個意義下，上帝的救恩一直歷歷在目。耶和華把以色列人從埃及拯救出來（《希伯來聖經》說：「他們的救主上帝曾在埃及行過大事」）。同一位上帝後來又把以色列人從其他欺壓者手中救出（「耶和華賜給以色列人一位拯救者，使他們脫離亞蘭人的手」）。更後來，即便耶和華把他們交給巴比倫人，以提醒救恩不是無條件賜下時，仍然安排好居魯士把救恩付諸實現。正因為如此，先知耶利米才得以稱耶和華為「以色列的盼望，處患難時的救主。」[2]

但耶和華對以色列的這些拯救都不是基督徒所謂的「拯救」。當他們說耶穌是救主時，不是指耶穌可以拯救社會或可以使個人免於困苦禍殃，而是指耶穌可以讓人在死後靈魂得救。基督教的核心信息乃是：上帝差兒子來，是要他為世人鋪好通往永生的道路。

根據這種觀點，耶穌是個管控著天國入口的天界人物。正如《尼西亞信經》（*Nicene Creed*）所說的：他「坐在天父上帝的右邊」，將會在最後審判日「審判活人、死人」（《尼西亞信經》是古代基督教的基礎文件，至今還是天主教、東正教和大部分新教教會的最大公約數）。

這種「拯救」觀念的出現，乃是亞伯拉罕系上帝演化過程的一道分水嶺。至少在基督徒和穆

1 〈路加福音〉三章六節。

2 〈詩篇〉一〇六篇廿一節；〈列王紀下〉十三章五節；〈耶利米書〉十四章八節。

斯林中間，它曾產生過兼具正反兩面的巨大影響力。一個人若是相信自己死後會進天國，死亡便會變得不那麼陰森恐怖。另一方面，這種觀念有時又會使人樂於為聖戰而死：這點既形塑了歷史，也形塑了今日報紙的頭條標題。

耶穌死後，對那些打算把基督拯救信息帶到帝國四境的人來說，既有好消息，也有壞消息。這兩種消息都可從考古學家於帝國北部挖掘到的小神像觀之。這些銅製神像像零散分布在墓葬遺址，是神祇俄賽里斯（Osiris）。俄賽里斯信仰源自埃及，後來透過商路通往四面八方，一路遠傳至高盧。

數千年來，俄賽里斯都是埃及的主神之一，而他的特徵與《尼西亞信經》所描述的耶穌出奇相似。他住在陰間，負責審判所有剛死之人，並將永生賜給那些相信他並遵守他誡命的人。這對基督教的傳教者來說是個好消息：俄賽里斯在羅馬帝國四境的香火鼎盛，顯示出人們對這類神靈有強烈需求，所以說不定還有大片市場可供耶穌填補。壞消息則是：人們對這類神祇的「需求」已至少獲得部分滿足。也就是說，當一個基督徒帶著福音穿過帝國國境時，他得面對一個多少體現著基督教部分情感吸引力的神祇。

最早一批傳教者還得面對第二個壞消息。不止來世的市場已由別的神祇占去一部分，更糟糕的是，耶穌最初並不是很能符合這市場的需要。這個說法也許會讓一些人（包括基督徒）感到奇怪，因為從《尼西亞信經》的描述看來，耶穌簡直就像是為這市場量身打造的。的確如此，但《尼西亞信經》卻寫成於耶穌死後的數個世紀之後。如果耶穌生前的追隨者讀到這信經，一定會大惑不解，因為他們從未聽說，義人會在死後升天。

耶穌本人當然說過信他的人會得永生，然而，他說的「永生」卻和基督教後來的官方說法有所不同——至少是無關乎天國的。這個官方說法是如何形成？探究問題的答案，將有助於我們理解上帝為滿足信徒的心理需要並維持自身的存續，有時會作出何種演化。

天國如何變成天國？

相信基督徒死後會在天國與耶穌相聚，這觀念大約在耶穌死後半個世紀才出現。當然，他的追隨者從一開始便相信，信徒將獲准進入《新約》所謂的「天國」（kingdom of heaven）。但馬太所指的天國只是馬可所說的「上帝的國」（kingdom of God），而我說過，「上帝的國」是出現在人間的。耶穌在〈馬太福音〉指出：「就像野草會被集中起來用火焚燒，世界的末了也要如此。」到時，天使會從天而降，疾馳過大地，「把一切叫人跌倒的和作惡的給挑出來，丟在火爐裡；在那裡必要哀哭切齒了。那時，義人在他們父的王國裡，要發出光來，像太陽一樣。」[3] 換言之，在最後審判日，天使會從天而降，把惡人剷除殆盡，之後，善人會繼續留在地上，居住在一個淨化過的世界裡。其中無一語提及死人的靈魂會飛升天國。

事實上，耶穌在談論「上帝的國」時，從來沒談過死人的問題。因為深信「上帝的國」指日可待，深信他的聽眾能活著見到「上帝的國」來臨，因此耶穌沒花多少時間去談死後生命的問題。所以，最後審判日是關於活人的，不是關於死人的。

但出於好奇，我們仍不妨問問這個問題：在最後審判日之前死去的基督徒會是什麼命運？他們會復活並進入「上帝的國」嗎？如果會，那在這之前，他們會待在哪裡？耶穌受難之後，這個問題變得愈來愈迫切，因為耶穌的追隨者眼看著親朋好友一一謝世，不禁憂心忡忡（他們原先

3〈馬太福音〉十三章四十至三節。

預期這些親友會跟他們一起進入「上帝的國」）。保羅知道這個問題有多麼讓信徒不安，便在一封寫給帖撒羅尼迦教會的信中（這信有可能是《新約》最早寫成的部分，年代比〈馬可福音〉早二十多年），正面回應這個問題：「論到睡著了的人，我們不願意弟兄們不知道真實情況，唯恐你們會像那些沒有盼望的人一樣，充滿憂傷。[4]信中，保羅向信徒保證，即便他們未等到最後審判日便已過世，照樣可以享受死後生命。

這極有可能也是耶穌本人的觀點。相信死去的人會在歷史的高峰時刻復活，是耶穌所繼承的猶太末世主義的內容（〈但以理書〉也屬這傳統），而〈馬可福音〉裡的耶穌也肯定過這種觀點。[5]另外，保羅既然迫害過耶穌的追隨者，後來又成為他們中間的弟兄，對耶穌的教誨理應不陌生。[6]因此，我們有理由認為，〈帖撒羅尼迦前書〉的相關部分是耶穌如何看待死後生命的最早書面證據。

無論如何，〈帖撒羅尼迦前書〉都是基督徒如何看待死後生命的最早書面記載，而它值得我們注意的有兩點。首先，它顯示出，雖然耶穌是死後不久便直接升天，但一般基督徒不會如法炮製。他們得等到耶穌再臨，才能得享永福，屆時，「那些在基督裡死了的人必先復活……主必親自從天降臨，有呼叫的聲音和天使長的聲音，又有神的號吹響。」[7]其次，天國也不是復活的基督徒要去的地方，他們會是在被淨化過的人間（即「上帝的國」），享受永生。

「被提」神話

那麼，我們又要怎樣看待「被提」（the Rapture）之說？今日許多基督徒相信的說法是，在最後審判日，基督會從天而降，帶領復活的和還活著的基督徒上天國。這觀念出於一種雙重誤解。

第一個誤解來自對〈帖撒羅尼迦前書〉的誤解。在這封書信裡，保羅指出，在基督再臨之日，死去的基督徒會先復活，然後他們會與尚在人世的基督徒一道升天：「那在基督裡死了的人必先復活。然後我們這些還活著的人必和他們一同被提到雲裡，前去半空中會主。這樣，我們就要和主永遠同住。」這段話有一點是許多福音派基督徒沒注意到的：它沒交代當基督徒和基督在半空相會後，他們會到哪裡去。他們是一起到天國去嗎（這是「被提說」的解釋），還是說他們會一起回到地上？[8]經文裡提到的是「基督徒前去會見主」而不是「主前去會見基督徒」，從這一點我們有理由相信，答案更有可能是後者而非前者，也就是說飛上天的基督徒是扮演東道主，歡迎基督蒞臨人間當王。

這個解釋可以在保羅的其他書信裡獲得印證。他在寫給哥林多信徒的信裡提到，當彌賽亞再臨，把死人叫醒之後，在人間裡還有一些事情要處理：消滅世上的敗類。信中，他再次向信徒保證，凡信基督的人都可以復活：「在基督裡的眾人也都要復活。各人是按著自己的次序復活：初熟的果子是基督〔指基督在釘十架之後復活一事〕；以後，在他來的時候，是那些屬基督的。再後，末期到了，那時基督既將一切執政的、掌權的、有能的都毀滅了，就把上帝的國呈獻給父

4〈帖撒羅尼迦前書〉四章十三節。有關〈帖撒羅尼迦前書〉的年代。

5見〈但以理書〉十二章二至三節；〈以賽亞書〉廿六章十九節；〈馬可福音〉十二章十八至廿七節；〈馬太福音〉廿二章廿三至卅三節；〈路加福音〉廿章廿七至四十節。

6保羅與住在耶路撒冷的其他耶穌追隨者對一些議題的看法分裂，而後者的觀點也許更接近耶穌本人的觀點。不過，雖然這些人總的來說要比保羅更強調猶太末世思想，但在我們目前討論的問題上，保羅的意見與末世主義的傳統完全一致。

7〈帖撒羅尼迦前書〉四章十六節。

8桑德（Sander）是其中一位支持「回到地上」假設的學者。

神。因為等基督把上帝一切仇敵都踩在腳下之後，他必作王。」[9]

保羅又指出，當最後的敵人都被殺死之後，便輪到「死亡」本身要被消滅，（「死啊！你的毒鉤在哪裡？」[10]）不過，即便這個時候，雖然基督徒都已經獲得永生，他們顯然仍是在人間消磨這永恆生命。信中沒說基督把「上帝的國」呈獻給上帝之後，會把它遷移到別處。

再來，如果「被提」之說的第一個誤解，是人們誤解了保羅對耶穌再臨的看法，那麼第二個誤解，就是保羅誤解了耶穌對再臨問題的看法。

事實上，耶穌從未在四福音裡說過他會再臨。他確實提過，「人子」（Son of Man）未來會降臨人間。「人子」這觀念早見於《希伯來聖經》，指的是會在歷史巔峰時刻從天而降的人物。但《新約》作者看來是把「人子」當成耶穌。[11]這種等同有若干道理，因為耶穌有一次曾預言，「人子」會被殺，然後第三天從死裡復活。但他從未直接把自己等同於「人子」。有些地方，他口中的「人子」聽起來更像是指別人（「在這淫亂罪惡的世代，誰把我和我的道當作可恥，那麼，當人子在他父的榮光裡由聖天使陪同降臨世界時，也要把那人當作可恥的。」[12]）

這個奇怪的不一致該如何解釋？一個可能的解釋是，耶穌就像該時代任何稱職的猶太末世論先知一樣，只是在重申《希伯來聖經》的末世視野，重申「人子」必會來臨。然後，在耶穌遇害之後，他的門徒因為對他的死大惑不解，便想起耶穌說過「人子」會遇害並在第三天復活的說法，並開始猜測耶穌提到的「人子」是指他自己。這是個大有吸引力的猜想，因為耶穌既預言過「人子」未來必會從天而降，便意味著耶穌根本沒死！[13]

待門徒一致同意耶穌所說的「人子」是自我指涉，他們便會對他說過的話做出重新詮釋，並進一步想像出一些全新的「人子」話語。如果一個門徒聲稱耶穌曾經告訴他，「人子」注定會被殺，並在第三天復活，其他人大概不會懷疑。但如果這門徒又聲稱，耶穌還曾說：「我將會被釘在十架上。」其他門徒一定會滿腹疑惑，問他：「你為什麼不在他生前便告訴我們呢？」這時，若該門徒表示，他當初並不知道這句話的真義（因為耶穌說那話時不是用「我」而是用「人子」），那別人就會相信他。

這點可以解釋《新約》裡非常戲劇性的一幕，否則這一幕將十分令人費解。話說，耶穌被殺後的第三天，耶穌母親和抹大拉的馬利亞（Mary Magdalene）一起來到耶穌的墓穴，卻發現墓穴是空的，大感困惑。接著，兩個神祕人物忽然出現，告訴她們：

「妳們為什麼在死人中找活人呢？他不在這裡，已經復活了。當記取他還在加利利時告訴過你們的話：『人子必被交在罪人手裡，釘在十字架上，第三日復活。』」她們這就記起耶穌的話來，便從墳墓那裡回去，把這一切事告訴十一個門徒和其餘的人。[14]

她們這就記起耶穌的話來？如果耶穌的追隨者在他生前便知道「人子」是指他，而耶穌又預言過人子會遇害和復活，那他們怎麼可能會在耶穌被釘十架時忘記這個預言？

福音書的作者怎會寫出這樣前言不對後語的情節？一個可能的解釋是，這情節在當時並非不

9 〈哥林多前書〉十五章廿二至廿五節。
10 〈哥林多前書〉十五章五十五節。
11 〈但以理書〉七章十三節預言說，將會「有一位像人子的」從天而來。有時，「人子」會被翻譯為人類（《新修訂本標準英譯聖經》便是如此）。亞蘭文中的「人子」是指「一個人」，有時則指一個代表人類的人。
12 〈馬可福音〉八章卅一節、卅八節。
13 我在網上較詳細地論證了「人子」的意義，見www.evolutionofgod.net/sonofman.htm。
14 〈路加福音〉廿四章六至九節

一致的。如果耶穌門徒是在他死後才認定他是「人子」，這一幕就完全說得通：兩位馬利亞茅塞頓開。對，她們一直知道耶穌是彌賽亞，是以色列的拯救者，卻不知道甚至不敢想像他是更偉大的人物：人子，即那個經常得到耶穌謳歌的人物。

把耶穌想像成人子，會坐在天國的寶座上歡迎善良基督徒的靈魂——這種想像對基督教的最後勝利居功匪淺。這讓基督教比不提供死後盼望的宗教更具優勢，又讓它在提供這種盼望的許多其他宗教之間保持競爭力。它同時也鼓勵了基督徒為信仰而死。〈使徒行傳〉記載，司提反（Stephen）行將殉教時態度從容，毫無懼色：「他定睛望天，看見上帝的榮耀，又看見耶穌站在上帝的右邊，就說：『我看見天開了，人子站在上帝的右邊。』」[15] 在耶穌死後追認他是人子，乃是基督教一個關鍵性調整。

事實上，司提反要能看到這樣的異象，基督教必須先作出另一個調整。因為，在他所看到的事情中，其中一半（人子站在天國裡）固然是耶穌釘十架後不久便完成，但另一半（信徒最終會在天國與耶穌相聚）卻不是如此。另外，司提反顯然是相信，他死後馬上便可與耶穌相聚——這種「馬上相聚」的觀念也在耶穌受難後很久才出現。事實上，從保羅始終避談死去基督徒在最後審判日來臨前會待在哪裡，反映出他的看法有可能是跟《希伯來聖經》提供的傳統答案一致：待在漆黑的陰間（Sheol）裡。[16]

天國可以等

要等保羅過世的十多年之後，才首度有基督教文獻清楚提到，善人可以在死後即時獲得回報。〈路加福音〉（寫成於公元八〇或九〇年代）告訴我們，與耶穌同時釘十字架的其中一個強盜因為在死前表現出敬畏上帝，所以在死後馬上到「樂園」。[17]同一部福音書又記載了一個富人和一個窮人的死後去向。富人死前因為沒有悔罪，所以去了陰間裡一個極不宜人之處：「我在火焰裡被烤，極其痛苦。」窮人要幸運許多：死後，他發現亞伯拉罕就在身邊（有些學者認為他是去了天國，但即便他不是去了天國，也起碼是去了陰間一個較舒服之處，因為路加告訴我們：「他在這裡得到安慰」。[18]）

有些學者主張，基督徒死後可即時獲得獎賞的觀念是耶穌所提出，因為〈路加福音〉裡上述兩段記述都是出自耶穌之口。然而，相同資料並不見於〈馬可福音〉（最早的福音書），也不見於比〈路加福音〉要早的「Q典」。學者布蘭登（G. F. Brandon）在二十世紀中葉指出，這種觀

15〈使徒行傳〉章節。司提反跟著說：「求主耶穌接收我的靈魂！」說完便死去。

16這顯然是《希伯來聖經》最普遍的觀點。至於有沒有清楚的反例，則大有爭議。〈詩篇〉四十九篇十五節云：「只是上帝必會從陰間的權柄贖取我的靈魂，因祂必收納我。」如果這「贖取」是在人一死後馬上發生，而上帝「收納」靈魂又是指把靈魂帶到天國，那這節經文顯然可以代表一個反例。（《希伯來聖經》毫無疑問認定逝去的人終必復活，但大都是把復活時間設定在末世，而耶穌本人看來也是持這種看法。相關例子可見於〈以賽亞書〉廿六章十九節和〈但以理書〉十二章二至三節）。

保羅書信中有兩節經文（〈腓立比書〉一章廿三節和〈哥林多後書〉五章八節）確實說過或至少暗示過，人會在死後「與基督同在」或「住在主的家裡」。但保羅在〈腓立比書〉那節經文裡談的是自己的情況，所以，他說不定是認為，身為偉大使徒的他理應會得到特殊待遇。另外，這兩節經文都要晚於上引那段〈帖撒羅尼迦前書〉的經文，而後者清楚說出，信徒非得等到基督再臨才會與基督相聚。再來，它們看來也跟其他保羅書信的經文（如〈羅馬書〉二章十四至十六節）兜不攏。這現象也許反映著保羅的死後生命觀歷經了演變，而這種演變可能出於兩種原因：若非因為他與其他外邦信仰的接觸愈來愈多，就是他愈來愈意識到自己活不到基督再臨那日。

17〈路加福音〉廿三章四十三節。（「樂園」當然不一定等於「天國」，而且說不定這個強盜的情況是特例，不能代表一般信徒的情況。）

18〈路加福音〉十六章廿四至廿五節。

念是保羅之後才出現的。他又指出，這是一個樞紐性觀念，有別於末世論的觀念，因為後者相信「某個末世人物將會用大災難來干預宇宙的運行，然後所有基督徒會在他登基時獲得永恆的獎賞。」在公元第一世紀的晚期，「基督開始被想像為住在天國，作為上帝與人的中介。」

是什麼因素導致這種轉變的？首先，隨著歲月流逝和「上帝的國」遲遲未見蹤影，耶穌的信徒愈來愈擔心他們已逝親友的狀態。保羅的安撫是發揮了作用，但也只能作用一陣子。到了路加時代（離保羅之死已超過十年），保羅的安心保證再不能讓人滿意。這時，基督徒不止擔心已逝親友會不會復活，更開始擔心自己會等不到基督再臨，因而得在復活前受一段日子的罪。（無怪乎路加不但是第一個暗示現代天堂觀的《新約》作者，還是第一個沖淡「上帝的國」具體性的《新約》作者：「上帝的國不是眼所能見的……因為上帝的國就在你們心裡。」[19]）

這是另一個關鍵性轉折。自此，「拯救」的獎賞不再被認為是一個人生前會獲得，而是死後便馬上獲得。如果基督教不轉這個彎，那它的可信度將會因為「上帝的國」遲遲不來而大打折扣。一代又一代的基督徒先後辭世，獎賞卻未見蹤影。不過，隨著把「上帝的國」從人間搬到天上，等於是說歷代基督徒已經得到補償。這種獎賞任何人都可得到，只要他接受基督為救主。

外來競爭

為什麼這個關鍵轉折只見於〈路加福音〉，卻未見於跟它差不多同時代的〈馬太福音〉？也許是因為，〈路加福音〉乃是對觀福音書（synoptic gospels）裡最「外邦人取向」的一部。馬太似乎致力於爭取虔誠的猶太教徒信奉耶穌，所以很強調這個運動和猶太教的相容性，反觀〈路加福音〉卻是致力贏得異教徒的改宗。但如果路加想要跟異教競爭，他就得讓基督教有能耐跟異教最受歡迎的那些特徵競爭。談到這個，我們自然會回想起俄賽里斯。

但俄賽里斯只是帝國境內許多有相似吸引力的神祇之一。[20] 由於羅馬的官方神祇不會賜人死後生命，所以便湧現大批宗教，搶著填補這個市場空缺。這些以死後生命為號召的宗教形形色色，有源自埃及的，也有源自波斯和希臘的。波斯的教派相信人死後靈魂會在一個個星球之間遷移，最後抵達天堂；希臘的教派則許人以「哈帝斯」（Hades）的福分（「哈帝斯」在希臘宗教原只是枯燥乏味的陰間，但此時卻被描寫得金碧輝煌，而且分成許多區域）。[21]

難道路加的死後生命觀念是從這些外來宗教剽竊來的嗎？應該不是。但如果你想這樣指控他，倒不是完全找不到證據。

〈路加福音〉裡那個富人／窮人的故事顯然有著俄賽里斯的淵源。在路加寫作福音書的年代，有個以死後生命為主題的埃及故事已經在羅馬帝國流傳開來。故事講述一個富人和一個窮人下到地府，接受俄賽里斯的審判。富人因為生前惡行多於善行，所以被打入地府的最底層。與此相反，那位窮人因為善行多於惡行，所以可以留在離俄賽里斯寶座不遠處，跟其他「受尊敬的靈

19〈路加福音〉十七章廿一節。（「就在你們心裡」也有人譯作「就在你們中間」。）

20 撇開俄賽里斯在審判日扮演的角色不論，他的生平故事亦與耶穌的故事有若干相似之處。據普魯塔克（Plutarch）的描寫（寫於耶穌遇難的幾十年後），俄賽里斯曾以人的形象出現在世間，後被殘殺，繼而復活。這倒不是如有些人所說的，耶穌的生平故事（包括釘十架一節）都是以俄賽里斯的故事為藍本。事實上，如果你把普魯塔克講述的俄賽里斯故事整個讀一遍，而不是專注於那些與基督教相似的部分，便會看出一些非常不同於耶穌生平的成分。例如，當俄賽里斯遇害後，他的屍體被切成很多塊，分別埋在全埃及不同地方。要等這些屍塊被搜集起來，再由他妹妹兼妻子伊西絲（Isis）加以組合，俄賽里斯才得以復活。不過伊西絲始終找不到陽具埋在哪裡，只好用一根「義肢」代替。這代用品的功能顯然不差，否則兩人後來不會生出一個兒子。

21 與路加同時代的普魯塔克指出，很多人「相信某種發蒙儀式（initation）或淨化儀式會有幫助，一旦淨化過後，他們就可以在金碧輝煌的『哈帝斯』玩樂跳舞。」

魂」共享永生。另外，他也得到了富人的貴重亞麻布衣作為獎賞（〈路加福音〉裡富人是穿「細緻的紫色亞麻布衣服」）。這故事的教訓如下：「在人間行善，便會在陰間裡受善待；在人間作惡，便會在陰間被惡待。」

〈路加福音〉裡的富人／窮人故事，在猶太教或基督教都沒有文學先例。所以，路加說不定是聽過或讀過俄賽里斯的故事，再加以改編，移為基督教所用。真相如何，我們大概永遠不得而知。重點是，他筆下那個故事的**主旨**（基督徒死後會馬上獲得獎賞）必定其來有自，而來源很可能是羅馬帝國裡的某種宗教。[22]

在這些宗教中，埃及宗教是最有可能的候選人。除俄賽里斯這一號神，埃及宗教裡還有一個俄賽里斯的變體，稱為塞拉匹斯（Serapis）。好幾個世紀以前，亞歷山大大帝征服了埃及，而後繼的希臘統治者為要打造他們和埃及百姓的紐帶，便把希臘神祇阿庇斯（Apis）和俄賽里斯給融為一體。他們稱這個混種神為俄塞拉匹斯（Oserapis），後簡稱塞拉匹斯。到了羅馬帝國時代，塞拉匹斯被人們配著伊西絲（Isis）一起崇拜——伊西絲在埃及宗教裡同時是俄賽里斯的妹妹和太太。到了保羅寫信給羅馬、哥林多和帖撒羅尼迦信眾的時代，這些城市若非拜塞拉匹斯，便是拜伊西絲，或是兩者兼拜。[23]所以，如果基督教想要勝過這些競爭者，就得滿足對方已滿足的心理需求。

重生

渴望永生只是人的眾多心理需求之一。雖然基督教的「得救」觀念主要是指靈魂得救，但全部涵義不僅於此。對很多基督徒而言，得救不止是屬天盼望，還是地上的經驗：一種強烈的得釋放感。至於是從「什麼」得釋放，則有許多可能：也許是擺脫死亡的陰影，也許是擺脫某種挾制力量（如酒精），又也許是擺脫焦慮愁苦或罪惡感。這種得釋放感有時非常神奇。很多福音教派基督徒都是因為有過「重生」經驗（或是發生在他們走向台前接受基督為救主時，或是發在隨後的洗禮中），此後信仰堅定不移。

無怪乎在基督教略具雛形的時代，有些與之競爭的其他宗教亦強調脫胎換骨的釋放體驗。公元二世紀的希臘作家阿普列烏斯（Lucius Apuleius）在小說中形容伊西絲教派的入教儀式是「自願的死亡，並可以透過禱告獲得救贖」，並可讓人「在新的救贖中獲得重生。」

阿普列烏斯寫的雖然是虛構的文學創作，但他的描寫看來是根據親身經驗，因為他本人就是伊西絲和俄賽里斯的信徒，而他對重生體驗的描寫也細緻入微。書中一個角色在接受歷時多天的入教儀式，體驗到伊西絲的同在後，這樣禱告：

> 我開始大聲哭泣，口齒不清地說出我的禱告：「啊，神聖而蒙福的女神，妳是人類永遠的安慰者。妳對凡人恩德無量，廣施博濟，向處於苦難的人賜予溫柔的母愛，從不停歇⋯⋯妳用右手止息人生的各種風暴與危險，親手解開命運的死結，給命運女神息怒消氣，阻止星象出現兇險的演變⋯⋯妳賜太陽以光明，主管世界，腳踏地府的權勢。」

22 寫成於基督誕生約一世紀前的猶太文本〈馬加比二書〉（Second Maccabees）固然帶有「死後會即時獲得獎賞」的觀念（「七子殉教」故事中的母親相信她的七個兒子會因為無私的自我犧牲，一死後便馬上與亞伯拉罕相聚）。但從保羅賣力說明去世基督徒未來命運會如何這一點，反映出在耶穌運動的早期，「死後會即時獲得獎賞」還不是普遍的觀念。

23 斯塔克對比過有基督教傳教的城市和有伊西絲教傳教的城市，發現它們的吻合度是〇・六七。

這段文字顯示出伊西絲可以讓信徒從多少事情中得釋放：陰間的威脅、人生的各種風暴與危險，還有厄運的根源：星象的兇險演變。當時的人們都是星象決定論者，深信星象可以左右一個人的運勢。伊西絲既能「阻止星象出現兇險的演變」，會香火興旺自不待言。

大概從沒有一種宗教是以拯救人脫離單一種危險為己任，而在古代世界，又顯然有許多宗教就像伊西絲教一樣，自言可以同時福祐人們身心兩方面的康健。基督教持續提供對抗塵世威脅（如疾病等）的救贖，耶穌和他的後繼者在傳揚信息都為人治病。

原罪

宗教可以幫人挪開多種心理重壓，其中一種便是道德的虧缺感，即罪惡感。「罪」顯然是早期基督教救贖信息的核心，例如保羅就把這個主題置於他教誨的中心與最前頭：「猶太人和希臘人都受到罪的力量所挾持。就如經上所說：『世上沒有義人，連一個都沒有。』」[24]

他自己當然也不例外：「我是血肉之軀，在罪的挾持下為奴。我不明白自己的所作所為。因為我沒有做我所欲之事，卻偏偏做了我所恨惡之事。既是如此，我所做的便不是我自己所做，而是住在我裡面的罪做的。我知道，我的肉體裡面沒有住著善。我可以意欲善，卻無法行出來。因為我沒去做我所欲做的善事，卻做了我所不欲做的惡事。」[25]

這段文字是保羅的自我評估，還是他對世人一般狀況的看法，學者之間意見分歧。但不管是何者，這段文字想必都跟他的個人體驗一致。

事實上，保羅說不定就是因為被罪的問題縈繞，才會從耶穌身上得到思想頓悟，才會熱切地建立了許多教會。剎那之間，他覺得他全懂了：世人的罪是亞當的意志軟弱所帶來，而他把罪帶給人類的同時也把死帶給了人類；然後耶穌降世，他透過自己的堅忍和死亡把人從罪與死中釋放出來。這完全是上帝大愛的表現：在這之前，都只有人類向上帝獻祭，但上帝因為太愛人類，不惜用自己兒子為人類獻祭。就這樣，一個結局不美滿的故事（彌賽亞之死），變成了一個有關救贖與永生的感人信息。

不過，如果你想開創一種宗教，讓它成為歷史上最強的徵員機器，那提出一個讓人油然神往的信息只是把仗打贏了一半。因為你的信息不僅要能吸引人，還必須讓信徒循規蹈矩以維持宗教組織的堅固，俾使你的信息可以傳播四方。要做到後者，方法之一是把破壞教會內聚力的行為定義為罪。

這是保羅拿手的工作。且看他給加拉太會眾開列的那份罪的清單有多麼洋洋灑灑：「哪些行為是出於肉體的操弄是顯而易見的，包括：通姦、污穢、邪蕩、拜偶像、行邪術、仇恨、爭競、忌恨、惱怒、結黨、紛爭、異議、嫉妒、醉酒、荒宴，諸如此類。」在這個列舉中，只有兩個項目（拜偶像和行邪術）與神學有關，其餘都關乎內部秩序的維護。最後兩種罪（醉酒和荒宴）讓人變得不可信賴和不事生產。頭三種行為會引起爭風吃醋，威脅信眾的婚姻。中間八種罪（仇恨、爭競、忌恨、惱怒、結黨、紛爭、異議、嫉妒）更是要不得，因為它們強烈抵觸保羅的核心策略：「兄弟之愛」。

保羅呼籲加拉太信眾避免犯這些罪的口氣有多強烈？列舉完上述清單之後，他說：「我從前警告過你們，現在又要再警告你們：行上述事情的人必不能繼承上帝的國。」[26]

24〈羅馬書〉三章九至十節。
25〈羅馬書〉七章十四至十九節。
26〈加拉太書〉五章十九至廿一節。

這是個有力的警告：如果你不能行那些可讓教會穩健的事，你就無法進入即將來臨的「上帝的國」。後來，等路加把「上帝的國」修正為「天國」以後，這個警告變得更為有力：要是你無法讓教會保持健全，你將不能進入那已存在於天上的國。

你可以稱這種主張為一種「道德相關的死後生命觀」，因為它斷言一個人是否可以得永福，取決於生前的行為，而這斷言則讓教會繁榮健壯。基督教將利用這個誘因，把以色列的上帝帶到以色列之外，帶進羅馬帝國的宗教市場，讓祂欣欣向榮。「道德相關的死後生命觀」是宗教史的一個重要分水嶺。

但基督教並不是第一個跨越這道分水嶺的宗教。談到這個，我們要再次回到俄賽里斯。那個有關富人接受俄賽里斯審判的故事，在埃及有非常久遠的血統，其雛形可見於距此一千多年前的《埃及亡靈書》（*Egyptian Book of the Dead*）。此「書」由雜七雜八的作品構成，成書時間長達數千年，不過，在其第一百二十五章（寫成於公元前第二千紀），有一個清楚的「道德相關的死後生命觀」的例子。這章教人在死後接受俄賽里斯的審判時，可以用以下的方式自表清白：

我從未作惡。
我從未在起床時奢望得到超過我應得的。
我從未沽名釣譽。
我從未欺壓僕人。
我從未輕蔑任何神祇。
我從未騙取窮人財物。
我從未做過眾神憎厭的事情。

我從未引起過誰痛苦。
我從未讓任何人因我挨餓。
我從未讓任何人流淚。
我從未殺人。
我從未下令殺人。
我從未把苦痛加諸任何人。
我從未偷喝廟裡祭神的飲料。
我從未偷吃廟裡祭神的餅食。
我從沒偷取廟裡奠祭死人的餅食……
我從未暗中侵占他人土地。
我從未偷斤減兩欺騙顧客。
我從未誇大磅秤讀數欺騙顧客。
我從未偷喝小孩嘴巴裡的奶……
我是潔淨的。
我是潔淨的。
我是潔淨的。
我是潔淨的。

所以，早在基督誕生許久以前，甚至早在亞伯拉罕系一神教誕生的許久以前，一個意義與基督教相當接近的「最後審判日」觀念業已出現。[27]這觀念認為，行善去惡的人除了在死後獲得獎賞（永福），還會得到更即時的獎賞（從罪惡感裡得釋放）。在一具埃及的棺木上，我們看到一則咒語，其作用是讓死者擺脫生前各種「過犯、不潔和惡行」的綑綁。

文明及其不滿

為什麼人們會這樣在意道德的潔淨？為什麼它會變成人類的重大關懷？翻閱人類學家的調查報告，狩獵採集民極少為自己的道德操守擔心。[28]他們念茲在茲的是一些實質的問題，例如餓肚子。然則，這會不會是因為農業的出現雖然使人們得到溫飽，但隨之而來的社會結構複雜化又包含著一些因素，讓人們不能過得心安理得？

宗教本身可能就是這些因素之一。我說過，一旦社會結構的複雜程度超越狩獵採集社會的階段，偷竊和其他種類的反社會行為便會多了起來，而宗教也會開始被用於嚇阻這類行為。但這也可能構成人們的心理負擔。玻尼里西亞神祇固然只會對偷竊者施以鯊襲的懲罰，但那些只做過一兩次虧心事的人說不定會把這種懲罰記在心裡，導致每當想游泳時都猶豫再三。

更常見的情形是，某些會受神祇懲罰的道德過錯是人人都難免觸犯的，而看到他人遇上飛來橫禍又是日常生活的一部分，所以，每個人等於不斷被提醒，自己在道德上有所虧缺。在公元前第二千紀晚期的印度，有一首獻給天空之神伐樓拿（Varuna）的頌詩如此說：「伐樓拿啊，你何以要摧毀那個對你禮敬有加的人？他是犯了什麼可怕的罪？求你開示於我，使我知所迴避，不致蹈其覆轍。」[29]古代美索不達米亞也有一篇禱文這樣說：「願我的罪遠離我三千六百里遠。願河水把我的罪沖走，帶到深處……我的罪孽眾多，我並不知道自己做過什麼……我一直犯罪，有時自知，有時不自知。」

林林總總的罪

雖然保羅把罪的救贖置於基督教的核心，但他自己也曾把罪的重擔部分歸咎於宗教。身為受過良好教育的法利賽人，保羅深感猶太律法的嚴苛：「若不是有律法，我便不會知道何謂罪。若不是律法說『不可起貪念』，我就不會知道何謂貪念。」[30]

古代宗教會用「罪的重擔」設法加以阻止的行為至少分為兩大類型。第一類是我們一直在談論的，也就是主流意義下的「不道德」行為：如偷竊、攻擊、欺騙等會傷害鄰舍的行為。這些行為都會削弱社會的緊密程度。第二類（它們有時會與第一類交織在一起）是那些會讓犯者傷害到自己的行為。

第二類罪就像第一類罪那樣，部分是因社會組織發展到超過狩獵採集階段所引起。一旦人們可得到的維生之資遠多於實際需要，便容易衍生出一大堆自毀的行為：隨著文明推進，酒精大量

27 亡靈在俄賽里斯的公堂上並不是非說出全部真話或只能說真話才能獲得永福。有些學者認為，《埃及亡靈書》第一二五章就是教人怎樣在俄賽里斯的公堂自我吹噓。這也可能相當於一種悔罪儀式，類似天主教的告解，不同者只是它沒有坦白不諱。它也許更像是基督教的洗禮，特別是早期基督教的洗禮，因為在早期基督教，洗禮不只具有象徵意義，還被認為真有清洗靈魂的功效，可以把一個人過去的罪孽從身體除去（第一二五章的標題是「好讓他可以分離於他犯過的各種罪」）。布蘭登（Brandon）也曾把基督教的洗禮與俄賽里斯教的儀式相提並論，不過他又強調，從金字塔的文本顯示，在更早期，俄賽里斯儀式的「魔法」成分要大於「道德」成分。無論如何，第一二五章都反映出，開始有一種宗教把道德行為提高為得永生的重要條件，不再只是重視人們有沒有按規定獻祭和遵守其他儀式規定。

28 當然，也有些狩獵採集社會會在意儀式上潔不潔淨的問題。本書第一章那個愛斯基摩大海女神的故事便是例子。

29 「罪」或「罪孽」這兩個字眼不必然有道德意涵，因為它們也可以單指人對某些儀式性規定的違反。但伐樓拿的確會懲罰不守道德的人。

30 〈羅馬書〉七章七節。

生產，並出現各種鼓勵人浪費金錢的娛樂。上述提過那首印度頌詩讓一個罪人列舉出導致他行差踏錯的各種原因：「酒精、憤怒、骰子和無憂無慮的生活，引我誤入歧途。」

除去酒精、賭博和其他社會進步會帶來的壞習慣，人類的情緒也愈來愈成為人們自找麻煩的根源（這類情緒在狩獵採集社會有其功能，也是「天擇」設計來幫助人在狩獵採集的環境生存）。上述的印度頌詩便提到，「憤怒」容易讓人犯錯，而我在第九章也提過，這類情緒在國家層次的社會要比在狩獵採集社會無用得多。

就連「飢餓」這樣無辜的衝動一樣會在那些較富裕的古代市民中間引起問題。一般的狩獵採集民是無由暴飲暴食的，而這也再次顯示出，專為某種環境而設的某種人類機能如果換到另外一個環境作用，有時會產生適得其反的效果。「天擇」固然把我們設計得「耽於」進食，但那只是專為食物稀少的環境而設，一旦離開原有的環境，人類的貪吃天性便可能失控。

就此而論，鼓勵苦行的佛教由出身於統治階級的人所創立，就一點也不奇怪了。因為在那個時代，只有統治階級能縱情吃喝。但不管如何，隨著文明的推進，有些行為之所以被視為「罪」，除了因為對社會不利，也因為對行為者本身不利。長久以來，宗教有部分功能就是助人達成自利。

有瑕疵的社會

有些人認為，古代世界會那麼渴求潔淨，部分原因是人們開始感覺人間本身是不潔的。據社會學家貝拉（Robert Bellah）指出，到了公元前第一千紀，有些人「對人與社會產生了非常負面的評價，開始嚮往另一個向度，相信唯有那兒才是真實且無限寶貴。」

毫無疑問，在從單純的狩獵採集社會邁向複雜都市文明的漫長過程中，人們有了新的理由對人際互動充滿不信任感。這點在現代世界尤其顯而易見，各位只要參加一次雞尾酒會便會知道。在這些場合，我們總會碰到一堆不熟的人，也會跟每個人說上兩三句話，然後，我們會帶著滿肚子疑問回家，焦慮久久不能散去。我們會東想西想：我說話有得罪她嗎？他是故意對我粗魯的嗎？她說的那句話是真的嗎？他這時會不會在背後取笑我？這些問題往往難於回答，因為你也許要數週或數月之後才會再度遇到同一個人，甚至永遠不會再見到他。

古代社會沒有太多雞尾酒會，但大趨勢卻是朝著雞尾酒會式的人際互動方式移動，即愈來愈遠離狩獵採集民的小宇宙，邁向一個接觸愈趨頻繁又不確定的世界。以下這番哀嘆發自公元前第二千紀的美索不達米亞：

做壞事的人唬弄我：
讓我躺著為他握住鐮刀的柄。
朋友對我說信不過的話，
同伴把我發自由衷的話看成有假，
騙子對我說謊。
但你，我的神，請不要報應他們。

這不無諷刺。我們本認為，古文明的出現（如埃及、美索不達米亞、中國、和印度等農業文明）有助於減少人們身心兩方面面對的威脅。古文明也確實有這樣的效果。例如，如果你是住在古代的蘇美或孟斐斯（Memphis），那你受到野獸攻擊的機率應該會少於住在狩獵採集村落。因為有了灌溉農業，人們也比較不用為一日三餐愁煩。然而，古文明拆解了一些不安全感的舊源頭時，亦製造出一些不安全感的新源頭。這些新的源頭也許較不具具體破壞性，有時卻讓人更揣揣不安。

父親角色

也許正是這些不安全感，連同新出現的罪惡感，讓人們愈來愈希望神祇具有父親般的某些特質：能保護人、安慰人，雖嚴厲卻起碼能夠寬恕人。公元前第二千紀的一篇美索不達米亞禱文，把月神形容為「慈悲和寬恕的父」，但又說他長得像「帶著可怕牛角的強壯公牛」，散發著「令人畏懼的神性」。[31] 據學者雅各布森（Thorkild Jacobsen）指出，在這一千年之間，美索不達米亞人逐漸傾向於把神祇看成「嚴厲但慈愛的父親」，以致神祇的可畏性格愈來愈「跟他們的慈愛本性相抵觸。」

同樣趨勢也見於古埃及。學者格里菲斯（J. Gwyn Griffiths）指出，俄賽里斯本是個「令人心驚膽跳」的神祇，後來卻慢慢變得較易親近。揆諸以下一番頌詞，埃及大神阿蒙在公元前第二千紀時顯然也是開始流露出慈祥的一面：「我的心盼著見到你，阿蒙，窮人的同伴！你是無母兒的父親，是寡婦的丈夫。」

基督徒敬拜的是慈愛的天父，而很多基督徒都以為這樣的神祇是基督教所獨有，因為《舊約》裡的上帝固然像個嚴峻甚至記仇的父親，但《新約》裡的上帝（即基督教所啟示的上帝）卻像個慈祥且樂於寬恕的父親。但這種觀點過度簡化，理由不止是《希伯來聖經》裡的上帝反覆流露出慈祥的一面，也因為這樣的神祇形象早在《希伯來聖經》寫成許久之前便已出現。

而正如我們所見，基督教許多其他主要成分亦復如此。重生經驗、最後審判日、道德相關的死後生命觀，這些都不是什麼全新的觀念。

所以，我們不必驚訝早期基督教其實並沒有太多新東西。它只是用略為創新的方式重新結合一些在時代精神（Zeitgeist）裡本已有之的宗教元素。基督教能成長那麼快速，必然是因為它能滿足人類共有的心理需求，而我們很難想像，在這些共有的心理需求中，有哪個更早期的宗教沒理會過。

連結

成功的宗教必須做到的另一點，是滿足宗教的需要，即是始終保持活躍及凝聚力。保羅會把各種破壞團結的行為界定為罪，是因為他知道，對他的教會來說，首要之務莫過保持完整無缺。

「完整無缺」的拉丁文是salvus。凡是「完整」和「運作良好」的東西就是salvus的。Salvus sis一語意指「願你保持好的健康」。英語的「拯救」（salvation）一詞正是衍生自salvus。在上帝從以色列邁入更大的世界（羅馬帝國）之後，祂繼續致力於祂在古以色列所致力的目標：提供拯救，讓社會系統保持完整，免受各種破壞力量所摧毀和瓦解。

這工作的性質在古以色列的時代和羅馬時代有所不同。對早期的基督教而言，上帝要拯救的是個非政府組織，即一個教會，而不是古以色列那種政教合一的國家。儘管如此，在這兩種情況

31 這篇禱文即便不是公元前第二千紀之物，也有其他年代更確定的美索不達米亞文書，也是把神祇稱作「父」或「母」。

中，要讓宗教得以存續，都必須讓社會系統保持完整，即必須在社會的層面提供救贖。保羅為保存教會凝聚力而制定的那個方程式（把破壞團結的行為定義為罪），可說是一種用個人救贖來保障社會救贖的方法。

如果把個人救贖定義得夠廣，即定義為一種讓人擺脫於各種災厄的狀態，那麼，許多不同時地的宗教都是藉助把個人救贖連結於社會救贖而取得成功。玻里尼西亞宗教因為揚言偷竊者會遭鯊魚襲擊，遂使個人救贖攸關社會救贖，減低人們破壞社會安寧的機率。美索不達米亞亦然：人們因為相信在溪中小便會受神祇懲罰，便較不容易做出這種有害他人健康的行為。摩西搬出「十誡」時也是如此。他告訴以色列人，上帝列舉「十誡」好讓他們「不致犯罪」[32]，但「十誡」的真正嚇阻力是在這一點：如果你犯了罪，又沒有透過懺悔去贖罪，那你在第二年死去的機會便會大大提高。

埃及的俄賽里斯教當然也把個人救贖連結於社會救贖，但手法更高明：它在個人救贖裡放入「永生」的元素，使個人救贖與社會救贖的連結更形牢固。這條改良版的方程式後來為耶穌的追隨者所用，有助於基督教稱霸羅馬帝國。[33]接下來我們就會看到，更後來，同一條方程式也對伊斯蘭教的擴張居功匪淺。毫無疑問的是，這條方程式曾大有功於使一些宗教成為世界性宗教。

但它在現代世界的效力卻複雜得多。因為不管是基督教稱霸羅馬帝國還是伊斯蘭教勢力如日中天的年代，這兩個宗教的涵蓋範圍都大約相當於整個文明的幅員。羅馬帝國內部是個經濟統一和政治統一的地域，伊斯蘭帝國內部亦然。這兩大帝國固然都會對外通商，卻從未因此發展出近似今日的緊密世界網絡，即從未出現過一個全球性文明。今日的情形截然不同於以往：世界各部分是那麼相關和相依，以致基督教和伊斯蘭教不管喜歡與否，都得共存於同一個社會系統：地球。

所以，今日的基督徒或穆斯林在追求個人救贖時，雖仍有助於他們各自的宗教保持強健，卻未必有助於他們共處的社會系統保持強健。事實上，他們有些追求個人救贖的行為反不利於社會的救贖。在探討該如何解決這問題以前，且讓我們看看伊斯蘭的救贖教義是怎樣形成，以及受什麼動力所形塑。

32〈出埃及記〉廿章廿節。
33有些論者把羅馬帝國傾圮歸咎於基督教，但無論如何，基督教教義致力保護的那個社會組織（國際基督教會）在羅馬帝國滅亡後仍然完好無缺。

IV

"There is no other god besides me."
Isaiah 45:21

"No apostle have we sent before thee to whom we did not reveal that "Verily there is no God beside me."
The Koran

伊斯蘭教的勝利

The Triumph Of Islam

除我以外，再沒有別的神。
〈以賽亞書〉四十五章廿一節

在你之前，凡我差派的使者，莫不得到這個降示：『我之外，確乎再沒有別的神。』
《古蘭經》廿一章廿五節

14 《古蘭經》

The Koran

有些博學的西方人談到《古蘭經》時很不客氣。歷史學家吉朋（Edward Gibbon）說這經書是「不一貫到極點的夢囈」，其中包含「極少一貫的感情或觀念」。卡萊爾（Thomas Carlyle）說讀《古蘭經》是他「最難熬的閱讀經驗。這書是一團枯燥乏味的雜燴。」就連素以同理心著稱的宗教學者斯密（Huston Smith）都說：「沒人想在下雨的週末，還蜷縮著身體讀《古蘭經》。」

這些意見都是很多年前所發，當時伊斯蘭極端主義尚未勃興，不會有人想對它的源頭尋根究柢。然而，後來有愈來愈多人主張，伊斯蘭極端主義的源頭就在《古蘭經》。這些人認為，若《古蘭經》真有前後一貫之處，那就是一貫鼓勵穆斯林以不寬容甚至凶殘的態度對待教外人士。

無可否認，《古蘭經》迥異於西方人最熟悉的一部宗教典籍，即《聖經》。首先是它非常單調，不像《聖經》那樣，各種文類百花齊放：〈創世記〉的宇宙創造神話、〈利未記〉的法典和儀典、以色列早期歷史的多卷本記載、眾先知的悲憤和警告、智慧文學的精警格言和深刻反思、〈詩篇〉的詩歌、福音書對耶穌的繪像、〈約翰福音〉的密契主義神學、〈使徒行傳〉的早期教會史、〈啟示錄〉和〈但以理書〉的末世畫面等等。《聖經》出自數十位作者之手，寫作全程超過一千年（也許更久）。反觀《古蘭經》是一個人在二十年間口授而成。[1]

設若《聖經》只有一位作者，設若其內容全出自何西阿（這位先知著魔似地相信百姓偏離了正道，不斷警告以色列人繼續倒行逆施會帶來何種災難），那《聖經》將會是一部怎樣的書？一部類似《古蘭經》的書，起碼類似三分之一部的《古蘭經》（誠如後文所見，穆罕默德並未把所有時間花在當一位末世論先知。）

又設若，整部《聖經》出於耶穌一人之手（這裡的「耶穌」不是指福音書裡的耶穌，而是指那個真實活過的耶穌，他鼓吹驚心動魄的末世論思想，警告他的百姓最後審判日即將來臨），那會是什麼模樣？這部《聖經》將比〈何西阿書〉更有《古蘭經》的風味。耶穌和穆罕默德確實有很多相似之處。

事實上，穆罕默德有時比耶穌還要像耶穌（我是說他有時比「歷史的耶穌」更像傳說裡的耶穌）。福音書記載，耶穌說過「連左臉也轉過來由他打」，又曾用善心撒馬利亞人的寓言鼓吹族群和諧。但我已經指出，耶穌多半沒說過類似的話。穆罕默德固然也沒說過類似的話，卻說過一些愛好和平的話，而且呼籲宗教寬容：「你信你的宗教，我信我的宗教。」另一方面，他說過些沒那麼愛好和平也沒那麼寬容的話：「當你們遇到外道，應斬斷他們的頭，在他們中間大大殺戮一番。」[2]

如果你把《古蘭經》從頭讀到尾，會發現它一下鼓吹寬容、一下態度好戰，調子不斷突兀轉換，讓人摸不著頭腦。解決方法是換種方式閱讀。這聖典的內容並非按照時間順序編排。同樣現象也見於《聖經》（例如〈創世記〉第一章的寫成時間就比第二章晚上許多），而我說過，這一點是追溯古以色列的神學發展時不可忘記的。基於相同道理，想要了解穆罕默德思想的演化，也得把《古蘭經》內容本來的時間順序重新還原。

《古蘭經》包含許多「章」（sura），每一「章」據說全出自穆罕默德的口頭宣示。原則上，「章」的篇幅愈長者排愈前面，篇幅愈短者排愈後面。由於穆罕默德早期的宣示大多較短，

1 更精確的數字是二十三年。這是根據早期伊斯蘭資料得出，亦符合當代的主流推算。

2《古蘭經》一〇九章六節（Arberry譯本），四十七章七節。

後期大多較長，所以如果你想按照年代順序閱讀，比較適合從尾讀起。

但更好的方法不是從尾或從頭讀起，而是從中間某處讀起，即根據實際的口授時間順序來讀。雖然不可能百分百斷定每段經文的早晚，但學者對於各章的歸屬時期已有大體的共識。照這種共識讀《古蘭經》，我們就可以從最早期的經文讀到最晚期的經文，看著穆罕默德的事業開展和伊斯蘭教誕生。就像對待《聖經》一樣，這也是理解《古蘭經》的道德調子何以大幅度擺動的關鍵。

無疑，即便了解了是何種大環境促使《古蘭經》搖擺於寬容和好戰態度之間，這兩種態度仍不相容。但它卻有助於我們理解後來的穆斯林是如何調和兩者，以及了解今日的穆斯林是如何受其影響。

根據伊斯蘭教的正統說法，穆罕默德在四十歲那年（約為公元六〇九年）首次獲得天啟。當時他習慣退隱到山上沉思默想。有一晚，他看見異象。一個發光的人物顯現在他面前，帶給他真主降示的信息，並交代把信息分享給別人（這信息的頭兩個字是「宣讀！」）。[3]見過這異象之後，穆罕默德就像《聖經》裡的耶穌和各個時代的薩滿師一樣，帶著使命從苦修中復出。在此後的二十年裡，他一再獲得天啟，也一再把天啟分享給他人：開始時分享給一小批信徒，然後分享給一天比一天多的聽眾。

《古蘭經》描述，那個發光人物（顯然是天使迦百列）走到穆罕默德前面，站在「兩張弓距離」之外，把真主的啟示「向祂的僕人開顯出來」。《古蘭經》告訴我們，穆罕默德當時「心不在焉，視而不見。」[4]他為什麼會視而不見不得而知，我們也沒有必要追問。我們應該追問的是：《古蘭經》有說謊嗎？不管穆罕默德宣示的教誨是得自何種啟迪，《古蘭經》對這些教誨的記載是可靠的嗎？

《古蘭經》比四福音更有資格被視為忠實文件。部分內容也許在穆罕默德生前便寫下，而且大概是他親自監督下寫下。另有一部分內容幾乎肯定是在穆罕默德死後不久寫下，很多學者相信這部分經文在他死後的二十年間寫成書面文件。當然，二十年時間已經足夠人們扭曲穆罕默德的原話，甚至完全杜撰，但有兩個理由讓我們相信它們大多是忠實記載。

首先，穆罕默德在世時，《古蘭經》便會在穆斯林舉行的宗教儀式中反覆誦讀。其次，《古蘭經》特別適合背誦牢記，因為內容大部分是韻文（儘管韻腳不見得押得嚴謹）。

《古蘭經》的大輪廓也反映出它的真實性。穆罕默德過世前就已不是那個在麥加（Mecca）傳道而備受冷落的一神教先知，而是搖身變成了伊斯蘭國家的首領。他死後，這個伊斯蘭國家更是快速擴張。如果《古蘭經》的內容大多出於後人杜撰，那經文理應反映出大帝國統治者的需求。[5]然而我們卻看到，《古蘭經》許多教導不像出自權傾天下的政治領袖之口，而像出自飽受權力階層冷眼相待的先知。《古蘭經》有些內容固然符合擴張中伊斯蘭國家的需要，但它們大都是穆罕默德後期的教誨，而他當時已從先知上升為政治領袖。

饒是如此，嚴謹的學者仍不相信《古蘭經》完全可靠，不相信每句話都是穆罕默德真正說過。事實上，用一些非穆斯林所寫的古代文獻加以對照，會發現《古蘭經》至少有一個主題（涉及穆罕默德晚年對待猶太人的態度）是經過後人改動，至少是經過後人的創造性再詮釋。

這個問題，我會留待兩章之後的相關脈絡再回頭討論。不過我想先強調，這問題在某種意義下並不重要。因為即便後人真對某段有關猶太人的經文動過手腳，我們仍可在《古蘭經》看出一

3《古蘭經》九十六章一節。少數譯者（如Pickthall）把這兩個字譯作「閱讀」。
4《古蘭經》五十三章九至十一節（Pickthall譯本）。
5 穆罕默德之後的君主看來沒想重新剪裁《古蘭經》，使它更符合帝國的需要。

種模式：它的寬容或好戰，完全是出於對現實的考量。

麥加

這個「現實」是阿拉伯半島。穆罕默德自小生長在麥加。「麥加」（mecca）一詞如今在英語裡也用作普通名詞，意指「一群有共同利益的人為追求某個目的而匯集於的活動中心。」「麥加」有這層意義，當然是因為地理上的麥加現已成為穆斯林每年的朝覲中心。不過早在伊斯蘭教誕生以前，麥加便多少是個「麥加」。在穆罕默德之時，麥加是重要的貨物轉運站，貿易半徑南至葉門，北至敘利亞（大概也跟西北方的波斯帝國有商業往還）。[6]

麥加的貿易由古來氏（Kuraysh）這個部族把持，穆罕默德正是出生在這支部族。既如此，他理應不會興風作浪。因為如果你的隊伍本就連連獲勝，何必要改變比賽規則？

但對穆罕默德的早年生活所知愈多，便會愈曉得他後來的作為實屬自然不過。首先，他不是生在有勢力的氏族中，他在自己氏族裡的地位亦不甚牢固。他是孤兒，父親死於他出生前後不久，母親在他六歲時過世。兩年後，他的新監護人（祖父）亦撒手人寰，從此穆罕默德由叔叔負責照顧。

及長，穆罕默德娶了長他約十五歲的有錢女子為妻。對方結過婚，是個女商家，看中穆罕默德靈活的商業頭腦。但即使到了這時，穆罕默德的地位仍然沒有多高。他太太生的全是女兒，而在當時，阿拉伯男人的地位取決於兒子的數量。[7]事實上，有些人家會活埋剛生下的女嬰，以便妻子可以心無旁騖，繼續為重責大任（生子嗣）努力。無怪乎穆罕默德會厭惡這種風俗。在一段經文裡，他想像主持正義的神祇這樣詢問被活埋的女孩：「妳是犯了什麼罪而遭殺害？」[8]

《古蘭經》的價值取向與穆罕默德的個人處境相關，這並非臆測。《古蘭經》本身也承認這種關聯性。在一段經文中，上帝以第三人稱對穆罕默德說：「難道祂不是因為你是個孤兒，想蔭庇你？……難道祂不是因為你貧寒，想要讓你足衣足食。所以，對於孤兒，你不要壓迫；對於乞丐，你不要喝斥。」穆罕默德照著上帝的指示去做。他吩咐追隨者要培養慈悲心腸，同時「勉勵別人培養慈悲心腸」。他說阿拉（Allah）會高興看見信徒「釋放奴隸，在饑荒之日賑濟親戚的孤兒或困窮的貧民。」他這樣批評當時麥加的風氣：「你們不優待孤兒；你們不以濟貧相勉勵；你們侵吞遺產；你們酷愛錢財。」[9]

這不是穆罕默德唯一讓麥加既得利益階級覺得不中聽的信息。更重要的是，他是一神教徒，而許多麥加人都是多神教徒，相信各式各樣的神祇，包括拉特（Al-Lat）、烏札（Al-'Uzza）和馬納特（Manat）這三位女神，還有造物神阿拉。在穆罕默德眼中，這些信仰大多謬誤。

在有財有勢的麥加多神教徒眼中，如果有誰比譴責富人或鼓吹一神教更可惡，那就是兩者兼之的人。穆罕默德就像耶穌一樣，是左翼的激烈末世論者，相信最後審判日會逆轉地位財富。耶穌說過財主無法進入天國，《古蘭經》則指出，那些「選擇收割今生田畝的人」雖然會享盡榮華

6 現在有些學者認為，傳統觀點誇大麥加的貿易重鎮地位，在貿易規模和商品種類兩方面都有所誇大（例如，麥加常見的是皮貨之類的日常商品而不是香料之類的高價舶來品）。

7 阿拉伯人為何這麼重視兒子，理由並不明朗。可能的解釋是（只適用於較富有的人家，而穆罕默德娶妻後大概可歸入這類），在多妻制社會，出生於上層階級的兒子可吸引更多配偶，所以比女兒產生更多後代。另一個可能是，兒子可以繼承母親兄弟的產業，所以可以把更多財富和聲望帶給本家。

8 《古蘭經》八十一章八至九節（Sale譯本）。

9 《古蘭經》九十三章六至十一節（Arberry譯本），九十章十六節，九十章十三至六節（Arberry譯本），八十九章十八至廿一節（Arberry譯本）。

富貴，但「後世的福分卻與這些人無緣」。[10]

所以《聖經》與《古蘭經》有類似之處，並不值得驚訝。穆罕默德的基本聲稱是：他是先知，由神差派而來；這位神第一次向世人顯現是向亞伯拉罕顯現，後來又透過摩西和耶穌說話（在一節經文裡，穆罕默德稱自己為「眾先知的封印」，似在暗示他是先知傳統的最後一人）。《古蘭經》收入許多《聖經》故事和典故，包括那個簡直像是從《以賽亞書》搬字過紙的一神教宣言：「我之外，確乎再沒有別的神」。[11]

有鑑於穆罕默德深信自己是為亞伯拉罕的神說話，所以我將會一反慣例，逕把阿拉稱作「上帝」。當然，許多基督徒和猶太人不同意他們的上帝就是穆斯林敬拜的那個上帝。不過，猶太人一樣不承認基督徒跟他們敬拜同一個上帝（理由之一是不能接受上帝曾經化身為人之說）。現在習慣把猶太教和基督教的神統稱為上帝，理由是基督徒聲稱他們的神就是曾透過摩西說話那一位；而既然穆罕默德也聲稱他的神曾透過摩西和耶穌說話，那我們就有理由把這位神也稱作上帝。另外，如果仔細考察穆罕默德如何把阿拉變成阿拉伯人的唯一真神，那我們將會看出，阿拉跟猶太教──基督教的血緣關係要比一般以為的相近。

與亞伯拉罕的上帝接觸

穆罕默德為何認定亞伯拉罕的上帝是獨一真神？他又是何時如此認定？根據早期伊斯蘭口傳傳說，穆罕默德妻子有位年老的堂哥，這人有智慧，是個基督徒。穆罕默德首次得到天啟之後，因為備感困惑（懷疑自己是否瘋了或被鬼附身），便向妻子求教，妻子則建議他去求教她堂哥。

如果穆罕默德真是靠著基督徒幫助而弄懂自己模糊的宗教經驗，便可以解釋他何以認定自己的使命是傳播一神教的信息，特別是勸人皈信亞伯拉罕的上帝。根據前面提到的口傳傳說，那位基督徒堂哥本就相信上帝會派一個先知到阿拉伯人中間，而在他聽了穆罕默德的遭遇時，更是當場表示：「穆罕默德確乎是這群百姓的先知。」

其實，即使沒有一位信基督的姻親，穆罕默德一樣有機會接觸猶太教—基督教的上帝。麥加一帶照理說會有一些基督徒和猶太人的社群，而葉門（麥加的兩大貿易夥伴之一）也有一個頗大的基督徒社群。另外，當時的敘利亞（麥加的另一大貿易夥伴）因為是拜占廷帝國的屬地，也具有強烈的基督教傾向。[12] 據說穆罕默德小時候曾隨叔叔一起到敘利亞經商。

他對敘利亞的宗教大概保持開放態度。畢竟，麥加是個多神教社會，而根據古代的習尚，多神教徒會寬容貿易夥伴信奉的神祇。事實上，麥加的著名神龕「克爾白」（Ka'ba）早在伊斯蘭教出現以前便是「朝聖」的中心，裡面供奉不同部族和氏族的神祇，而這種宗教多元主義看來對商業起了潤滑作用。根據一篇早期穆斯林文獻，有個基督徒曾被允許在「克爾白」的一面內牆繪上耶穌和聖母的聖像。這類對貿易夥伴的信仰表現出表面尊重的事例在古代的多神教城市並不罕見。

事實上，麥加人對基督教的尊重可能不止在表面。當時的拜占廷帝國比阿拉伯社會要世界主義許多，技術也先進許多，而發展程度較低的社會往往會對強大鄰國的文化心嚮往之。只要這強鄰一天不是敵人，它的魅力便會繼續存在。

從這個角度看，我們可以把穆罕默德看作有商業眼光的人：他看準有一大片的宗教市場有待

10《古蘭經》四十二章廿節。

11《古蘭經》廿一章廿五節。譯按：兩節經文的對比請參見這一章卷首的引語頁。

12 事實上，有些住在現代敘利亞、伊拉克和約旦的阿拉伯部族至今還是基督徒。

填補。他把一位本已打進阿拉伯半島的異國神祇據為己有，自稱是這神祇的代言人。用現代的商業術語來說：在穆罕默德之前，沒人想過要取得《聖經》阿拉伯語譯本的出版權，即便人們對這樣譯本的需求已經存在。

《古蘭經》也有近似的話：「在這之前，有摩西的經書……而現在這一部（《古蘭經》）用阿拉伯文印證了它的內容。」[13]

不過《古蘭經》這番話跟「把穆罕默德比作譯者」的比喻之間仍有一關鍵差異。根據「譯者」的比喻，穆罕默德是先接觸猶太人和基督徒的《聖經》，再把它的神學轉換為阿拉伯文。但在《古蘭經》的認定裡，一神教的神學先是由上帝親啟給猶太人和基督徒，再親啟給穆罕默德。另一段《古蘭經》記載，上帝告訴穆罕默德，祂已經「制定了一部阿拉伯文的《古蘭經》，以便你們可以了解。而這經書是『經書原本』（the archetypal Book）的抄本。」[14]這裡所謂的「經書原本」並不是指《聖經》，而是指上帝的聖言（有些人稱之為邏各斯），而《聖經》就像《古蘭經》一樣，只是聖言的「抄本」。所以，穆罕默德並不是透過摩西得到聖言，而是直接得自上帝。

伊斯蘭教內部因而解釋，雖然伊斯蘭教與其他亞伯拉罕系宗教關係匪淺，卻不是承襲自它們。伊斯蘭教固然承認穆罕默德曾受一個信基督的姻親啟發，但不等於承認這位姻親是無價導師。他只是幫助穆罕默德看清楚，一直在向穆罕默德施教的神祇到究竟是誰。

這種區分對穆罕默德應該至關重要。在那個時代，想要吸引到大批信徒的人必須能讓人相信他可以接通超自然界。如果穆罕默德是靠著姻親幫助才了解到《聖經》的信息，那他傳講的信息將不太有吸引力。事實上，反對穆罕默德的人便常指控他的「天啟」乃得自一個凡人。《古蘭經》一度正面回應這個指控：「他們說：『這只是一個凡人傳授他的。』但他們所暗示的那個凡人是操外國語的，而這部《古蘭經》卻明明白白是用阿拉伯文書寫。」[15] 誰是誰非不言而喻。

穆罕默德是基督徒嗎？

無論《古蘭經》對這問題的立場為何，本書的主導假設乃是，人們原創的宗教觀念總是來自某些世間來源：其他人、其他聖典或是當事人對前人觀念所做的創造性綜合。我們大有理由認為，穆罕默德的神學觀念是得自其他人（包括耶穌），一如耶穌的神學觀念是得自更早期的末世論先知，又一如「第二以賽亞」是受某些既有神學流派啟發，再加上大環境誘導，才會成為《聖經》第一位清楚明白的的一神主義先知。

這種世俗的宗教靈感觀當然也是許多著作的前提，包括許多談伊斯蘭教的西方書籍。最終來說，這些書不是明言就是暗示，要解釋伊斯蘭教的起源，必須著眼於世俗的歷史因素，換言之，穆罕默德得到的「天啟」並沒有伊斯蘭教自言那麼超塵拔俗。不過這類世俗性解釋通常又服膺於穆斯林的一貫主張：伊斯蘭教不是承襲自猶太教和基督教。

這種服膺表現在它們對阿拉起源的解釋。它們認定，阿拉的演化起先是獨立於猶太教—基督教的上帝，後來才由穆罕默德統合了這兩個系統。它們指出，在穆罕默德時代以前，麥加便存在一位名為阿拉的阿拉伯本土神祇。海倫．阿姆斯壯在《伊斯蘭教》（*Islam*）一書裡便主張，及至穆罕默德之時，有些阿拉伯人「業已相信，他們萬神殿裡的最高神阿拉（al-Lah，這個詞不過

13《古蘭經》四十六章十二節（Yusuf Ali譯本）。另請參考《古蘭經》廿六章一九二至八節。

14《古蘭經》四十三章二至四節。「經書原本」的字面意義是「經書之母」（Yusuf Ali的譯本就是如此翻譯）。

15《古蘭經》七十七章六節，十六章一〇五節。

是 the god 之意）就是猶太人和基督徒崇拜的那位神祇。」不過，這個合流要等穆罕默德和《古蘭經》出現才徹底完成，這兩者讓阿拉伯人相信，他們一直以來所敬拜的阿拉就是亞伯拉罕的上帝。

這說法乍聽有幾分道理，而兩神合體的事情在古代世界也屢見不鮮。然而，在阿拉與上帝關係的問題上，這個說法很可能有誤——就連「阿拉」是指 the god 這說法也可能有誤。

名為「阿拉」的神祇無可否認確見於前伊斯蘭教時期的阿拉伯詩歌。然而沒有憑據證明，這個神是阿拉伯的本土產物。所以，我們何不乾脆假定，阿拉其實從一開始就是猶太教—基督教的上帝？何不假定麥加人是因為尊重貿易夥伴（信基督的敘利亞人）而把祂引入「克爾白」，或假定祂是由更早前移民阿拉伯半島的基督徒或猶太人所帶來？[16] 為何我們不能假定，阿拉和上帝從一開始就是同一個神？

在《古蘭經》裡，穆罕默德最常指責麥加多神教徒的一點，是他們不應「把上帝（阿拉）和其他神供奉在一起」，換言之，不應該將阿拉僅視為眾神之一。但雙方對阿拉是什麼樣的神似乎看法一致，否則穆罕默德一定會努力說服聽眾，阿拉和猶太教—基督教的上帝是同一位神。在在看來，他都是認定聽眾業已知道阿拉具有猶太教—基督教上帝的關鍵特徵：天地萬物的創造者。[17]

當然，一般麥加人看來並未接受猶太教—基督教信仰的其他方面。例如，他們不接受一神主義，也不接受有所謂的最後審判日，不相信阿拉會在時間終了審判全人類，也不相信祂會把非信徒扔進火獄。不過這本來就是意料中事，因為當一個社會出於經濟或政治考量而接納一個外國神祇時，往往不會把該神祇的特徵照單全收。麥加人當然更不會接受那些讓他們不安的宗教主張（例如，他們不可能相信他們崇拜已久的那些神祇並不存在，或相信崇拜這些神會讓自己在時間終了之時受炙烤）。但除此以外，各種跡象都顯示麥加人相信阿拉是神。這一點可以解釋《古蘭經》何以沒花時間說服麥加人相信阿拉存在，或相信阿拉是造物者。它念茲在茲想說服麥加人的，是阿拉乃唯一值得敬拜的神，也是獨一存在的神。

如果阿拉真的從一開始便是猶太教—基督教的上帝，至少解決了一個謎題。知名學者霍奇森（Marshall Hodgson）在鉅著《伊斯蘭教的冒險》（*The Venture of Islam*）指出，在穆罕默德以前，阿拉「沒有專屬的崇拜團」，亦即沒有任何阿拉伯社群是單獨敬拜阿拉。霍奇森也順帶提到一件讓他不解的事：不知道是何故，「那些到『克爾白』朝聖的阿拉伯基督徒會在那裡參拜阿拉，稱祂為天地萬物的創造神。」理由也許很簡單：阿拉伯的基督徒就是阿拉的崇拜團，而且是從阿拉被供奉在「克爾白」第一天開始便是如此（時至今日，阿拉伯基督徒仍稱呼上帝為阿拉。）

這意味穆罕默德在投身先知事業之初，是以基督徒自居嗎？誠如後文所見，這個問題太簡化穆罕默德必須面對的複雜社會面貌。但不管怎樣，他最後都沒有接受基督教的神學，而理由顯然是因為，他除了希望可以吸引基督徒歸附，還希望吸引猶太人歸附。

在各種支持阿拉就是猶太教—基督教上帝的理由中，最有力的理由來自語音學。在信奉基督的敘利亞人中間，上帝被稱為「阿拉阿」（allaha）或「阿拉」（allah）。[18] 如果敘利亞人和阿拉伯人信奉的是兩個不同的神，那麼，他們怎麼會用幾乎一樣的神名？即便阿拉伯半島和敘利亞隔著一個大海，兩個神正好同名已經不太可能，更何況它們還是鄰近的貿易夥伴。

16 有些阿拉伯的語文學家也主張，「阿拉」一詞是借自敘利亞語。

17《古蘭經》明說或透露阿拉伯人相信阿拉是造物神的經文包括：廿九章六十一節、卅一章廿五節、卅九章卅八節、四十三章九節。

18 以拉丁字母拼寫時，也有人把這個字拼作alaha。

當然，那些主張阿拉是獨立發展出來的學者曾提出一個理論，說明阿拉伯人的阿拉和敘利亞人的上帝何以在名字上會如此相似。他們說，在阿拉伯語裡，普通名詞的「神」（任何的神）是作ilah，專有名詞的「神」（the god，上帝）作al-ilah。後來出於縮約現象，al-ilah簡化成了allah「阿拉」。如果這是事實，便可以解釋敘利亞「上帝」和阿拉伯「阿拉」的名字何以如此相似，而不必把「阿拉」解釋為從敘利亞輸入阿拉伯。另外，敘利亞語的allaha和阿拉伯語的ilah之所以音義相似，可能因為兩者就像古希伯來語一樣，都是閃族語系的一支。所以若我們往上回溯一千年左右，說不定可以為allaha和ilah找到共同源頭，而這個共同源頭也許就是古希伯來語裡的「伊羅欣」（Elohim，意指「上帝」，開頭字母小寫則作「神」）。因此敘利亞的「阿拉阿」和阿拉伯的「阿拉」之所以相似，乃是因為兩者同出於遙遠的共祖，不是因為後者淵源自前者。

這個解釋的難題出在下一步。試問，阿拉伯人怎麼會在接受宇宙只有獨一真神以前便把萬神殿裡某位神稱為上帝（al-ilah）？所以，更可信的解釋應該是：阿拉伯語的「阿拉」源自敘利亞語的「阿拉阿」，而「阿拉阿」又可溯源至希伯來語的「伊羅欣」。在這過程中，上帝的名字改變了一點點，但仍然是同一位上帝[19]。

上帝的語音學足跡

閃族語系的另一分支是亞蘭語，也是耶穌所操的語言，而穆罕默德時代的敘利亞語也由亞蘭語演變而成。若是把希伯來語、亞蘭語、敘利亞語和阿拉伯語四種語言並置，我們便可以追溯出上帝演化的部分關鍵階段。及至公元前第一千紀中葉，希伯來語的「伊羅欣」一詞已開始被用來指稱獨一的上帝，指稱以色列人的民族救主。這個上帝在亞蘭語裡稱作elaha，而耶穌強調（至少是他的追隨者強調），這位神可以給個人帶來救贖，會在末世審判每個人的靈魂。及至穆罕默德之時，有些基督徒早已大肆紋飾過個人救贖，以鮮明生動的筆觸細細描繪天堂和地獄的樣貌，而敘利亞語中的「上帝」（作allaha或allah）大概已納進這一層成分。[20]

如果真是如此，上帝的這些意涵可能被一同帶進阿拉伯語的「阿拉」一詞。不管是否如此，「阿拉」一詞經穆罕默德使用之後，必然帶有以上的意涵。所以如果說麥加人先前接受的只是猶太教—基督教上帝的骨架，穆罕默德便是給這個骨架敷上血肉。他告訴阿拉伯人，阿拉並非可以兒戲對待的神祇，不能僅被當成促進商業關係的手段。如果你真的相信祂，你便是相信祂是一位全能和全知的神，相信祂公平而嚴厲，最終會按每個人的道德操守進行審判：在時間終了之時，「每個靈魂都將會曉得他生前作過哪些善惡。」[21]

穆罕默德向阿拉伯人鼓吹的神學，是當日經濟邏輯的自然延伸：麥加接受了敘利亞作為重要的貿易夥伴，而出於多神教的實用主義邏輯，它也接納敘利亞人的上帝。穆罕默德所做的，只是提醒麥加人，這位神祇有些與眾不同的特質（其中之一是痛恨與其他神祇並存）。

19 我的這個假設（即阿拉從一開始便是猶太教—基督教的上帝）當然只是猜想。可反對它的最明顯理由牽涉Allah（阿拉）一詞的古怪使用習慣：在某些上下文裡，每當「阿拉」一詞前面跟著一個以母音結尾的字詞，「阿拉」的首字母A便會被略去。這種省略在其他阿拉伯名詞極為罕見，卻符合另一個慣例：阿拉伯名詞的冠詞前面若跟著一個以母音結尾的字詞，這冠詞常會省略。所以，這種省略符合那個認為「阿拉」的Al最初原是冠詞的理論（即Allah原作al-ilah）。當然，也有可能，Allah的A會不尋常地被省略，乃反映上帝的名字在阿拉伯文化已獲得獨一無二的地位。不過，這解釋照樣對我的理論不利。

20 這並不表示敘利亞語是直接源自耶穌時代的亞蘭語。但兩者至少有一個共同源頭，那就是公元前第一千紀早期的亞蘭語。我們或可把耶穌時代的亞蘭語和穆罕默德時代敘利亞語的關係比作叔侄關係。

21《古蘭經》八十一章十四節。

然而，不管穆罕默德的信息多合乎邏輯，仍會威脅麥加的經濟。「克爾白」是重要的地區性聖所，可以吸引四周信奉眾神祇的大批信徒參拜（某些記載說「克爾白」供奉三百六十尊偶像）。這對麥加的經濟大有好處，在每年一度的朝聖活動更是大發利市（每逢這個時節禁止戰鬥而且貿易興旺）。因此「克爾白」乃是阿拉伯半島的地區性樞紐，麥加人正是藉此發財。可是穆罕默德突然跑了出來，宣稱必須剷除整個系統（從剷除「克爾白」的偶像開始），這等於是要麥加自廢武功，放棄原有的商業磁吸力。

所以，即便穆罕默德沒有把矛頭指向有錢人，麥加的統治階級大概也不歡迎他宣講的信息。可以說，這位先知的中心信息（一神教）注定受到麥加人的抗拒。

《古蘭經》的調子會擺盪在寬容和好戰態度之間，反映的乃穆罕默德面對抗拒時的不同策略。這樣看待宗教經典似乎頗為不敬，但某個意義下，我的態度也是穆斯林學者本身所持有：伊斯蘭思想傳統認為，《古蘭經》的內容和所處脈絡有對應關係。就此而言，我的探索方法並不違背伊斯蘭教的思想傳統。

但我和他們之間仍有一差異。穆斯林思想家相信《古蘭經》的分歧態度是上帝為幫助穆罕默德因應不同的環境而剪裁。我的看法則相反，認為那是穆罕默德自己所剪裁（但這不排除他常常是不自覺的，甚至不排除他深信那是由上帝所啟示）。所以，當我把《古蘭經》說成是一部戰略指南時，我乃是把穆罕默德本人而不是上帝看成是這些戰略的制定者和《古蘭經》的作者。正如下一章所示，很少書籍會像《古蘭經》一樣，把作者遭人厭棄的程度寫得那麼清楚明白。

15 麥加 Mecca

穆罕默德和摩西頗為相似。兩人都嫉惡如仇：摩西不滿埃及人苛待希伯來人，穆罕默德則不滿阿拉伯富人苛待阿拉伯窮人。兩人都高聲抗議，都遭到有權勢者打壓，且最後都選擇出走。穆罕默德在麥加當了十年不受歡迎的街頭先知之後，遷到「應許之地」麥地那（Medina），自此伊斯蘭教終於欣欣向榮。

穆罕默德本人也看出自己與摩西的使命彼此呼應。「摩西的故事你們聽過了嗎？」他問麥加的聽眾。穆罕默德常常講述這故事，指出追隨摩西的希伯來人和懷疑摩西的埃及人命運大不相同（尤其表現在兩者過紅海時的下場）。為防有人不懂他說故事的用意，他補充說：「對於敬畏上帝的人，此中確實包含一種教訓。」[1]

穆罕默德可能也看出自己與耶穌頗為相似。在《古蘭經》裡，他假托青年耶穌之口這樣說：「我是上帝的僕人。祂交給了我《聖經》，冊立我成為先知。」[2]但兩人的相似處不僅止於使命相同，政治處境和不受歡迎程度皆類似。福音書有一句話充分表現出耶穌在拿撒勒多麼吃不開：「我實在告訴你們，沒有先知會受自己的家鄉悅納。」這話顯然也適用於麥加歲月的穆罕默德。

穆罕默德自己倒是沒有強調這個相似點。原因似乎是他沒有讀過四福音（相傳他是個文盲，但不管是或不是，他講述的耶穌故事有時會跟《聖經》有出入）。再者，耶穌被鄉人厭棄，也是

1 《古蘭經》七十九章廿六節。
2 《古蘭經》十九章卅節。

福音書本身想要淡化的，而且愈到後來愈是如此：到了〈約翰福音〉（寫成於耶穌受難後的半個世紀以上，又比穆罕默德獲得天啟早上幾世紀），耶穌更是以使死人復活的神蹟震驚許多人。反觀《古蘭經》卻從未隱瞞它的核心主角曾經有多狼狽。書中反覆顯示，這位先知老是無法說服他最想說服的人。穆罕默德的失敗故事被記載得詳詳細細，讓人心驚。

明白這點，便得以初步了解《古蘭經》的道德調子何以大幅度擺盪。穆罕默德一下子呼籲信徒斬殺外道，一下子又像宗教寬容精神的燈塔。乍看之下，這兩個穆罕默德並不相容，然而說到底卻是同一個人，為因應環境而顯示出不同的面貌。

最後審判日

誠如前述，福音書最堪信賴的記載是耶穌在離開曠野時的宣稱：「上帝的國近了。」換言之，最後審判日已經臨近，所以罪人該趕快悔改，堅定地信仰唯一真神。打從穆罕默德傳教事業之始，這似乎也是他最想傳達的信息。末世近了，屆時誰都得為自己做過的事負責。穆罕默德把這個歷史巔峰時刻描寫得非常詳細鋪張：

當蒼穹破裂之時，
當眾星飄墮之時，
當海洋混合之時，
當墳墓被揭開之時，
每個人都將知道自己前前後後所幹過的一切。

人啊！是什麼引誘你背離仁慈的主？
祂曾創造你，然後使你健全，然後使你勻稱。
祂意欲什麼型式，就依什麼型式構造你。
然而，爾等卻把最後審判當成謊言。[3]

最末句反映穆罕默德的信息遭受拒斥，而類似的話在《古蘭經》屢見不鮮。麥加時期的經文一再顯示，穆罕默德每次向人傳教，劈頭便遭人嗤之以鼻，被當成「巫師」或「騙人精」看待。他像耶穌一樣，遭人指控是受到魔鬼控制，受到邪靈附身（不過他比耶穌多出一條罪名：「詩人」。這聽起來是恭維，但等於說《古蘭經》是他用生花妙筆杜撰，並非如他所稱是上帝親授。）

經文記載，麥加人把穆罕默德的教誨當作笑話：「罪人常常嘲笑信士。凡有信士打他們面前走過，他們就會互使眼色，然後興高采烈回到自己族人中間。」另一段經文描寫穆罕默德向麥加顯貴傳教時得到的反應：「然後他打量他（指穆罕默德）左右，然後他皺起眉頭、怒目而視。然後他轉過身，滿臉不屑。」[4] 有時，這些人還蓄意搗亂：「不信道的人說：『你們不要聽這《古蘭經》的朗誦，應當不斷說話，好擾亂誦經者的聲音。』」[5] 根據伊斯蘭教的傳說，麥加的菁英階級為封殺穆罕默德，不止以經濟抵制他的氏族，還拒絕通婚。

3 《古蘭經》八十二章一至九節。《古蘭經》最強調「審判近了」的經文是那些一般被歸類為麥加時期中期的經文，如廿一章一節、五十三章五十七節和五十四章一節。

4 《古蘭經》十五章六節，卅四章八節，卅七章卅六至七節，廿一章五節，八十三章廿九至卅一節，七十四章廿一至三節。

這一切讓穆罕默德得面對一個挑戰：怎樣在城中最有權勢者的抵制下維持自己的宗教運動於不墜？幸運的是，亞伯拉罕的上帝不是第一次碰到這種問題。現成就有一些解決辦法。

有個方法來自早穆罕默德四個世紀的基督徒：里昂主教愛任紐（Irenaeus）。愛任紐生活在公元二世紀晚期，面對的處境比穆罕默德還嚴峻。基督徒在里昂是少數派，不止遭打壓，有時還被殺害。愛任紐要如何讓信徒在這種艱困環境下堅守信仰？部分方法是把信徒在死後獲得的獎賞描寫得盡善盡美。在愛任紐筆下，天堂是個佳肴和美女享用不盡的地方。天堂的人不用工作，身體也永不疲倦。那人們如何消磨漫長的悠閒時光？不用擔心，天堂多的是美酒：「葡萄藤會不斷生長，每根生出萬根枝子，每根枝子又長出萬根小枝子，每根小枝子會結出萬顆葡萄，而每顆葡萄可榨出二十五桶葡萄酒。」

苦行傾向的基督教神學家大概會譴責愛任紐對天堂的描寫，但穆罕默德不會。就像愛任紐一樣，穆罕默德必須想辦法給信眾提振士氣，而他的方法跟愛任紐如出一轍：為信眾提供豐厚的遠程補償。穆罕默德指出，天堂「長滿結實累累的果樹，綠蔭漫漫，流水泛泛」。住在那兒的人什麼都不必做，可以鎮日「半躺在有錦緞坐褥的睡椅」，一伸手便可摘到食物。天堂裡還有些含羞帶怯的處女給他們當妻子，她們在此之前「從未被其他男人碰過」。奇怪的是，這些烏黑眼睛的美女「會永遠保持處女之身，對丈夫極盡殷勤。」另外，她們就像丈夫一樣，永遠不老。[6]

但這只是誘因結構的一半。另一半是有關非信徒的下場。相對於信徒死後上天堂，身穿「錦緞衣袍」、手戴「黃金鐲子」，外道死後則會被加上「鐵鍊和頸圈」，被「熊熊烈火」包圍。如果這些人喊口渴，求水喝，會得到一種「如黃銅融液、會燒灼人臉的水」。[7]

《古蘭經》會反覆談論死後的懲罰，不止是出於威嚇動機。地獄的恐怖形象固然嚇人，但不僅是為了嚇人而設，也為滿足復仇的正義感而設，是在向先知的追隨者保證，那些嘲笑過他們的麥加市民終必獲得報應。記得那個聽了先知講道之後「滿臉不屑」轉過身去的人嗎？《古蘭經》指出，這人的下場斷然是被上帝「扔入地獄之火裡」。記得那些試圖擾亂信徒誦經的人嗎？《古蘭經》指出：「烈火將是他們的永恆歸宿。」[8]

穆罕默德的追隨者既然大多來自低下階層，這樣描寫想必讓他們聽得更津津有味。當你不是有錢人而你的敵人是有錢人，他們指日可待的毀滅會讓你特別有快感。「有錢人總以為可以長保錢財。謬哉，他們必會被投在毀滅坑中。」穆罕默德告訴信徒，不必羨慕有財有勢的外道：「你們聽任他們吃喝玩樂吧！你們聽任他們受希望的誘惑吧！因為他們最終必會知道真相，千萬個後悔當初沒有當穆斯林。」[9]

這是典型的末世論措詞。在穆罕默德的想像裡，低卑者將會高升，有權勢者將變卑微；在前的必將在後，在後的必將在前。「第二以賽亞」曾經想像以色列的敵人在未來受苦受難，〈啟示錄〉曾預言羅馬皇帝會覆滅，穆罕默德也深信嘲笑他的人終將罹禍。《古蘭經》的復仇願景沒有比「第二以賽亞」或〈啟示錄〉更暴力，但總的來說，它比整部《聖經》更強調一報還一報。

這不奇怪，因為《古蘭經》大部分內容都是穆罕默德待在麥加時所口述，而他當時需要讓四面楚歌的一小群追隨者保持向心力。為此，穆罕默德得讓信徒相信，他們所受的嘲笑有朝一日會倒過來。到時，信徒會舒舒服服地「半躺在睡椅上……取笑那些譏笑過他們的外道。」[10]

5《古蘭經》四十一章廿六節。
6《古蘭經》五十六章廿九至卅一節，五十五章五十四節，五十五章五十六節，五十六章卅六至七節。
7《古蘭經》七十六章四節，十八章廿九節。
8《古蘭經》七十四章廿六節，四十一章廿八節。
9《古蘭經》一〇四章四節，十五章三節。

毫無疑問，這種由神所保障的公道也讓穆罕默德自己舒心。畢竟，他老是被人指控為騙子、冒牌貨。他談到外道會在最後審判日得到什麼報應的那些話語，常透露出他把別人加給他罵名牢記在心：「在那日，那些指控我是冒牌貨的人有禍了！」「你們會嚐到火刑，而你們從前還說這是謊言哪！」「這就是你們從前不信其為真的最後審判日。」[11]

在麥加的時期，這種報應畫面是穆罕默德對鄙夷他的人所能有的最大報復。當時先知只有一小群社會地位低微的追隨者，無能自行復仇。面對批評者所擺出的強大陣勢，穆罕默德既然無法即時還擊，只好靜心等待最後審判日。他說：「讓他召集他的徒眾去吧！我們將召集我們的地獄衛隊。」穆罕默德要求追隨者用堅定意志而不是反擊來展現自己的力量：「絕不要順從他，你們該做的是崇敬上帝、親近上帝。」[12]

這就是《古蘭經》的道德弔詭。一方面復仇心重（即便讀者只讀過摘要本也會驚訝於它如此強調報應）。另一方面，這些強調報應的經文又大多不鼓勵**報復**，幾乎把懲罰外道的責任全留給上帝。如果光看麥加時期的經文（占《古蘭經》的大宗），會發現經文不但不鼓勵報復，甚至鼓勵信徒**壓抑**報復的衝動。某段經文提到當信徒遇到外道時，「應當迴避他們，應當說：『祝你們平安！』」其餘的事上帝自會處理：「他們到頭來終會知道自己有多愚蠢。」另一段麥加時期的經文教導信徒，當他們面對死硬派的外道時，該這樣說：「我永不會崇拜你所崇拜的，你也永不會崇拜我所崇拜的。你信你的，我信我的。」[13]這種自我節制信息更讓人印象深刻的是，不止穆罕默德要求穆斯林如此行，連上帝也吩咐穆罕默德如此行。《古蘭經》記載，上帝告訴先知，祂完全曉得「那些外道說了哪些混帳話，但你不可強迫他們閉口。」又說穆罕默德該做的，只是用《古蘭經》「警告那些害怕我懲罰的人」，至於毫不敬畏上帝的外道，應任由他們自取其咎。畢竟，「你只是個警告者，對他們沒有權柄。」[14]

穆罕默德在麥加時期一說再說類似的話。在一段咸信相當早期的經文裡，上帝吩咐穆罕默德：「你當忍耐他們所說的混帳話，溫和地退避他們。」[15]另一段常認為是麥加時期的「最後」經文裡，上帝說：「你只負傳達的責任」，其餘的事應交由上帝來「料理」。麥加中期的經文則有這樣的話：「至仁主的僕人在大地上是謙遜而行的；當愚昧人以惡言相向時，他們會說：『願你們平安。』」[16]

這種立場背後作用的原則我們並不陌生。上帝的旨意該怎麼詮釋，總是由具體的現實所決定，也是由詮釋者如何理解現實所決定。如果他們看不出鬥爭有好處，就會傾向採取和平共存的哲學。保羅就是這種處境。既然基督徒是少數，鬥不過信奉多神的羅馬人，於是保羅勸勉教友：「祝福逼迫你們的人」或說「不要以惡報惡」。麥加時期的穆罕默德與保羅處境相似，難怪會說類似的話：「應當以友善態度去回應惡劣態度，那末，與你相仇者，便會忽然間變得親如密友。」[17]

我們看過《希伯來聖經》也有相似情形。當以色列人在亞捫人手中吃了敗仗，宗教寬容精神

10《古蘭經》八十三章卅四至五節。
11《古蘭經》七十七章廿四節，卅二章廿節，卅七章廿一節。
12《古蘭經》九十六章十九節。
13《古蘭經》四十三章八十九節，一〇九章四至六節。
14《古蘭經》五十章四十五節，八十八章廿一至二節。
15《古蘭經》七十三章十節。有學者認為這是穆罕默德在麥加時期口授的第三段經文，也有學者認為是第三十四段，若果真如此，這便是穆罕默德在麥加時期過了約三分之一的時候口授。
16《古蘭經》十三章四十節，廿五章六十三節。
17《古蘭經》四十一章卅四節。

便興盛起來，願意說些敦親睦鄰的話：「你們的神基抹不是已把你們的地賜予你們？我們的神耶和華不是已為我們把別人趕走，讓我們得了他們的地嗎？」

然而，一旦戰爭看來可以讓人輕易獲益，宗教寬容精神便會萎縮。唯其如此，〈申命記〉才會呼籲以色列人要「滅絕」西臺人、亞摩利人、迦南人、比利洗人等等，「免得他們教導你們學習一切可憎習尚，拜他們的神，以致讓你們得罪耶和華你們的神。」[18]

等穆罕默德遷居麥地那，建立自己的勢力之後，他的態度將會變得像〈申命記〉的以色列人那樣，覺得戰爭更為可取。但只要穆罕默德一天留在麥加，攻擊教外人就是不可取的，而寬容精神也會占上風。事實上，穆罕默德有一度因為想爭取異教徒歸附，寬容態度甚至進一步擴大，乃至於願意放棄一神教本身。看來，這就是「撒旦經文」（satanic verses）[19]的由來。

撒旦經文

穆斯林所說的「撒旦經文」並不見於《古蘭經》，至少是後來被删掉了。根據伊斯蘭教的傳說，經文由穆罕默德口述，收入《古蘭經》，但後來因為先知本人醒悟這些經文其實是撒旦所授，遂予以刪除。

這些經文涉及三位女神：拉特、烏札和馬納特。她們在阿拉伯人中間信徒眾多，並且被一些異教徒視為是阿拉的女兒。承認這幾位女神的存在和權勢，讓穆罕默德更容易跟她們的信徒結盟。在麥加附近的城鎮就有一座祭拜拉特的神廟。穆罕默德顯然一度屈服於這種誘惑。在一段現已刪除的經文裡，穆罕默德表示三位女神「值得稱頌」，又說「她們的代求是可信靠的。」

這個讓步證明是不智的。這也許是因為異教徒不領穆罕默德的情，又也許是他的信徒反對他的「變節」（據伊斯蘭傳說所述，異教徒對這個示好鼓掌歡迎，但穆罕默德後來受到天使迦百列的指責而回心轉意）。不管怎樣，這些經文後來都修改過。三位女神不再「值得稱頌」，變成「不過是三個名字」，隻字不提她們有能力代世人向上帝求些什麼。[20]

穆罕默德突然轉向多神教在伊斯蘭教裡很難解釋。然而，正因這種「神學不便利性」，讓相關傳說更顯可信。誠如學者瓦特（Montogomery Watt）所說：「這個傳說那麼古怪，因此必然包含某些根本事實。」

這個傳說當然有寓意，那就是：當人們認定跨過宗教的界線有可能帶來非零和的互動關係，寬容精神便會增長。穆罕默德拋棄一神教，正因為他希望把多神教徒爭取到自己的陣營。

麥加時期的某些經文顯示，穆罕默德確實嘗試過建立跨宗教的聯盟。首先，他試過向猶太人伸出友誼之手。這方面的證據倒不在於他屢屢引用猶太教的經文（他自然會引用猶太教—基督教的聖典為自己背書，因為這聖典得到拜占庭帝國的光環加持）。更重要的是，麥加時期的穆罕默德沒說過猶太人壞話，反而說過他們祖先的好話。他說，上帝本著「預知能力」，已經「揀選了以色列的百姓，把他們置於萬族之上。」[21]

在一段常被歸為麥加晚期的經文裡，穆罕默德看來殷切地想跟猶太人和基督徒和解。經文教導穆斯林該怎樣跟那些接受過「更早啟示」的人相處。[22]它教信徒不要跟猶太人或基督徒爭論，「除非是出之以最溫和的態度」；更該做的是強調雙方有共同基礎，向他們指出「我們相信那曾

18〈約書亞記〉十一章廿四節，〈申命記〉廿章十六至八節。
19 譯注 英國作家魯西迪（Salman Rushdie）曾因同名小說（坊間譯作《魔鬼詩篇》）遭伊朗教長下達追殺令。
20《古蘭經》五十三章廿三節。
21《古蘭經》四十四章卅二節。

降啟示給我們和那曾降啟示給你們的神。我們的上帝與你們的上帝原是同一位。」[24]

換言之，穆罕默德是個靈活的政治家，念念不忘廣結盟友，而將那些會妨礙合作關係的歧異性置之腦後。有些穆斯林大概會對我把穆罕默德稱為「政治家」大皺眉頭，因為這暗示《古蘭經》的經文只是花言巧語。至於不喜歡伊斯蘭教的人大概會歡迎我的說法，認為這可以支持他們論點：穆罕默德自稱得到「天啟」只是個精心的騙局，是他用來積聚權力的手段。

但這兩種反應都是現代人的反應，出自宗教和政治常常界線分明的世界。然而在較古的時代，宗教和政治只是一枚銅板的兩面。穆罕默德會獲得世俗的權力，無疑是因為信徒相信他可以上通天聽。耶穌和摩西莫不如此。但這並不表示這三者假裝相信自己與上帝可以直接溝通。不管各位信不信神啟，有些人就是相信自己得到了神啟。更重要的是，這些人有時相信，他們因應現實所採取的靈活政治手腕得自神祇指引。人類是政治的動物，而「天擇」給了我們一些以奇特方式運作的政治陀螺儀。

遷居麥地那之後，穆罕默德把宗教和政治的關連說得更清楚：「順服上帝並順服使者（指穆罕默德本人）。」這句話在麥地那時期的經文多次出現，卻從未見於麥加時期的經文。[24] 因為麥加時期的穆罕默德還不夠格對信徒如此要求。他有時頂多暗示一下，假借聖經人物之口說：「敬畏上帝並服從我。」[25] 至於追隨者會不會把這個「我」跟穆罕默德聯想在一起就不一定了。

麥加時期的穆罕默德也暗示：外道不止在死後被懲罰，有時生前便嚐到苦果。他指出《聖經》多次提到，不信上帝的人會大批被殺。換言之，穆罕默德以此暗示，《古蘭經》雖然許諾外道必會在地獄裡被炙烤，但這些人仍可能在最後審判日之前便得到報應。但麥加時期的穆罕默德從未明說這威脅，也從未鼓勵信徒動手懲罰外道。他當時沒有軍隊，動手報復無異自殺。

簡言之，待在麥加的時候，穆罕默德的處境和耶穌無異。他從未獲得摩西握有的正式政治權力，更沒有約西亞的王權可以對異教徒進行殺戮。麥地那時期的穆罕默德當然也從未獲得有如君士坦丁皇帝的權勢。根據傳說，君士坦丁曾把一顆來自耶穌十架的釘子融化，打造為嚼子，給他的戰馬佩戴。不管傳說是否屬實，它都道出了一個事實：君士坦丁大概從沒有把基督「連左臉也轉過來由他打」一語記在心上，反而把十字架視作授權他行使大規模暴力的信物。

我們永遠不知道耶穌若是在受難前便獲得權力，他會變成怎樣的人。我們也不可能知道，如果摩西擁有一支隨他指揮的雄師，他會變成怎麼樣的人。我們卻知道，穆罕默德獲得權勢後的作為。在麥加傳教十年之後，他帶著一小群信徒遷往麥地那（當時稱為葉斯里卜，Yathrib）。他行將會獲得真正的勢力，看事情的態度也為之改變。

22《古蘭經》廿六章四十六節。譯文出自Mairay Syed（承蒙他在私下交流時告訴筆者）。

23《古蘭經》廿六章四十六節（Sale譯本）。羅德韋爾相信，這話是對猶太人而發，不是同時對猶太人和基督徒而發。但一般都把這經文歸為麥加時期，而我提供的譯文也是反映通行的詮釋。

24這種話至少從未見於麥加時期的經文，除非你是把《古蘭經》第六十四章（「相欺」）歸類為地第那時期經文。

25「詩人」、「黃金裝飾品」、「伊瑪目之家」等幾章經文都可以看到類似說法。

16 麥地那

Medina

穆罕默德和麥加的穆斯林騎著駱駝進入麥地那，男男女女夾道歡呼：「上帝的先知來了！上帝的先知來了！」起碼傳說是這樣說的（這傳說在穆罕默德故去的幾世紀後進入伊斯蘭教，後來也成了西方談伊斯蘭教誕生的通俗作品之所本）。根據這個傳說，麥地那各部族的首領因為厭倦了相互仇殺，請穆罕默德出面調停。[1] 他應邀前來，受到熱烈歡迎，被推舉為領袖。

但這個穆罕默德在麥地那大受歡迎的記載並不比福音書裡有關耶穌的記載更真。《古蘭經》（它是穆罕默德人生事件更即時的紀錄）呈現的是另一種畫面。

麥地那時期最早的其中一段經文呼籲：「順服上帝並順服使者。」顯然穆罕默德不太信得過麥地那人，才需要這樣呼籲。緊接的經文又做出事先聲明：「但假如你們背棄我們的使者，那該怪罪的便不是我們的使者，因為他的職責只是傳道。」[2]

事實上，這時期的經文顯示，穆罕默德到了麥地那以後仍須繼續灌溉他的宗教運動，設法贏得更多信眾。一段該時期早期的經文記載，上帝曾教導穆罕默德如何爭取別人入教（這策略保羅五百年前就用過）：「你對他們說：『如果你們愛上帝，就當追隨我。這樣，上帝就會愛你們，免去你們的罪，因為上帝是寬大的、至慈的。』」不過，這個誘因結構還包含一個背面：「你對他們說：『順服上帝並順服使者。但如果你們違背正道，那上帝便不愛不信道的人。』」[3]

如果說那個記載穆罕默德進入麥地那情形的傳說失之過簡，真實情況又是如何？幾乎可以肯定的是，一如早期伊斯蘭傳說所述，當穆罕默德還住在麥加之時，便已在麥地那培養出一批支持者。因此，當他帶著信眾進入麥地那時，他們是前往一個比麥加更穩固的基地。你甚至可以說，穆罕默德已經在麥地那創立了一個新的「部族」：一個不是根據血緣關係而是根據共同宗教信仰構成的部族，它將日益壯大，最終稱霸整個城市，進而稱霸整個地區。

當然，伊斯蘭教並不會取代既有部族，它是一個你可以參加而無須脫離原效忠對象的「部族」。然而，麥地那時期的經文仍然顯示，穆罕默德要求信徒付出的忠誠，是會壓縮他們對原效忠對象的忠誠度：「信道的人們啊！在你們的妻子兒女中間，確實有你們的敵人存在，故當慎防他們。」[4]這番話會讓人自然聯想起福音書中所記載的耶穌之言：「我來，是叫兒子與父親生疏，叫女兒與母親生疏，叫媳婦與婆婆生疏。人的仇敵就是自己家裡的人。愛父母多過愛我的，不配作我的門徒；愛兒女多過愛我的，不配作我的門徒；不背著他的十字架跟從我的，也不配作我的門徒。」[5]

不管《古蘭經》和福音書裡的這類教誨有多麼刺耳，都是其來有自。穆罕默德在麥地那推行的宗教運動想取得成功，或基督徒在羅馬帝國推行的耶穌運動想取得成功，都必須敦促信徒把效忠的層次往上提升。兩種宗教都致力於再造工程，要創造一種新的社會組織。如果你想做蛋餅，不打破一些蛋殼是不行的。

事實上，亞伯拉罕系三大宗教都致力於大規模的社會工程。猶太教的誕生是要把各自為政的

1 這個故事的簡化版本見於許多西方著作。研究伊斯蘭教的專家很早便注意到，《古蘭經》有跡象都顯示，穆罕默德在進入麥地那之初遠遠稱不上是公認的政治領袖。不過，麥地那各氏族有可能從一開始便接受穆罕默德作為調停人。
2 有些學者認為這經文出自麥加時期晚期。
3《古蘭經》三章卅一至二節。
4《古蘭經》六十四章十四節。
5〈路加福音〉十章卅五至卅八節。

以色列各部族拉在一起，讓它們先結成一個聯盟，繼而形成一個國家。基督教的誕生則見證著另一類社會團結工程，但這次要團結的不是各部族而是各民族，讓人與人「不再有猶太人或外邦人之分」，讓所有信徒「全都在基督耶穌裡合而為一」。基督教所寄身的羅馬帝國是多民族帝國，而基督教也成了多民族宗教。

隨著伊斯蘭教誕生，這兩道分水嶺（各部族的熔鑄和各民族的熔鑄）將迅速被跨越。穆罕默德遷往麥地那之初，該地的各部族之間並沒有中央政府，阿拉伯半島更是如此。然而，公元六三二年穆罕默德去世之時，他的身分卻是麥地那、麥加和四周廣大地區的共主。五年後，伊斯蘭的版圖除涵蓋阿拉伯半島，還涵蓋敘利亞（我們現在都把敘利亞人視為阿拉伯人，但在敘利亞未被納入伊斯蘭版圖之前，這些人並不操阿拉伯語）。伊斯蘭大軍除了從拜占廷帝國手中奪得敘利亞，還從波斯帝國手中奪取了伊拉克。下一波被征服的是埃及和巴勒斯坦[6]：在大先知死後不到十年，這兩處拜占廷帝國的領土相繼易主。征服伊朗（波斯帝國的心臟）的行動隨之展開。換言之，穆罕默德初到麥地那之時，他的權力只相當於一個小城市的市長，但在四分之一個世紀後，一個伊斯蘭國家形成了，並即將擴張為多民族的帝國。

如果我們得知穆罕默德剛進入麥地那時得面對的社會面貌有多錯綜複雜，那伊斯蘭教的擴張之速就更讓人驚異。麥地那的各阿拉伯部族是些強烈的多神教徒，還彼此敵對，有著悠久的仇殺歷史。麥地那還多了麥加不見的複雜性：有些部族全是猶太人構成。此外，麥地那似乎還住著為數不少的基督徒。[7]這種分歧的宗教地貌和民族自然增加了中央集權的難度。想要動員和統一這些非常異質的元素，在在需要近乎超人的能耐。

穆罕默德沒有能成功統一麥地那的各種勢力。從《古蘭經》的記載判斷，穆罕默德雖然先後統治了麥地那、麥加和更遠的地區，卻沒有多少猶太人和基督徒認同他。事實上，這種說法也許太輕描淡寫了。因為根據一些經文和口傳傳說記載（以此為資料來源的西方歷史書也是同樣記載），穆罕默德跟基督徒與猶太人的關係愈到後來愈是敵對，有時還暴力相向。

這種相互敵意的根源何在？有些《古蘭經》經文透露出問題的根源是神學歧異：在穆罕默德看來，基督教和猶太教的一神教都純度不夠，流露出許多令人不安的多神教特徵。他說：「這是他們信口開河，仿效從前不信道者的口吻。願上帝詛咒他們；他們怎麼會如此昧於真理呢！」[8]

我們今日看來，把亞伯拉罕系三大宗教的相互傾軋歸因於神學扞格似乎再合理不過，因為伊斯蘭教、基督教和猶太教之間有些教義確實誓不兩立。然而，事情的真相卻更複雜些。若仔細閱讀《古蘭經》，我們會發現，穆罕默德與基督徒或猶太人之間的齟齬不出於神學分歧，甚至主要不是出於神學分歧。誠如下文所示，伊斯蘭傳說和西方歷史書對雙方緊張關係的描寫（包括著名的「與猶太人決裂」之說），有可能言過其實。不管怎樣，相信穆罕默德是個死守教條的人勢將無法解釋，他怎麼能夠在極短時間內把伊斯蘭教推升為世界末之見的一股勢力。

6 我在這裡所說的「敘利亞」、「埃及」和「巴勒斯坦」都是指它們的現代地理範圍而言。但在穆罕默德的時代，「敘利亞」一詞有可能涵蓋很大一部分（甚至整個）巴勒斯坦。

7 這個猜測與伊斯蘭的口傳傳說不符。然而，若不是如此猜測，我們便很難解釋何以有那麼多麥地那時期的經文是處理基督教的議題（特別是，它們若非顯示穆罕默德想要在基督教與伊斯蘭教之間找到共同基礎，便是透露出穆罕默德如此試過卻失敗）。

8 《古蘭經》九章卅節（Yusuf Ali譯本）。穆罕默德這裡是指責基督徒不應相信耶穌是上帝兒子，也指責猶太人不應相信以斯拉（Ezra）是上帝兒子。至於穆罕默德為什麼會認為猶太人相信以斯拉是上帝的兒子，我們不得而知。

打造基地

某個意義下，麥加時期的穆罕默德會不同於麥地那時期的穆罕默德，乃是先知角色不同於政治領袖角色所致。在麥地那，穆罕默德開始打造一個政府，而這時期的經文處處反映出這一點。這些經文總的來說更法條主義，更不詩意，也更宗教啟迪性。不過，即便穆罕默德成為政治家之後，他仍然沒忘記自己的先知身分。這是因為，在一個政治權力需要靠宗教權力當後盾的時代，建立政權多少是一種宗教事業，當政教雙方的領袖是同一人時更是如此。為了要讓百姓在政治上向他效忠，穆罕默德也必須讓百姓在宗教上向他的上帝效忠。

在古代世界，神祇想要贏得效忠，方法是展示自己的大能。這大能可表現在降雨、治病或只是改善百姓的生活品質。伊斯蘭教具有吸引力，毫無疑問部分原因是它能表現出上述最後一種大能。伊斯蘭教的嚴格道德規範[9]讓社會產生秩序，而因為關心低下階層的生活，也讓它至少得到低下階層的支持。儘管如此，麥地那階段的伊斯蘭教若想得到進一步的演化，穆罕默德的宗教運動若想蛻變為政府體系，最終都有賴上帝用軍事勝利來顯示自己的大能。

這條軍事路線始自穆罕默德決定伏擊路過的麥加商隊。攔路搶劫在當時的阿拉伯半島司空見慣。有些阿拉伯部族甚至就是靠著向路過其地盤的商隊索要過路費維生，而能夠證明該地盤由你「控制」的指標，便是你有能力伏擊那些不交過路費的商隊。雖然伊斯蘭教最把攔路搶劫定為非法，但我們卻不清楚，在伊斯蘭教崛起以前，阿拉伯世界有沒有「搶劫」這個詞語。有些學者相信，搶劫是在穆罕默德統治阿拉伯半島之後才成為一種罪的。[10]

然而穆罕默德還是覺得應該要出師有名。既然他曾被麥加人迫害了十年，最後被離開家鄉，要他找個正當的出師理由就一點都不難。上帝在《古蘭經》裡說：「受侵犯的人已獲得抵抗的許可，因為他們是受壓迫的……他們被逐出故鄉，只因他們常說：『我們的主是上帝。』」11

這次伏擊並非什麼了不起的戰果，但造成的傷害已足夠提高穆罕默德在麥地那的威望。在這之後，雙方又發生一連串的零星戰鬥，最後，麥加人因為受夠了穆罕默德的突襲，便集結力量，對麥地那發起一次總攻——但被擊退。穆罕默德的地位由是進一步提升。隨著信徒愈來愈多，軍力愈來愈強大，他認定自己已經夠資格要求麥加准許他前往「克爾白」參拜。經過交涉，雙方達成協議。但這和約維持不到兩年便告破裂，而穆罕默德聲稱是麥加人先破壞協定。他集合了一支大軍，對麥加發動攻擊，由於雙方實力懸殊，穆罕默德沒遇多少抵抗便奪得麥加。就這樣，一個在家鄉本無多少聲望可言的先知搖身變成了自己家鄉的統治者。「克爾白」所有偶像隨之被掃地出門，改為單獨崇奉穆罕默德的上帝。

至此，伊斯蘭教的大業獲得了真正的勁度。穆罕默德的軍事實力愈來愈強大，控制的貿易要道也愈來愈多。四周的部族紛紛來歸，願意歸順於唯一真神。及至六三二年穆罕默德撒手人寰時，他的「超級部族」已覆蓋阿拉伯大部分地區，準備好要挑戰拜占廷帝國對敘利亞的控制。所以，穆罕默德進入麥地那之後十年間可說是個大豐收期——至少他的追隨者是這樣看。

9 伊斯蘭教在儀式方面的規定並不算太嚴格，例如，與猶太教相比，穆罕默德立下的飲食規範便寬鬆很多。但伊斯蘭教對一些會擾亂秩序的行為（如飲酒、賭博、通姦）非常嚴厲。

10 阿拉伯語的「搶劫」一詞看來是外來語，但也有可能是在穆罕默德之前便傳入，如此，「搶劫」早在伊斯蘭崛起前便被視為一種罪行。

11《古蘭經》廿二章卅九至四十（Arberry譯本）節。另參考《古蘭經》二章二一七節。

穆罕默德作為教派聯合主義者（Ecumenicist）

那不肯追隨他的人又怎麼看？為什麼穆罕默德跟麥地那基督徒和猶太人的關係始終搞不好？

我不敢夸言知道原因，但有一點看來很清楚：事情不單純是穆罕默德要求猶太人或基督徒改教而遭回絕。至少有個時期，他的計畫看來是統合而非融合亞伯拉罕系三大宗教。在「麥地那憲章」（*Constitution of Medina*）這份文書裡（內容看來可靠），穆罕默德被尊為麥地那的紛爭仲裁者（相當於麥地那的領袖），但同一份文件又承認猶太教的獨立性。相似地，當穆罕默德首次對麥加商隊發起攻擊，他也把此舉解釋為是保護三教教徒崇拜權利的先制攻擊：「要不是上帝允許受侵犯的人作出抵抗，那麼許多讚頌上帝聖名的建築物——修道院、禮拜堂、猶太會堂、清真寺——早遭摧毀了。」[12]

不過為了確立強有力的政府，穆罕默德最好能夠讓麥地那人相信他不止是崇拜權利的捍衛者，還是真正的神授領袖。所以他設法說服基督徒和猶太人相信，承認他的權威並不代表拋棄原有的信仰傳統。他解釋說，上帝「先前曾經賜下《妥拉》和福音書，作為人們的指引」，而如今，祂又賜下《古蘭經》「以印證先前的一切經書」。他鼓勵猶太人和基督徒著眼於三教的最大公約數：「信奉先前啟示的人們啊！你們來吧，讓我們共同遵守雙方都認為公平的信條，那就是：除上帝外，我們誰都不敬拜，也不承認除祂之外有別的神。」[13]

當然，亞伯拉罕系宗教的信仰愈是一致，基督徒和猶太人便愈願意承認罕默德的共主地位。另外，愈多共享的儀式和信條也愈能彌平神學上的歧異，使穆罕默德在麥地那的政權更形穩固。

為此，穆罕默德願意承擔一些妥協的義務。他一度決定讓穆斯林仿效猶太人在「贖罪日」（Yom Kippur）的習俗，每年守齋二十四小時。他甚至把這個守齋日命名「贖罪日」（至少是使用阿拉伯猶太人對這節日的稱呼）。由於猶太教禁吃豬肉，穆罕默德也禁止穆斯林吃豬肉（這禁令大概也是在麥地那首次頒佈[14]）。穆罕默德還規定信徒禱告時要面朝耶路撒冷的方向。事實上，穆罕默德融合伊斯蘭教和猶太教的儀式是那麼徹底，以致在他故去的半世紀之後，某個拜占廷基督徒還把他說成是以《妥拉》教導阿拉伯人的「嚮導」[15]。

但要向基督徒示好則麻煩得多。他早在麥加的時候便已為耶穌在伊斯蘭教裡定好位置：他讚美耶穌是偉大的先知，但拒絕承認耶穌是上帝兒子；他承認耶穌是上帝差來的，也承認耶穌是處女所生，但堅稱「上帝不會生兒子」[16]。

這種立場大概有一個邏輯基礎。穆罕默德指責麥加多神教徒的其中一點，是他們不應該既信仰阿拉，又相信祂有三個女兒。這是不對的，因為相信上帝有女兒等於否定祂是獨一真神（穆罕默德這立場只鬆動過一次：正如前文所示，他曾為了拉攏多神教徒而在「撒旦經文」裡承認阿拉有女兒）。但上帝既然沒有女兒，又何來一個兒子？一段麥地那時期的經文透露，這個問題一度被多神教徒拿來質問穆罕默德，因為他曾主張耶穌值得人們用尊崇神祇的態度去尊崇。「他們

12《古蘭經》廿二章四十節（Asad譯本）。有些譯者（如Arberry和Rodwell）把Asad譯作「猶太會堂」之處譯作「禱告所」（oratories）。另兩位使用「猶太會堂」的譯者是Yusuf Ali和Sale。Asad在對廿二章四十節的註釋中主張，這節經文也許代表著「正義戰爭」觀念首次在伊斯蘭教出現，也反映出早期伊斯蘭教對宗教自由的看重。

13《古蘭經》三章三節（Arberry譯本），三章六十四節（Asad譯本）。

14《古蘭經》二章一七三節（Yusuf Ali譯本）。《古蘭經》另有兩章經文提到禁吃豬肉的誡律，其中一章（第五章）一般被歸類為麥地那時期，另一章（第六章）則常常被歸類為麥加時期極後期，甚至有人認為它是穆罕默德在麥加時期最後口授的經文。看來，我們有理由猜測，這章經文（至少是禁吃豬肉的部分）是穆罕默德在麥地那初期所口授。

15 要求信徒面朝耶路撒冷方向禱告大概不僅可以取悅猶太人，還可取悅一些本已有這種習慣的阿拉伯基督徒。

16《古蘭經》十九章卅五節。

說：『是我們的幾位女神好些還是他（耶穌）好些？』他們問這個……只是為辯而辯。他們確乎是一群好辯之人。」[17]

穆罕默德碰到的這個釘子也許就是促使他在神學上轉彎的原因：他走得太過頭，差點承認耶穌的神性，卻發現此舉把自己逼到死角，動搖了伊斯蘭教的基礎，便趕快往回走。

這引出了一個問題：既然穆罕默德準備要否認耶穌的神性而不惜惹惱所有純正基督徒，那他何必多此一舉去頌揚耶穌呢？

但「純正基督徒」是有問題的用語。正如前文所說，古代的基督教顏色駁雜，不像後人在回顧時以為的那麼整齊劃一。就如伊便尼派，這是具有猶太教色彩的基督徒，相信耶穌只是上帝的**養子**，只是一位彌賽亞。我們是從四世紀的文獻得知有這一派存在，至於它後來的發展則不可考。不過不能排除伊便尼派的影響力曾到達阿拉伯半島。《古蘭經》的十九世紀英譯者羅德韋爾（J. M. Rodwell）指出：「穆罕默德此說（上帝不會有兒子之說）很顯然是……借自伊便尼派。」[18]如果伊便尼派的教義真的在阿拉伯人中間流傳，那麼多半也有一些伊便尼派基督徒社群（或是持類似信仰的基督徒社群）遷居到阿拉伯半島。[19]所以穆罕默德說不定是想把他們爭取過來。

伊便尼派還不是基督徒多樣性的唯一源頭。因為阿拉伯人除了跟拜占廷帝國統治的敘利亞有商業接觸，還跟東面的波斯帝國有貿易往來，而波斯帝國住著一些涅斯多留派（Nestorian）基督徒。此派相信基督具有神性，卻同時強調基督具有「人」的一面（羅馬系或希臘系基督徒則沒那麼強調）。波斯還有馬吉安派的基督徒，他們相信耶穌只是先知，不是神。再來還有更正統的基督徒：敘利亞的基督徒。由此可知，當時的「基督信仰」是頗為雜色的。[20]

同樣道理，在穆罕默德的時代，阿拉伯的猶太人也許一樣顏色斑駁，從最正統的死硬派到持福音末世論思想者一應俱全。[21]七世紀的麥加有點像今日的世界，各種文化紛然雜陳，而創造性綜合的時機已告成熟。時下的論者喜歡把穆罕默德的勸說對象簡單分為基督徒、猶太人和異教徒三類——這說法既低估了當時文化形貌的錯綜複雜，也低估了穆罕默德面對的政治挑戰有多麼微妙棘手。這一切解釋了一個本來難解的謎題：既然麥地那時期的穆罕默德比麥加之時更明確否定「基督教」神學，何以他還是繼續設法拉攏基督徒。在麥地那，他第一次指名道姓否定三位一體的觀念。「不可說『三位』。」他這樣勸喻耶穌的信徒。[22]

在上述的經文裡，穆罕默德雖否定耶穌的神性，卻仍然強調耶穌非常特別，既稱他為彌賽亞，又附和〈約翰福音〉之說，承認耶穌是神聖邏各斯的化身：「信奉經書的百姓（People of the Book）啊！耶穌乃是彌賽亞，乃是馬利亞之子，但他只是上帝的使者。他是上帝授與馬利亞的『聖言』，是從祂所發出的靈。」穆罕默德同時還對基督教的價值觀大聲喝彩，指出上帝把福音授與耶穌，是「好叫追隨他的人心懷仁愛與慈憫。」[23]

17《古蘭經》四十三章五十七至八節。我的詮釋是根據羅德韋爾譯本註十五的指引。大部分《古蘭經》譯者都不同意羅德韋爾所說的，穆罕默德舉耶穌為例，是要用他作為「神聖力量的例子」，而認為穆罕默德只是把耶穌用作某種例子。但從這一章經文的稍後部分判斷，羅德韋爾的解釋似乎是最好的解釋。另一個不同的解釋可見Sale的譯本。

18見羅德韋爾的《古蘭經》譯本的序言。（《古蘭經》五章十四節暗示基督徒內部曾因教義紛爭而發生過戰鬥。）

19值得指出的是，《古蘭經》在提到「基督徒」時，實際是稱他們為「拿撒勒派」（Nazarenes），而這個詞有時是專指「猶太教色彩的基督徒」（如伊便尼派）。但我們有理由相信，在穆罕默德的時代，「拿撒勒派」是泛指所有派別的基督徒（今日的阿拉伯穆斯林也是用這個詞泛稱所有基督徒）。

20有一節《古蘭經》經文（四章一五七節）看來贊成「異端學說」幻影說所說的，基督釘十架只是個幻影。

21這書的聳動主旨（穆罕默德最初的追隨者包括持末世論思想的猶太人）看來已不再受它的兩位作者青睞，不過，它還是足以提醒我們，穆罕默德在麥地那所需要面對的各種宗教信仰非常複雜紛紜。

22《古蘭經》四章一七一節（Arberry譯本）。

23《古蘭經》四章一七一節（Arberry譯本），五十七章廿七節。

不過，即便穆罕默德願意向基督徒兜售這一套，他仍得面對一道難題：他稱耶穌為彌賽亞，但猶太人卻相信彌賽亞當時還未出現。所以，即便穆罕默德真是立志在基督徒與猶太人之間建立一個平台，並把這平台稱為伊斯蘭教，他面對的乃是一個不可能的任務。

讓事情更複雜的是，他必須回答那個彆扭的問題：基督徒和猶太人之於穆罕默德到底是何種關係？對，穆罕默德是願意禁穆斯林吃豬肉，願意規定信徒面向耶路撒冷禱告，甚至設立「贖罪日」守齋日。對，他是願意接受耶穌是處女所生，願意承認耶穌是邏各斯的化身和彌賽亞。然而，說到底，他其實想要猶太人和基督徒承認一點：不管他們本教的聖典有多麼神聖，都只是《古蘭經》的前奏曲；不管他們本教的先知有多麼偉大，都只是在為穆罕默德鋪路。所以，不管穆罕默德心目中的宗教融合是怎樣的融合，絕都不會是平起平坐的融合。

亞伯拉罕系三大宗教的倒轉

這可以在亞伯拉罕的問題上看出來。穆罕默德接受《聖經》所說，上帝曾向亞伯拉罕顯現，宣示自己是唯一真神；穆罕默德也接受《聖經》所說，以色列人是亞伯拉罕的後裔。這似乎意味，他承認以色列人與猶太教位居亞伯拉罕系三大宗教的根部。然而，從穆罕默德口中說出的亞伯拉罕故事卻可以有一種完全不同的解釋，而這解釋會把伊斯蘭教和阿拉伯人置於一切的中心。

《聖經》裡有關亞伯拉罕的記載隱含著關於以色列人和阿拉伯人相對地位的觀點。過去，住在阿拉伯半島靠近以色列一帶的貝都因遊牧部族被稱作以實瑪利人（Ishmaelites），因為他們被認為是以實瑪利的後裔。所以，《聖經》對以實瑪利的描寫足以反映古代以色列人對阿拉伯人的觀感（他們把阿拉伯人一律稱作以實瑪利人）。

那麼，以色列人眼中的以實瑪利是什麼樣子？好消息是，《聖經》中的以實瑪利是亞伯拉罕的兒子；壞消息是，以實瑪利乃是亞伯拉罕的奴婢夏甲（Hagar）所生。因此，他的地位低於亞伯拉罕的嫡子以撒。以撒是亞伯拉罕的正室撒拉（Sarah）所生，也是以色列人的始祖。

如果這還不夠讓阿拉伯人顯得地位低微，我們不妨看看以實瑪利在什麼環境出生。據〈創世記〉所述，撒拉把懷孕的夏甲趕到沙漠，讓她單獨產子。後來，撒拉又把夏甲的兒子丟棄在沙漠。當時，一個天使打夏甲身邊走過，預言了以實瑪利一生的命運（這預言反映出以色列人對阿拉伯人的觀感）：「他為人必像野驢。他的手要攻打人，人的手也要攻打他。」[24]

穆罕默德自然想讓阿拉伯人的始祖以實瑪利體面一些。要做到這點，他倒不用多費腦筋，因為《希伯來聖經》裡暗藏著對以實瑪利較有利的另一個觀點。這個觀點是由「祭司典」的作者加進去（如前所述，「祭司典」寫成於被擄時期前後，內容可能反映波斯帝國的觀點）。揆諸「祭司典」對以實瑪利的描述，居魯士大帝想必是希望他的以色列子民能與阿拉伯鄰居和睦相處，彼此尊重（埃及當時是波斯的大敵，波斯人最不樂見的便是阿拉伯半島的貝都因人跟埃及結盟）。

如果仔細閱讀，我們會發現前被擄時期和後被擄時期經文對以實瑪利的態度非常不同，幾近於前後不一致。在前被擄時期的經文，撒拉因為不能生育，便鼓勵丈夫納埃及女奴夏甲為妾：「求你和我的使女同房，說不定我可因她而得孩子。」但在後來的經文（「祭司典」的版本），夏甲卻被稱為亞伯拉罕的「妻子」，又說這婚姻得到撒拉的祝福。這些經文也暗示兒子出生時亞伯拉罕陪在旁邊，因為為新生兒命名的正是他本人。[26] 前面說過，在前被擄時期的文本，先知曾

24 〈創世記〉十六章十二節。

25 〈創世記〉十六章二至三節，十五至十六節。

預言以實瑪利「為人必像野驢」。但根據「祭司典」的說法，上帝對他有更高的期許。當亞伯拉罕請求上帝看顧這個兒子時，上帝回答：「我必賜福給他，使他昌盛，極其子孫繁多。他必生十二個族長；我也要使他成為大國。」[26]

不過，即便在「祭司典」裡，阿拉伯人仍然無法跟以色列人平起平坐。因為賜福了之後，上帝馬上又說：「到明年這時節，撒拉必給你生以撒，我要與他堅定所立的約。」所以，聖約的繼承人是以色列人的始祖以撒而不是阿拉伯人的始祖以實瑪利。聖約規定的其中一件事情，是亞伯拉罕的子子孫孫（上帝的百姓）如果是男性，必須行割禮。而根據「祭司典」，以實瑪利也接受了割禮（他與亞伯拉罕同一天受割）。[27]

「祭司典」把以實瑪利描寫為亞伯拉罕的愛子，而這正是穆罕默德可以大大利用之處。根據穆罕默德的說法，亞伯拉罕和以實瑪利最後一起去到麥加，又建立了「克爾白」，好敬拜上帝。穆罕默德甚至把此舉說成是上帝與亞伯拉罕及以實瑪利另立的一份「聖約」的部分條款。[28]

這還真是個不折不扣的「大敘事」！把亞伯拉罕說成是「克爾白」的共同興建者，穆罕默德等於把猶太教和基督教最年高德劭的人物連接於阿拉伯多神教徒最神聖的神龕。地區內幾乎每個宗教傳統都可以在穆罕默德創造的宗教裡找到立足點。利用這個別出心裁的方法，穆罕默德設法把地區內所有人拉到同一個屋簷下。

然而，他們若想待在這屋簷下，便得放棄自己部分的宗教傳統。對，多神教徒是被容許保有他們的神龕，條件是只許在神龕裡保留一位神祇；對，基督徒和猶太教徒是被容許繼續留在亞伯拉罕系的宗教裡，條件是必須承認自己已偏離了在以撒和以實瑪利時代所奠基的純正亞伯拉罕傳統。《古蘭經》這樣教導穆斯林：「當他們說：『當個猶太教徒或基督徒吧，這樣你們將可獲得指引。』你們應該回答：『絕不，我們遵循的是亞伯拉罕的信條，他是個有正信的人。』」[29]

這「正信」的名字是什麼？《古蘭經》借亞伯拉罕的口說：「我的兒子們啊！上帝確已為你們揀選了這種信仰，所以，你們在歸順於上帝以前，不可以死。」而「伊斯蘭」和「穆斯林」兩詞語的原意正是「歸順」。事實上，有些譯者就是把「你們在歸順上帝以前」譯作「你們在信奉伊斯蘭教以前」或「你們在成為穆斯林以前」。《古蘭經》又說：「亞伯拉罕既不是猶太教徒，也不是基督徒。他是個正直而歸順於上帝的人。」也有些譯者把這經文譯作「亞伯拉罕既不是猶太教徒，也不是基督徒。他是個正直的人，是個穆斯林。」[30]

自上而下還是自下而上？

有鑑於此，《古蘭經》對猶太人和基督徒的態度時好時壞並不讓人驚訝。穆罕默德要他們接受一個重大的修正：提升以實瑪利相對於以撒的地位，以及降低耶穌相對於上帝的地位。無怪乎他們會斷然拒絕。又如果穆罕默德深信他的神授使命是把所有麥地那人聯合在他對上帝的理解之中，那就難怪他會把猶太人和基督徒的猶豫態度視為敵意。

至少那些把宗教信仰視為「第一推手」的人會這樣看問題。這些人相信，兩種信仰之間的邏輯不相容會導致兩者的信徒發生社會和政治衝突。但如果我們不這樣看事情，改為把具體的現實

26 〈創世記〉十七章廿節。
27 〈創世記〉十七章廿一節，廿五至六節。
28 《古蘭經》二章一二五節（Arberry譯本）。
29 《古蘭經》二章一三五節（Arberry譯本）。
30 《古蘭經》二章一三二節（Pickthall譯本），三章六十七節（Pickthall譯本），三章六十七節（Shakir譯本）。

視為「第一推手」，情形又會如何？以下這段《古蘭經》經文很有啟發性（大概是穆罕默德在他的教派聯合大計動搖之後所口授）：「啊，眾徒！別視猶太人和基督徒為友。他們只與同教者為友。」[31]這裡，穆罕默德即便不算鼓勵穆斯林敵視猶太人或基督徒，也至少是鼓勵他們冷待這些外教人，但理由卻不是因為這兩種人神學乖謬。真正的問題在於這兩種人不會對外人友善，不是能打交道的人。事實上，這番話等於暗示，若是基督徒和猶太人能對穆斯林友善，那麼即便他們不皈信伊斯蘭教，穆斯林一樣可以向他們伸出友誼之手。

為什麼基督徒和猶太人會不友善？對相信信仰是「第一推手」的人來說，答案很簡單：因為穆斯林要求基督徒和猶太人接受他們不願接受的神學。然而我們要記得，穆罕默德會要求他們接受他的神學，只是為了要他們接受他的領導地位，奉他為政治領袖，而他們承不承認他是唯一真神的指定代言人乃是他們是否奉他為政治領袖的一大指標。所以，猶太人和基督徒要反抗的也許不是這包裹協定中的神學面，而是其政治面。他們也許是信不過穆罕默德的領導能力，又也許是不贊同他的政治目標。

著名的「與猶太人決裂」一事便是很好的例子。根據伊斯蘭傳說，穆罕默德連續驅逐了三個猶太人部族（但對第三個部族而言，「驅逐」一詞是個委婉詞，事實上穆罕默德是殺光他們的成年男丁）。事情的來龍去脈混沌不明，但最可信的解釋都跟具體現實有關，即整件事是一些會加劇雙方原有政治緊張關係的因素所導致。

第一個被驅逐的猶太部族是凱魯卡族（kaynuka），成員以工匠和商人為主，因此，誠如學者唐納（Fred Donner）所主張，他們偏好跟麥加保持良好關係——這種立場當然跟穆罕默德的立場相左。[32]第二個部族安納狄族（an-Nadir）會被驅逐，似乎是因為想挑戰穆罕默德的領導權（當時穆罕默德剛在對麥加的一場戰爭中吃了敗仗）。第三個部族古雷薩族（Qurayzah）則是被懷疑在穆罕默德對抗麥加人的戰爭中暗中通敵。三個個案沒有一個是以宗教衝突為主。這三個事例反映出，光是神學層次相左不必然會讓穆斯林把猶太人或基督徒視為誓不兩立的敵人。如果穆罕默德的政治目標較能獲得基督徒和猶太人青睞的話，他的教派聯合計畫說不定有可能成功。

是不是這樣，我們大概永遠無法確知，理由之一是我們並不了解穆罕默德的教派聯合計畫最初是什麼模樣。我曾經從麥地那時期的經文搜集出這個大計包含的某些元素（包括穆罕默德在儀式和神學上所作的讓步，還有他對亞伯拉罕故事的改編）。然而，麥地那全部經文涵蓋的時間跨度超過十年，而我們並不確知各經文的時間順序，故而亦無法確知哪個元素在何時出現。例如，我們並不知道穆罕默德講述亞伯拉罕故事是不是為了籠絡基督徒和猶太人，還是說那是他在拉攏大計擱淺之後才提出，用它來強調伊斯蘭教在亞伯拉罕系信仰裡的優位性，好叫穆斯林放心。

出於同樣道理，我們甚至不知道爭取基督徒和猶太人改教的計畫在穆罕默德的行事曆裡是否有很高的優先順序。事實上，如果誠如「麥地那憲章」所顯示，穆罕默德最初的計畫只是領導一個信仰分歧的社群（反映在他願意接受猶太部族的宗教獨立），那麼，這個計畫的失敗也許會讓

31《古蘭經》五章五十一節。在另一些時候，穆罕默德似乎意識得到基督徒和猶太人對伊斯蘭教的態度是有分別的，如《古蘭經》五章八十二節便說：「你們必定會發現，對信道者敵意最深的，是猶太人和那些把上帝與他神共奉的人；你們必定會發現，對信道者最親近的，是基督徒。」在一節一般被歸為麥加晚期的經文裡，穆罕默德表示他看不出來穆斯林有什麼理由要對猶太人和基督徒抱持敵意：「除非是以最和氣的方式，否則別跟更早啟示的追隨者爭論（他們之中的不義之徒另當別論）。你們應當說：『我們相信那降示予我們的，一如相信那降示予你們的；我們的上帝與你們的上帝是同一位，你我都是向祂歸順。』」（廿九章四十六節）

32穆罕默德會攻擊凱魯卡族，另一個原因可能是他們為在麥地那的商業貿易中扮演中心角色。這些人都是住在市場及其周邊做生意。因為如果你是想建立一個神權國家，自然會希望它的商業控制權是掌握在信徒手中（這倒不是由於信徒的信仰本身，而是由於他們的信仰意味著他們接受你的政治領導權。）

他完全懶得去追求那個更雄心勃勃的目標：融合亞伯拉罕系三大宗教。

不過，他似乎真的如此試過，因為有一段麥地那時期的經文反映出他這個雄心大志曾經受挫。經文裡，上帝吩咐穆罕默德放棄在儀式的層次統一這三個宗教：「我為每群百姓制定一套儀式，供他們遵守。所以，不要讓他們在這些事情上與你爭吵，你該做的是召喚眾人來崇拜你的主，因為你確是走在正路上的。」[33]換言之，只要穆罕默德能夠把所有百姓導向唯一真神便已足夠，這也是他唯一合乎實際的期望。

「與猶太人決裂」真有某事？

還有一件事是我們不知道的，也幾乎從未有人質疑過：穆罕默德真有過「與猶太人決裂」嗎？如果真有其事，是不是像傳說中的那麼劍拔弩張？

有關這事件，標準說法如下：（一）猶太人抗拒穆罕默德的神學信息，認為他的教導與《聖經》抵觸；（二）穆罕默德最終放棄了爭取猶太人改教的念頭，其具體表現是把一些儀式改回來：規定穆斯林不得再面向耶路撒冷祈禱，要改為面向麥加祈禱；（三）他把猶太部族一個接一個驅逐出麥地那，這個「驅逐」極為血腥，近乎趕盡殺絕。

然而，這故事的大部分都出自穆罕默德死後才形成的口傳傳說，反觀《古蘭經》提到相同事件時卻語焉不詳。據一節經文記載，有些「信奉經書的百姓」曾資敵，所以穆罕默德「便斬殺了他們其中一些，又俘虜了另一些」，事後上帝把他們的土地賜了給穆罕默德。[34]伊斯蘭傳說認定，這經文就是反映穆罕默德對猶太人的最後攤牌。

然而，經文裡提到的「百姓」固然可能指涉猶太人，但也有可能指涉基督徒，因為兩者所信奉的都是《聖經》。另外，伊斯蘭傳說對《古蘭經》的解釋是出了名有「創意」的，擅長把一些晦澀的經文連結於特定的歷史事件。有時，好幾個不同的穆斯林思想家會把同一段經文指涉不同事件。那麼，目前的個案會不會是伊斯蘭傳說有「創意」的又一表現？

有一個好理由值得我們這樣懷疑，那就是，穆罕默德曾掃蕩猶太人之說會對他的某些後繼者有好處。其中一個是歐麥爾（Umar ibn al-khattab），他在穆罕默德逝世兩年後（即六三四年）當上伊斯蘭國家的領袖。歐麥爾的一大功績是在六三八年征服耶路撒冷。這段歷史在史書裡記載得簡單明瞭：穆斯林從拜占廷帝國手中奪得耶路撒冷，宣布它是伊斯蘭教的聖城，並在數十年後興建了「岩頂清真寺」（座落在羅馬人五百多年前摧毀的猶太聖殿上方）。然而，由於這說法有部分材料來源是前述那個伊斯蘭口傳傳說，所以我們不應該照單全收。對這事件，有些伊斯蘭國度以外的古代作者曾有不同記載。

對伊斯蘭教早期歷史的最早系統記載見於一部阿美尼亞人寫的編年史，此書成書於六六〇年代，掛名的作者是主教西貝俄斯（Sebeos）。書中，穆罕默德被說成是「以實瑪利人」、商人和傳教者，會講述摩西的故事，並自稱「奉上帝所命」要率領猶太人。這編年史接下來的記載讓人大感意外：猶太人相信了穆罕默德的話。自此，猶太人和阿拉伯人「全統一在同人的權威之下。」然後，穆罕默德呼籲他們去奪回共同的祖家，即應許之地：「去奪回上帝賜予你們先祖亞伯拉罕的故地。沒有人能抵抗你們，因為上帝與你們同在。」

作為一部歷史記載而言，這文件不無瑕疵。例如，它接收了《聖經》有關阿拉伯人是以實瑪

33《古蘭經》廿二章六十七節。另參考五章四十八至九節（很多學者都認為這章經文是麥地那時期的最後經文）。

34《古蘭經》卅三章廿六至七節（Arberry譯本）。另一節經文（五十九章二節）亦提到，應該把「信奉經書中間的不信道者」加以驅逐，但沒提到應把他們殺死。

利子孫的說法，然後把它融合到早期的伊斯蘭歷史。儘管如此，這編年史還是很有參考價值，因為它寫成於歐麥爾從拜占廷帝國奪得耶路撒冷的不到三十年之後。特別值得注意的是，它把猶太人和阿拉伯穆斯林說成是軍事同盟。「這些部族是以實瑪利的部族……以色列所有剩餘的百姓都加入他們，雙方構成一支雄師。他們派使者去見希臘人皇帝，對他說：『上帝早把這土地賜予我們先祖亞伯拉罕和他的子孫，我們都是亞伯拉罕的後裔。你已占據我們的故土太久，所以，和平地放棄它吧，這樣我們就不會入侵你的國土。否則我們會連本帶利要回從我們那裡奪去的。』」

這個記載會讓人一時間失去方向感，因為它跟伊斯蘭傳說和西方歷史書的說法大相逕庭。如果所說屬實，那征服耶路撒冷便不是一支穆斯林軍隊，而是一支猶太人與穆斯林的聯軍。這說法聽起來奇怪，但有一些理由值得我們認真看待。其中一個是，它可以幫助我們搞懂一份更早期的文件（年代約為六三〇年代）。該文件以希臘文書寫，其中提到「薩拉森人（Saracens，希臘人對阿拉伯人的稱呼，後來專指穆斯林）中間出現了一位先知」，宣稱自己「掌握了天堂的鑰匙」。聽起來，這先知就是穆罕默德，不過他另外又宣稱：「受膏者即將要來臨。」如果這份文件所載屬實，那為什麼穆罕默德（或某位伊斯蘭領袖）會秉持彌賽亞將臨這種猶太教觀念？理由也許是，在「與猶太人決裂」事件的許久以後，穆斯林仍然跟猶太人保持密切的同盟關係。

一九七七年，克龍（Patricia Crone）和庫克（Michael Cook）兩位年輕學者在《夏甲主義》（*Hagarism*）裡以這種資料上的扞格為根據，提出一種非常激進的主張：伊斯蘭教剛開始其實是一個包含持末世思想的猶太人在內的宗教運動，要到征服耶路撒冷很久之後，才發展出自己的獨特性格，變得截然有異於猶太教。根據這個理論，《古蘭經》事實是在第八世紀而非第七世紀所編訂，目的是賦予新的亞伯拉罕系信仰以一個古老源頭，換言之，是把一個新宗教說成是舊宗教。

這論點受到學界冷淡對待，沒能生根。不過，你即使不接受克龍和庫克的整個論點，他們所提出的資料仍然要求一個解釋。為什麼最早期一部有關伊斯蘭教的歷史記載會說穆斯林曾跟猶太人結盟，一起奪回耶路撒冷？會不會是因為這是史實？會不會，「與猶太人決裂」一事其實發生在征服耶路撒冷之後，而歐麥爾為了合理化自己對猶太人動武之舉，便虛構出穆罕默德曾經清洗猶太人的故事？

顯然，如果耶路撒冷真是穆斯林和猶太人聯手征服，這征服正好是讓兩者鬧翻的絕佳時機。因為，我們大有理由認為，猶太人希望重建那座五百年前毀於羅馬人之手的聖殿。但如果穆斯林執意要在聖殿廢墟上方蓋一座清真寺，雙方便可能激烈爭執。事實上，根據亞美尼亞文編年史的記載，猶太人確曾就聖殿遺址的問題與阿拉伯人爭執，最後被阿拉伯人趕走。[35]如果傳統的標準說法是事實（即征服耶路撒冷的是一支清一色的穆斯林大軍），我們很難想像原住在耶路撒冷的任何猶太社群有膽子跟阿拉伯人爭執。

不過，即便「與猶太人決裂」真發生在穆罕默德之後，有關穆罕默德與麥地那猶太人關係緊張之說仍未必是虛構。有太多《古蘭經》經文可以反映這種緊張關係，而理由不難了解。既然穆罕默德那麼雄心勃勃，那他在麥地那的十年時間，難保不會跟基督徒和猶太人的關係起起伏伏。

即便如此，我們仍然應該記住，歐麥爾在位之日，《古蘭經》還未結集為正典。事實上，即使在歐麥爾死後好一段日子（當時離穆罕默德之死已有半個世紀），伊斯蘭錢幣上銘刻的經文仍然跟後來正典裡的文字略有差異。[36]所以，歐麥爾和其他有權勢的穆斯林有大量時間可以從穆罕

35 雖然語焉不詳，但那部亞美尼亞編年史似乎是說，今日我們所知的阿撒克清真寺（al-Aksa Mosque）實際上是猶太人所建。

默德口授過的紛紜教誨中作出取捨。如果《古蘭經》真有任何主旨被重塑過，那我們大有理由相信，此等重塑乃是為那些有權控制形塑過程的人的利益。[37]

扭曲作為常態

不管「與猶太人決裂」之說的真相為何，它會引人起疑的緣由都值得我們牢記：扭曲《古蘭經》的原來信息有時會符合穆罕默德幾位後繼者的利益。這並不必然表示《古蘭經》某些部分全然出自他們虛構。然而，由於伊斯蘭的早期傳說眾多紛紜，讓有心人可以按自己所需，選擇某些傳說來作為編訂《古蘭經》的根據。還有一件事實更加擴大這種操作空間：就像最早期的希伯來文一樣，最早期的阿拉伯文書面語沒有母音符號，因此，後來的神職人員在選擇母音填補空白時，便擁有了大量自由詮釋的空間。另外，即使在母音補齊之後，《古蘭經》經文難免仍留有許多晦澀和模稜兩可之處，可以任人解釋。

當然，也有可能，《古蘭經》的內容並未遭後人重大扭曲。若真是如此，那伊斯蘭教的聖典在亞伯拉罕系諸聖典中就會變得獨一無二。就像我們看到過的，猶太歷史的官方說法是不可信的，因為它把一神教出現的時日說得太早。事實上，不管《聖經》如何記載，古以色列人一開始是跟信奉多神教的迦南人混處在一起的，有時甚至儼然就是信奉多神教的迦南人。

同樣，不管基督教的福音書如何主張，「歷史的耶穌」更有可能是一名持末世思想的猶太人，是當時巴勒斯坦村莊之間常見的那種遊方者，而他大概也還在期待以色列有一天會在列國中恢復偉大。至於耶穌說過的那些世界主義取向的道德教誨（族群包容性、跨族群之愛等），則是後來建立基督教的那些世界主義者放入他的口中。就像後穆罕默德時代的穆斯林一樣，有些後耶穌時代的基督徒也作出過某種「與猶太人決裂」之舉：多所誇大猶太人對基督遇害該負的責任。

簡言之，只要一種宗教上升到地位崇隆，都會傾向於改寫歷史。它們喜歡把自己描寫得與眾不同，就像是憑空迸出來而不是從周遭環境有機地生長出來。它們會找出一個劃時代的人物（摩西、耶穌、穆罕默德之類），把他塑造成劃時代的角色。它們也喜歡把這人物傳揚的信息非同一般而超越時代，即便這些信息與時代的關係其實千絲萬縷。

當然，穆罕默德要比摩西或耶穌更是個能塑造時代的人。他建立了一個政府，然後交替使用戰爭與和平的手段，為打造一個帝國鋪好道路。然而，他所宣示的和戰信息照樣會被後代子孫所反覆重塑。時至今日，穆斯林之間還在為一個問題爭論不休：他們有些人強調穆罕默德好戰的一面，以此佐證聖戰的合理性；另一些穆斯林則堅稱伊斯蘭教是和平的宗教，力主愛好和平是先知所留下的最美好傳統。

最終來說，這個有關聖戰的爭論也許會比其他涉及《古蘭經》的爭論更會影響到伊斯蘭教與其他兩個亞伯拉罕系宗教的關係。本書下一章就是要探討他們孰是孰非。

36 儘管這些差異無關痛癢，這現象仍反映出《古蘭經》在當時還沒有完全定形。

37 其中一段看似可反映「與猶太人決裂」一事的經文是要解釋「朝向的轉變」（changing of the Kiblah）：即何以穆罕默德要把信徒的禱告方向從耶路撒冷改為麥加。經文中沒提到耶路撒冷和麥加兩個地名，但卻提到，新的禱告方向現在有別於基督徒和猶太人喜歡的那個方向，而這一點似乎意謂著穆斯林從此不應再面向耶路撒冷方向禱告（見二章一四二至五十節）。然而，早在半世紀以前，德隆望尊的學者瓦特已指出過，這幾節經文雖然被放在一起，看來是穆罕默德一次口授，但它們「卻給人一種是出自不同時期的感覺」。另外，建築學和文獻上的證據指出，在穆罕默德死後那幾十年間，穆斯林有可能其實是面向麥加以北的某處禱告。

17 聖戰 Jihad

二十世紀中葉，許多美國和歐洲父母為後輩憂心忡忡，對年輕人的刺耳音樂、吵翻天的派對和不敬尊長的態度大皺眉頭。但在同時期的埃及，卻有個叫庫特卜（Sayyid Qutb）的中年人不是抱怨下一代而是抱怨同輩。他不是嫌同輩太粗野，而是嫌他們太溫馴。

庫特卜在五、六〇年代的《里程碑》（*Milestones*）一書中，對「當今穆斯林世代的可悲狀態」多所抱怨。在他看來，這種可悲狀態具體反映在人們對「聖戰」的觀念的流行解釋。當時，大部分伊斯蘭法學家都主張，伊斯蘭國家除非遭遇攻擊，才有正當性發動聖戰。庫特卜認為，這些人誤解了《古蘭經》，等於「放下屬靈與理性的武器，舉手投降。他們說：『伊斯蘭教只允許防衛性戰爭！』他們自以為做了好事，不曉得此舉是剝奪了伊斯蘭教的方法，使其無法達成各種目標：把世上所有的不公不義廢去；把所有人帶向敬拜唯一真神；把世人帶離其他人的奴役，單作主的僕人。」

庫特卜相信，有許多不義的事物合該廢去，其中之一是那些基本教義派傾向不徹底的伊斯蘭政權，包括當時的埃及政府。結果，庫特卜在一九六六年遭埃及政府處決。但他的觀念流傳了開來，影響了不少人，包括賓拉登。

自賓拉登在九一一計謀得逞後，西方人之間便爆發了一場爭論。有些人（包括小布希總統）認為，伊斯蘭教本質上是「愛好和平的宗教」，只是不幸地受到賓拉登和其他極端分子的「脅持」。根據這種觀點，當代的聖戰士誤解了《古蘭經》，也因此誤解了伊斯蘭教。換言之，那種讓庫特卜反對的「聖戰」解釋才是正解，才是忠於先知穆罕默德的原意。

其他西方人（特別是右派人士）則說伊斯蘭教是暴力的宗教，其暴力性格就反映在《古蘭經》本身。這些人對伊斯蘭極端分子多所指責，但沒指責他們誤解了《古蘭經》。

孰是孰非？伊斯蘭教是愛好和平的宗教還是好戰的宗教？某種程度上，這問題的答案也適用於另兩支亞伯拉罕系宗教。事實上，這答案會讓人聯想起一九七一年的一支廣告。廣告裡，兩個人爭論「塞爾氏薄荷」是用來嚼食還是用來嗅聞的，互不相讓，最後被一個充滿權威性的聲音打斷：「別吵了！你們兩個都對！」我想，本書在前面已清楚顯示，任何宗教都有溫和與不溫和的時刻，都有溫和與不溫和的經文。溫和與不溫和經文的比例在亞伯拉罕系三大宗教之間容或不同，但溫和性詮釋卻總有蓬勃的餘地（例如，伊斯蘭世界在二十世紀中葉就曾把「聖戰」解釋為防禦性戰爭，而這正是庫特卜抱怨「當今穆斯林世代的可悲狀態」的由來）。簡言之，問「某某宗教是愛好和平的嗎？」乃是問了一個蠢問題。

儘管如此，還是有些較不蠢的問題值得我們發問。例如，「聖戰」的教義確實深植在《古蘭經》嗎？穆罕默德會贊成聖戰士的做法嗎？而因為穆斯林相信《古蘭經》的內容是上帝降示給穆罕默德，所以這個問題可以變成：上帝會贊成聖戰士的做法嗎？如果說穆斯林對這些問題的答案是因時而異的話，又是誰對誰錯？

好戰的穆罕默德？

「聖戰」一詞意謂「努力」、「奮鬥」，既可指暴力鬥爭（如戰爭），也可指靜靜地奮鬥（如對抗內心的七情六欲）。在九一一事件發生後，有些人力主後者的「聖戰」才是「聖戰」的真義。其他穆斯林則堅稱「聖戰」是對付外道的暴力抗爭。

誰對？有關這問題，各位不太可能在《古蘭經》找到答案。雖然動詞形式的「聖戰」（Jahada）常常出現在《古蘭經》，但名詞形式的「聖戰」（Jihad）卻僅四見，典型為以下的句子：「你們當為上帝的道作奮鬥。」對於它們能不能佐證聖戰的合理性，端視你怎樣解釋這些經文。所以，《古蘭經》裡並無關於「聖戰」的教義。[1]要到穆罕默德逝世後的數十年和幾世紀之後，伊斯蘭思想家才把「聖戰」提升為法學概念，不斷爭論其確切意涵何在。

當然，對於理解何謂「聖戰」，《古蘭經》不是不相干的。它是爭論者援引的兩大材料之一（另一項材料是《聖訓》*hadith*，即記載穆罕默德言行的口傳傳說）。但伊斯蘭思想家在探索「聖戰」的意義時，並不止聚焦在那四節包含名詞形式「聖戰」的經文，還檢視了那幾十個動詞形式的用法，又特別重視那些出現在戰爭脈絡的動詞形式（約占全部動詞形式的半數）。[2]除此以外，他們還檢視了出現在軍事脈絡的類似動詞。[3]

麥地那時期有許多經文都談及戰事，因為這些年間穆罕默德打了許多仗。這些經文呼籲麥地那人為上帝而戰，又保證戰死的人可以上天堂。有些經文鼓勵信徒恐嚇外道、屠殺外道、斬下外道的頭。這些經文讓人感覺：穆罕默德一定是相信上帝發給了他殺人執照，授權他殺死所有拒絕皈信伊斯蘭教的人。問題是這張執照的授權範圍有多大。當上帝吩咐穆罕默德格殺外道，祂有說過此舉永遠是義行嗎？還是說上帝就像美國軍官在諾曼第登陸前夕告訴部下的：殺德國人不總是好事，但在戰爭中，殺敵乃是一種職責？

那些致力揭發「伊斯蘭教真面目」的右派網站喜歡蒐羅一些經文，好顯示《古蘭經》提供的是一張近乎無限制的殺人執照（九一一事件幾年之後，右派網站 freereplubic.com 開列出一張稱為「《古蘭經》一一一節聖戰經文」的清單）。但如果你仔細檢視這些經文的脈絡，就會知道上帝發出的殺人執照並非毫無限制。

最常被引用的經文是第九章五節，穆斯林一向稱之為「刀劍經文」。賓拉登在一九九六年發出的著名宣言裡引用過，乍看之下也真的像是授權獵殺地球上所有非伊斯蘭教徒。這經文常被人以口語體翻譯如下（右派網站特別喜歡這種譯法）：「你們在哪裡發現外道便在哪裡殺死他們。」但這是誤譯。經文中用的其實不是「外道」，而是「那些把上帝與他神共奉的人」，換言之是指多神教徒。所以，不管賓拉登怎麼想，「刀劍經文」都不足以作為上帝鼓勵穆斯林攻擊基督徒和猶太人的最有力證據。

不過，雖然「刀劍經文」不是針對基督徒和猶太人，內容仍然相當血腥：「禁月（sacred months）結束後，你們在哪裡發現那些把上帝與他神共奉的人，便在哪裡殺死他們、俘虜他們、圍攻他們，並在各處設下埋伏，靜候他們到來。」看來，多神教徒若不想被殺，只能轉皈伊斯蘭教，從此「謹守拜功，完納天課。」[4]

1 帶有名詞「聖戰」的《古蘭經》經文是九章廿四節、廿二章七十八節、廿五章五十二節和六十章一節，但無一明確帶有軍事意味，只有九章廿四節的上下文看來與戰爭有關。廿五章五十二節要求信徒為反對「否定真理的人」努力奮鬥，但從上下文判斷，這種努力奮鬥不像是武力鬥爭。六十章一節勸信徒不要與外道為友，但沒有暗示他們應該對外道行使暴力。廿二章七十八節強調信徒應當為上帝的真理作「見證」，應當「賣力為上帝的大業作努力奮鬥」，提醒信徒當記省他們是「已經歸順於上帝的人」，故應該「謹守拜功，完納天課，信托上帝」。

2《古蘭經》有四十一個用詞是源自jhd這個字根，而其中只有十個毫不含糊是與戰爭行為有關。認為這些用詞中約三分之二的用字是指涉戰爭，但這可能是因為他把戰爭意義沒那麼顯著的字眼也算進去。

3《古蘭經》裡與Jahada意義類似而較不模稜兩可的動詞是qaatala（指討伐）和qatala（指殺死）。Jahada這個字有多模稜兩可，可從比較《古蘭經》六十六章九節的四種譯文而得見：Yusuf Ali譯本：「先知啊！你當與不信道者和偽信者奮鬥，以堅定態度反對他們。」Pickthall譯本：「先知啊！你當與不信道者和偽信者奮鬥，以嚴厲態度反對他們。」Rodwell譯本：「先知啊！你當對外 Shakir譯本：「先知啊！你當與不信道者和偽信者奮鬥，以強硬態度反對他們。」道和偽信者開戰，以嚴格態度解決他們。」

然而，從下一節經文看來（聖戰士和右派網站都極少引用），多神教徒並不是非要改教才能免死：「那些把上帝與他神共奉的人當中，如果有人求你們保護，就應當保護他，直到他聽到上帝的言語，然後把他送到安全的地方。」這是因為，多神教徒只是「無知的民眾」，不是十惡不赦之徒。[5] 然後，再下一節經文又指出，只要多神教徒對穆斯林不構成軍事威脅，整個部族皆可獲赦。它說，若是「那些把上帝與他神共奉的人」曾與穆斯林「在禁寺結盟而又遵守盟約，那你們也當遵守盟約。上帝確是喜愛敬畏祂的人。」事實上，緊接在「刀劍經文」前面的一節經文也說，穆斯林不應攻擊那些「曾與你們締結盟而沒有背約的，或沒有資助你們敵人的。」[6]

簡言之，「刀劍經文」不是意指「你們在哪裡發現多神教徒便在哪裡殺死他們」，而是指「殺死那些在戰爭中不跟你靠邊站的多神教徒」。[7]

所以，我們有理由認為，《古蘭經》的好戰經文是針對特定的戰爭而發，而鼓勵大批屠殺外道，只是穆罕默德的短期策略。事實上，有些經文甚至明確規定，暴力只可使用於戰爭期間：「你們在戰場上遇到外道，應當斬殺他們，你們既戰勝他們，應當俘虜他們。之後，等戰爭的重擔卸下，應當釋放他們，或准許他們贖身。」[8]

當然，如果你只引用這段經文的前半截而不引用後半截（聖戰士和右派評論者常喜歡如此），《古蘭經》聽起來真的像判了所有地方所有時代的非穆斯林死刑。《古蘭經》包含好些這類可以斷章取義的經文，也常遭人斷章取義。穆罕默德鼓勵信徒斬殺外道時，通常都先是口氣決絕，繼而緩和下來。例如，他說：「外道休想從我們手中逃命！……你們當隨時準備好武器與戰馬，以便可以對上帝的敵人和你們的敵人施以可怕攻擊。」不過，大約三十個字之後，經文又說：「如果他們傾向和平，你們也應當傾向和平；應當信賴上帝。」[9]

如果《古蘭經》真是一本教導全面聖戰的手冊，那它理應會認為，光是不信仰伊斯蘭教便罪該萬死。但它沒這樣說。試看以下一段出自麥地那晚期的經文：「對於那些未曾因為反對你們的宗教而跟你們開戰的人，或那些未曾把你們驅逐出家鄉的人，上帝並不禁止你們憐憫他們，公正對待他們。因為上帝總是喜愛行事公平的人。祂只禁止你們結交曾因反對你們的宗教而對你們開戰，曾把你們驅逐出故鄉，或曾協助別人驅逐你們的人。」[10]

另外，就連真正的敵人也不一定是永遠不共戴天：「上帝說不定會在你們和那些你們視為敵人的人之間造化友誼。上帝是大能的，是至慈的。」[11]

4 雖然穆罕默德有時會指控基督徒、偶爾指控猶太人有多神教傾向，但《古蘭經》提到「把上帝與他神共奉的人」時一律是指非一神教徒。

5 《古蘭經》九章六節。對於這節經文，最通行的詮釋是Sale譯本的解釋：「也就是說，如果他們還是不願接納穆罕默德的宗教，你們當給他們安全通行權，讓他們也許可以再次安全回到家。」

6 《古蘭經》九章七節。嚴格來說，九章四節是要強調，在某些情況下，穆斯林不得解除他們與多神教徒締結的盟約（九章三節曾准許穆斯林主動解除這一類盟約）。不過，既然某些多神教徒與穆斯林的盟約繼續有效，他們便不在穆斯林有權殺死的多神教徒之列。

7 出於同樣道理，經文中的「殺死」二字其實也可以翻譯為「討伐」或「攻擊」，即便穆罕默德呼籲信徒攻擊外道的目的就是為了殺死外道。一個相似的例子是《古蘭經》四章八十九至九十節。它呼籲信徒殺死任何曾經轉皈伊斯蘭教卻又出爾反爾的外道，但加上一個但書：「除非他們逃到曾與你們結盟的盟友那裡，或來歸順你們……如果他們退避你們，不進攻你們，並且願意談和，那麼，上帝絕不許你們進攻他們。」

8 《古蘭經》四十七章四節。

9 《古蘭經》八章五十九至六十一節。

10 《古蘭經》六十章八至九節。另一節常被引用來證明《古蘭經》禁止信徒率先攻擊外道的經文，是二章一九〇節：「你們當為上帝的道抵抗進攻你們的人，但你們不可先進攻他們，因為這是不義之舉，而上帝不愛這一類不義之舉。」但有些學者主張，經文中的「不可先進攻他們」其實應該翻譯為「不可過分」，而「不可過分」可能是指在戰爭中不可殺害婦孺之類。

11 《古蘭經》六十章七節。

現實政治

不過，今日那些用斷章取義方法批評《古蘭經》的人有一點倒是沒說錯：穆罕默德推行的是一種擴張主義的外交政策，而他使用的關鍵武器是戰爭。然而，如果你想成功推行這樣的政策（穆罕默德無疑很成功），你對戰爭的態度就得有所取捨。你不能想開打就開打，因為有時戰爭的成本會高過收益。你也不能因為別人不信你的教便一律視之為敵人（在你地盤四周住著許多與你信仰不同的人群時尤其如此），因為他們是你潛在的盟友。穆罕默德也許與生俱來很強的侵略性，但侵略性強而不分青紅皂白發動戰爭的人，是不可能成就穆罕默德的事業。所以，他不可能推行對地區內所有非穆斯林開戰的政策。事實上，如果官方版本的伊斯蘭教史可信的話，直至去世之日為止，穆罕默德還致力於跟一些不信伊斯蘭教的阿拉伯部族締結同盟關係。

一旦從這個角度看待穆罕默德，即把他看成是致力締造一個帝國的政治領袖，《古蘭經》對戰爭那種看似前後不一致的態度就變得完全可理解。它們只是締造帝國的不同招數。就像拜占廷帝國和波斯帝國，穆罕默德除了用戰爭去擴張領土以外，還結合外交手段。全面的聖戰（殺掉所有外教人）對初生的軍事強權有害無益，而這就是《古蘭經》缺少這類經文的原因。

不過，在穆罕默德死後的數十年之間，類似的東西便開始出現。此時，如假包換的「聖戰」教義出現了，它告訴所有穆斯林，他們有責任持續不斷為擴大伊斯蘭的版圖而戰。最強版本的「聖戰」教義形成於穆罕默德故去後一個多世紀，它把世界區分為「伊斯蘭之家」與「戰爭之家」兩大部分。「戰爭之家」是仍然被非穆斯林奴役的地區，而它會如此稱呼，是因為伊斯蘭領袖有責任前往作戰。這種教義的極端性格讓人有點困惑。因為，在穆罕默德之後的數十年裡，伊斯蘭帝國還是個擴張中的強權，既如此，它為何不保留穆罕默德時代的靈活政治手腕？這也許是因為，征服全世界（至少是已知世界）的前景已經在望。

不管怎樣，後穆罕默德時期的思想家何以偏好全面開打的「聖戰」，還不是謎團的全部。另一個讓人困惑的問題是，他們要怎樣合理化這種觀念。誠如剛才看到，即便《古蘭經》裡最好戰的那些經文（全都屬於麥地那時期），都無法為這種「聖戰」觀念提供基礎。[12]而且，還有許多經文看來是跟全面「聖戰」的觀念抵觸：這些經文大部分屬於麥加時期（「你信你的宗教，我信我的宗教」），有些屬於麥地那時期（「不可有強制別人皈信這種事。」）[13]

聖戰的「發明」

那麼，這種聖戰觀的作者又怎樣自圓其說？如果《古蘭經》是上帝的話語，也沒有提出任何類似的主張，後來的伊斯蘭思想家又要怎樣賦予全面性聖戰正當性？主要透過兩種策略。

第一個策略源自伊斯蘭法學家就如何化解《古蘭經》內在矛盾所作的關鍵決定。他們認定，穆罕默德愈後期口授的經文愈能夠反映上帝的旨意。這種見解無可避免會有利於好戰的詮釋，因為較早期的經文屬於麥加時期，而麥加時期的穆罕默德態度傾向於寬容。

其次，「聖戰」教義的制定者並沒有自限於《古蘭經》。他們更大的後盾是《聖訓》，即記載穆罕默德言行的口傳傳說。但這類口傳傳說雜七雜八，你想要主張穆罕默德說過什麼幾乎都可以從裡面找到根據。

例如，如果你問穆罕默德，伊斯蘭教最看重哪些德目，你猜他會怎麼說？《聖訓》提供兩個選項。「選項一」出自阿卜杜拉（Abdullah ibn 'Amr）的傳述：「有人問上帝的使者：『伊斯蘭教把哪些行為看為善？』他回答說：『餵飽窮人，接待那些你認識或不認識的人。』」「選項二」出自阿卜胡雷拉（Abu Hurayra）的傳述：「阿拉的使者被問到：『哪些行為是最善？』他回答說：『相信上帝和祂的使者（穆罕默德）。』提問者接著又問：『哪些行為是次善？』他回答說：『為上帝的大業參與聖戰。』」對胸懷大志的聖戰理論家來說，「選項二」當然是更佳選擇。

穆罕默德當然有可能對同一個問題作過不同的回答。但我們沒有理由這樣認為。《聖訓》以口耳相傳的方式流傳了非常長的時間才被寫成書面文字。[14]這段漫長歲月足以讓許多想要佐證自己目標正確的人把先知拉來背書。這並不代表他們蓄意作假，而只表示記憶這回事是很奇怪的（斷定誰的記憶最可靠的過程一樣奇怪）。

例如，以下這段偏好聖戰的話語就是穆罕默德故去一個多世紀後才寫下：「我命令你們去向所有人開戰，直至他們全都承認『除上帝外別無他神』為止。」如果上帝真給過穆罕默德這道命令，那「聖戰」教義的真實性殆無疑義，因為『所有人』明顯是個全稱詞語。然而，這麼非同小可的命令又怎麼會未見於《古蘭經》？

沒有《古蘭經》根據的聖戰

某個意義下，在《古蘭經》找不到堅實基礎的「聖戰」教義竟會受到那麼多伊斯蘭思想家支持，著實讓人驚訝。但在另一層意義下，這種事也沒什麼好奇怪，因為亞伯拉罕系三大宗教的歷史一再顯示，任何神聖經典都可以被人用於各種大異其趣的用途。

但如果神聖經典的可鍛性很大算是個壞消息，那麼它也同時是個好消息。因為，當你看出你的利益與別人相左，固然可以引經據典大肆鼓吹敵意，但當你看出攜手合作才符合自己利益，一樣可以引經據典呼籲節制敵意。

12 暫且不論《古蘭經》從未明確把對外道開戰說成普遍原則這點，還有一點讓我們有理由懷疑那些最被視為「聖戰類」的經文不是把開戰當成普遍原則。例如，這一類經文有時明確規定開戰的條件，如九章一二三節便說：「你們當討伐那些與你們**鄰近**的不信道者」（Arberry譯本，粗體為筆者所加）。有時，鼓勵開戰的經文有些線索，透露它是受某種特定的挑釁所引發。例如，九章廿九節固然呼籲信徒「討伐不信上帝和末日的人」，不過，它前面一節經文卻顯示，《古蘭經》會作此呼籲，也許是因為有些多神教徒竟大膽進逼禁寺而引起。另外，有些「聖戰類」經文的內容也太含糊，無法支持那些經文屬於「聖戰類」之說。例如，八章卅九節呼籲信徒繼續戰鬥「以迄迫害消失，上帝的宗教得以完全為止。」這經文本身沒有問題，但它上一節經文卻有點問題：它指出，多神教徒若「改弦易轍」便可得到寬宥，若繼續「執迷不悟」便不會得到寬宥。但何謂「改弦易轍」？有些譯者（如Yusuf Ali）認為，這表示多神教徒必須改變信仰，其他譯者（如Pickthall）則認為，這表示他們應該停止迫害穆斯林。第一種詮釋讓這經文的聖戰傾向遠大於第二種詮釋。再來，有些所謂「聖戰類」經文的問題不是內容含糊，而是模稜兩可。如四十八章十六節預言，穆罕默德有朝一日將會號召所有穆斯林「前去討伐一群剽悍的民眾，戰鬥至他們歸順為止。」我在這裡引用的是Pickthall的譯文，但偶爾會有些譯者（如Rodwell）基於「伊斯蘭教」的字面意義是「歸順」，便把最後一句話翻作如「戰鬥至他們信仰伊斯蘭教為止」。然而，這只是少數派的翻譯，而且不管怎樣，這經文都是指某場戰爭，不是在談一場涵蓋全世界的聖戰。（穆罕默德的幾位後繼者把這經文解釋為預言穆斯林將會討伐拜占廷和波斯）。最後，還有一個詮釋上的難題是由以下的事實引起：在神權政體的年代，反對國家的戰爭某個意義下就是反對上帝的戰爭。所以，八章十二至三節建議信徒這樣對付外道：「當斬下他們的首級，斬斷他們每根手指的指尖。」《古蘭經》接著補充說：「這是因為他們反對上帝和祂的使者。」然而，這表示多神教徒因為不信上帝而被算成反對上帝（因此也反對祂的使者）嗎？或只是表示，某些多神教徒因為在某場戰爭中反對穆罕默德，所以也被算成反對穆罕默德的上帝？上引的幾節經文，連同我在正文裡引用過那些，就我所知乃是非難伊斯蘭教的人最常引用，想以此證明聖戰觀念根植於《古蘭經》。但如果考量到經文的上下文，我們便沒有理由認定這些經文在宣示一種普遍原則，而不是針對特定的場合和特定的敵人而發。

13 《古蘭經》一〇九章四至六節。二章廿五節。

14 這是主流觀點。也有些人表示異議（如John Wansbrough便主張《聖訓》是形成於《古蘭經》之前），但都沒能被廣泛接受。

兩刃劍的這第二道劍刃出現在伊斯蘭帝國的邊界邁向穩定之時。在公元七世紀早期（距「伊斯蘭之家」和「戰爭之家」的二分法出現僅僅數十年後），一位伊斯蘭法學家宣稱這世界還有第三個「家」：「休戰之家」。到了九世紀晚期，又有另一位伊斯蘭思想家把「聖戰」分為兩種：一種是奉伊斯蘭教之名進行征伐的「小聖戰」，另一種是「對抗自我的大聖戰」。正如我說過，這種二分法符合《古蘭經》對「聖戰」一詞的用法。但要怎樣證明「聖戰」有大小之分呢？當然是靠《聖訓》！相傳，穆罕默德曾對從戰場上回來的穆斯林說：「你們已經從小聖戰回到大聖戰來了。」這個傳說是晚出的，但晚出總比不出好。

對此一發展趨勢特別有貢獻的觀念是這個：「集體主命」（fard kifaya）。所指的是聖戰乃是一種集體宗教責任，不是個人責任。所以，如果你住在帝國境內沒必要作戰的地方，便可心安理得地選擇過和平與敬虔的生活，讓其他穆斯林在其他有需要的地方為伊斯蘭教而戰。

但這類寬和主張都會受制於歷史的風向。當和睦共處甚至攜手合作的可能性存在，寬和主張也許會占上風，但世局是會改變的。每當伊斯蘭國度受到攻擊，聖戰的定義便會從「集體主命」變成「人人主命」（fard aynl）：即每個穆斯林都有責任作戰。例如，當基督教的十字軍進犯敘利亞的時候，一部在大馬士革出版的小冊子就聲稱，「聖戰」的定義已經轉變為「人人主命」。一如以往，只要非零和關係轉變為零和關係，宗教的情緒亦會隨之改變，反之亦然。

寬容的價碼

「聖戰」觀念的可鍛性除了見於伊斯蘭教的國境內，也見於帝國的周邊地區。雖然把全世界變成「伊斯蘭之家」的目標似乎意味著把所有被征服的人民轉化為穆斯林，這個目標並沒有維持太久。你征服的非信徒愈多，便愈會發現，強迫他們改信伊斯蘭教只會引發民怨，別無好處。一旦你手上有一個帝國要經營管理，製造摩擦實無好處。

但伊斯蘭統治者要怎樣對寬容政策自圓其說？他們只要夠努力，總可在《古蘭經》找到根據。就連最接近呼籲教徒進行全球性聖戰的經文亦留有出口。它一開始這樣說：「凡曾領受經書卻不信上帝和末日者，凡不遵上帝及其使者所定之戒律者，你們要與他們戰鬥。」最後卻話鋒一轉：「直到他們依自己能力，規規矩矩交納丁稅。」[15] 換言之，金錢可以代替神學上的忠誠。

這不是什麼新鮮事。古代的帝國莫不盡量擴張領土，再向附庸國索要進貢。這畢竟是建立帝國的一半目的。羅馬帝國如此，被伊斯蘭帝國取代的那兩個帝國（波斯和拜占廷）亦復如此。所以，新近被納入伊斯蘭帝國的子民理應不會對加諸他們的稅賦有所怨言。

事實上，有些基督徒甚至喜歡他們的伊斯蘭新主子多於基督教舊主子。拜占廷皇帝蓄意打擊異端，但對穆斯林君主來說，基督徒就是基督徒，只要他們乖乖納稅，愛信仰什麼異端悉聽尊便。這是雙贏策略：它讓從前被打壓的基督徒獲得自由，唯一代價是付出一筆尚稱划算的金錢；而對伊斯蘭統治者來說，此舉既可保持帝國的平靜，復可保證帝國有穩定的財源。事實上，在八世紀前後，伊斯蘭統治者眼見國家稅收減少，還禁止非穆斯林改信伊斯蘭教。

穆罕默德的後繼者繼承他的靈活策略：先是以宗教為理由對別人發起戰爭，征服了某地區，便開始推行寬容政策。對伊斯蘭君主而言幸運的是，《古蘭經》很能夠支持他們的兩面手法。在準備進行征服戰爭前，他們可以把「不可強制別人皈信」之類的經文拋諸腦後，等戰爭結束後再拿出來用。此外他們還有《聖訓》裡任君選擇的傳說可資憑藉。統治外教徒的時候，伊斯蘭君主

15《古蘭經》九章廿九節。

大可指出，穆罕默德在《聖訓》裡說過：「他們若願意皈信是很好，若不願可悉隨其便。伊斯蘭教的心胸是廣闊的。」（同一個穆罕默德卻又說過：「我命令你們向所有人開戰，直至他們全都承認『除上帝外別無他神』為止。」）

有時，這些宣言其實並不矛盾。畢竟，猶太人雖然不信伊斯蘭教，但他們一樣相信「除上帝外別無他神」。基督徒也是如此（基督教雖然相信耶穌有神性，仍不失為一神教）。正因如此，征服了以基督徒為主的敘利亞與埃及之後，伊斯蘭君主不需要對教義作出太大修正便可寬容這些基督徒。他們聲稱，基督徒既然是「信奉經書的百姓」，自可保留原來的信仰。

但被征服的波斯土地又該如何？波斯的本土宗教是拜火教，要寬容拜火教，便得多費一點腦汁。畢竟，拜火教徒並不敬拜上帝，所以不能算是「信奉經書的百姓」。幸而，他們起碼有一部經書，即《阿維斯塔》（*Avesta*），所以起碼算是「信奉某部經書的百姓」。伊斯蘭君主由此得出結論：波斯人的宗教一樣可以寬容以待！後來，隨著伊斯蘭的征服愈來愈深入亞洲，穆斯林領袖發現他們一樣找得到理由容許佛教徒和印度教徒以稅金換取宗教自由。同樣地，在非洲的伊斯蘭統治者也認定，多神教徒可以受到寬容。

所以，到頭來，伊斯蘭帝國的運作模式跟其他古代帝國沒有兩樣：征服，然後徵稅。想要容易徵稅，便需要保持帝國範圍的和平，不管那是「羅馬和平」還是「伊斯蘭和平」（Pax Iskamica）。

接下來的幾個世紀，伊斯蘭國度對基督徒和猶太人的寬容時長時消（基督教國度對穆斯林和猶太人的寬容也是如此）。隨著自願皈信的人愈來愈多（此舉有時是為了少納稅，有時是為了生涯發展），基督徒人數愈來愈萎縮，讓統治者不再需要對他們那麼友善。這種不友善態度又會促使基督徒改宗。猶太人因為較抗拒改宗，所以社群保持得較為完整，但也較容易受到迫害。不過，誠如學者卡恩（Claude Cahen）指出，總的來說，伊斯蘭國度要比歐洲的基督教國度更能寬容猶太人。

同一時期，對「聖戰」觀念的再詮釋仍繼續進行，隨時局的轉變而擺盪於好戰與自制之間。然後，到了二十世紀早期，許多主流的伊斯蘭思想家撕去「聖戰」觀念的攻擊性內涵，相信只有出於自衛的「聖戰」才具正當性。[16]這種觀點與西方人的正義戰爭觀念不謀而合，也導致庫特卜在二十世紀中葉對「當今穆斯林世代的可悲狀態」多所抱怨。他的抱怨預示著瀆武聖戰觀的再次復活。這是今日世局的由來。

穆罕默德和賓拉登

現在回到較早前的問題：「聖戰」教義是深植在《古蘭經》的嗎？穆罕默德會贊成聖戰士的做法嗎？《古蘭經》裡的上帝會贊成聖戰士的做法嗎？

對於第二個問題，答案幾乎是否定的。不管《古蘭經》或《聖訓》都不曾暗示穆罕默德贊成殺死婦孺，而殺死婦孺卻是今日聖戰士所樂為。第一和第三個問題的答案也是否定的。今日聖戰士所持的「聖戰」觀念在穆罕默德過世後才出現，在《古蘭經》毫無堅實的基礎可尋。事實上，這觀念的創制者那麼倚重伊斯蘭的口傳傳說，也反映出他們不太能夠在《古蘭經》找到佐證。

但還有一個更重要的問題：「聖戰」教義對今日的世局真有那麼大的影響嗎？賓拉登固然是庫特卜的間接繼承人，而賓拉登固然也引用過「刀劍經文」，但說到底，他並不是攻擊性聖戰觀

16 例如，在十二世紀之交的中東地區，阿布杜（Muhammad Abud）和里達（Muhammad Rashid Rida）兩人都大力鼓吹自衛性的聖戰觀念（不過他們的詮釋容許穆斯林對殖民地統治者開戰）。另外，在印度，汗（Sayyid Ahmad Khan）甚至鼓吹過一種更節制的聖戰觀，不鼓勵穆斯林對英國殖民統治發動聖戰（理由是英國允許印度人信仰伊斯蘭教）。

的應用者。因為賓拉登每次呼籲穆斯林攻擊美國時（如發表一九九六年宣言那一次），他都會儀式性地一一歷數美國對伊斯蘭世界犯下的罪狀，在在顯出美國人讓他痛恨之處不止是信奉邪教外道。[17]換言之，他總是把聖戰形塑得像自衛行為。

只要人們傾向於動武，便總找得到理由自證為義，總找得到理由證明上帝站在他們一邊。攻擊性的聖戰觀也許可以省去人們找理由動武，但這種時間總是要花的。基於人類的心理結構使然，通常得先找個冠冕堂皇的理由才會動武，即便想出這些理由煞費苦心。

我並不是說經文不重要。如果你想要招募自殺炸彈客，那《古蘭經》是否說過為聖戰而死者可以上天堂以及天堂是否美侖美奐便攸關重要（一如天堂的街道是否由黃金鋪砌對東征的十字軍士兵也攸關重要。）其他部分的《古蘭經》同樣重要。如果你經常誦讀的經文都鼓勵人折磨敵人，那你便更有可能樂於折磨敵人，甚至會為了折磨敵人而不惜折磨你自己。《古蘭經》這方面的經文顯然不少。

另一方面，整體而言，鼓勵折磨敵人的「聖戰經文」只占整部《古蘭經》的一小部分。這類經文也大多不是鼓勵穆斯林親自執行懲罰，而是講述外道在死後如何受到上帝懲罰。

然而，這些描述死後懲罰的經文會不會無意中助長信徒親自執行懲罰的念頭呢？穆斯林學校裡的年輕人因為常常念誦經文，甚至背下整部《古蘭經》，會不會因此較易引發與經文不成比例的暴力性格？這是有可能的（所以我們應該慶幸，在巴基斯坦和阿富汗之類的地方，有許多年輕人不會阿拉伯文，所以他們並不明白硬背下來的經文是什麼意思）。

經文既然那麼攸關重要，那麼，如果我們能變魔術似地把三大一神教的聖典換成一本更鼓勵寬容的典籍，那我們多半可以把穆斯林、猶太人和基督徒變得更加良善。但我們沒有這個選項。所以，我們應該慶幸，經文雖然重要，仍然及不上形塑行為和形塑詮釋的大環境重要。大環境有時難以改變，但環境至少不像印刷出來的文字那樣，永遠一成不變。

17例如，賓拉登指稱的罪狀之一是美國駐軍沙烏地阿拉伯，而不是罪在信仰邪教外道。

18 穆罕默德

Muhammad

穆罕默德是什麼樣的人？答案端視你指哪個時期的穆罕默德。如前所述，他在宗教事業的不同時期肖似不同的聖經人物，包括摩西和耶穌。事實上，穆罕默德的整個事業大可描繪為不同聖經人物輪流上場。

最像耶穌的那個穆罕默德是麥加時期的穆罕默德。當時他帶領一小群信徒，警告麥加人最後審判日已臨近。人們充耳不聞，之後，他變得有點像「第二以賽亞」。我們知道，「第二以賽亞」一面忍受被擄的恥辱，一面憧憬以色列有朝一日復興起來，屆時萬邦將會向以色列和它的上帝俯首。麥加時期的穆罕默德也深信，逼迫他的人有朝一日會有報應。一次又一次，他把最後審判日的景象描繪得無比鮮明，活靈活現。

接下來，他變得有點像摩西。他帶領信徒去到「應許之地」麥地那。在這個城市，他開始變得像保羅。保羅曾設法說服猶太人，他的信仰其實跟猶太人的信仰無異，頂多添加若干曲折。穆罕默德也設法對麥地那的猶太人和基督徒做同樣的事。但在這一點，穆罕默德沒有比保羅成功多少：他的皈信者看來大部分都來自多神教徒。

但穆罕默德和保羅之間有一重大差異。保羅毫無政治權力，也不可能獲得政治權力。所以，他拉拔起來的基督教會必須安於作為非政府組織。穆罕默德不同，他不止想望控制一座城市，而且想到做到，牢牢把麥地那控制在手中。到了這時候，穆罕默德身上的保羅成分開始褪去，變得更像猶大國王約西亞。約西亞為了集權，曾把古以色列人推向一神教的道路。就像約西亞一樣，穆罕默德要求百姓無貳心地崇拜上帝。另外，穆罕默德就像約西亞一樣，想要擴大統治的版圖，必要時不惜透過武力征服。

所以，穆罕默德一個人身上便縮影著聖經歷史的一些重要時刻（但沒有按時代順序縮影）。如果本書所採取的基本假設正確，即宗教典籍的調子真是受其形成時代的環境影響，那我們當然會預期，《古蘭經》的不同經文既然是穆罕默德針對不同的實際需要而發，想要加以概括化自不容易。前面幾章應該已經把這一點顯示得很清楚。

但我們還是不得不稍微予以概括化。穆罕默德面對的環境與《聖經》作者面對的環境那麼相似，讓人自然而然想問：伊斯蘭教經文和猶太教或基督教經文的要旨有何出入？事實上，這是有禮貌的問法。人們真正想知道的是：這兩部宗教經籍何者比較可取？它們之中何者具有更高的道德水準？這個問題不容易回答，卻不代表我們不應試著回答。宗教無法化約為一張道德清單，但把宗教跟一張道德清單對照一下，仍然頗有啟發。

「兄弟之愛」與恨

《古蘭經》勸人要「克制怒氣，原諒別人！上帝喜愛行善者。」這種價值取向從《希伯來聖經》寫成之日起便存在於亞伯拉罕系的信仰傳統。事實上，這種價值取向也見於大多數的宗教傳統。因為所有社會或宗教都必須致力於減低群體內的摩擦，強化內聚力，若不能做到，後果往往是衰亡（即便住在文化裡的人不會因此死亡，該文化也會消失）。《古蘭經》把這種邏輯說得相當透徹：「就連外道也懂得互相幫助。你們若是做不到，地上就會發生迫害和大亂。」[1]

1《古蘭經》三章一三四節，八章七十三節。

事實上，很多貌似懷抱理想主義的高遠經文其實都是以這種實用主義為本質。我說過，學者大都認為，「當愛鄰舍如己」這誡命的原意只是呼籲以色列人互愛，沒叫他們去愛其他人。《古蘭經》有些鼓勵「兄弟之愛」的經文更是坦白得不用勞煩學者去給它漏氣。例如，據信是屬於麥地那晚期的一段經文清楚指出：「只有信道者是兄弟。」另一節同時期的經文亦說：「對外道要嚴厲，對教胞要體恤。」[2]

這種態度跟「愛你們的仇敵」這句耶穌之言所反映的態度相差甚遠。然而，我們已經知道，耶穌八成沒說過那樣的話。把「愛敵人」觀念帶入《聖經》的人極可能是保羅，而他會提這個，是因為他的運動得罪不起那些有權有勢的敵人。換言之，保羅的處境就像麥加時期或麥地那早期的穆罕默德（這個穆罕默德勸導信徒「應當以友善態度去回應惡劣態度」，說過應該對惡言相向的人說：「願你們平安。」）[3]

跟保羅或麥加時期穆罕默德相似的猶太教人物是斐洛。斐洛知道，如果發生宗教鬥爭，那羅馬帝國的猶太人必然劫數難逃，所以，他便在《聖經》裡找出寬容的信息，又把〈申命記〉裡上帝交代以色列人屠殺異教徒的吩咐淡化處理。

〈申命記〉這些經文跟猶太國王約西亞有關。這就不奇怪，當穆罕默德進入一種與約西亞相似的的環境之後，會說出生平最好戰的教導。兩個人都是統治者，也想擴大自己地盤。為此，他們把道德圓周作出必要的縮小。

當然，約西亞看來因為野心更大，道德圓周也縮得比穆罕默德更小。所以我們才會看到，〈申命記〉要求以色列人對鄰近的異教徒進行大屠殺，不管男女老少乃至牲口一律趕盡殺絕。我們有理由認為，這個時刻乃是亞伯拉罕系全體聖典的道德最低點，《古蘭經》望塵莫及。

不過，儘管穆罕默德沒有鼓勵殺害婦孺，卻不反對殺戮。至少，他曾數度對殺戮外道之舉表示嘉許。以次數而論，《古蘭經》這類經文大概不會多於《聖經》（光是〈申命記〉便有許多「摧毀」和「劫奪」的記載，而〈約書亞記〉對屠城行為也是歡欣鼓舞）。但不可忘記，《古蘭經》的篇幅比《聖經》短許多，所以依比例計算，《古蘭經》比《聖經》多鼓吹暴力。

所以，如果你問它們之中何者比較好戰，因此較為「差勁」，那答案也許是：就質來說，《希伯來聖經》（拜〈申命記〉大力鼓吹大屠殺所賜）奪冠；就量來說，《古蘭經》掄元（這是就好戰經文的出現頻率而言，非就絕對數量而言）。另外，如果我們在那些鼓吹人間殺戮的經文之上增加預言外道會在地獄受煎熬的快樂經文，那《古蘭經》在量上的比試更是全面獲勝（穆罕默德的地獄觀繼承自基督教，但正如前述，這種地獄觀在福音書寫成的年代還沒定型化）。

救贖

《古蘭經》和《聖經》都談到救恩。在兩者較為溫馨的時刻，都預言鄰國人民會得救，甚至預言全世界的人會得救。

當然，「得救」這個堂皇字眼往往只是門面。「第二以賽亞」固然預言列國會得救，但這得救的前提是卑屈臣服於耶和華和以色列，而且臣服前還要先因以往的過犯飽受凶猛懲罰。相似的，當穆罕默德處於「第二以賽亞」的心緒時（當時他還是個無權無勢和備受羞辱的先知），他的救贖願景也帶著點報復味道。例如，他說過，上帝有朝一日「將會在每個國家中叫出一個證

2《古蘭經》四十八章廿九節。
3《古蘭經》四十一章卅四節，廿五章六十三節。

人，好叫那些外道無可卸責，無可求饒。」[4] 基督徒也是如此：水深火熱的處境讓他們的慈愛之心大為縮減。〈啟示錄〉（成書於羅馬人大肆迫害基督徒之時）便曾預言，當審判日來臨，將會「有利劍從他〔救主〕口中出來，可以擊殺列國。他必用鐵杖管治他們。」[5]

《聖經》裡當然也有些光明的救贖觀念。例如，「第二以賽亞」說過，以色列將會「把光帶給萬邦」；耶穌也說過，他的門徒會把「好消息」（福音）帶給所有人。而穆罕默德的天堂信息無疑也是好消息。

穆罕默德固然斷言進天堂有資格限制，但有資格的人比想像的要多。《古蘭經》不止一次說過，不止穆斯林有資格上天堂，就連猶太人和基督徒都有此資格——只要他們相信上帝、相信最後審判日和生前的行為通得過上帝審視。[6]

穆罕默德表現出這種包容性，也許是因為受不了猶太教和基督教自認為獨佔救贖門徑的傲慢態度。他曾不勝驚訝地指出：「猶太人說：『基督徒的信仰是沒有根據的。』基督徒則說：『猶太人的信仰是沒有根據的。』可兩者援引的是同一部神聖經書！」他提醒他們，他們不過是「主所創造的人類的一部分！祂喜歡原諒誰自可原諒誰，喜歡淨化誰自可淨化誰。」[7]

穆罕默德並沒有推進到宣稱**全部人**皆可得救的程度。人想得救，必須相信穆罕默德的上帝是獨一真神。儘管如此，從他願意把得救資格開放給猶太人和基督徒，還是顯示這道得救大門開得比基督教寬。他一度把門開得更寬：拜火教徒也列入可得救的行列，說上帝自會在最後審判日判定誰可以上天堂。[8]

這節經文很奇特，因為整部《古蘭經》就只提過拜火教這麼一次。基本上，《古蘭經》沒有任何穆罕默德接觸過拜火教徒的記載，而這不由得讓人懷疑，這經文是後人加進去或竄改過，而動手腳的時間則是在伊斯蘭帝國已征服許多波斯土地，統治了許多拜火教徒之後。[9] 前面提過，當時的伊斯蘭君主為了懷柔波斯人和確保稅收來源，所以把拜火教徒也算作「信奉經書的百姓」，任由他們拜自己的神。

還有一個理由讓我們懷疑這經文是後穆罕默德時代的產物。因為同一節經文不只把救贖資格開放給拜火教徒，還開放給拜星教徒（Sabeans）。就像拜火教徒一樣，拜星教徒應該很難塞進亞伯拉罕系信仰的框架：拜星教徒尊崇施洗約翰，但認定耶穌、亞伯拉罕和摩西是假先知。然而，從他們的現代繼承人來判斷，拜星教徒跟拜火教徒還有一共通處：兩者都聚居在穆罕默德地盤以東的地區，相當於今日的伊拉克和伊朗。這兩個地方都是在穆罕默德身後才被伊斯蘭教征服。[10]

不管上述經文出自穆罕默德生前還是死後，都似乎代表著伊斯蘭教漸增的救贖包容性的高

4《古蘭經》十六章八十四節。

5 啟示錄十九章十五節。

6 以下是兩個例子：「信道者、猶太人、基督徒、拜星教徒，凡是信上帝和末日，並且行善者，將來必在主那裡得享獎賞：他們將不會有恐懼，也不會有憂愁。」（二章廿六節）；「信邏各斯者、猶太人、拜星教徒、基督徒，凡確信上帝和末日，並且行善的人，將來必定沒有恐懼，也不憂愁。」（五章六十九節）。保守派穆斯林最常引用來證明只有信徒可得救贖的經文是三章八十五節：「凡是捨伊斯蘭教而尋求別的宗教者，凡是拒不接受這宗教者，他去到另一個世界時會是置身輸家之列。」想調和這些經文間的矛盾，似乎有一個方法：指出「伊斯蘭教」一詞的字面意義是「歸順（於上帝）」，而《古蘭經》有一些經文也確是把它用作普通名詞，泛指所有歸順於唯一真神的人。但在目前的個案，這方法並不管用，因為「這宗教」三個字決定了「伊斯蘭教」在此是用作專有名詞。不過，經文間的矛盾也許本來就用不著調和，因為它們有可能是為因應不同環境而產生。另請參考《古蘭經》二章一一二節：「凡是歸順於上帝，而且行善者，他的報酬是與主同在，而他將不會有恐懼，也不會有憂愁。」

7 二章一一三節（Asad譯本），五章十八節。

8《古蘭經》廿二章十六至七節。

9 伊斯蘭傳說包含一則軼事，其用意是說明穆罕默德何以會認為拜火教徒具有得救資格。然而，如果我正在討論的這經文真是後人為政治考量而加入，那他們會另外杜撰一軼事來佐證這經文，實屬自然不過。

峰。《古蘭經》有許多經文暗示基督徒和猶太人有資格得救贖。有三節經文納入拜星教徒，而三節經文中又有一節納入了拜火教徒（這節經文似乎甚至把救贖資格開放給多神教徒，但有些學者反對這種詮釋。[11]）

不過，上述三節經文也可能真是由穆罕默德口授。因為，在他晚年，已經有一小批拜星教徒和拜火教徒被他納入統治；又也許是因為，他想與信奉非一神教的城市結盟。不管這些經文是否出自穆罕默德本人，最好的解釋是這些經文反映著非零和範圍的擴大。不管是出於統治非一神教徒還是想與他們結盟，伊斯蘭帝國的領導人都有理由與他們保持良好關係。

《希伯來聖經》出現過類似的包容性漸增現象。在被擄到巴比倫以前，以色列老是跟四鄰處不好。然後，在被擄結束前後，隨著以色列成為波斯帝國的一員，「祭司典」彈奏出更敦親睦鄰的調子。不管是《希伯來聖經》還是《古蘭經》都顯示，帝國的武力征服最終會孕育出一種寬容的態度（至少是對帝國境內其他成員的寬容態度）。

某個意義下，基督教也是如此。在羅馬帝國時代，基督教的救贖觀明顯比好些《古蘭經》經文所持的態度狹窄，一般來說不承認教外人可以得到救贖。[12]然而，在其初生之時，基督教卻顯得很有包容性，願意把救贖圓周擴大到民族界線以外。其理由是，基督教創立者是身在一個多民族的帝國之內。想要建立一個龐大的宗教組織，而這些潛在的宗教成員之間彼此有著非零和關係，又是各種民族混雜而成。

一次又一次地，帝國把一度敵對的民族帶進了和平共存，而宗教也一次又一次地向外人伸出友誼之手，加強這過程。這是我們可以對未來樂觀的理由，因為我說過，帝國的多民族環境相當類似今日的全球化現象。無疑，今日的全球化平台缺了某些古代帝國的特徵：統一的政府。更無疑的是，迄今為止，全球化讓亞伯拉罕系三大宗教只是更加疏遠而不是更親密。然而，古代的帝國經驗仍然顯示，如果說這三大宗教從來都看對方不順眼，那理由並不在它們欠缺適應能力。

帝國的包容精神充分反映在以下這段《古蘭經》經文（一般認為屬於麥地那晚期，但更有可能是後人添加）：「（上帝告訴人類：）我使你們成為許多民族和部族，以便你們互相認識。」13 這段話跟《聖經》裡的巴別塔故事可說天差地遠。該故事寫成於被擄時期許久以前，它講述，上帝蓄意讓世界各民族語言不通，無法有效溝通。

當然，如果帝國的存在有助於和諧，那帝國的擴張便會反過來，助長人們以不寬容的態度對待四鄰的信仰與族群。前面說過，這一點可以解釋「聖戰」的觀念何以充滿彈性：在帝國的擴張

10《古蘭經》另有兩次（二章六十二節和五章六十九節）許拜星教以救贖資格，而兩次都是把他們連言於猶太人、基督徒和穆斯林。一個可能解釋是，這兩節經文是伊斯蘭帝國征服伊拉克後才誕生的（一如那節許拜火教徒以救贖資格的經文也可能是誕生於伊斯蘭帝國征服伊之後）。

11這節經文是《古蘭經》廿二章十六至七節，原文如下：「我這樣降示《古蘭經》，作為明顯的跡象，上帝確是引導祂所欲引導的。信道者、猶太人、拜星教徒、基督徒、拜火教徒，以及那些把上帝與他神共奉的人——當復活日來到，上帝必會在他們中間作判斷，因為上帝確乎是萬物的見證。」這段文字既然說上帝會在這些人群「中間」作判斷，那理論上上帝就有可能會把他們整群排除，獨讓穆斯林得救贖。但這詮釋看來有點勉強，因為《古蘭經》至少有兩節經文（二章六十二節和五章六十九節）明明白白表示猶太人、基督徒和拜星教徒皆有資格得救贖（《古蘭經》他處皆未提到過拜星教徒）。另外，二章一一二節也提到上帝將會在基督徒和猶太人「中間」作判斷，而上下文清楚顯示，這兩種人具有得救贖的資格。所以，各種跡象都顯示，廿二章十六至七節是認定拜火教徒一樣有得救資格（當然，個別的拜火教徒會不會得救，要視乎他們生前的善惡而定）。從這個角度看，就連多神教徒（把上帝與他神共奉的人）一樣是被納入了可得救贖的名單中。有些學者幾乎就是這樣主張（如Yusuf Ali），另一些學者（如Asad）則主張，上帝會把多神教徒和其他多少信仰一神教的百姓分為兩組，分開對待。

12有些早期的基督教思想家相信救恩會擴及非基督徒，如公元第三世紀的俄利根（Origen of Alexandria）便主張普遍救贖之說。保羅也一度說過，猶太人因為受祖先之蔭，所以不管他們對耶穌持何種看法，一樣會得救（見〈羅馬書〉廿六章廿八節）。不過，總的來說，早期基督徒不認為猶太教徒具有得救資格，至於其他的非基督徒更不用說。

13《古蘭經》四十九章十三節（Asad 譯本）。

階段，好戰的詮釋會拔得頭籌，但等到土地被征服，聖戰的軟性解釋便會浮現。

這也解釋了，《新約》何以比《古蘭經》或《希伯來聖經》少許多好戰的經文。在《新約》的形成階段，基督教還不是官方宗教，也沒有武力可以依恃。聖戰的教義只會在有「需要」時才出現（如十字軍東征的時候），但福音書和使徒書信都成書太早，沒有這種「需要」可以反映。

即便花一整天去判斷亞伯拉罕系三大宗教誰好些誰壞些，一樣不會找得到無異議的贏家。會找到的只是這個現象：三大宗教都是因為同一種的動力而表現時好時壞。它們的經文有時好戰，有時態度寬和，而理由在於具體的現實：即人們是把彼此的關係看成是「零和」還是「非零和」。

穆罕默德比亞伯拉罕傳統的人物更能體現這種動力，因為他的一生涵蓋了「零和」與「非零和」之間的所有階段。他有時是好戰的約西亞，有時是憤懣的「第二以賽亞」，有時是出於自衛需要而能容人的斐洛或保羅，有時則像「祭司典」的作者一樣大肚能容，或像福音書裡的耶穌那樣大肚能容（當然，「歷史的耶穌」更像早期的穆罕默德，也就是那個胸懷大志卻沒人搭理的麥加先知）。他一個人就體現出整部亞伯拉罕傳統的道德史，體現其中的許多拐彎和轉折。這沒什麼好自豪的，但仍然讓人歎為觀止。他的一生也闡明了，賦予這道德史以結構的，乃是那具對現實環境極其敏感的人類道德裝置（human moral equipment）。

穆罕默德的現代性

當然，道德面向不是宗教間可比較的唯一面向。人們常抱怨《古蘭經》缺乏《聖經》的廣度與深度。例如，它欠缺見諸〈箴言〉、〈約伯記〉和其他「智慧文學」那種對人類境遇的深刻反省，也欠缺《新約聖經》的幽玄哲思（最矚目的例子是〈約翰福音〉的「邏各斯」觀念）。然而，《希伯來聖經》和《新約》所依賴的思想遺產本來就遠遠超出希伯來和基督教世界之外。寫作它們那支隊伍是一批都市菁英分子，而他們吸取的養分來自各大文明（從美索不達米亞到埃及再到希臘化時代的文明）。反觀《古蘭經》卻是成書於帝國邊陲的兩個沙漠城市，其口述者是一個行動家多於思想家，而且極有可能是文盲。

然而，弔詭的是，《古蘭經》卻在一個重要方面比《聖經》更有現代性，而穆罕默德的現代性也大於摩西或耶穌。

首先，跟《聖經》裡的重要角色截然不同，穆罕默德沒有超能力。他不能把一根手杖變為蛇，也無法把水變為美酒。對，日後的穆斯林會把他說成是個行神蹟者，說有一或兩段意義隱晦的經文可以為證（最著名的一段經文提到他曾「劈開月亮」）。但《古蘭經》裡的穆罕默德其實不像《聖經》裡的摩西或耶穌，因為他不是靠神蹟來證明自己可以接通上帝。

這種反差最明顯表現在穆罕默德和耶穌面對試探者時的不同態度。穆罕默德不會接受這道考題：「如果你真是與上帝關係匪淺，那就行些奇妙神蹟來證明吧。」[14]他沒使死人復活，也未曾用稀少食物餵飽一大群人。當然，「歷史的耶穌」多半也沒做過此等事，但這個耶穌大概相信自己有治病和趕鬼的能力（這類能力是許多公元三〇年前後的巴勒斯坦遊方者都自稱擁有）。不管怎樣，真實的耶穌應該就像福音書的記載，曾應眾人要求表演法力。而根據最早一部福音書

14當然，晚出的伊斯蘭傳說是包含一些穆罕默德行神蹟的故事，而這些傳說有時還會拉《古蘭經》來為自己佐證。例如，那個有關穆罕默德曾劈開月亮的傳說便是引用以下的經文作為根據：「復活時刻臨近了，月亮破開了。不過，每逢他們看見一個神蹟，都會轉過身，並說：『這不過是一種設計巧妙的魔術』。」（五十四章一節）但《古蘭經》從未毫不含糊地說過穆罕默德行過神蹟，反觀耶穌行神蹟的事例卻被四福音記載得明明白白。

記載，每當他施展不出神蹟，他的解釋都是：他有這個能耐，只是觀眾不配看到神蹟（「我實在告訴你們，沒有神蹟給這世代看。」[15]）

《古蘭經》還在另一個意義下具有現代性格：其採取的神學論證風格很現代。這表現在每當有人要求穆罕默德表現法力，他都會把「神蹟」定義為經驗性的，以此引導觀眾的視線從超自然的神奇轉向大自然的神奇。[16]他說，如果你想知道上帝多麼了不起，只要看看四周就夠：看看世界，看看它怎樣被造得符合人類的福祉。能創造這樣世界的神難道還不值得人敬拜嗎？

穆罕默德指出，上帝「從雲中降下雨水，借雨水生產各種植物，讓你們有可吃的，有可以餵養牲畜的。有領悟力的人自可從此中看到許多神蹟。」還有：「你們從棗樹和葡萄樹得到果實，釀製醇酒和佳美的給養，會省思的人自可從此中看到許多神蹟。」人類在內的生態系統本身當然更是一大神蹟：「祂的一個神蹟是：祂從你們的同類中為你們創造妻子，讓你們與她們同住，讓你們互相愛憐。對會反省的人來說，此中確有神蹟。」人類物種的色彩繽紛自然也是神蹟：「祂……讓你們的語言和膚色各自不同。這真是個顯給所有人看的神蹟。」[17]

因為《古蘭經》賣力搜集證據以證明上帝的恩慈和偉大，這使得它比《聖經》更符合達爾文自己對的《物種起源》一書的形容：「一個長篇論證」。這還不是《古蘭經》和《物種起源》的唯一共通處。因為不管是《古蘭經》的論證還是達爾文的論證，都致力於解釋人類及其自然環境之間何以配合得天衣無縫。穆罕默德先是指出生態系統極度有利於人類的繁榮茁壯，繼而把其理由歸於上帝的設計。達爾文同樣指出人類與生態系統之間關係緊密，但對這種緊密性有另一種解釋：人類是被塑造得適應生態系統，而不是生態系統為人類的需求而設計。

穆罕默德不止從生命體看到「神蹟」，還指出上帝巧妙地把無生命界設計得符合人類需要：「祂使天破曉，以夜間供人休息，以日月供人計時。這是萬能者全知者的佈置。祂為你們創造諸星，以便你們在陸地和海洋的黑暗裡不致迷途。我為有知識的民眾確已解釋一切神蹟了。」[18]

若是換成現代思想家，會藉助演化來解釋這些現象：生物的演化使得我們的睡眠模式適應太陽的循環；文化的演化使人類懂得用日晷和日曆來量化時間，懂得把日月用作「供人計時」的工具。穆罕默德則不是這樣看，他把上帝作為所有同時性美好事物的終極解釋。《古蘭經》有很多篇幅都是用在列舉這些美好事物，呼籲世人對上帝知所感激。事實上，《古蘭經》用來稱呼「非信徒」那個阿拉伯字詞的原意正是「不知感激者」（英譯本常常不太準確地譯為「外道」）。

在說明某種自然現象何以是上帝的美意時，穆罕默德有時非常有創意。行雷閃電是嚇人的，有時還會要人命，但穆罕默德卻指出，這些現象不一定是壞事，因為打雷會讓人生出「敬畏祂的感情」。閃電可以引起「恐懼和希望」，附加好處是偶爾可以順便消滅那些老是把時間花在爭論神學問題的人：「祂發出閃電，擊殺那些為上帝爭辯不休的人！」[19]

站在「現代」的制高點看去，我們自然會認為，穆罕默德枚舉各種「神蹟」是為了「論證」上帝存在。事實並非如此。上帝的**存在**並不是他需要去論證的事情。不信任穆罕默德者有各色人等，但其中不包括無神論者。事實上，不信任他的人不只相信有一個或以上的神存在，還相信阿拉存在（阿拉更早前已在麥加多神教徒的萬神殿裡據一席位）。再者，麥加人看來早就相信阿拉是創造天地萬物的神祇，只是和穆罕默德對於這位造物神應有多少敬意的意見不同。所以，如果

15〈馬可福音〉八章十二節。
16 但這兩位學者都沒有明白指出穆罕默德和耶穌的這個差異。
17《古蘭經》廿章五十三至四節，十六章六十七節，卅章廿一至二節。
18《古蘭經》六章九十六至七節。
19《古蘭經》十三章十二至三節。

穆罕默德可以用阿拉的造物證明祂真是無比大能和無比恩慈，那他就可以證明自己所說的：阿拉值得人用全部生命去崇敬，因為祂是獨一無二的上帝。

人們常說，現代世界飽受「除魅化」（disenchantment）所苦。隨著大自然愈來愈能被科學解釋，它的神祕氛圍看似逐漸散去，不留多少餘地供神祇來解釋。然而，在穆罕默德的解釋架構，大自然的運行法則乃是上帝所設計，而上帝設計這些法則，為的是不用日復一日親身監督宇宙的運作：「上帝用不著你們看得見的柱子便撐起了諸天。然後，祂高坐在寶座上，給日月制定法則，要它們按一定的週期運行。祂把一切安排得井然有序。祂已把祂的神蹟顯露無遺。」又說過：「祂創造日月星辰，使它們順從祂所訂的法則。所以，天地萬物難道不是都屬於祂的嗎？」既然大自然都是嚴格服從上帝制定的法則運作，那祭拜自然神祇可說是無謂之至：「你們不可滿懷崇敬地向日月叩頭，當滿懷崇敬地向創造它們的上帝叩頭。」[20]

這聽起來是一套有力的修辭策略。穆罕默德先把麥加人的一個共識（阿拉是造物神）作為前提，再以之為槓桿，撐起獨尊阿拉的命題，導致人們不能不同意他的整套神學信而有徵。

彼時是彼時

當然，時至今日，這一套已經沒那麼管用。今天，人們所爭論的問題不是哪些神存在，而是到底有沒有神存在，甚至只是爭論有沒有某種「更高目的」存在。不過，穆罕默德的論證如今即便不再管用，他採取的論證形式卻比以前更加管用。換言之，如果你要說服人相信，最有機會的方法是採取經驗性的論證，也就是論證神的目的內蘊在自然世界裡。

現在，許多有識之士都相信，這類論證要不是包含根本性謬誤就是絕對不可能成立。事實上，有件歷史軼事常常被拿來當作笑柄，以顯示這類論證多沒有搞頭。然而，真正好笑的是，當我們仔細檢視這件軼事，會發現它傳達的訊息剛好相反。

這軼事是「盲眼鐘錶匠」的故事。[21]話說，在一八〇二年（距達爾文出生還有幾年），有個叫培利（William Paley）的神學家寫了一本書，稱作《自然神學》（*Natural Theology*）。書中，他企圖以生物體為證據，證明有一個設計者存在。培利指出，如果我們走過田野，途中撿到袋錶，會馬上意識到它和四周的石頭是不同範疇的事物。這袋錶具有複雜的功能，不可能憑空迸出。同樣道理，生物體的功能性太複雜了，不可能是偶然的產物，所以，生物體必然有一個設計者：上帝。

拜達爾文之賜，我們現在知道培利錯在哪裡。達爾文指出，不用設定一個上帝，我們一樣解釋得了生物體的複雜功能性：方法是透過「天擇」的原理。

無神論者中間的達爾文主義者一直很喜歡拿培利的錯誤大作文章，藉此指出，企圖用經驗證據來證明上帝存在只是白費心機。他們沒去強調培利說對的另一半，那就是：生物的複雜功能運作的**確**需要一種特殊解釋。清楚的是，心臟在某個意義下真是**為了**泵送血液而設，消化系統真是**為了**消化食物而設，腦子真是**為了**幫助生物體找到食物而設（腦子當然還有其他用途）。與此相反，岩石則不是為任何目的而設。所以，在在看來，創造岩石的力量和創造生物體的力量應該是兩種不同的力量。後者是一種特殊的力量：如「天擇」之類的力量。

20《古蘭經》十三章二節，七章五十四節，四十一章卅七節

21 譯注「盲眼鐘錶匠」（blind watchmaker）是達爾文主義者道金斯的著作。該書中，道金斯以作者這裡提到的「軼事」為引子，指出以某個「設計者」來說明生命體的出現有多荒謬。「盲眼鐘錶匠」是指「天擇」的過程，比喻「天擇」可以靠著盲目的試誤過程「製造出」結構有如鐘錶般精密的生命體。

事實上，由於天擇是那麼特殊的力量，以致不少生物學家都願意把生物體說成是由「天擇」所**設計**（但他們通常會給「設計」二字加上括號，以防你把「天擇」看成一個有意識、有前知能力的設計者）。就連著名的無神論兼達爾文主義哲學家丹尼特（Daniel Dennett）都會使用這類語彙，說生物體是由於「天擇」的「設計」，才具有「目標」與「目的」。例如，他說過，生物體是「被設計成」以追求基因繁衍的最大化為最終目標，是「被設計成」會追求一些次級目標（尋找配偶、消化養分、泵送血液）以服務最終目標。

這事實反映出，培利所努力的工作是有正當性的，換言之，我們有權檢視一個物理體系，看它是否帶有目的性，再以此為證，證明這體系出於某種更高層次的創造過程。當然，即便你找到的證據強烈顯示事情果真如此，也並不意味這體系是由一個有意識的設計者所創造，培利自己研究的對象（生物體）便不是如此。但重點是，我們有權用經驗證據去論證一個體系是不是在**某種**意義下包含「更高」目的。「目的性」這東西有一些正字標記，而某些物理體系就帶有這些正字標記。

說到物理體系，地球生命的整個演化過程（從細菌誕生到人類演化再到文化演化）便是一個物理體系。所以，原則上我們也有權就它提出那個剛才我們就生物體提出過的問題。提出這問題之後，說不定到頭來會發現，有強烈跡象顯示，地球生命的演化就像生物體一樣，是帶有目的性的（培利和丹尼特都一致承認生物體具有目的性）。換言之，「天擇」說不定是某種**被設計出來**的驅動程式，用以驅動地球生物去實現某種目的。

事實上，若仔細想想，地球生命的演化過程也真流露出類似生物體的目的性。

先來看些可以顯示生物體具有目的性的證據。一個生命開始於一顆卵細胞的自我複製，這卵細胞的後代細胞也會自我複製，反覆不斷。最後，如此產生的細胞世系各司其職：肌肉細胞會產生肌肉細胞，腦細胞會產生腦細胞等。如果培利像現代人一樣，透過錄影帶觀看這個過程，他大概會說：「嘩！看看這過程的方向性有多麼清晰！先是體積上不斷增加，繼而是進行功能分化，最終形成一個巨大、複雜、功能整合的系統：有肌肉、腦子、肺部等。這個朝向複雜功能整合的過程正是設計的證據！」[s] 某個意義下，他用「設計」二字並沒有錯。

地球生態系統的歷史也有類似之處。首先，在幾十億年前，一顆原始的單細胞分裂了。它的後代細胞一樣會自我複製，最終又形成不同世系的細胞（即不同的物種）。在這些不同世系的細胞中，有些後來演變為多細胞生物（水母、飛鳥等），擁有不同的專長（能游泳或飛行等）。其中一支物種特別長於思考，稱為智人。這支物種發起全新的演化過程，稱為文化演化，過程中不斷有新的創發：輪子、法典和晶片等等。人類又利用文化演化的果實把自己組織得愈來愈龐大。最終，他們的社會組織發展到全球規模，而勞動分工也愈來愈精細，使整支人類物種變得儼如一個碩大無朋的有機體。他們甚至發展出全球性的神經系統，可以透過光纖和其他材料，把各個人腦相連於一個超級巨腦，以設法解決各種問題（有些是全球性的問題：如對抗全球暖化和全球性流行病等）。

在人類物種逐漸變成一個全球性大腦，逐漸自覺地扮演起地球管家角色的同時，其他物種（也是源自幾十億年前那顆原始的單細胞）則執行著其他維護地球的功能。例如，樹木相當於肺部，產生氧氣。所以，如果你站在遠處，以「快轉」來觀看地球演化，會發現這過程跟一個生物體的成長過程出奇相似：它是有方向性的，會邁向功能整合。所以，為什麼我們不可以把培利論證中**有效**的部分（即以目的性來論證有**某種**設計者存在）用於地球的整個生命系統？

這只是詰問，不是嚴格的論證。要論證地球的生命系統是出自「設計」的產物，並因此帶有某種更高目的，需要一整本書才辦得到。各位手上的這本並不是那本。

不過，就算你能用一整本書成功論證，仍然有些問題猶待回答，包括：世界的目的性是由一位有意識的設計者所灌注還是由某種無意識的過程所導致？這個「目的」在某種意義下是善的嗎？若答案為肯定，那麼，這「目的」又有沒有多少理由值得我們稱之為神聖（divine）的？

這問題也需要用一整本書才處理得了，各位手上的這本也並不是那本。儘管如此，本書已觸及該種書必得面對的問題：人類歷史本質上是朝向一個可稱之為「道德善」的方向移動的嗎？

在下一章，我會對這個問題進行更深入的探討。不過，各位無疑應該可以猜到，在處理這問題時，我必然會論及哪些事情。我會論及那些誘導和睦與寬容精神的力量，論及那些助長好戰與不寬容態度的力量。我會論及大環境的改變會如何影響人類的道德意識。

誠如前文所示，這些力量明顯呈現在亞伯拉罕系三大宗教的聖典，又尤其是在《古蘭經》裡。《古蘭經》所涵蓋的「零和－非零和」幅度無人能及，道德調子轉換的突兀亦無人能及。沒有其他聖典像《古蘭經》那樣，一下子說「你信你的宗教，我信我的宗教」，一下子說「你們在哪裡找到多神教徒就在哪裡殺死他們」，再一下子又說「不可有強制別人皈信這種事」。三大一神教的聖典都見證著大環境與道德意識的對應關係，但無一比《古蘭經》反映得更加徹底。就此而論，《古蘭經》確乎是無與倫比的「啟示」。

V

They have neither knowledge nor understanding, they walk around in darkness;
all the foundations of the earth are shaken.
Psalm 82:5

上帝走向全球（或不走向全球）

God Goes Global (Or Doesn't)

你們在黑暗中走來走去，既不知道也不明白，大地的所有根基都搖動了。
〈詩篇〉八十二章五節

前景也許不妙，但只要你知道得救的門徑，就可以得救。這是亞伯拉罕系先知所傳達的信息。穆罕默德說過這話，耶穌說過這話，兩位以賽亞和一些以色列先知也都說過。

他們所說的「得救」（salvation，又譯「救贖」）並不是同一回事。穆罕默德談的是靈魂的得救，兩位以賽亞談的是社會（以色列）的得救。至於耶穌，則需分兩方面來說：基督徒記得的那個耶穌就跟穆罕默德一樣，關心的是個人救贖；「歷史的耶穌」則像兩位以賽亞一樣，更關心社會救贖。

但即便是聚焦在個人救贖的宗教最終也會帶來社會的救贖。因為不管是穆斯林或基督徒，想得到個人救贖，都必須遵守一些道德規範，而這些規範可以保障社會系統的強健。正如我們看到過的，成功的宗教總傾向社會層面的救贖，鼓勵可強化凝聚力的行為。

我們也看到過，在前亞伯拉罕時代，中東地區的宗教把這個目標說得特別明確。這些宗教相信，文明恆常受到混亂力量的威脅，唯有服從神祇（至少服從善神）方可把混亂阻遏在外。

今日的社會系統（一個初生的全球性社會系統）再次受到混亂的威脅。然而，宗教現在似乎變成亂源，而非撥亂返正的良策。猶太人、基督徒和穆斯林之間（至少是某些猶太人、某些基督徒和某些穆斯林之間）的緊張關係動搖了世界秩序。這緊張關係復受到三教聖典的推波助瀾，至少是受到想製造緊張關係的詮釋者所推波助瀾。三大以救贖為職志的宗教，正合力把世界推向亟需拯救的地步。

那麼，亞伯拉罕系先知說過的這句話還能成立嗎：前景也許不妙，但只要你知道得救的門徑，就可以得救？如果成立，得救的門徑又是什麼？

相當方便地，三大一神教本身便提供了解答的線索。望向這三大宗教聖典的底層，我們可看到一張地貌圖，勾勒著宗教寬容和不寬容的分布形態，而這地貌圖包含某種拯救世界的密碼。這密碼的核心現在再清楚不過，那就是：當兩群人看出彼此具有零和關係，雙方的福祉具有負相關性時，他們就會傾向於採取不寬容或好戰的態度，並從聖典裡找出支持這種態度的根據（但我們也看到過，如果一方勝算全無，便會暫時把敵意壓抑下來）。相反的，當他們看出彼此具有非零和關係，潛藏雙贏的可能，便傾向於寬容與諒解，並從聖典裡找出支持這種態度的根據。

所以，世界的得救之道看來簡單明瞭：記取鑲嵌在三大一神教聖典裡的上述教誨，把事情安排得盡可能讓信徒覺得彼此是處於非零和關係。

好消息是，某些這一類安排已就定位。現代世界充滿非零和關係，有許多還是發生在原以為隔著不可踰越鴻溝的兩造之間。壞消息是，光是非零和關係並不足以保障世界的未來。畢竟，我從未說過，人們只要處於非零和關係，便會自然而然寬容起來。我說的是，當人們看出自己處於非零和關係，他們的寬容精神便會傾向增加。不過，這樣說還是把事情太簡化了，因為，要明智地回應非零和契機，有時需要的不只是看出非零和性，還是某種更深邃的「洞察力」。此一洞察力不只要求我們領悟有關人類互動的實用真理，還要求我們領悟某種道德真理。但道德真理有時是隱晦的。

今日的非零和關係

不過讓我們先談好消息的部分。全球化不論帶來多少失序現象，仍然催生了大量非零和關係。在今日，買一輛新車就是參與人類歷史上最複雜的一種非零和遊戲：你付給各大洲幾千工人各幾毛錢的工資，再由他們共同為你創造一輛新車。他們有賴你得到錢，你有賴他們得到車，而相互依賴正是非零和關係的別名。因為在非零和遊戲中，遊戲兩造的命運是互相關連的，一方的福祉會部分依賴於對方的福祉。

在其他消費領域（電子器材、衣服、食物等），你會找到類似的遠程相互依賴鏈共同構成更巨大的相互依賴網絡。現在，一個地區的經濟景氣或不景氣都可能會感染世界其他地區。保持全球的經濟榮景對大部分國家都有利，因為這些國家正在玩的是一個非零和遊戲。今日可說是人類社會組織自然發展的極致表現。人類歷史一直朝向更大的組織化邁進：村落融合成酋邦，部族融合成國家，國家融合成帝國。這些融合創造出愈來愈巨大的非零和網絡，而正如前文所示，宗教面對這些變化時常常會靈活反應，讓新形成的網絡更形牢固。

令人鼓舞的是，現代世界的這種非零和性也常常催生和諧與寬容精神。例如，法國和德國曾經是夙敵，但兩國今日的經濟卻唇齒相依，再度發生戰爭的機會微乎其微。

美國人對日本人的態度特別能顯示全球化趨勢有助於擴大和睦的圓周。在一九四〇年代，美國人把日本人視為敵人，所以對日本人的看法相當負面。有本漫畫書以超人為封面，畫他呼籲民眾多購買戰爭公債，藉此「掌摑日本鬼子」。漫畫裡的日本人被極盡醜化之能事，儼然是另一種動物物種。這種態度也反映在戰爭末期投在廣島與長崎的兩枚原子彈：美國會這樣做，顯然是不認為殺死數以萬計無辜的日本小孩是不道德，更遑論無辜的日本成年人。

戰後，日美關係轉向了非零和。及至一九七〇年代，美日已成為共同對抗共產主義的盟友，而日本人也從這種關係獲得紅利：為美國消費者生產耐用的轎車。這時，一般美國人都不會把日本人稱作「日本鬼子」，當然更不會想要掌摑日本人。

但關係倒退的情況有時難免會發生。一九八〇年代晚期，隨著冷戰結束，日本對美國不再那麼重要，加上日本的經濟實力開始威脅美國人的就業機會，美日間的摩擦開始增加。一九八九年，柏林圍牆倒下，歷時半世紀「圍堵」共產主義的戰略走入歷史，《大西洋月刊》卻在同一年刊登了一篇題為〈圍堵日本〉的報導。自此，二次大戰期間日本人在美國人心目中的奸險形象開始死灰復燃，最顯著的例子見於克萊頓（Michael Crichton）的暢銷小說《旭日東升》（*Rising Sun*）和根據小說改編的電影。

但日本對美國的經濟威脅後來證明只是某些人的妄想症作祟，而一些有政治智慧的日本汽車製造商也開始在美國設廠。這表示，他們不只跟美國消費者進行非零和遊戲，也跟美國工人進行同樣遊戲。總的來說，在第二次世界大戰結束到二十世紀結束這段時間，美日關係是決定性地朝非零和的方向傾斜。日本人在美國人眼中的形象迥異於幾十年前，換言之是被美國人當人看待。

這就是道德演化發生的方式：一個文化受非零和動力的推動，對異文化的態度會截然改觀，連帶對該異文化成員的道德評價也會驟然提升。這種事在古代的以色列發生過，在基督教初生時的羅馬發生過，在穆罕默德時代的阿拉伯半島也發生過。如果一個文化是人由宗教主導，該文化對異文化的觀感一旦發生改變，對聖典經文的詮釋和重點經文的取捨亦會改變。古代有這種例子，現代也有這種例子。

在這個意義下，美日關係的大幅改善是好消息，因為這反映出全球化所能帶來的好處：把愈來愈多的人群拉進非零和關係。有時，有些壞消息也可以是好消息。例如，全球性的環境問題（從漁業濫捕到全球暖化）當然不是好事，但起碼逼人類出於自利心理而設法攜手合作，力挽狂瀾。

所以，說不定世界各國的人民會建立起正確的心態，去做該做的事。他們也許最終能克服那些會妨礙溝通的偏見，下定決心以寬容態度面對文化與信仰的分歧。畢竟，這個模式是我們在亞伯拉罕系三大宗教的聖典裡看過的：非零和關係的包含潛在利益會誘導出人們的包容心態。所以，理論上，一切都會有美滿結局！

頭緒紛亂的現實

但只是理論上如此。因為在現實上，非零和關係受各種不同因素的阻礙，潛在好處會無法轉化為寬容心態，因此無法實現。

首先是認知問題。人並不總是能看出自己身處一個非零和遊戲。例如，試問有多少買新車的人會意識到，車子是由許多國家的許多工人所合作生產出來？

其次是信任感的問題。巴勒斯坦人和以色列人基本上處於非零和關係，因為雙方都不打算把對方驅逐出去。既然共處是無可避免，那持續的和平理當對雙方都有好處，而持續的戰爭對雙方毫無好處。以巴雙方有很多人看到這種休戚相關（至少是抽象地看到）。但雙方何以至今未能達成協議？顯然是因為雙方都懷疑對方會言而無信。

妨害非零和關係實現潛在好處的這兩道障礙（認知、信任感）看起來也許難以克服，但事實上都不是大問題。真正的大問題是另一個因素，這因素不只使「認知」和「信任感」問題雪上加霜，還引出一連串全新的問題。這因素便是我們那由「天擇」設計出來的人腦（human mind）。

事實上，人腦的問題十分迂迴曲折，難以用抽象的方式陳述，所以我最好還是以具體例子說明。一個例子是，在九一一事件之後，很多人把兩個陣營說成誓不兩立：這陣營的一方是穆斯林，另一方是基督徒與猶太人。有時，這對立關係還會被過分地簡化為「伊斯蘭世界」與「西方」的對立（出於一些後文會提到的理由，我將從「西方」的制高點看待這個例子，即只探討西方人該做些什麼才能化解緊張關係。當然，從穆斯林那一邊所作的同樣努力也是值得歡迎和必須的。）

也許報紙的標題沒告訴過各位，但穆斯林和西方人的關係基本上是非零和關係。當然，有些穆斯林和西方人的關係是零和的，因為恐怖分子的目標正是打擊西方人的福祉，而西方的目標則是挫敗恐怖分子，設法讓他們吸收不到新血和失去政治支持。不過，如果我們把眼光放大，不是把焦點放在恐怖分子和他們的支持者，而是放在伊斯蘭世界的穆斯林大眾，那麼我們將會看出，「伊斯蘭世界」和「西方」其實是一場非零和遊戲的兩造，換言之，兩者的利益具有正相關性。理由是，凡是對穆斯林大眾有好處的事，便對穆斯林激進分子有壞處。如果穆斯林在世界的地位愈低下，愈惱恨西方對待他們的方式，那激進穆斯林愈會獲得支持，而西方也會愈不利。反之，如果更多穆斯林覺得受西方尊重，覺得可以跟西方打交道獲利，那伊斯蘭激進分子便會愈無法得到支持，而西方人也會愈不受恐怖主義威脅。

這不是什麼深奧的邏輯。這種關係的基本觀念是：恐怖組織的頭目是敵人，而恐怖組織靠穆斯林大眾的不滿情緒得以繁榮茁壯，所以，如果西方人想讓敵人不快樂，就應該想辦法改善穆斯林大眾的處境，減少他們不滿的情緒。事實上，這種觀點業已是老生常談。許多論者已經指出，西方若是能爭取到穆斯林大眾的「心和腦」，便可以讓恐怖分子賴以滋長的沼澤乾涸。所以說，在西方世界，早有許多人認知到非零和動力的重要性。

但這種認知不太能夠改變西方人對穆斯林大眾的觀感。大有影響力的佈道家葛福臨（Franklin Graham）曾宣稱，穆斯林敬拜的上帝不是基督徒或猶太人敬拜的上帝，又稱伊斯蘭教是「非常邪惡和陰險的宗教」。這哪裡是對待非零和關係夥伴的方式！這種人可不只葛福臨一個。許多福音派基督徒和其他西方人一樣對穆斯林充滿猜疑，把西方和伊斯蘭世界的關係視為一種「文明的衝突」。相似地，許多穆斯林也以「你贏便是我輸」的心態看待西方。

這究竟是怎麼回事？人類天性中那種寬容機制到哪裡去了？這種機制在古代一再發揮作用，讓人們意識到自己與另一群人坐在同一條船上，從而對對方產生出同理心，至少產生了寬容態度。

事實上，這種機制還是存在，只是發動不起來。一大原因是，我們用以回應零和動力或非零和動力的心靈裝置乃是為狩獵採集時代的環境而設計，不是為現代世界設計。因此我們如果要明智地處理當代局勢，便必須付出極大的心靈努力（一種大得足以帶來道德進步的努力）。

「文明的衝突」的加工過程

如果你是美國基督徒或美國猶太人，那你對「伊斯蘭世界」的了解八成來自電子媒體。你在現實生活中也許沒碰過多少穆斯林，卻一定在電視上看過他們。所以，你對穆斯林大眾的觀感泰半來自電視上看到的那些穆斯林。

首先，你一定看過賓拉登。你知道他的利益和美國的利益絕對相左。因為他明顯是零和遊戲中的對手，你的心靈便會按照原設計運作，對賓拉登產生憎惡和反感的情緒。事實上，這就是美國人的標準反應。

那麼，你對賓拉登的走卒（即實際執行恐怖任務的人）又會是何觀感？只怕是更加反感。因為賓拉登起碼在某種程度上是理性的：他看來想要活下去，想要繼續占住版面，而因為這個緣故，他有時會作出某種隱忍。但執行恐怖任務的走卒卻是連活都不想活。所以，西方人必然會用憎惡和不寬容的態度看待這些人。這時西方人的心靈也是按照原設計在運作：因為看出倔強的零和動力而產生相適的回應。

當然，恐怖分子和他們的頭目只是穆斯林之間的極少數人，所以，如果你想要更了解「伊斯蘭世界」，當然還需要更多「資料」。那麼，你在電視上看到的穆斯林大眾又是什麼樣子？你會看到數以千計的穆斯林為一些醜化穆罕默德的漫畫走上街頭抗議，神態極為凶悍。每隔一陣子，你也總會看到穆斯林焚燒美國國旗的報導。

這時，這些影像再一次激起你的憎惡情緒，而這種反應似乎很合理。畢竟，焚燒某個國家的國旗就等於宣佈與彼國為敵，宣佈彼此進入零和關係。另外，會為一幅漫畫這樣小題大作的人也不像是可協商的對象。既然證據確鑿，你的腦子便會按原設計運作，產生憎惡的情緒。

但這種反應真的合理嗎？憎惡那些看來反對西方價值觀的穆斯林會符合西方人的利益嗎？也許不符合，理由有兩個。

第一個理由相當顯而易見，不妨稱之為「葛福臨理由」。那就是，憎惡情緒會讓我們說出一些一竿子打翻一船的謾罵，得罪全體穆斯林。例如，你可能會把伊斯蘭教罵成「非常邪惡和陰險的宗教」。這樣，你就可能惹惱那些不為漫畫上街抗議和不燒旗的穆斯林，讓他們以後更有可能上街抗議和燒旗。

還有一個理由讓憎惡情緒顯得不足取，而這個理由較不顯而易見。如果本書的一個主導假設正確，即如果教徒對經文的詮釋受具體的現實所左右，那麼，那些受激進宗教觀念影響而上街抗議或燒旗的穆斯林之所以受這些觀念影響，一定是有原因的。必然有些事導致他們如此詮釋經文。即便他們的態度基本上不可改變，我們最好還是搞清楚理由何在。因為，知道是何原因讓那些激烈的穆斯林變得激烈，將有助於我們防止較溫和的穆斯林變得激烈，加入激烈穆斯林的行列。出於相同道理，我們應該搞懂自殺炸彈客何以會成為自殺炸彈客，但目的不是為了改變這些人（難啊！），而是為了讓溫和的穆斯林不至成為自殺炸彈客。

我們憎惡燒旗者和自殺炸彈客的情緒成了一個問題。我並不是說我們若是對這些人寄予很大同情，情況會有所改善（有時候會適得其反）。我要說的是，基於人腦的構造方式使然，憎惡情緒有時會妨礙理解。恨那些抗議者、燒旗者和和恐怖分子會讓我們更難理解他們，以致無法有效防止其他穆斯林加入他們的行列。

道德想像力

恨意之所以妨礙理解，是因為恨意堵塞了我們的「道德想像力」：一種讓我們站在別人立場理解別人的能力。這種堵塞合乎天性。事實上，出於「天擇」的設計，每當面對敵人，我們的道德想像力總是容易萎縮。這是我們大腦機制的一部分，這機制讓我們寬容和體諒非零和關係中的夥伴，又讓我們排斥那些被認定是零和關係的對手。因為這個道理，我們擅於為親朋好友設想，而不擅於為競爭對手和敵人設想。我們總是無法從「內在」了解他們。

什麼叫從「內在」了解別人？這種了解容易發生在好朋友之間。例如，有個好朋友告訴你，他在公司被一個狂妄自大的紅人搞得發瘋，你自然會回想起自己有過的類似遭遇（如高中時代被足球隊隊長或班代欺負），從而馬上明白他的感受。朋友間這種默識心通是自動自發的：你會自動搜索記憶，找出相似經驗作為對照，以便感受他的悲憤。這是你們友誼的重要部分：你證實他的苦惱，他證實你的苦惱。你們總是設法找出一個共同基礎。

但你不太會為競爭對手和敵人設身處地。當他們抱怨某人狂妄自大，你不會心有戚戚焉，反而認為他們只是牢騷多。當他們所抱怨的那個狂妄傢伙就是你本人時，你更不會聯想起高中時代碰過的狂妄傢伙。

地緣政治的舞台亦然：如果你是愛國的美國人，看到有人焚燒美國國旗，指責美國狂妄自大，你八成不會聯想起你碰過的狂妄人物。

這不是說你完全不明白穆斯林的行為動機，完全不知道他們「內在」是怎麼想。當你看到穆斯林一臉狂怒地焚燒美國國旗時，你雖然火大，但多少會意識到他們內心充滿怨忿。你也許還意識到，燒旗者是認為美國狂妄自大才會這樣做。問題是你不會感同身受，而會用負面詞語來界定穆斯林的動機。你會說他們的行為是出於「仇視」美國的國力和「嫉妒」美國的富裕。由於「仇視」和「嫉妒」都不是什麼高貴情感，所以，你會因此認定那些燒旗者不對，活該被責怪。又由於在這件事情上你不認為美國有錯，你便也不認為美國的行為應該有所改變。

誰聽到我說的這一套，或遲或早總會臉色一沉，這樣質問：「且慢，你認為美國是狂妄自大的傢伙嗎？你是說美國國旗會被燒，該怪罪的不是燒旗者而是美國自己嗎？」如果我舉的例子不是燒美國國旗的穆斯林而是恐怖分子，質問者的口氣會更加尖銳：「你是說九一一事件的發生應該怪罪美國嗎？」你不能怪他們會這樣反應，因為從恐怖分子的角度看事情，九一一事件真的是美國咎由自取。

若要我以極簡的方式回答這質問，我會說：不是。但這個「不是」有個但書，需要更詳細的說明。由於這說明有點複雜，不適合在此細表，因此我將之放在網路上，供有興趣者參考。[1]這份說明值得一讀，因為各位如果接受這套論證，對這個世界的觀點也許會徹底改變。但我在此要

1 www.evolutionofgod.net/blame

說的重點是，若想對別人的動機有近乎感同身受的理解，道德想像力絕不可少，而這種能力又會在我們面對競爭對手或敵人時自然萎縮。

換言之，問題出在我們光有外部理解而缺乏同理心。這讓我們陷入一個困局：用同理心去理解某些人（如恐怖分子）最合乎我們利益，但我們卻不願意這樣做。某個意義下，會障蔽同理心的憎惡情緒乃是大眾的頭號公敵。

這種障蔽又是從何而來？我們不難用一個猜測加以解釋。我們的大腦是在狩獵採集的時代演化而成。在那樣的世界，有關是非曲直的爭論會帶來最達爾文式的後果。如果你跟競爭對手公開而激烈地爭論誰對不起誰，聽眾的判決將會影響你的社會地位和可獲得的資源，而這兩者會影響你把基因傳給下一代的機會。所以，「天擇」會青睞那些有能力自我辯護的人，會青睞能助長這種能力的心理傾向。其中一種會加強自我辯護能力的心理傾向是動輒相信自己的悲憤有憑有據，而對手的悲憤毫無根據。對這種心理傾向最大的威脅則莫過於從對手的觀點看事情。

相反的，在跟盟友打交道時，擴大道德想像力會對你更有用處。由於你們休戚與共，由於你們處於非零和關係，你幫他便等於幫自己（他在你有需要的時候也會幫你）。所以，至少有些時候，我們非常擅於從親戚朋友的視角看事情。這種能力有助於你為他們的利益辯護，也有助於強化你們之間的紐帶。

簡言之，道德想像力就像人類心靈的其他部分一樣，是「天擇」設計來幫助我們在遊戲之中獲勝：在非零和遊戲中創造雙贏，在零和遊戲中勝過對手。事實上，道德想像力也是本書一再描述的式的主要驅動力之一。正因為這種驅動力，我們比較寬容非零和夥伴的宗教，又比較不寬容（甚至凶殘對待）零和關係裡的對手。

不過，這機制卻在我們心靈裡留下了一種古怪的殘渣：設法「理解」別人的動機時，我們往往會讓道德評價先發。我們要嘛是設身處地理解別人，對他們行使道德想像力，從內在理解別人，認定他們的悲憤有憑有據；要嘛只能從外在理解別人，並預設他們的悲憤毫無根據。能不受道德評價干擾而作出純粹理解的人誠屬鳳毛麟角。

能切斷理解與道德評價的關係當然最好，這樣，我們便可以用不帶情緒的眼光理解別人的行為，不理會他們的悲憤是否有根據，只光從他們的觀點看事情。這種大概更接近上帝的視角，而且也許更符合我們自身的利益。因為如此一來，我們將可客觀地評估雙方是否處於非零和關係，更客觀地評估自己的行為應如何改變，方能實現非零和關係的潛在利益。然而，既然我們大多數人尚未成佛，便只能受限於凡夫俗子的眼界，僅對那些我們看出有潛在雙贏關係的人行使道德想像力。

面對這個無奈的事實，我們只好退而求其次，指望「道德想像力」的機制會按照原設計運作，讓我們每逢進入非零和關係時都會把道德想像力用於對方身上。這樣會更符合雙方利益，也可以讓我們更真切地了解對方，更能從他們內在看到他們的觀點角度。

但這情況卻常常未見發生。絕大多數西方人和絕大多數穆斯林都處於高度非零和關係之中，但大家就是無法把道德想像力用於彼此身上。

所以，那個原本設計來推進我們利益的機制變得無法發動。道德想像力原是用來幫助我們區分哪些人可以打交道而哪些人不能，並會在我們碰到這兩類人時自動擴大或收縮。美國人之所以無法對穆斯林大眾發用道德想像力，是因為潛意識告訴他們：「這些人不值得打交道。」然而，這根本不是事實，因為大部分穆斯林都值得我們打交道。

我們已經談過道德想像力失能的一個理由：電子媒體蒙蔽了我們對非零和遊戲中另一方的認知。這另一方是廣大的穆斯林大眾，他們也許沒有多喜歡西方，卻也沒把時間用在焚燒美國國旗或殺害西方人。然而，我們在電視裡看到的都是些恨極了西方的穆斯林（他們的恨意大概也無法改變）。由於我們精確了解他們的敵意根深柢固，於是道德想像力便收縮起來，而在這個過程中，其他穆斯林也被排除到道德想像力的作用範圍之外。

船

現代世界還有另一個特點會誤導我們那個專為狩獵採集環境而設的心靈導航系統。在狩獵採集社會，你不需要跟你的敵人待在同一條船上。如果一個村落發生激烈內部衝突，兩方人馬就會分裂，各走各路。如果衝突發生在兩個村落之間，那事情就會以其中一個村落全面獲勝告終（換言之，另一方會被殺光或被趕到地平線以外）。

今日的情況變得複雜許多。首先，除非你把恐怖分子送到另一個星球，否則你無法把他們「趕到地平線以外」，因為他們在任何地方都能夠破壞西方的利益。另外，雖然理論上你可以殺光他們，但實際上，你殺死愈多恐怖分子，只會製造愈多恐怖分子。很多恐怖分子都混在平民裡面，清剿他們往往會導致誤殺無辜，而這種事登上報紙版面只會讓吸收新血的恐怖組織幹部大樂。出於同樣道理，即使你只想揪出所有恐怖分子，你一樣需要祭出非常擾民的手段，引起平民百姓反感。

這種複雜的戰略情勢不只與我們遠古先祖的環境迥然不同，也與二十世紀中葉的環境迥然不同。當時，敵我雙方都是國家，所以全面勝利是有可能的。第二次世界大戰就是一例：德國和日本最終都無條件投降。二戰後的世界也頗為單純：一個國家不是你的盟友便是敵人，你也知道哪些國家的領袖恨你而哪些愛你。

然後事情改變了。二十世紀邁向尾聲的時候，國家安全愈來愈不止取決於別國領袖對你的觀感，還取決於別國的平民百姓對你的觀感。草根階層的恨意催生為數不多但殺傷力龐大的恐怖分子。其原因倒不只是歷史環境的變遷產生出一個叫伊斯蘭極端主義的運動。問題的癥結要更深邃和更結構性，是由各種科技趨勢的匯流所導致。

首先是，武器科技的演進（從塑膠炸藥到原子武器再到生化武器）讓小群的恐怖分子更容易殺死大量的人。其次，資訊科技和其他科技的發達讓人們容易取得製造各種武器的方法和材料。資訊科技的發達也讓恐怖分子容易找到同道、建立組織網和吸收新血。

這三種趨勢合流讓本來分散而未定形的草根性恨意易於凝聚，具象化為大規模暴力。這種「愈來愈致命的恨意」是穩定的結構性趨勢，所以我們最好習以為常。

讓我們回到一開始的論點：如果草根性恨意真是西方民眾的頭號公敵，那西方人和穆斯林大眾的關係更無疑是一種非零和關係。因為，如果穆斯林大眾的處境改善，西方的處境亦可望改善：如果他們滿意自己在現代世界的地位，也對西方有了好的觀感，便不會再生出滋潤恐怖主義的不滿情緒。

要減低人們的不滿情緒不是一樁小工程，而要在廣大而分歧的伊斯蘭國度推行這工程更是難上加難。不過，這種空白有一部分也許可以透過發揮道德想像力來填補，換言之，西方人應該做一件他們不情願做的事情：站在穆斯林大眾的立場看事情，摸清楚他們為何不喜歡西方人。站在外頭分析別人的心理一點都不難，但如果你想細緻了解究竟在哪些地方得罪了他們，想了解如何補救此贏得他們的信賴和尊重，那唯一辦法便是從「內在」了解他們，用你自己的既有經驗去對照他們的經驗。

當然，我這種呼籲一定會招來抗議：你是說恐怖主義的受害者才是該怪罪的嗎？你是說恐怖分子沒有責任嗎？即便你回答「不是」（事實上也是如此），抗議者一樣不會消氣。又即便你告訴他們，老是追究該怪罪誰的問題弊大於利，毫不划算，他們一樣不會買賬。

憎惡情緒讓美國人的道德想像力受到了堵塞。想對付這種憎惡情緒，最佳方法是以毒攻毒。我們應該提醒美國人，真正的敵人（恐怖分子）最樂見的便是大部分穆斯林悲憤填膺，所以，想報復這些敵人，最好方法莫過於設法減低穆斯林大眾的悲憤，讓恐怖分子不好過。這一招會讓人想到使徒保羅的智慧（他這智慧又是來自希伯來的智慧文學）：「你的仇敵若餓了，就給他飯吃。」因為這樣做，你「就等於是把燒紅的炭堆在他頭上」。[2]

不對稱的講道

以上所言，至少在兩層意義下是一篇不對稱的講道。首先，我一直環繞著「美國的狂妄自大」立論，似乎將之視為恐怖主義的唯一根源。但我這樣做只是出於論述方便。恐怖主義的成因多方多面，涉及許多國家的許多行為，美國的行為只是其中一端。

其次，我一直呼籲西方人發揮道德想像力去設身處地了解穆斯林。為什麼我不呼籲穆斯林發揮道德想像力了解西方人的觀點呢？

理由首先是，大概沒多少住在印尼或沙烏地阿拉伯之類地方的人會讀到我這本書。就像西方世界一樣，伊斯蘭世界也需要有人給他們講講道——但最有效力的講道總是來自內部。

另外，勸西方人多用穆斯林的觀點看事情，也等於鼓勵穆斯林多用西方人的觀點看事情。重要的是，我們應該想辦法釐清，是什麼事情讓許多穆斯林把他們與西方的關係看成一種零和關係，然後判斷我們在可接受的代價不可以改變哪些地方，從而使雙方的非零和關係變得更顯著。

雙方的非零和關係愈是顯著，穆斯林就愈能夠用西方的觀點看事情，而他們的道德想像力也會擴大。

從前和今日的道德進步

在本書中，「道德想像力」一詞雖然在本章首見，但這觀念事實上貫穿本書的大部分篇幅。道德想像力的膨脹與縮小是宗教史中那種常見模式的背後推手，該模式就是：當宗教群體意識到自己與另外的群體處於非零和關係，便傾向於創造有寬容精神的經文，或是從既有經文裡找出寬容精神的根據；而當宗教群體看不出有雙贏的前景，不寬容和好戰的情緒便會更占上風。人類具有與生俱來的裝置，可以偵測到哪些人可以打交道，哪些人不能打交道，道德想像力是這裝置的重要部分。當道德想像力在一群人中間開啟，宗教態度亦會隨之改變。這是我們在前文一再看到的。

道德想像力既然在亞伯拉罕系宗教的歷史裡運作得那麼好，曾那麼充分利用非零和契機，那現在為什麼會失靈呢？其實，道德想像力在歷史裡並不是總運作得那麼好。我一直強調道德想像力的成功事例，但道德想像力錯判形勢的例子比比皆是，也導致雙輸的後果（有多少基督徒和穆斯林死於十字軍東征？又有多少我們從未聽過的宗教是因為未能善用非零和契機而衰微？）

尤有甚者，許多宗教的成功事例也不是道德想像力自行啟動的結果。自從社會組織由狩獵採集社會發展為酋邦之後，道德想像力就不再作用在原定的環境裡，因此不時需要人們想辦法哄

2〈箴言〉廿五章廿一至二節。

誘，才能發揮作用。事實上，許多可堪頌揚的宗教里程碑的功績正是在此。

宗教的這種哄誘角色可以回溯到酋邦時代（我們前面說過，酋邦的出現讓宗教必須增加一個鮮明的道德向度），到了亞伯拉罕系信仰出現的時代，宗教已經把這種角色扮演得淋漓盡致。舉以色列的形成階段為例，如果你想讓以色列各部族結為聯盟，就必須讓人們的道德想像力擴大到原設計所針對的環境之外（這個環境就是狩獵採集社會的環境）。就是因為這個需要，出現了「十誡」和「愛鄰舍」的觀念（「愛」的本質特徵正是能為對方設身處地）。相似的，如果你是使徒保羅，打算在羅馬帝國建立一個多民族的宗教組織，你就需要宣揚跨民族的「兄弟之愛」。又如果你要建立伊斯蘭教（一個日後將會發展為帝國政府的跨部族組織），你就必須同時強調一種跨部族和跨民族的互愛。

亞伯拉罕系宗教在歷史上一一跨過了這些分水嶺，擴大了道德想像力，使之推進到不會倒退的程度。這種道德想像力的擴大表現出宗教最好的一面。至於宗教最壞的一面……唉，今日有太多這樣的例子，我來多說了。

那麼，宗教最好的一面是已經被最壞一面壓倒了嗎？毫無疑問，迄今為止，人類歷史得到的道德進步是淨正值，起碼今日人們道德想像力的圓周已遠大於狩獵採集的時代。宗教在這趟進步之中毫無疑問也扮演重要角色那怕今日亞伯拉罕系三大宗教已落入守勢，無暇他顧，但地球這一邊的穆斯林仍然會跟另一邊的穆斯林保持認同，基督徒或猶太教徒亦復如此。在這三個個案中，道德圓周都比兩萬年前任何地方來得大（那時所有宗教都是「野蠻」宗教）。再者，我們在三大一神教內部也都看到，有些信徒可以把道德想像力作用到自己的宗教之外。

但明顯的是，人類還須要更大的進步。事實上，今日的世界急需這種進步。若說地球的救贖有賴於這種進步，也許並不為過。現在，非零和圈已經涵蓋全球，全世界的人都坐在同一條船上，那麼，他們要不是學會如何好好相處，就會大禍臨頭。如果亞伯拉罕系三大宗教都不能靈活回應這個最後通牒，不肯擴大道德想像力，那麼，一種前所未有的混亂狀態便可能降臨全人類。這三大宗教的前驅（美索不達米亞和古埃及的宗教）都認為，宗教的失敗將會讓人間大亂，這有其道理。

這是真理嗎？

我在本章開始的時候說過，想要成功進行當前時代的巨型非零和遊戲，我們必須更靠近道德真理。我又說過，我們想要更靠近道德真理，一個必要條件是擴大道德想像力。那麼，擴大道德想像力在什麼意義下可以把我們帶得更靠近道德真理呢？在兩個意義下：一個是有點冷冰冰甚至功利性的意義，一個是溫暖宜人的意義。

首先，擴大道德想像力可以讓它更符合原來的功用（一種達爾文式的功用）。道德想像力是「天擇」設計來幫助我們充分利用非零和契機，幫助我們在和睦關係有利之時建立這種關係，幫助我們與能打交道的人打交道。如果道德想像力想在今天做到這一點，就必須成長。它必須在西方世界成長，也必須在伊斯蘭世界成長。

然而，既是以追求充分利用非零和契機為動機（一種自利的動機），那道德想像力擴大又怎麼會讓我們更接近道德真理呢？理由是，追求自利會產生副產品，而這些副產品符合「道德」一詞的傳統意涵。

首先，如果西方和伊斯蘭世界能充分利用非零和契機，則雙方不止可以獲利，人類全體的福祉總和亦會因而增加（這是非零和性的神奇之處：把理性的自利心態轉化為他人的福祉）。讓人類整體獲益這事情就其本身來說也許無關道德真理，卻是某種道德進步。另外，在目前的個案中，讓人類整體獲利也確實包含一種道德真理。這是因為，道德想像力擴大迫使我們契入愈來愈多不同人群的心靈，從而意識到他們的內心世界跟我們出奇相似，意識到他們就像我們一樣，備受情緒與激情扭曲，會用自奉的道德判斷看世界。另外也會意識到，他們就像我們一樣，擁有固有的價值。

這等於是說，擴大道德想像力會讓我們把別人當人看。乍聽之下，這不是什麼了不起的洞察。然而，我們卻常常忽略這個真理，而這種忽略在某個意義下是符合人性的。畢竟，任何由「天擇」創造的生物，基於「設定值」的規定，都有一種自以為獨一無二的錯覺。我們的日常生活以這錯覺為前提：我們認定自己的福祉比別人的福祉（唯一例外是近親）重要許多。我們賣力工作，好讓自己吃得起甜點，不在乎別人吃不吃得起晚餐。我們把自己的忌恨心理看成有憑有據的悲憤，而把別人有憑有據的悲憤看成只是忌恨心理。我們所有人都是如此，以為自己獨一無二。顯然，我們不可能同時是對的，所以真理必然是別種樣子。道德想像力的延伸使我們更靠近那真理。

所以，到頭來，全球性社會的得救不止在增加人類福祉的意義下帶來道德進步，也必然使得個人更加接近道德真理。這是人類歷史的宿命。我說這是宿命，並不是意謂著人類物種必然會進一步接近道德真理，因此一定會得救。它之所以是宿命，是因為人類歷史必然會倔強地邁向非零和性的不斷擴大，以致人類到最後必然只剩下兩個選項：要麼讓自己更接近道德真理，要麼被混亂吞噬。

我在上一章說過，本書的篇幅不足以全面論證人類歷史具有某種更高目的。不過，如果真要如此論證，有件事實必然扮演重要角色，那就是：歷史已經把我們推得愈來愈接近道德真理，接下來，我們的唯一救贖之道是讓自己更接近道德真理（這裡所說的「救贖」採亞伯拉罕系信仰原初意義下的救贖，即社會救贖）。

對亞伯拉罕系統中的基督教和伊斯蘭教而言，救贖的問題不止於社會救贖。這兩種宗教也許會提出這個問題：道德想像力的成長有助於個人意義的救贖嗎？有助於我們靈魂的得救嗎？這是一個有待兩教進一步演化去回答的問題。兩教會不會這樣做，我們不得而知。我們唯一知道的是這：揆諸歷史，凡是不把個人救贖連結於社會救贖的宗教都會走向衰微。所以，無論你喜歡與否，現在有待拯救的那個社會系統乃是一個全球性系統，而如果哪個宗教不把個人救贖的要件規定得有利於全球的救贖，可能表示這種宗教氣數將盡。

當然，即便氣數將盡，這三大一神教仍然可以宣稱自己的先知是對的：前景也許不妙，但只要你知道得救的門徑，就可以得救。儘管如此，若是三大一神教無法以身作則去闡明這一點，仍然相當可惜。

20 我們是獨一無二的嗎？

Well Aren't We Special?

伊斯蘭教、基督教和猶太教有個共通處，即是喜歡誇大自己的身世獨一無二。《希伯來聖經》把以色列人描繪成神學的革命分子，說以色列人在唯一真神的幫助下進入迦南地，不須太費力便把愚昧無知的多神教徒消滅殆盡。事實上，如前文所示，以色列人的宗教乃是在迦南的環境裡誕生，本身即為一種多神教。直到公元前六世紀被擄時期結束之後，一神教才在以色列取得勝利。

基督徒則相信耶穌把嶄新的信息（有關個人救贖的信息）帶給猶太人，又決心把這信息帶給全世界。但耶穌本身是猶太人，講道的對象也是猶太人，而他的基本信息大概也不會讓猶太人覺得陌生：民族的救贖，以色列的復興。他大概不曾呼籲猶太人要對其他民族伸出友誼之手，不曾鼓吹一種跨國界的「兄弟之愛」。「兄弟之愛」的觀念在他死後幾十年才進入基督教，所反映的不是他的教誨，而是羅馬帝國的多民族環境。他的教誨經過後人重塑，變成了福音。

穆斯林則聲稱穆罕默德帶來兩項革命性信息：他一方面告訴阿拉伯人，阿拉是唯一真神，又設法說服基督徒和猶太人相信，他們敬拜的上帝跟阿拉是同一位神。不過，實際的情況可能是，早在穆罕默德登上舞台之前，人們便知道阿拉是基督徒和猶太人的上帝，而這點也有助於解釋，何以伊斯蘭教的信條和儀式裡充斥著基督教和猶太教成分。至於阿拉是不是唯一真神的問題，穆罕默德的態度一度猶豫：為了向阿拉伯多神教徒的勢力妥協，他似乎曾承認除上帝外還有別的神，稍後才回歸一神教的本旨，不再動搖。不過，此後他仍然小心翼翼地保存一些原來的多神教習俗（如每年一度的麥加朝覲）。所以，伊斯蘭教在誕生之初並非簇新和性格堅定的，反而像是流體，折衷於猶太教、基督教和阿拉伯多神教之間。

既然摩西、耶穌和穆罕默德都不是帶著驚天動地的全新信息登上舞台，既然三大一神教的源頭都可以視為某種文化綜合體（即把業已存在的元素加以有機地重組），那麼，三大一神教還可以自稱為「啟示的宗教」（religion of revelation）嗎？

聖典作為啟示

三教信徒自稱獨擁啟示之說並不可信。不過，在某個意義下，亞伯拉罕系諸聖典確實又有資格稱為「啟示」。

首先，這些聖典「啟示」道德進步的箭頭就內建在人類的歷史裡。這個啟示很隱晦，因為道德進步的趨勢時斷時續，而且還曾經多次倒退。讓問題更複雜的是，這些聖典的內容並不是按寫成的時序編排，所以我們讀到的信息雜然紛陳，時而鼓吹愛，時而鼓吹恨；時而寬容，時而好戰。不過，如果我們把各段經文放回原來的歷史脈絡，一種模式便會浮現：每當人們進入有望透過攜手合作創造雙贏的處境，他們就願意和平共存，甚至對彼此的世界觀抱持開放態度。所以，隨著科技演化把非零和圈拓得愈來愈大（這是歷史之中始終頑強存在的一種趨勢，而種種跡象顯示這趨勢會持續下去），人們也愈來愈有動力去承認和尊重別人的人性。

當然，這層意義的「啟示」（啟示出一種歷史模式）並不會讓大部分猶太人、基督徒和穆斯林感到自豪。因為如果這叫「啟示」，則最世俗的歷史檔案一樣可以有啟示性。三大一神教徒都相信，他們的聖典是來自一個神聖源頭，是來自一個降示者。所以他們認定，本教聖典要啟示的不是什麼歷史的道德模式，而是特定的神學主張：本教是上帝意旨與救贖的獨擁者。

即便如此，如果三教在某場神學辯論中都站在同一陣線，將會發現我說的那種「啟示」對他們有用。事實上，如果撇開三教彼此間的差異，也撇開三教與其他宗教的差異，我們將會看出，現代思想有兩個更大的敵對陣營：一個陣營相信宇宙具有一個神聖的意義源頭，具有一個崇高的目的；另一個陣營則不相信有這等事。

諾貝爾物理學獎得主溫伯格（Steven Weinberg）屬於後一陣營。他寫過以下名言：「我們對宇宙愈是了解，愈會覺得宇宙了無目的。」根據這種觀點，並沒有所謂意義的超在來源或道德方向。「世上並沒有所謂的道德秩序，那是我們加上去的。」

然而，亞伯拉罕系各聖典卻向我們顯示（那怕只是模糊顯示），世上確實有一道德秩序，而且是道德秩序強加在我們頭上。基於文化演化的邏輯，歷史有了一內建的特徵，讓人類只能在兩個選項中取捨：要嘛選擇道德進步，要嘛不這樣選擇而付出慘痛代價。過去幾千年來，這種模式反覆出現，愈來愈多人群把彼此納入道德關懷的圓周裡。目前的世界正處於這模式的巔峰時刻，而唯一可以讓人類躲過潛在浩劫的方法，就是把道德關懷的圓周擴大至涵蓋全世界。歷史的推進迫使人們擴大同理心和道德想像力，逼使他們更設身處地為其他人群考量。時間毫不留情地拉著我們走，拉向那個看似老生常談又常常被忽略的道德真理：所有地方的人都像我們一樣，也是人。

我說世間有一道德秩序並不表示這秩序必然獲勝，不表示人類必然擁抱道德真理，通過考驗，邁入安寧的時代。若是抗拒這真理的人為數夠多，大混亂將隨之而起。我說的道德秩序之所以為一種秩序，乃在於道德真理若是落敗，人類將會付出慘痛代價。道德秩序寄託於社會秩序與道德真理的協調一致。

世間有一道德秩序固然不意味就有一個上帝，然而，這秩序卻是一種證據，有利於上帝存在的假說而不利於溫伯格的世界觀。在當代世界的的兩大陣營之間（一方主張世界有一個更高目的，有一個意義的超在源頭，另一方則否認這一點），歷史展現的道德秩序顯然是為其中一方加分。

尤有甚者，相信這道德秩序的存在雖然不見得會讓你相信上帝，卻會讓你在某個意義下成為有宗教信仰的人。在第一章，我為了找到一個涵蓋夠廣的宗教定義，曾引用威廉．詹姆斯的說法。他說，宗教信仰意謂相信這宇宙「有一看不見的秩序，相信我們的最高福祉（supreme good）取決於我們是否能把自己調整得跟這秩序和諧一致。」根據這種觀點，如果這「看不見的秩序」是道德性的，那我們就必須調整自己，讓自己與之和諧相處。

當然，你大可以把這個「最高福祉」解釋為較實際的事情。例如，我們可以說，「最高福祉」就是健康長壽，發達興旺。不過，即使如此詮釋，亞伯拉罕系聖典所啟示的道德秩序仍然跟威廉．詹姆斯的說法接榫。歷史之所以能把人類往道德真理的方向拉，靠的是獎賞那些順應的人，懲罰那些抗拒的人。隨著科技演化把愈來愈多人群拉到近距離，他們要嘛便培養相互尊重的精神而得以繁榮，要嘛就拒絕如此而付出慘痛代價。道德秩序許我們以社會秩序（《希伯來聖經》意義下的救贖），但前提是我們服膺於這道德秩序，願意「調整自己」與「看不見的秩序」和諧一致。

我在上一章說過，亞伯拉罕系眾先知至少有一點正確：只要知道得救的門徑，就可以得救。現在，我們可以看出，眾先知還在一個更深刻的意義上所言無誤：相信人的救贖有賴於更密切地順應宇宙的道德中軸。

眾先知固然沒用過「宇宙的道德中軸」一語。他們只是說，人若是想得救，就必須順應上帝的意旨。然而，他們一樣相信上帝的意旨**就是**宇宙的道德中軸。就此而論，即便我們認定他們對上帝的觀念全部錯誤（甚至他們相信上帝存在這點也錯），眾先知對宇宙本質的看法仍然比溫伯格接近真理。世間若非有一道德秩序，便是沒有。眾先知說有，溫伯格說沒有。眾先知看來是對的。

上帝迄今的成長

第八章論及亞伯拉罕系上帝的「成長」。我會談這個問題，不是因為我信心滿滿認定這位神或任何神的存在（神存不存在的問題我沒資格回答），而是因為三大一神教聖典裡的上帝普遍有道德成長的趨勢。這成長有時雖然隱晦而且似乎事出偶然，卻「啟示」出歷史背後有一道德秩序存在：每次人類社會組織的規模有所擴大，上帝看來都能追趕潮流，變得更加包容，把為數更多的人類納入祂的保護——至少是把為數更多的人類納入祂的寬容。

所以，當以色列的各部族結成聯盟，耶和華便把祂的眷顧擴大到所有部族，要求他們彼此接納，也讓以色列後來形成了一個國家。然後，被擄時期結束，以色列在多民族的波斯帝國獲得一席之地以後，早期的強烈民族主義消退了。此時，《希伯來聖經》開始強調帝國內各民族間的親緣關係，淡化往昔的敵對關係。

基督教的上帝就像以色列的上帝一樣，道德養分來自一個多民族的帝國——羅馬帝國。基督教把得救資格開放給所有信徒，不問國籍，但以信仰為依歸。過去那個較狹隘的上帝（反映在耶穌曾因某個婦人不是以色列人而稱她為「狗」）被留在後頭。

某個意義下，草創階段的伊斯蘭教濃縮了上帝在猶太教—基督教的一千多年歷史。首先，阿拉一舉超越了部族界線，就像祂以耶和華之名在古以色列的相關作為。然後，在草創期的尾聲，伊斯蘭教又像基督教（和今日的猶太教）那樣，獲得帝國的多民族眼界，願意把所有民族吸納到信仰共同體之內。但伊斯蘭教比羅馬帝國時代的基督教走得更遠：伊斯蘭教的聖典有時會把救贖資格開放給基督徒和猶太人，甚至是拜火教徒。

當然，我列舉這些神學進步的里程碑都是經過刻意挑選。事實上，足以顯示帝國負面效應的事例俯拾皆是，例如，伊斯蘭教和基督教的聖戰觀便曾在十字軍東征期間助長雙方互相殘殺。綜觀人類歷史，隨著非零和圈的擴大，隨著政權和宗教勢力範圍的延伸，圈子內的相互敵意往往與圈子間的敵意旗鼓相當。所以，人類朝道德真理邁進的趨勢雖然在局部地區非常顯著，但在全球範圍則頂多只能說是表現平平。

而現今，我們已到達一個歷史新階段，道德真理獲得了邁向全球化的勢頭。科技演化讓地球變得太小太相互依賴，以致大集團與大集團間只有和睦共處才符合彼此的恆久利益；反之若是劍拔弩張，人人都會是大輸家。如果伊斯蘭教和西方真的發生「文明的衝突」，將沒有一方可望全面征服對方。

所以，上帝若想要像以前一樣成功（即演化到足以促進非零和遊戲），祂必須再次成長。首先，祂的性格一定要發展得能讓穆斯林、基督徒和猶太人在一個縮小的世界裡彼此包容。

如果世界的現況讓人不敢對這樣的前景寄予厚望，那我們至少可以從古代世界找到樂觀的理由。第八章指出，最接近全球化現象的古代事物是新興的帝國，拜新興帝國之賜，一些不同的民族被扔到同一個籃子，也打開了一些新的接觸管道。誠如我們所見，三大一神教的上帝一再通過帝國的考驗：每次進入帝國的多民族脈絡，祂總是打開寬闊的心胸，推動非零和遊戲。無論上帝的性格起初看起來多麼不動如山，祂就是內藏成長的潛力。

當然，上帝的個性乃是由穆斯林、基督徒和猶太人想像出來。這表示，上帝要再成長，三教的教徒必須把祂想像得稍微與以往不同，把祂想像成不是那麼獨眷他們。換言之，他們必須把本教看得沒那麼獨一無二。

要做到這個，他們可以先考慮這一點：亞伯拉罕系三大信仰一直致力於同一件任務，簡言之都是想從終極的層次弄明白這世界，徹底了解世界的意義與旨歸。某個意義下，三教的努力業已成功，因為這種努力本身顯示出一種模式，強烈反映出世界**真的**有一個旨歸，有一個更高目的、一個超在的道德秩序。尤有甚者，這證據也印證了三教先知摸索出的結論：只要知道救贖的門徑，就可以得救。現在我們已經知道，世界的得救門徑乃是密切順應宇宙的道德秩序。就此而論，亞伯拉罕系三大宗教實在應該恭喜自己（更佳的方式是恭喜彼此）。

我這番話聽似勸告，但意不在此。本書已在在顯示過，勸告一種宗教該如何對待其他宗教是不管用的。只有具體的現實環境可以誘導人們走向和衷共濟。不過，事實證明，有些力量是可以產生這種效果的，而且能在相當短的時間內便產生效果。

才四十年前，美國許多地區的天主教徒與新教徒之間存在巨大的隔閡。人們用「外婚」來形容天主教徒與新教徒的通婚，而這種婚姻也不太受歡迎。但如今情形已丕變。導致雙方進入非零和關係的原因很多，其中之一是經濟結構的演變讓天主教徒和新教徒在職場產生互相依賴的關係，另外也因為雙方都備感世俗主義的威脅。所以，類似的力量說不定也可以把亞伯拉罕系三大信仰的關係拉得較為緊密。既然目前任何宗教感情都受到攻擊，那攜手應戰理應更符合彼此的利益。

如何謙卑：第二堂課

另一個可讓亞伯拉罕系宗教自感沒那麼特別的方法，乃是指出，它們並不是唯一想從終極層次弄懂世界的宗教。有些其他宗教一樣致力於同樣目標，而且成績比亞伯拉罕系宗教更好。試看「社會救贖」（抗阻混亂）有賴人們更密切地順應道德真理這一點。某個意義下，這個觀念乃是猶太教、基督教和伊斯蘭教的終極有效性之所繫。我主張過，這觀念是歷史顯示的基本方向，也是亞伯拉罕系三大宗教都表達過的關壞。然而，若論對這觀念的重視程度和表達方式的明晰程度，則三教都及不上更早出生的古埃及宗教。

我在第十三章談過「道德相關的死後生命觀」。這觀念是基督教的著名核心命題，卻早在耶穌誕生許久以前便在埃及被預先表達過：在俄賽里斯的公堂裡，亡靈會按生前的善惡紀錄接受審判和獎懲。不過，先前提到這一幕時，並未詳談審判過程的豐富象徵意涵。當亡靈自表道德無瑕之後，他的心臟會被放在天平一邊，以量秤這自述的真假。天平另一邊放著一根羽毛作為砝碼，代表的是真理女神瑪阿特（Maat）。這當然是個膽顫心驚的時刻，因為面目猙獰的女神阿米特（Ammut）就站在旁邊虎視眈眈，一發現天平上的心臟有所污染，便會把亡靈吃掉。

然而，天平上的羽毛不止是真理女神瑪阿特的象徵，即不止是一個衡量話語真假的砝碼。因為埃及人相信，瑪阿特乃是「瑪阿特」（maat）的化身（「瑪阿特」是一種形而上物質，由「真理」、「秩序」和「宇宙和諧」共同構成）。法老王的其中一項職責便是向諸神呈獻「瑪阿特」，好讓世界顫巍巍的秩序保持不墜。有些埃及作品教導老百姓如何「活在瑪阿特裡」（即過有德的生活），以協助法老王把工作做好。所以，當埃及人勤奮地培養自己的「瑪阿特」時，他們並不止是為身後福祉而努力，還是為對抗社會解體而努力。俄賽里斯本人顯然就是這種二元鬥爭的象徵（他有時又被稱為「瑪阿特之主」），因為他曾經被混亂之神塞特（Seth）殺死，後來復活（他在這一點和其他多方面都像耶穌），反過來把塞特打敗。

這故事雖寫成於好幾千年前，卻可能是我們今日處境的精確寫照：要嘛我們努力向道德真理貼近，把別人當人看；要嘛我們就將被大混亂所噬。

古埃及宗教把個人救贖連結於社會救贖，連結之緊密，從未有其他宗教提供的誘因能夠超越，因為古埃及宗教認定只有付出這種努力的人可在死後得享永恆福樂。誠如我們所見，很多宗教都把社會救贖連結於某種類的個人救贖，但若論吸引力，提供永恆福樂的個人救贖應傲視其他種個人救贖。在這一點上，基督教和伊斯蘭教的力度跟古埃及宗教旗鼓相當，但也沒能超越古埃及宗教。

今日，這種誘因並無法對人人起作用。許多人不相信所謂的死後生命，而這種人看來與日俱增，又以受過高等教育的人增加得最快。也有許多人不追求任何意義的個人救贖。既然如此，在現代世界，又要怎樣應用那條久經考驗的強化社會凝聚力公式，即怎樣利用個人救贖來保障社會救贖？如果有許多人壓根兒不追求救贖，你又要怎樣使他們願意更貼近於道德真理？

幸而，其實人人都是追求救贖的。我說過，「救贖」一詞源自拉丁文，原意是「保持完整無缺」、「保持健康」。所以，不分無神論者、不可知論者或宗教信徒，人人都追求身心靈的健康完整。也可以說，他們是在個人層次對抗混亂。

所以，如何將個人救贖連結於社會救贖的問題，也可以用較不具宗教性的語言來表達，如：如何將避免個人混亂連結於避免社會混亂？或：如何將個人的完整連結於社會的完整？或：如何將個人心靈的和諧連結於社會的和諧？

採取何種語言來表達這種連結因人而異：虔誠的一神教徒、「新時代」的求道者、不可知論的新佛教徒和世俗的人文主義者各有各的表述方式。但無論怎樣描寫這連結，無論使用何種誘因，這連結若要能起作用，都必須有這世界相當大比例的人口願意參與。社會救贖是否在望，端視個人在追求個人救贖的同時，有沒有擴大他們的道德想像力，有沒有擴大道德關懷的圓周。

上帝的未來

在擴大道德想像力這件事情上，亞伯拉罕系三大宗教的表現同樣被一些非亞伯拉罕系宗教給比下去，再次顯示三教不是那麼獨一無二。

第十二章提過阿育王，他是公元前三世紀的印度皇帝，後來皈依佛教，就像羅馬皇帝君士坦丁那樣，讓一支新興宗教在帝國平台取得穩固地位。既然佛教同樣強調兄弟之愛和慈愛，我們有理由認為，阿育王拔擢佛教之目的跟君士坦丁皇帝拔擢基督教一樣，是為了促進帝國的民族和諧。然而，在一件事情上，阿育王表現得像是早期的伊斯蘭君主而異於君士坦丁皇帝：堅持尊重帝國內的其他宗教，從不要求百姓改信佛教。

換言之，阿育王是把亞伯拉罕系兩支帝國宗教的最好的一面結合了起來。他還在另一件事情上更勝一籌。基督教和伊斯蘭教都曾發動聖戰，但阿育王卻在征服鄰近地區時因為目睹戰爭的血腥而大感震撼（這也是他皈依佛教的近因），宣示從此不再征伐。他宣布，自此以後「最重要的征服」是「道德征服」，是要以「佛法聲」來取代「戰鼓聲」。

但如果亞伯拉罕系三大宗教願意放下唯我獨尊的身段，願意尊重彼此甚至尊重其他信仰，情形將會是如何？那樣無疑會傷害到許多基督徒、猶太人和穆斯林的感情。然而，此舉也相當於一種自我辯解。因為，相信世間有一道德秩序乃是三教的核心信仰，而如果亞伯拉罕系的上帝觀念能順著這個方向演化，將更能證明真有這樣的秩序存在。所以，猶太人、基督徒和穆斯林如果死守住本教的獨一無二性，反而會讓他們的信仰顯得不那麼站得住腳。正如阿育王在另一個場合所說：「若是一個人讚美自己的信仰，又為顯揚自己的信仰而貶損別人的信仰，他就是在嚴重傷害自己的信仰。」

期望亞伯拉罕系三大宗教不止拋棄各持的獨尊感，還期望三教拋棄整個亞伯拉罕系信仰的獨尊感，這是癡人說夢嗎？上帝性格如此激烈改變是可想像的嗎？然而，誠如我們所見，這種改變業已在亞伯拉罕系三大宗教上發生過。再發生一次將不是什麼驚天動地之舉。

有一條公式經過證明可以消解不同信仰的獨一無二性。印度教對這公式的應用最為知名，曾用於統一印度各地崇拜的不同印度教神祇。其觀念是，眾多神祇雖然各有各的名字，但祂們全是同一位神的不同展現。吠陀系的經典如是說：「他們喊祂作因陀羅、密多羅、伐樓拿、阿耆尼或是神聖的漂亮太陽鳥（Garutman）。雖然聖者以不同名字稱之，但真神只有一個……」

這種觀念也可能隱晦地暗藏在亞伯拉罕系的聖典裡。第八章指出，《希伯來聖經》常常把上帝稱作「伊羅欣」（Elohim），而這名稱顯然衍生自以色列的四鄰國家，原作普通名詞的「神」字使用。我也指出，有些學者認為，《希伯來聖經》此舉是一種語言策略，暗示這些國家的神（包括以色列人所稱的耶和華）全是同一位神。

若真是如此，我們就能解開長久以來的不解之謎：為什麼「伊羅欣」是一個複數形式的名詞（詞末的im兩個字母顯示出這點）。事實上，《聖經》有時正是把該詞當作複數使用（一個例子是把埃及的「眾神」稱作「伊羅欣」）。然而，《聖經》在把以色列的上帝或周邊國家的其他主神稱為「伊羅欣」時，顯然又是以之為單數名詞。[1]對此，一個可能的解釋是，《希伯來聖經》想要暗示，猶太人的神和其他國家的神只是同一位神的不同展現。

前文提過，「伊羅欣」一詞看來是其他兩支亞伯拉罕系宗教的源頭，因為耶穌所操的亞蘭語把上帝稱為Elaha，而穆罕默德所操的阿拉伯語把上帝稱為Allah（阿拉）。[2]所以，上帝「寓多於一」的觀念說不定都存在於亞伯拉罕系三大宗教的最早期。所以，在三教找出辦法和睦共處之後，說不定可以進而利用這觀念來建立三教與其他非亞伯拉罕系宗教的和睦關係。但事有緩急先後。

1〈出埃及記〉十二章十二節。

2這大概不是巧合，而是語音學上常見的自然發展，本書第十四章也討論過Elaha和Allah共享了「伊羅欣」的DNA。

跋　順道一談：上帝是什麼樣子的？

Afterword: By The Way, What Is God?

本書中，我一直在兩個意義下使用「神」這個字。首先是曾經在人類歷史出現的神祇：雨神、戰神、造物神、萬能神（如亞伯拉罕系的上帝）等等。這些神都存在於人類的頭腦裡，大概不存在於別處。

然而，我偶爾會主張，也許確實存在某種神祇。人類歷史顯示出一種道德秩序，也大為提高這種神祇存在的可能性：幾千年來，人類的道德想像力持續擴大，而且要繼續維繫人類的社會秩序，有賴我們進一步擴大道德想像力，有賴人類更靠近道德真理。我說過，這個道德秩序的存在讓人有理由猜想，人類在某個意義下真是具有「更高目的」。但如果真有這種「更高目的」，那這個源頭說不定至少在某種意義下有資格稱為「神」。

上面最後一句話並非熱切的宗教告白。事實上，這基本上是一種「不可知論」的態度。即便如此，我仍然不建議各位在長春藤聯盟的教員聚會中把這種意見說出來，除非你不介意引人側目讓人以為你在說「方言」。在現代的知識分子圈內，認真思考上帝存不存在的態度不是讓大家尊敬你的好方法。

事實上，在二十一世紀的頭十年，有關上帝的談論要比在二十世紀晚期更構成一種對知識分子身段的嚴重冒犯。九一一事件之後，反宗教的態度蔚為時尚，催生出大批大有影響力的文化產品（包括哈里斯〔Sam Harris〕、希欽斯〔Christopher Hitchens〕、丹尼特〔Daniel Dennett〕和道金斯〔Richard Dawkins〕的著作，馬艾〔Bill Maher〕的電影和朱莉婭・斯威尼〔Julia Sweeney〕的獨角戲）。不過在這短短幾年之間，知識圈對於宗教的「官方立場」，便從禮貌性緘默變成公然不屑，甚至嘲笑。

所以，我們有理由期望宗教信徒不被冷眼對待嗎？也許有吧。畢竟，被取笑的那個上帝只是傳統版本，即擬人化的上帝（一個心智與我們非常相似但能力大上無限倍的超人）。然而，這種上帝不是唯一能存在的上帝。

當然，我們無法排除真有一個超人般的上帝住在這宇宙之上或之外。哲學家曾嚴肅討論這宇宙是某種虛擬的可能性，有人甚至假設，我們的創造者是一位來自先進外星文明的電腦程式設計師。（如果人類困境由外星少年駭客製造出來，那許多事情便可以得到解釋！）但我們沒有憑據如此大膽假設，而神學中以非擬人方式使用「神」這個字眼的情況也有先例可循。例如，二十世紀的基督教神學家保羅・田立克便把上帝稱為「存有的根基」。

誠如田立克的批評者指出，「存有的根基」一語有點模糊，模糊得不夠資格被視為「神」。事實上，此語聽起來有點像一些東方密契主義者所說的「終極實相」（ultimate reality），而這些密契主義者以無神論者自居。給傳統信徒搞出一位這麼抽象的「神」有什麼好處呢？他們信仰的是一位超人般、擬人化的神，一位他們可以交談、感謝、道歉和去愛的神。這種信仰又怎麼可能透過把神搞得抽象兮兮而找到證據？

證據可能因人而異。然而，一個較有說服力的論證方式大概是：即便上帝要比人們一般所設想的抽象許多倍，但出於人類概念的侷限性，把上帝設想為人格神乃是我們逼近真實上帝的較好方法。

例如，如果我們接受神是「道德秩序的源頭」這個抽象說法（田立克的「存有的根基」之說雖然同樣抽象，卻不是我有資格加以闡明或辯護的，所以我也無法舉之為例），那麼，把這個「源頭」設想為一位人格神，會不會是我們理解和接近該「源頭」的較好方法？（當然，人類知解能力的限制若是比目前還少，我們對該「源頭」也許會有更適切的想像方式。）

我知道各位覺得這番話很可疑。聽起來像是彆腳的知性把戲，為拯救被現代科學衝擊得體無完膚的上帝觀念而狗急跳牆的最後一搏。然而，說來奇怪，我採取的論證方式乃是借自現代科學：物理學家的做事方式，儼如相信有一位人格神存在。

科學的終極實相

現代物理學有個基礎觀念：終極實相（你也不妨把此語理解為**科學的**終極實相，即最基本的物理學真理）並非人可以清晰想像。

電子就是一個例子。電子是什麼？圍繞著另一顆小粒子旋轉的小粒子嗎？錯！物理學家有時固然覺得把電子設想為「粒子」有用，但有時又覺得把它設想為「波」更有用。無論是把電子想像為粒子或波都不充分，但若是同時想像為兩者呢？那也不可能（不信的話你試想像看看）。電子的問題還只是冰山一角。一般來說，量子世界（即次原子的世界）的行為都不是我們的頭腦可思議的。量子物理學的許多方面都表現出已故物理學家裴傑斯（Heinz Pagels）所謂的「量子怪誕」（quantum weirdness）。[1]

這點對信仰上帝的人來說既是好消息，又是壞消息。壞消息是，我們似乎應該放棄想像上帝是什麼樣子（如果人類連小小一顆電子的樣子都搞不定，還有什麼資格搞清楚上帝的模樣？）好消息是：不可能想像一物事的樣子並不代表該物事不存在。顯然，有些物事雖然是我們無法想像的，卻照樣存在。

至少**有部分**物理學家相信電子存在。不過，也有些物理學家和科學哲學家認為，既然沒人真的看過電子，而設法想像電子的樣子又只會讓人腦子打結，那我們何苦要斷言電子存在？所以，就像上帝存在與否的問題一樣，對於電子是否存在的問題，也分成信其有者與懷疑論者兩派。[2]

信其有者認為，既然外頭明明有什麼東西與「電子」一詞相符，那麼，即便我們對這「東西」的想像方式並不充分，甚至有些誤導性，但以這種方式想像總勝於完全不去想像。這些人既相信電子的存在又自稱沒能力「知道」電子是什麼。你不妨說他們是無法證明電子本身存在卻又相信電子存在。

然而，很多持這種立場的物理學家卻不肯把同樣思路用在神學問題上。如果你說你相信上帝，但又承認你不太知道上帝是什麼樣子，甚至承認你無法證明上帝存在，他們就會說你的信仰沒有根據。

然而，他們相信電子存在的理由和信徒相信上帝存在的理由有何差別？他們在物理世界看到一些模式（如電的行為），便認定這些模式一定有一個源頭，又把這源頭稱為「電子」。信徒所做的事亦然：他們在物理世界看到一種道德模式，便認定這模式一定有一個源頭，並把這源頭稱為「上帝」。這個「上帝」就其本身來說（即作為道德秩序的源頭）雖然並不可知，卻是人類生

1 有些科學家和哲學家主張可以消解量子力學引出的某些矛盾現象。然而，他們所提出的消解辦法往往引出一些比本來更怪誕的矛盾。例如，他們有些人主張，一顆粒子不是同時存在於一個以上的位置，而是本來存在於無處（nowhere），直至被人測量到才有了位置。這是說啥？再來還有那個著名的「多重世界」（many worlds）理論（等於是說各位在讀這部書的同時又在別的世界做著各種別的事）。類似例子所在多有。總之，每個想逃脫量子力學彆扭成分的嘗試都會產生出一些更彆扭的假設或幾乎沒有可信性的假設。談量子弔詭的其中一本經典通俗導論是裴傑斯在一九八二年出版的《宇宙密碼》（*The Cosmic Code*）。我不確定「量子怪誕」一語是不是裴傑斯首創，但他看來是第一個詳加論述的人。

2 斯馬特也把信仰上帝與信仰電子相提並論，但他的目的與我不同。

活具有道德向度的原因，也是歷史朝道德方向進展的原因；這個「上帝」讓生命成為「有情」，能夠「知善知惡」，由此而具道德價值；是這個「上帝」設計出演化系統，使高等的有情生物邁向善（至少提供契機和誘因讓他們這樣做）。在這個過程中，「上帝」提供一個道德中軸，設若我們選擇接受，都可以環繞這個中軸來組織生活。雖然生為人類，我們對這道德秩序的源頭的想像注定是不充分和扭曲的，但科學家對電子的想像何嘗不是如此？這個，至少是上帝的現代信徒可以應用的論證之一。

無神論者的還擊

不過，相信電子存在的無神論科學家還是有話可說，特別是，他可以這樣反駁：「電子是解釋物理世界的模式所必須，反觀上帝則不是解釋宇宙的道德秩序所必須。」

這是個好論點。不說別的，本書對歷史的道德方向性的解釋就一直是唯物主義的解釋。我指出過，道德想像力的擴大是社會組織擴大的結果，社會組織的擴大是科技演進的結果，科技演進是人腦的自然產物，而人腦則是透過演化而成。其中不涉及任何神祕力量，也毋須引入任何神祕力量。

事實上，當信徒論及道德秩序的「源頭」，科學家大可指出，這「源頭」不是別的，就是電子，更精確地說是比電子更基本的次原子粒子。畢竟，最初的物質由次原子粒子所構成，所以，如果道德想像力的擴大可以透過唯物主義的方式解釋，那最根本的解釋將會等同於那個對普遍物質世界的最根本解釋——即物理學家一直在追求的大一統理論（grand unified theory）。所以何必要把上帝扯進來？

對此，信徒可有一答，而這回答把我們帶回第十八章。在那裡，我們看到，現代生物學家和十九世紀神學家培利都一致同意，動物的存在（有別於岩石之類事物的存在）需要一個獨自的解釋。理由並不是因為一個生命體的出現無法用純粹的物質語彙解釋（事實上，科學家已經愈來愈能掌握生物體從一顆受精卵發育出精密複雜功能性的生理過程）。真正的理由毋寧是，這個生理過程看來不太可能「憑空冒出來」。所以，生物一定是經過設計才具有功能性，而這設計不是出自一個設計者（如上帝——這是培利的主張），就是出自一個設計過程（如「天擇」——這是達爾文的主張）。

我們現在當然知道，答案是後者，即生物是來自一個設計的**過程**，不是來自一個行創造的神。然而，不管這發現對培利牧師的宗教來說有多大的挫折，他的故事中有部分「教訓」仍然讓現代信徒樂意強調：生物學家都同意，即使是最物理性的體系或過程（其運作可完全透過物質語彙去解釋），有時一樣顯示出某些非比尋常的特徵，以至我們有理由假定這些特徵是以某種特殊的創造力量作為源頭，並探問這源頭是什麼。達爾文就是受這個動機驅使而探問動物和植物背後的創造力量，並得出答案：是「天擇」所驅使的演化所致。既如此，信徒當然也有權探問「天擇」的源頭為何。

順道一說，這類信徒並非為「智慧設計論」（intelligent design，即「天擇」不足以解釋人類演化）辯護。他們要主張的毋寧是，「天擇」是那麼強有力的機制，以至這本身就要求一個獨自的解釋。「天擇」所呈現的模式和特質極為不尋常，其驚人之處並不亞於生物朝功能整合的方向成長。

第十八章勾勒過「天擇」所呈現的部分模式：基於「天擇」的原理，愈來愈有智慧的生命形式被創造而出，最終又出現了一種生物，聰明得足以引發第二波創造過程（即文化演化）；然後，隨著文化演化（特別是科技演化）的推進，人類發展出愈來愈龐大的社會組織，最終甚至發展出接近全球規模的社會組織。在這個過程中，還出現了**道德秩序**，規定人類社會組織的成長必須與邁向道德真理齊頭並進。正是這個道德秩序的存在讓上述一類信徒有理由猜想，由「天擇」所決定的演化系統本身需要一個獨自的解釋。

這種猜測也許有錯，但背後論證卻合理且具正當性。事實上，達爾文受同樣動機驅使，也想以理論解釋動物複雜的功能性。所以，如果信徒認定道德秩序來自某個我們未知的源頭，並決定把這源頭稱為「上帝」，又有何不可？畢竟，「電子」這字眼也是物理學家自己選擇的。

當然，你也可以質疑，既然生命體的創造源頭只是被稱作「天擇」的機械化過程，信徒又有什麼權力用「上帝」這麼奇特的名稱稱呼該源頭。此時，信徒可以回答：這個展現出**道德秩序**的物理系統比那些展現出較尋常秩序的物理系統需要一個更奇特的解釋。

不過，即便無神論科學家承認這個論證有效，事情仍未了結。因為他們手上仍留有一個有力理由，可論證假定上帝存在和假定電子存在是非常不同的兩回事，兩者不能相提並論。那是一個非常實用主義的論證，也就是：雖然電子的存在不能獲得證明，而「電子」這概念充其量是個不完備概念，然而，這個不完備概念卻被證實為**有用**。憑著假設電子存在，我們得出許多有用的發明（如個人電腦）。所以，無論我們對物質秩序的源頭的概念多麼粗糙，這些概念仍帶來**物質的進步**。

信徒的回答

對此，信徒可以這樣回答：總的來說，過去對於道德秩序源頭的粗糙設想，何嘗不也帶來了道德的進步？從狩獵採集時代以還，「神祇」的道德關懷半徑持續擴大，而人類的道德想像力也隨之擴大；如今，人類抵達建立一個全球性社會的邊緣，若要跨過最後一道門檻，我們必須更靠近道德真理。如果這時候拋棄上帝的觀念，豈不是等於拋棄一條持續保障道德進步的路徑嗎？[3]

無神論科學家多半不會接受這論證，並且回應：即使真是上帝的觀念幫助人類抵達道德演化的現階段，我們就不能丟棄這個觀念或錯覺，就此分道揚鑣嗎？難道我們就不能為道德真理而追求道理真理嗎？科學進步固然需要電子的觀念來保障，但道德的進步真的需要上帝的觀念來保障嗎？

需不需要端視「你」是誰而定。有些人不用相信上帝便可表現得像是道德模範生，但其他人則需要上帝幫一把。這倒不是說他們非有「地獄」的恐嚇和「天國」的誘惑才能循規蹈矩，而是因為，如果他們認定道理真理體現在某位人格神身上，將會在道德生活上有更佳表現。他們需要感覺自己若是做了壞事會讓誰失望，若是做了好事會讓誰喜悅——而這個「誰」又最好是宜取悅而不宜使之失望的對象。

大多數人有這種需要並不奇怪。畢竟，人類的道德裝置針對人類社會演化而成，專為人在社會環境裡提供導航而設。人類的道德情感自然會驅使我們尊重別人。天擇把我們「設計」得會重視他人的觀感，害怕他人的否定和追求他人的肯定。而對很多人來說，把這種人類關係擴大到超自然界非常有用。這些人往往更善良，也更快樂。因為相信上帝會注意他們一舉一動，予以肯定或責備，他們遂能成為正直的人，更能與宇宙的道德中軸保持一致。有些人不需要這類幫助便

3 這個為上帝觀念辯護的「實用主義」論證跟威廉．詹姆斯本人採用的論證在精神上多有相通之處。他的論證請見〈信仰的意志〉。

表現出各種美德，但在某個意義下反而怪異，因為基於人類天性的規定，人類的道德生活以「他人」的觀感為基礎——這個「他人」愈是遍在，道德生活的基礎便愈是牢固。[4]

換言之，把道德秩序的源頭想像為一位人格神雖然不精確，但基於人類的侷限性，這種想像卻最能讓人與道德秩序產生成果豐碩的互動。物理學家不也是如此？他們對次原子源頭的想像不也是極不精確，卻有賴這種想像而得以與物理秩序產生成果豐碩的互動嗎？

事實上，你甚至大可把兩種互動方式都稱為一種溝通。科學家在設計實驗時皆隱含這種想法：「我想次原子的世界具有某種結構。」然後，自然界作出回應，提供正面或負面的反饋。科學的過程（即科學觀念的演化過程）乃是一場與自然界漫長對話的過程。然而，正如我們所見，上帝的演化及伴隨而來的道德想像力演化，也稱得上是一場與自然的漫長對話。在這對話過程中，也就是歷史的進程中，人類物種得到了一些相當於道德教育的反饋，從而導向道德真理。正是這演化的目的性讓信徒有理由相信，作出反饋的源頭要比大自然本身深邃。

聽聞此言，一般的無神論科學家大概還是反對把物理學家和有神論者相提並論，堅持主張「電子」觀念的不完備不代表電子不存在，而「上帝」觀念的不完備則代表上帝不存在。

不過，上述勾勒的畫面其實略嫌簡化。正如前文指出，有些物理學家壓根兒認為電子不存在。他們主張，我們稱之為「電子」的那些物理模式固然一定有某個源頭，而把這個源頭稱為「電子」也很有實用價值，然而，「電子」與該源頭完全不同，以致無法主張「電子」本身存在。（例如「弦論」String theory便主張，我們認為是粒子所產生的那些模式其實是一些弦似物事所發出的「振動」。「弦論」迄未顯示出豐碩的應用成果，但即便真有那麼一天，我們仍不難想像，日後一樣會有人指出，「振動的弦」這觀念就像「粒子」的觀念一樣不充分。）根據這種觀點，「電子」不止是不完備的概念，更是一種錯覺（即便是個有用的錯覺）。

也許，要為電子和上帝辯護的話，最好把它們定位在「錯覺」與「不完備概念」之間。因為既然電子確實可以解釋某些物理模式，足以充當這些模式真正源頭的有用替身，就不該把電子完全貶低為「錯覺」。儘管如此，我們的電子觀念仍然與真正源頭的本貌天差地遠。上帝亦然：世間的道德秩序一定有一個源頭，而對很多人來說，上帝的觀念也是這源頭的有用替身；儘管如此，我們的上帝觀念仍然與這源頭的本貌天差地遠。

不過，還有些人根本不相信世間有一道德秩序。這些人就像溫伯格（見第二十章），斷言所有的道德規範都是人訂的，「外頭」根本沒有所謂的道德秩序。這確實是個眾說紛紜的問題；世間存在超在的道德秩序與否？如果有，那麼，那些相信電子存在的人便很難否定設法構想這秩序的源頭具備正當性，又特別是如果你向他們強調，道德秩序的源頭不必然違背科學的宇宙觀；因為這不必然是某種擬人化的上帝或某種神祕的力量，因為說不定，這宇宙的法則雖然具有規律性，卻仍然服膺於某種目的，因為這些法則當初就是根據這個目的而設計（這裡的所說的「設計」只是個比喻，因為其「設計者」也許只是某種元天擇（meta-natural-selective）的過程。例如，說不定，這宇宙是從一個「宇宙淘汰」的過程演化而出，該過程青睞那些能發展出珍視道德真理的生命的宇宙，而不青睞欠缺這類道德秩序或神學取向的宇宙）。無論我們為這道德秩序的源頭設定為何（設定為一位人格神、機械化的挑選過程或某種介於兩者之間的物事）。重點在於，如

4 還有一個更直接的「實用主義」論證。不需要談什麼「道德秩序」的「源頭」，只需要你相信這宇宙有一個道德中軸，相信有絕對的對與錯這回事。如果你相信這個，你也許就會同意，罪惡感是做壞事時的有效反應，而自得感則是做好事時的有效反應。但這會產生一個難題：我們都只是人類，受已經發生的演化過程所形塑，所以，感到罪惡感或受肯定感的最有效方法是有另一個生靈。有鑑於人類的侷限性，所以，把宇宙的道德中軸想像為一種生靈，乃是我們與該中軸發生最真切的接觸（至少對許多人是如此）。

果你相信這道德秩序存在，那麼，就科學的標準而言，信徒設法想像道德秩序的源頭就是有正當性的——無論他們的觀念有多粗糙，或者這種靠近道德秩序源頭的方式有多迂迴。

無論如何，人感受到自己與一位人格神發生接觸，也許並不是一種靠向道德秩序源頭的迂迴方式。我在幾頁前主張過，人們感受到一位人格神的臨在（presence），乃是「天擇」內建於人類的道德下層結構所起的作用，這下層結構會讓我們對別人有責任感，讓我們不想使別人失望，讓我們對別人饋贈的禮物心生感激等等。而這些感情又是奠基於道德下層結構的基本元素（包括相信有是非對錯這回事的意識）。所有這些人類本性的元素都讓我們相信有一位人格神甚至行審判的神存在，而這些全都是透過演化而實現的非零和邏輯的產物，是「天擇」把我們導向更豐碩互動關係的方法；這體現出「天擇」的一項認知：透過與其他人（至少是某些人）合作，更加符合我們的自身利益。另一方面，我們記得，斐洛和一些其他思想家主張，這種非零和動力乃是「邏各斯」的核心，而「邏各斯」是上帝的直接延伸。準此，我們也可以說，人類會演化出道德裝置，乃是「邏各斯」在人類特定集結階段所起的作用：這讓我們的遠祖進行小群體的合作，又為更大的群體合作（最後是跨各大洲的群體合作）架設舞台。

各位當然能夠不以此說為然。但如果各位接受邏各斯神學，那感受一位人格神臨在的體驗便具有吊詭有效性。一方面，你會感受到「外頭」有一位人格神，只是想像的產物；另一方面，這種想像又是一種「外頭」的力量所反映。換言之，你的想像乃是非零和邏輯的一種肉身化，這邏輯先於且凌駕每一個人，故而是（至少邏各斯神學是這樣認為）帶有神性的（divine）。在這層意義下，人類對超在神祇的感應便有堅實基礎。

當然，許多（應該說絕大多數）宗教信徒懶得理會上述的智力遊戲。他們不要聽什麼有某種神的觀念也許站得住腳，不要聽什麼人格神的觀念只在某種程度上接近真理。他們樂於聽到的，是你說他們對神所持的特定觀念信而有徵。如果你是這種人，本書就不是為你而設（《聖經》或《古蘭經》會更適合）。在本書所設定的思考框架，我們能做的只是為一位意義非常抽象的上帝辯護，以及從實用主義的立場為一個較人格化的上帝辯護。

上帝是愛嗎？

但有些人卻能兩者兼得：一方面秉持頗抽象的上帝觀，另一方面又獲得如同相信一個人格神所帶來的心理滿足。他們成功的關鍵是選對了抽象化的方式。大概，歷來對上帝最成功的抽象化是如此：上帝是愛。[5]

這是真的嗎？上帝真的是愛嗎？如果你談的是傳統意義的上帝，我沒有資格回答。不過，「愛」確實跟我一直為之辯護的那種上帝有著密切聯繫，甚至是從祂直接流出。

這聯繫衍生自另一種聯繫：「愛」與道德秩序（上帝是其源頭）的聯繫。世間的道德秩序透過愈來愈擴大的非零和圈而顯示自身，而非零和圈的擴大則會把愈來愈多人拉向道德真理，讓愈來愈多人學會彼此尊重。正如第十九章指出，人類向著道德真理靠近，是拜道德想像力的成長所賜，而道德想像力的成長，則是拜同理心的擴大所賜（同理心可讓人設身處地從別人觀點角度看事情）。當同理心白熱化，就會趨近於「愛」。你也不妨說「愛」是道德想像力的最高形態，因為「愛」促使一個人對他人產生最親密的認同，對他人的道德價值產生最熱烈的肯定。

有時候，「愛」除了將人導向道德真理，還會導向一些比較普通的真理。例如，看到別人家

5 譯注 「上帝是愛」的說法出自〈約翰一書〉四章八節：「沒有愛心的，就不認識上帝，因為上帝就是愛。」

的兩歲小孩無緣無故撒野，你可能會想：「真是個野孩子！」但換成是你自己的兩歲小孩有同樣行為，你更有可能會這樣解釋：「小孩一定是沒有午睡才會鬧脾氣。」明顯的是，這個解釋往往是正確的解釋，而第一種反應甚至不算是個解釋。所以，在這個個案中，「愛」導向了真理。又例如，當我們看見自己小孩賣弄，更有可能會想：小孩因為平常被忽略，想要爭取大人注意。這個解釋通常有效，也包含對人性的洞察，不像「鄰家的孩子是個愛現鬼」之類的見解那般一無是處。無疑，「愛」有時也會蒙蔽我們眼睛——這種事無日無之（極端的例子請上Google搜尋"Texas Cheerleader Mom"）。儘管如此，「愛」最好的一面總是讓我們對別人有更好的了解，從而更能體認「應該尊重他人」這個道德真理。

尤有甚者，這世界要是從未出現「愛」這回事，同理心（這是道德想像力的基礎）大概也不會出現。早在有歷史、有人類之前，動物便已對近親表現出某種愛。我們有理由猜想，當動物第一次感受到愛的時候，也是動物第一次感受到另一些同類的內在世界的時候。用生理學語言來說的話便是：「愛」大概是第一批「鏡像神經元」的促成者（「鏡像神經元」可能是道德想像力的生理基礎，也因此是道德秩序的下層結構的基本成分）。

「愛」與道德秩序的關係還不僅止於此。我說過，道德圓周的擴大由道德秩序所規範，反映的是非零和圈的擴大，而非零和圈之所以擴大，則是因為文化的演化（特別是科技演化）把愈來愈多和愈來愈遙遠的人群帶進非零和遊戲。然而，「愛」本身便是非零和關係的一種展現。因為從基因繁衍的動機著眼（「天擇」都是根據這種動機行事），「天擇」會創造出「愛」，是因為近親之間進行的是非零和遊戲：近親擁有大量相同的基因，所以彼此幫助把基因傳遞下去才更符合雙方利益。

當然，生物體自己並不會意識到這種「利益」。即使聰明如人類，達爾文派的邏輯也不是一種自覺的邏輯。例如，我們不會這樣想：「透過我對女兒的愛護，她更有可能健健康康活到可生育的年紀；所以，透過我的愛，我的基因便可與我拷貝在女兒體內的基因進行非零和遊戲。」事實上，按照達爾文派的觀點，「愛」是這種邏輯的代理人：「愛」會驅使我們在不自知的情況下按照上述的邏輯行事。所以，「愛」於幾百萬年前首次出現在某些動物身上，乃是大自然為幫助牠們創造雙贏而設計，好讓牠們不會因為「智慧」蒙昧而無法大量繁衍。而「同理心」的種籽就在那個時候植下（再說一遍：「同理心」是「愛」的自然產物，也是道德想像力的關鍵要素）。

所以，同理心發軔於生物的非零和性，日後又由文化演化（特別是科技演化）驅動的第二波非零和性加以利用。隨著相互依賴的擴大，隨著社會組織的擴大（先是超越家庭的層次，繼而超越狩獵採集群落、酋邦和國家的層次），讓同理心不斷擴大的道路亦告底定。這時，同理心不再需要靠原先的推動者（「愛」）來維繫：你跟誰做生意並不需要愛誰，甚至不需要視他們為手足同胞。不過，你必須有夠強的道德想像力，夠強的同理心，才不會把這些人歸到敵人的範疇。某個意義下，你必須把他們視為像你自己一樣的人。

一如「愛」促進家庭內的真理，當同理心超越家庭的層次，愛也會把人推向更大的真理。這是因為，他人事實上**就是**像你一樣的人。不管是好是壞，他人都和你一樣，受同一類的情感、盼望和虛妄所驅策。如果你老是把他人放在敵人的範疇，便是任性地對這種共通性視若無睹。

這真是一件非常奇妙的事：「天擇」幾百萬年前在某些不知名的動物身上創造了「愛」，而「愛」的衍生物（道德想像力）卻可以幫助今時今日的我們維持世界在軌道上。道德想像力的擴大讓我們認識地球救贖所端賴的真理。這真理一方面是客觀真理（指出我們應該站在別人的觀點角度看事情），一方面又是道德真理（指出我們應該考量別人的福祉）。

既然物理學家無法精確想像電子卻照樣把某些屬性歸給電子，那信徒雖然無法精確想像上帝，一樣有權把某些屬性歸給上帝。在各種可歸給上帝的屬性中，最有可信度的其中一種是「愛」。從這個角度，為上帝辯護的論證也許可以因著「愛」與「真理」的有機連結而獲得加強（事實上，這兩種性質有時合而為一）。我們也許可以說，「愛」與「真理」乃是兩種我們可參與其中的神性，而透過參與其中，我們也把神性更真實地顯現出來。再一次，各位當然可能不以為然。重點是，抱持這套想法的人並不一定是瘋子。

附錄：宗教如何源自於人類天性

Appendix: How Human Nature Gave Birth To Religion

當某種現象普遍存在於所有人類社會，便會有人提問：這是否「源於人類基因」？那麼，宗教之所以擴散開來，是否因為宗教能帶給人類的遠祖極大益處，而讓遠祖背後的基因得到「天擇」的青睞？有些科學家相信答案是肯定的。這些科學家因為人數眾多，所以你有時會在報上看到這種標題（出自加拿大的報紙）：「尋找『上帝基因』的工作持續進行中」。

這種標題不太可能絕跡，因為類似的尋找也不太可能成功。理由倒不止是因為**單一**基因無法解釋宗教如此複雜的現象。即便我們相信宗教由一大批基因共同助長，情形看來一樣不樂觀。

說來奇怪，「宗教不可能直接用基因來解釋」這主張由演化心理學首先提出，這派別一向出了名強調基因對思想感情的影響。雖然有些演化心理學家相信宗教是「天擇」的直接產物[1]，但許多（應該是絕大多數）演化心理學家並不同意。

宗教在各種意義下不見得不是「自然的」，在某種意義下也可能「源於基因」。人做的所有事總在**某些**意義下跟基因有關（不信的話你不妨試試舉出一個反例）。更重要的是，儘管我們可以把宗教起源追溯到人類天性中受基因決定的部分。問題是，這部分的人類天性看來是出於其他原因演化而成，不是為了支撐宗教。

美國心理學家威廉．詹姆斯在一九〇二年出版的經典之作《宗教經驗之種種》表述這個基本觀念如下（但沒有訴諸演化論）：「有宗教性恐懼，有宗教性的愛，有宗教性敬畏，有宗教性喜樂等等。但宗教性的愛只是人類本有的愛指向一件宗教物事的結果；宗教性恐懼不外是一般性恐懼，是報應觀念在人類心頭引起的震動。宗教性敬畏亦不過是我們會在半黑森林或山谷會感受到的敬畏，只不過這次是我們思及自身與超自然的關係時來到。」

如果想把威廉．詹姆斯這個觀念用演化生物學的語言表達，便會用到「適應」這個觀念。所謂的「適應」，是指一種生物特徵背後的基因之所以能夠擴散到整個物種，是因為該生物特徵有利於該物種的生存。例如，「愛」便可視為一種「適應」。愛子女會讓人細心照顧子女，這樣一來，這個人的基因便更有可能傳到下下一代。所以，父母之愛背後的基因得以擴散開來，是由於這基因有助於人產生愛的情感。對於威廉．詹姆斯所提另外幾種情感（敬畏、喜樂和恐懼），我們一樣可以論證它們是一種「適應」（例如，懂得恐懼可使當事人知所迴避兇猛的野獸或人類，提高活命的機會，而恐懼背後的基因也因此更有機會留存）。但這並不表示宗教是一種「適應」，即便宗教涉及愛、喜樂和恐懼這些情感（又因此涉及情感背後的基因）。

簡言之，你可以說，人會產生愛、敬畏、喜樂和恐懼之類的情感，是出於天擇的「設計」（這裡的「設計」只是個比喻，因為「天擇」不是有意識的過程，而是盲目的試誤過程）。但這不表示，情感被宗教激發的時候，仍按照「原設計」運作。

同樣，人類固然是出於「天擇」的設計而會跑步並具備爭勝心態，但這並不表示「天擇」設計這兩種特徵以供人參加田徑比賽。所以，宗教就像田徑比賽一樣，看來不是一種「適應」。兩者更像是古生物學家古爾德（Stephen Jay Gould）所說的「拱肩」（spandrel）：一種由基因支撐的現象，但支撐它的基因原為服務別的目的而設，非為服務該現象而設。「拱肩」是有機設計過程的偶然副產品，反觀「適應」則是直接產品。宗教看來應該是一種「拱肩」。

你也許會反駁說，宗教在在具有「設計」的正字標記。宗教是一個複雜、整合的系統，看來專門為執行某些特定的功能而設計。例如，宗教幾乎都包含一些「過渡儀式」（rites of passage，成年禮、婚禮、葬禮等等），而這些儀式亦發揮社會功能。如果不訴諸一個設計者或一種設計力量的話，又要如何解釋宗教的一貫性和功能性？

沒錯，不那樣的話你是解釋不了的。但生物演化並不是地球上唯一的「大設計師」。另一位「大設計師」是文化演化，它會在各種「彌因」（各種信仰、習慣、儀式、歌曲、技術、理論等等）之間選擇，從一個人傳給另一個人。而形塑文化演化的一個原則便是社會效用性：那些有利於群體暢順運作的「彌因」總是比缺乏這種功能的「彌因」更有優勢。正是文化演化帶給我們現代企業、現代政府和現代宗教。

1 大部分相信宗教是「天擇」直接產物的演化心理學家都傾向於「群體選擇論」（group-selectionist）的解釋。「群體選擇論」的邏輯可用上述加拿大報紙引用的科學家之言來說明：「人類物種的存續有賴共同合作的能力，有賴組成社會的能力。為某種信仰而活並在有必要時願意為信仰而死，這乃是強大有力的生存優勢。我相信，我們會有信仰，乃是受基因規定的傾向所驅使。」正如這段引文所顯示，「群體選擇論」相信，「上帝基因」之所以能留存，並不是因為這可以直接幫助擁有者，增加他們的存活機率。事實正好相反，這會驅使個人「在有必要時願意為信仰而死」。但這種犧牲可以增加群體的存活機率，讓它們總的來說比缺乏宗教的群體更容易存活下去。

「群體選擇論」的可信度充滿爭議性。相當多達爾文主義者都相信，「群體選擇」在某些情境中很有可能。但許多演化心理學家（全是些「個體選擇論者」）都認為，這一類情境在人類的演化過程中極為罕見，所以，「天擇」理應不會青睞一些會鼓勵人為更大群體（家族除外）作出重大犧牲的遺傳特徵。（這些「個體選擇論者」一般都把人為親人犧牲的基因傾向解釋為是由「親族選擇」（kin selection）所導致，又主張「親族選擇」是有異於「群體選擇」的動力，但「群體選擇論」的擁護者則常常認為「親族選擇」只是「群體選擇」的一種。撇開用語的爭論不談，所有演化心理學家都同意人為親人犧牲的傾向會受「天擇」所青睞。）上述那位言論被加拿大報紙引用的科學家是個非典型的「群體選擇論者」，因為大部分「群體選擇論者」都不認為「天擇」常常是以保存「物種」為出發點。

用「群體選擇論」來解釋宗教最有名的作品大概是威爾遜（David Sloan Wilson）的《達爾文的大教堂》（*Darwin's Cathedral*）。這書並沒有嚴謹或詳細的解釋，說明宗教衝動怎樣由「群體選擇」演化出來，但威爾遜毫無疑問是個「群體選擇論者」，而他強調的那些宗教面向也是「群體選擇論者」喜歡強調的：即宗教可促使更大社會群體順暢運作的那些面向。威爾遜並未交代，群體層次的適應為何不能透過文化演化來加以解釋（他舉的一些例子明白顯示出文化演化扮演著重要角色）。

也因此，文化演化帶給我們一種不現代的宗教。不管我們望向哪個「原始」宗教，看到的無不是經過漫長演化的產物。雖然人類學家觀察的狩獵採集社會讓我們一窺一萬兩千年前（農業出現前）的宗教大體如何，但無一反映真正原始階段的宗教（也就是宗教信仰與習尚在地球剛出現時的樣子）。反觀所謂的「原始」宗教卻已經演化了幾萬年甚至幾十萬年。一代又一代的人類心靈接受了某些信念，又拒斥另一些，在這過程中不斷地重新形塑宗教。

所以，要解釋「原始」宗教的出現，我們必須了解哪些信仰和習尚最容易讓人類心靈接受。那麼，哪類資訊最容易被人腦過濾掉，而哪類資訊又最容易深植在人腦？另外，在宗教出現之前以及受文化演化左右之前，基因演化又是如何形塑宗教所發源的那個環境（即人腦）？

換個方式來問便是：「天擇」所設計的人腦最傾向於創造哪類信仰？首先是——子虛烏有的事情。

最起碼是不一定為真的事情。如果清明認知真的有助於人類祖先把基因傳遞給後代，那清明認知當然就會受到「天擇」的青睞。通常，心靈精確性都有助於基因的存續與傳遞。這就是我們為何擁有卓越的感官，可以在雜音中辨識出人類聲音。然而，有些時候，精確的感官和判斷能力反而會減低生存和繁衍的機會，而每當這些時候，我們就有理由預期「天擇」不喜歡精確性。

真相與後果

一九七四年，舊金山報業鉅子的千金赫斯特（Patty Hearst）遭到綁架，綁架她的人屬於自稱「共生解放軍」（Symbionese Liberation Army）的激進組織，其目標之一是「消滅那些以人民血汗為食的法西斯害蟲」。赫斯特小姐被關在密室，一段時間之後，她開始認同綁架的那群人。不多久，她便積極幫忙他們，一度手持機關槍，協助他們搶劫銀行。雖然有一次歹徒沒看守她，她卻沒有逃走。

她日後說明自己當時的心理：「直到離開他們大約兩星期為止，我幾乎毫無自由意志可言。然後我突然開始慢慢感受到，他們已不在我周遭。我開始可以自行思考。」被綁架期間，赫斯特小姐不止接受了綁架者的意識形態，還相信了他們有關物理世界運作的觀點。她說，其中一個綁架者叫她「別想被救的事，因為腦波可以讀得到之類，用通靈人就能找到我。我聽了這就覺得害怕。」

赫斯特小姐的輕信被稱為斯德哥爾摩症候群（醫學界最先發現這種症狀是因為瑞典發生的一次綁架事件，故名）。但「症候群」這三個字有誤導之虞，因為這暗示這種情況並不正常。赫斯特小姐的反應其實是一種自然反應：我們容易被洗腦，其實是出於「天擇」的設計。

有些人認為這種主張嚴重侮辱人類獨立思考能力，但這些人通常不是演化心理學家。在達爾文主義的思考架構裡，有些基因會鼓勵人在某些處境中盲目是完全說得通的。因為如果你被一小群人包圍，而你的生死又得仰賴他們，這時，如果你排斥他們的核心信仰，大概只有死路一條，無法把基因傳遞給下一代。

雖然被一小群人幽禁的事情似乎極罕見，不是「天擇」需要考慮的情況，但某個意義下，那是一種自然不過的人類處境。最早期的人類都以小群體的方式聚居（二十人、四十人或六十人一群），而當時要從一群人中間搬到另一群人中間也不是可能的選項。一個人想要生存，必須有賴群體的支持：彼此分享食物，戰鬥時緊密合作，等等。如果你堅拒同儕的信念，那就會被疏遠，降低繁衍基因的機會。

這也許解釋，何以不必把一個人關在密室，一樣可以讓他得到一點點斯德哥爾摩症候群。現在，有許多宗教教派都會用遊覽車把無所事事的少年人載到某個地點大吃大喝，等這些少年人被信徒圍繞了幾天，他們很容易會對該信仰產生好感。有一個著名的社會心理學實驗：找來一群受試者以目測兩條線的長度是否相同。受試者只因為其中幾個事先安查其中的樁腳說長，便把兩條長短明顯不同的線條說成一樣長。

既然人類有這種「從眾」的偏頗本性，無怪乎那些生長在「原始」宗教裡的人（其他宗教也一樣）會相信一些外人覺得匪夷所思的信條。但有個問題猶待回答：信仰系統一開始怎麼出現的？就算人們真的容易相信社群的既有信仰與儀式建構（沒有其他競爭的宗教時尤其如此），但這些建制在一開始又是怎麼產生的呢？人們容易接受既有建制，但宗教在一開始又怎麼會憑空冒出來？

神咬人

要回答這問題，我們必須從微觀的層次觀察宗教的演化。著眼於文化的個別單位（在目前的個案中是信仰和儀式），看看這些是怎樣擴散開來。生物學家道金斯創造「彌因」這個詞彙，意指文化的基本單位。他會稱之為「彌因」，部分是為了讓人聯想到「基因」（gene）一詞，藉此強調文化演化和生物演化之間具有某些相似之處。例如，基因可以從一個身體傳給另一個身體，從一代傳給下一代；同樣，「彌因」也會從一個心靈傳遞給另一個心靈。另外，就像新出現的基因需要在基因庫裡「競爭」一席之地，新進的「彌因」也需要在有限的人腦供應量裡「爭取」一杯羹。那麼，在「彌因」與「彌因」之間無止境的競爭過程中，哪一類的「彌因」更有天擇優勢呢？

新聞界的例子提供了一些線索。報紙的主編莫不絞盡腦汁，研究讀者最想要哪類資訊，一找到便馬上填補空白，滿足需求。他們都是些幹練的「彌因」工程師，也是人性專家。如果我們研究報紙的內容，會發現報紙對好消息和壞消息特別情有獨鍾。所以，你會看到「股市漲了五點」或「股市跌了六點」之類的標題，卻不大會看到「股市無多大變化」之類的標題。宗教（特別是「原始」宗教）亦然。在所有狩獵採集社會，宗教主要都是為了解釋為何某些禍事（疾病、饑荒等）會發生和為何某些好事（康復、豐收等）會發生。

彌因也致力於提高好事對壞事的比例。例如，安達曼島民深信晚上吹口哨會招惹惡靈而唱歌會趕走惡靈，所以晚上多半喜歡唱歌，絕不吹口哨。出於天性，人想要控制周遭的環境，而當他們相信自己有這種能力時，會生活得更安心。所以，人的心靈容易被那些自稱可提供他們控制本領的觀念吸引。雖說人們不見得都會接收這類觀念，但對「彌因」來說，具有吸引力乃是邁向成功的第一步。所以，燒蠟招致暴風雨之說雖不必然會在安達曼群島成為信條，但卻肯定比以下這個「彌因」有競爭力：「雷暴雨就是會發生，人也無能為力。」

報紙的第二個特徵是酷愛報導稀奇古怪的事情，不愛報導一般性或人們意料之內的事情。例如，肺結核和新近發現的西尼羅河病毒固然都不是好消息，而按致死率來說，肺結核比西尼羅河病毒可怕。然而，「新發現的死亡病毒讓專家束手無策」這新聞標題輕易就能擠掉「今年因肺結核死亡的人數一如往常」。這標題。這印證了新聞界的一句名言：「狗咬人」不叫新聞，「人咬狗」才算新聞。

人腦被希奇古怪的事情吸引並不奇怪，因為可預測的事情早已被頭腦吸收，成為生活的指導原則，無需特別留意。反觀希奇古怪的事情卻可能意味著我們得修正既有預期。然而，奇說怪談又常常帶有一項特質：子虛烏有。所以，如果希奇古怪的消息較能吸引人腦，這也會讓假消息比真相在傳播上更有優勢（起碼是一時的優勢）。九一一恐怖攻擊事發後幾天，有一則消息在網路上廣為流傳，說是有個在雙子塔頂樓的人順著瓦礫堆形成的通道一直滑到一樓，大難不死。這則新聞那麼不可思議，幾乎會讓任何人不由自主按下電子郵件的「轉寄」按鈕。其實，這則新聞除了不可思議，根本就是假的。俗語說得好：真相都還沒有起跑，謊言已經繞地球跑了半圈。

當然，真相最後往往還是會起跑，而人們也往往歡迎真相來到。事實上，人類的遠祖若不能以遲來的真相平衡新奇的道聽途說，大概早已全部死光光，而無法成為人類遠祖（試想，二十萬年前若是有個「智者」宣稱吃了某種漿果可以長生不老，而照做的頭兩個人吃後馬上死翹翹，但其他人照吃不誤，後果會是如何）。但凡不把證據當一回事的基因都不可能長久留在人類物種。這種尊敬證據的傾向解釋了，為什麼你想說服別人相信「一加一等於三」或「水向上流」會那麼困難。

但有些宗教信念不是這麼容易檢驗。難以檢驗的信條應該很容易通過文化演化的篩選，導致宗教的誕生。事實上，狩獵採集宗教（乃至絕大部分宗教）包含了大量可抗拒證謬的信條。北美洲西北海岸原住民海達人相信，出海時若遇到風暴，必須設法取悅相關的神明（殺人鯨神祇），方法是把一杯淡水倒進海裡，或是用槳把一些煙葉或鹿脂送入海中。很多用過此法而平安歸來的人都會大肆宣傳這種方法有效。至於為何無人報告此法無效，理由不難了解：他們都淹死了。

當然，還有一些宗教信念可以多少驗證。例如，如果安達曼島民的信念為真，融化蜂蠟真能惹來雷暴雨，那麼，禁止大家融化蜂蠟照理說可以阻止雷暴雨發生。問題是，你又如何確認雷暴雨來臨的前一晚，村子裡真的無人燒蠟或從事其他招惹雷暴雨的行為（例如在蟬鳴時大聲吵鬧）？

這些「巧門」也見於各種現代宗教。如果你為某個生重病的人祈禱而他後來沒有康復，那禱告的有效性理當會動搖。但宗教總有辦法解釋這一類失敗。例如，它可以說，你的禱告無效，也許是因為你本人或你代禱的病人犯了重大過錯，所以，這是上帝的懲罰。又或是說上帝有祂不為人知的神祕旨意。

綜上所述，我們可以猜測，能夠在文化演化的狗咬狗世界裡存活下來，包含這些特徵：（一）希奇古怪而且違反直覺的主張；（二）自稱能夠闡明凶吉的原由；（三）給予人們控制這些源頭的力量感；（四）提出本質上難以驗證的信條。從這個角度來看，宗教的起源便不那麼撲朔迷離。

但我們受希奇古怪吸引總是有限度的嗎？我們固然能相信一個人可以從一棟倒塌摩天大樓的頂樓順著瓦礫堆一路滑到一樓，但我們顯然不會像因努伊特人那樣，相信獵物短缺是因為住在海底的女神發怒所致（見第一章），這又是另一回事。換言之，「人咬狗」不管有多麼難以置信，似乎都比「神咬人」更容易讓人置信。

黑猩猩的主

然而，我們會相信人格神的觀念，會相信某些魂靈會因為發怒而打雷閃電，乃是受演化而成的大腦助長。受過科學洗禮的現代人也許會覺得，以機械性的自然法則來解釋自然現象最自然不過，但演化心理學卻主張，人類解釋**任何事情**最自然的方式都是訴諸一個「人似的行動者」（humanlike agency）。這是天擇為人類設計的解釋方式。我們的大腦之能夠思考因果關係，乃是從特定脈絡發展出來，而這個特定脈絡就是其他的人腦。當我們的遠祖首次發問「為什麼」的時候，他們問的不是天氣何以會變化或是疾病何以會發生，而是問同儕何以會有某種行為。

這個主張有點猜測性質（當然也難以檢驗），因為我們不可能觀察生活在兩、三百萬年前的前人類遠祖思考事情。然而，有些其他途徑可以啟發這個答案。

方法之一是觀察我們在動物界最近的近親：黑猩猩。人類不是演化自黑猩猩，但人類卻跟黑猩猩有一個不算太遠的共同遠祖（這遠祖生活在四百萬至七百萬年前）。另外，黑猩猩也極有可能比人類更像這個共同遠祖。所以，黑猩猩雖然不是這個遠祖的翻版，卻是我們所能找到最近似這遠祖的生物。

誠如靈長類專家德瓦爾（Frans de Waal）指出，黑猩猩社會與人類社會有些地方非常相似，而其中一個相似之處反映在他一部著作的書名：《黑猩猩的政治》（*Chimpanzee Politics*）。一群黑猩猩會與另一群黑猩猩結盟，而實力最強大的聯盟可以獲得最多資源（特別是性伴侶）。「天擇」為黑猩猩裝備各種情感與認知工具，讓牠們從事這種政治遊戲。其中一種工具是預料能力：黑猩猩可以從別隻黑猩猩態度的變化，預測對方有何打算。德瓦爾提到，有一隻叫耶羅（Yerone）的黑猩猩老大面臨舊盟友盧伊（Luit）愈來愈強的敵意，而種種跡象顯示，耶羅「已經意識到盧伊對牠的態度有所改變，從而知道自己的地位受威脅。」

我們當然可以懷疑，耶羅對自身處境的了解沒有德瓦爾所描述的那麼清晰和自覺。不過，就算黑猩猩無法自覺地因果推理，看來也近乎有這種能耐。所以，假定牠們的政治發展得更複雜（更像人類政治），而牠們本身也變得更聰明（更像人類），那麼，我們將會看到一種邁向自覺地思考因果性的生物。這種生物的背後動力將會是其他生物體，因為他們的因果關係舞台就是社會舞台。在這個領域，每逢壞事發生（如耶羅的老大地位受到威脅）或好事發生（如耶羅獲得新盟友幫助），都是由另一個生物體造成。

當然，黑猩猩還會碰到其他好事或壞事（乾旱或香蕉盛產等等），但我們卻沒有理由認為，牠們會自覺地為這些現象困惑，從而使用類似預測同伴行為的方式來預測乾旱發生。我們也沒理由認為前人類遠祖會這樣思考事情。更好的猜測毋寧是，「天擇」為人設計的因果性思維方式是針對同儕而發（他準備要揍我嗎？她準備要背叛我嗎？）另外，當我們的遠祖開始談論原因，談論的大概也是同儕為何表現出某種行為（你為什麼要揍我？你知道她為什麼要背叛我嗎？）

我不止在談論一種習慣。也絕非說我們的遠祖在問「為什麼」的時候，都習慣歸因於別人。我要說的是，這種思考方式是人腦的結構使然，是「天擇」專為人腦而設計。

無怪乎當人們的好奇心延伸到社會之外，開始探問為何某些好事或壞事會發生，想到的答案也是他們在社會世界得到的同一類答案。換言之，有人問「為什麼這小嬰兒剛好是在雷暴雨來臨時誕生」之類的問題時，他們很自然會想到那是某種類似人類的生命體所安排。

人類學家泰勒在一百多年前說過：「神靈只是『擬人化的原因』。」此說固然有見地，但泰勒自己恐怕還不知道「擬人化」是多麼自然的一種人類心理傾向。事實上，當我們說「原因」被人給擬人化的時候，乃是顛倒事實。更精確的說法毋寧是，現代科學的「原因」觀念乃是從擬人化的神靈蛻變而來，是把人類給去人格化或把神靈給去人格化的結果。

即便在現代科學，去人格化的過程也許迄未完成。有些哲學家相信，把世界打為「因」與「果」兩橛，是一種錯誤的二元思考方式，因為真實界原是渾然一體，毫無接縫。所以，所謂的「現代」因果觀念可能只是原始思考方式的殘餘物，這種思考方式的作用場域是社會世界，認定的「原因」都是一些他人。

長腳的靈

主張神或靈的觀念肇始於人類的社會互動，顯而易見的反對意見是：狩獵採集社會不是奉一些動物而非人類為神靈的嗎？另外，有些超自然生靈（特別是人類學家所說的「靈」）不是太過面目模糊，以至不夠資格被歸類為動物或人類嗎？如果沿用泰勒的說法，我們不是應該把「擬人化的原因」改為「**擬動物化**的原因」？

對於這個反駁，我們首先要知道，無論人類學家所說的「靈」聽起來多麼不像人類，但每當人類學家請原住民畫出這些靈的樣子時，畫中人物總是多少像個人類：有兩根手臂、兩條腿、一個頭顱。相似的，古中國的最高神「天」聽起來一點都不像人類，然而，在最早的中國文字裡，「天」字卻像個火柴人：有兩根手臂、兩條腿、一個頭顱。

就連那些長相真如動物的超自然生靈，如克拉馬斯人的造雪鳥（見第一章），牠們的行為舉止仍然不像動物。牠們身上也許長有翅膀或覆蓋著毛皮或鱗片，也許沒有人的五官和肢體，但牠們的行為動機仍然跟人類如出一轍。人類學家博耶（Pascal Boyer）指出：「心靈是唯一固定被投射到超自然生靈的人類特徵。」

博耶相信，人類的認知結構有助解釋人類為何把神靈想像為我們習見的那樣子。他說，人類心靈對何謂真實（reality）有一些內建的假設。人們自然而然把世界劃分為幾個基本的「存有論範疇」，如植物、動物、人類之類，又歸給各個範疇一些專有屬性。換言之，我們有一塊專門用來思考植物的心靈「模板」，又有另一塊專門用來思考人類的心靈「模板」。例如，我們會認定，如果去揍某個人，一定會得罪對方而被報復，但揍一棵植物則不用擔心有同樣後果。依博耶之見，當人們思考神或靈的時候，他們使用的是那塊用來思考人類的「模板」，但會略事修改，替換掉若干屬性。正因如此，基督教的上帝才跟人類有許多相似之處（會愛、會恨、會失望、會嫉妒），卻無所不知又無所不能。

對某些人來說，上帝的最後兩種屬性（全知和全能）頗有疑慮。這不奇怪，因為我們都受過現代科學文化的薰陶。但博耶認為，在數萬年前，當宗教剛開始出現時，這類不可信的特徵反而是神祇的利基。他的實驗顯示出，愈是違反直覺的特徵（即愈是與人類心靈模板不合的那些特徵），愈讓人印象深刻，難以忘懷。例如，如果你告訴別人，某張桌子在人離開房間以後會感到難過，他們很可能在幾個月後還記得這話。我們也大有理由相信，他們更有可能會把你這話轉述開去。所以，那些把神祇描繪得很不可思議的「彌因」會比沒那麼不可思議的「彌因」更有競爭優勢。

前提是這些神的怪異程度不能太過分。正因此，博耶相信，最容易流傳開來的神明是有點怪又不太怪的神明：只違反一、兩項基本「存有論規定」的那些（如「全知」和「全能」）。這些「違反」的數目不能太多，也不能太離奇，使人想像時太吃力。

事實上，就連「全知」和「全能」這兩項特徵都超過了人類想像力的極限。有兩位心理學學家做過實驗。先是問受測者，至高的神明具有哪些特質，而得到的回答都是一面倒地具有「神學正確性」：全知、無所不在等等。然而，當同一批受測者被要求更具體想像上帝如何在對某個情境發揮影響力的時候，他們心目中的上帝卻一下子變得更像人類：想像上帝占據著空間的某個點，無法同時做兩件事，而且還「需要用眼去看和用耳去聽以補足資訊。」

這一點道出了現代神學碰到的一道難題：當神祇被定義得愈來愈抽象，以便跟科學世界觀並存不悖時，人們也愈來愈難感受到自己和上帝的的關聯性。所以，當田立克在二十世紀中葉把上帝定義為「存有的根基」時，固然有些神學家拍手叫好，也有人不以為然，覺得這定義難以理解，甚至偶爾還會有人指控田立克是無神論者。儘管如此，他仍然可以回應說，批評他的人都是受困於人類天生的狹隘視野：畢竟，人類心靈有其侷限性，因為根據原設計，心靈只能用於測量社會小宇宙，無法測量更大的宇宙。

與超自然界來往

〈創世記〉曾言：「上帝用祂自己的形象造人。」[2]亞里斯多德則說過：「人根據自己的形象創造諸神。」現在應該很清楚了，亞里斯多德的意見有幾分道理，尤其有助於我們理解諸神的**心靈**。所以，理論上，人類心靈某些最基本的特徵應該也是神祇（特別是「原始」宗教的神祇）的標準配備。

這些特徵之中，特別值得注意的是人類心靈中被演化動力形塑的部分，這種動力被稱之為「互惠性利他主義」，從這種動力著眼，我們會對宗教很大一部分的起源（進而也會對當代宗教很大一部分的起源）有一全新的觀照。

人類被「天擇」設計成知所互惠互利，知所彼此分享食物和有價值的小道消息。我們幾乎不用思考，便自然而然跟某些人結成夥伴——這是由以基因為基礎的情感所驅動。我們會因為受人厚待而心生感激，產生回報的責任感，如此不斷地禮尚往來。對於那些信得過的互惠對象，我們會愈來愈信賴和喜愛，視之為「朋友」。這都是感激之情和信賴感的用途，是這些情感會成為人類天性一部分的理由。

當然，不是每個人都值得我們信賴。有些人在接受禮物之後不思回報，或是設法勾引我們的配偶，或以其他方式公然不敬。要是我們任由這些人不斷占便宜，日積月累就會吃了大虧。早先的時代，任由別人占便宜可能就是生與死的分別，是子孫滿堂或絕子絕孫的分別。所以，天擇也為我們「設計」出一些情緒，讓我們懂得懲罰那些信不過的人，懲罰那些不尊重禮尚往來原則的人。別人不思回報會引起我們義憤，進而以某種方式懲罰對方：若非是以實際行動還擊，就是停止再為對方付出，好讓他們得到教訓！（大概更重要的是，這報復可讓每個旁觀者學乖，而在遠古的狩獵採集社會，幾乎每個人都是旁觀者。）

這便是人腦從中演化而出的那個社會脈絡：一個四周都是鄰居的世界。這些鄰居總會不同程度地盯著你，看看你有沒有背叛、不敬或不老實的跡象，一旦發現有這方面的強力證據，便會對你施加懲罰。在這樣一個社會小宇宙裡，你會被別人揍、嘲笑或冷淡對待，通常是因為對方覺得你違反了互惠的原則：也許是你沒有回報對方給你的好處，或是你的行為讓他們覺得有欠尊重。

所以，人會把禍事歸因於他人的發生學，用於解釋神或靈的降禍，就完全不是偶然。狩獵採集社會的宗教（很多其他宗教亦然），當某個人碰到禍事，幾乎總是因為這個人怠慢了神或靈。這種怠慢若非疏於對神祇盡應盡的義務（例如向祖靈獻祭），就是惹惱神祇（例如在蟬鳴時大聲吵鬧）。想要安撫神祇的憤怒，方法也跟安撫被你得罪的鄰人如出一轍：給他們些什麼（獻祭）或改變行為（不再在蟬鳴時吵鬧）。

從這個角度看問題，許多古怪的迷信便會顯得不那麼古怪。日本原住民阿伊努人非常忌諱向爐火吐口水。這聽起來奇怪，但如果你知道阿伊努人相信爐火是火神惠賜，這禁忌便很好理解。沒有人會侮辱禮物的贈與者，因為這樣做了，對方一氣之下再也不會送禮。而向禮物吐口水正是

2〈創世記〉一章廿七節（RSV譯本）。

侮辱贈與者的舉動。

博耶相信，宗教很大一部分內容都可以由此獲得解釋，換言之，很多宗教信念信仰都是我們把「互惠性利他主義」情感投射到超自然界的結果。我們相信，就像我們的人類同伴一樣，神或靈也會要求我們盡責任義務。這倒不是說神或靈一定會講道理。例如，博耶指出，惡靈總是「要求人遵守一些不平等條約」。但有這種神祇是很自然的，因為這世界本來就有霸道的人（這些人能夠多取少予，是因為他們就像神祇一樣，力量比普通人強大）。

希臘詩人色諾芬尼在兩千五百多年前說過，如果牛馬有神祇，牠們的神祇就會長得像牛馬。是否如此，我們永遠不得而知，但這也不是我的重點。重點毋寧是，任何有智慧的物種在設法解釋神祕莫測的事情時，總會歸因於某種與自己相似的生命。人類物種的歷史就是指向這個方向。[3]社會叢林孕育了人腦的演化，而那座叢林之中有一條法則：當壞事降臨在你身上，往往意味某個人對你生氣，而對方會生氣，又往往是因為你得罪了他；這時候，想要讓壞事不再發生，方法往往是補贖前衍。如果你這法則裡的「某個人」改成「某個神或靈」，你就會得出一條適用於任何已知狩獵採集宗教的法則。

回到過去

雖然宗教觀念自然而然會對人腦產生吸引力，但光是這一點並未解釋宗教何以廣為流傳。姑且假定宗教「彌因」在文化演化中具有「天擇優勢」，但某個特定的「彌因」（某種特定的宗教信仰）一開始又怎麼會形成並受接納呢？確切答案我們永遠不可能知道，不過，以人類天性為線索，卻不難勾勒出一個有可信度的猜測。

首先，人是喜歡引起注意的動物，而一個可以引起注意的方法便是把自己說成某件戲劇性事件的主角。在馬克吐溫的《湯姆歷險記》裡，主角湯姆和兩個同伴（哈克和喬）離家出走，沿著密西西比河大玩海盜遊戲，但他們小鎮上的親友不知內情，以為他們失蹤是因為遇溺。馬克吐溫這樣描寫三人的朋友碰面時的情景：

〔大家〕紛紛用緬懷的語調回憶湯姆從前幹過些哪些哪些事，自己跟他們最後見面的情形，或喬曾說過這樣和那樣的小事。（這時他們都恍然大悟這些話充滿不祥之兆！）在場的人個個都能講出失蹤夥伴當時所站的確切地點，然後又補上一句：「我當時就這麼站著——就像現在這樣，比如你是他——我倆就這麼近——他面帶微笑，就像這樣——接著我覺得渾身不對勁——就像——很嚇人，你知道——我當時根本不知道是怎麼回事，可現在我全明白了。」

接著大夥就誰最後看過那三個死掉的孩子一事展開爭論。許多孩子都爭搶這個殊榮，各自提出證據，但這些證據又或多或少被別的目擊證人推翻。等最後塵埃落定，大夥認定誰最後看到死者並和他們講了話的幸運兒以後，得勝的小孩擺出一副了不起的樣子，其餘的小孩則張著嘴望著他們，羨慕得不得了。

3 如果我對「互惠性利他主義」和社會交換的強調聽起來像是演化心理學家把他們的達爾文派角度套用到宗教研究的結果，那值得指出的是，他們並不是唯一認為社會交換位居宗教感情核心的人。斯塔克和芬克研究了各種變形的宗教幾十年，而他們雖然看來不知道有「互惠性利他主義」的理論，卻一樣認為交換是人與神祇互動的基本支點。格思里也認為神祇的觀念基本上是一種擬人化，而他就像斯塔克和芬克一樣，沒有訴諸演化心理學。

我們沒有理由認為，公元前三萬年前的狩獵採集民不會有這種搶當主要目擊證人的心態。假設你是他們其中一員，而你路過某地點時發現有個人死得不明不白，又聽到背後的樹林發出奇怪的沙沙聲。這個故事一定會引起大家注意，而如果你還強調樹林恰好就是那時傳來沙沙聲，一定會更引人入勝。對啦，你當時不是還從眼角瞥見有個黑影甚至魅影飄過嗎？

人類學家格思里（Steward Guthrie）主張，狩獵採集社會的環境助長這一類捕風捉影的傾向，而這傾向又源於一種標準的人類心智裝備：「過動性尋兇偵測儀」。他指出，對一個狩獵採集民來說，偵測不到樹林裡潛伏著掠食動物的代價，遠大於給自己亂發假警報，所以，「天擇」故意讓我們傾向於動輒捕風捉影。因此，只要聽到樹林發出沙沙聲，我們的腦子馬上會閃出一個假設，認定那是由掠食動物所致，從而採取預防措施。但你真的看到了什麼嗎？天曉得。

況且，把遭遇說得愈離奇，聽眾愈是聽得津津有味。另外，告訴別人你看到一個魅影之後，有時不止對方會相信，連你自己也會更相信。現代心理學的一大發現是，記憶力這東西會系統性偽造證據。記錯事是人之常情，而且即便起初沒記錯，日後也可能愈記愈錯。特別是，憶述一件事情時，一些記錯的細節往往會深印在腦海裡面。我們不止在憶述事情時不自覺地加油添醋，還會把這些油和醋變成自己記憶的一部分（足球明星O. J.辛普森的前經紀人說他確定辛普森殺了前妻，又確定辛普森不記得自己殺了前妻。）這種「內建」的偏頗在達爾文派來說很容易理解，因為一個人愈是言之鑿鑿，愈把真理說成是站在自己一邊，對自己愈有利。而明顯的是，宗教方面的真理扭曲一樣有自利的功能。如果你是死者的好友或親人，那麼，說他已經化作鬼魂，可以讓別人對你更客氣，以免得罪死者的幽靈。

社會心理學也教給我們重要的一課：公眾認同有時不止鼓勵你把自己說過的話信以為真，還會左右你日後的知覺，讓你聚焦在正面證據而非反面證據。所以，如果你猜測那個魅影就是死者含恨的鬼魂，你就會偏袒那些支持此說的根據。例如，你也許會注意到死者的某個仇人在你目擊魅影的一星期後便病倒，卻沒注意到死者的某個朋友也在差不多同一時間病倒。

如果你是個有身分地位的人，證詞就會特別有分量，因為一個有身分地位的人被認為更值得信賴（其實通常不是如此）。備受尊敬的成員若宣稱他目睹了怪事，還可以自圓其說，那團體中二十個成員也許會當場信服，而基於上文提過的人類「從眾」傾向，其他剩下的人也會相信。

我們不用驚訝人類竟有那麼多心理傾向可助長宗教假話的誕生與繁榮。畢竟，導致大腦演化的那個過程對真理其實漠不關心。「天擇」在乎的只是把基因傳到下一代，所以如果說假話或信假話可以達到目的，那人類心靈自然會鼓勵人去說假話和信假話。這種「糊塗」的特性並非像盧伯克所主張（見第一章），是「原始」心靈所專有，很多現代人一樣會偏信偏聽——很多還是名校的大學生吶！

那麼，為和現代人會對「原始」宗教那麼震驚，無法了解「原始」宗教如何誕生？這部分源於一個經典性的人類盲點：只看到別人信仰的怪，看不到自己信仰的怪。（一個非洲小黑人聽了傳教士描述過天國的樣子後，這樣問他：「你怎麼知道？你死過並去過天國嗎？」）另一個原因是想像力不足。試想你住在被沙漠或森林包圍的小聚落，而這聚落又未曾受過科學和現代科技的洗禮。在你住的這個社會小宇宙裡，一切都有緣有故：人們一般不會無端對鄰居生氣或動武。然而，在這個小宇宙外面，卻有各種巨大的力量不時襲來：暴風、乾旱、猛獸、致命疾病等。所以，你一定想要解釋和控制這些力量，樂於有人告訴你解釋和控制的辦法，並轉述開來。畢竟，你只是個人，與生俱來就是這個樣子。這就是宗教的開端，其他部分便由歷史來譜寫。

思想和情感

上述的宗教起源觀是現代心理學的看法，某個意義下可以追溯到十九世紀人類學家泰勒的主張：人類最初會出現神或靈的觀念，是為了解釋不可解之事。事實上，泰勒自己似乎也隱約看出人神互動受「互惠利他主義」原理所約束：「靈界生命被認為影響或控制物質世界的事件，左右人生前或死後的福祉，會因為人類行為而高興或不悅。而這種信仰自然而然會導致（甚至可以說是必然導致）人們或遲或早會對靈界生命表現出積極的尊敬和取悅行為。」

然而，現代心理學和泰勒的觀點所強調的重點不同。泰勒指出，相信神靈的存在「自然而然導致」人們設法討好神祇時，他似乎意謂這過程具推理性，即原始人經過長時間反省後才得出結論，尊敬和提供飲食可以讓神祇滿意。演化心理學家反之，強調取悅神祇的行為是天生發自內心：原始人感覺這樣做才妥當。泰勒常常揶揄原始人為「古代的野蠻哲學家」（見第一章），而這稱呼本身暗示，原始人的宗教思維是冷靜和抽離的。不過，宗教信仰雖然部分由人的「認知」機能支撐，但同時也牽涉情感的作用。

宗教經驗之種種

我們擁有可自覺運用因果觀念的心靈機制以外，還具有許多其他與生俱來的工具（包括那由「互惠性利他主義」動力所形塑的機制），讓我們可以暗地使用因果觀念，而某些工具幾乎全在情感的層次運作。

例如，回到人類尚未知道疾病是由微生物傳播的年代，「天擇」似乎正是為了填補這個空缺，才會讓我們的原始祖先知所迴避帶病的事物。這是心理學家羅贊（Paul Rozin）在研究「憎厭」現象時得到的結論。他相信，遭各地人一致憎厭的東西（如腐爛的屍體、排泄物和腐肉等）有害健康，並不是偶然的。

無論憎厭這種感情乍看有多幼稚，都催生出一種形上學：使人相信有些東西極為不潔，會散發出有毒的氛圍。博耶認為，許多宗教之所以有「污染」的觀念，就是受憎厭情緒觸發（第一章提過，努伊特人相信，大海女神會因為人們忘記丟棄被流產污染的物件而大發雷霆）。他稱這種思維方式為「感染類推系統」（contagion inference system）。

人腦還有一種特徵可以催生宗教經驗，而這也像「感染類推系統」一樣，會讓人不自覺地運用到因果觀念。事實上，這早在自覺理性思考進入哺乳類動物以前便已出現在人類物種的祖先身上。這種特徵稱為「聯想性學習」（associative learning）。

我們知道，如果狗曾被將滅營火周邊的石頭燙傷腳，牠以後便會避開這一類石頭。我們無從得知狗產生這種認知時的心靈狀態，但牠大概並未連結火與熱燙石頭的因果關係，也沒想到熱燙石頭與腳被燙傷的關係。我們有理由相信，牠只是從燙傷經驗學會害怕那一類石頭，而這一類害怕會導致牠的行為像是明白將滅營火是牠被燙傷的最終原因。我家的黃金獵犬有次在十字路口被車撞到，幾星期後，我牽著牠往那個十字路口走去。愈接近那兒牠走得愈緩慢，最後完全停住，打死都不肯再往前走一步，情形就像是那十字路口散發著強烈陰森氛圍，牠走得愈近感應愈強烈。

這類粗淺的學習機制想必還殘留在人腦，而這類機制也許會誘導人們認為某些事物或地方遭到詛咒（這表現在許多宗教都設有禁忌）。大概是這緣故，有些人類學家把原始的宗教經驗連結於畏懼感。

那麼，又該如何解釋另一種常與宗教經驗連結的情感，即敬畏（awe）？這種論點最著名的支持者是德國神學家奧托，他認為基原的宗教敬畏情緒常常交織著畏懼。會不會，敬畏之情本來就是「天擇」設計來服務某些非宗教用途的？毫無疑問，當一群人震懾於面對無比強大的另一群人，很容易產生敬畏心理：他們會卑屈俯伏，搖尾乞憐（一九九一年波斯灣戰爭期間，伊拉克士兵大受美國轟炸的震撼，以至事隔幾星期之後，當他們看到第一批美國人時，馬上下跪，親吻對方的手——雖然那些美國人不是士兵而是記者。）另一方面，這也是一種最實用的舉動：在那種環境下最聰明的作法。不過，這看來更可能是本能的情緒激發，而不是自覺的利害盤算。事實上，黑猩猩也有類似舉動。面對強大的敵手時，牠們通常會擺出威嚇姿態，但如果對手太強大，牠們就會蹲下身體，表示順服。

我們不知道黑猩猩遇到這些情況時內心作何感受，但衡諸有過類似經驗的人的描述，他們的感覺類似敬畏。這類原是針對其他生命體而發的感情似乎很容易助長一種對大自然的神學解釋：如果一種兇暴的自然現象（如雷暴雨）會讓人產生面對強大兇惡敵人時的情緒，那要他們把該自然現象想像為受某個強大兇惡的敵人所主使，便一點都不難。

就連黑猩猩有時也隱隱顯示牠們有能力進行這種概念的跳躍。靈長類專家珍・古德（Jane Goodal）觀察到，黑猩猩在遇到暴風雨或瀑布時，有時會擺出威嚇的姿態。她由此猜想，大部分宗教具有的那種「驚畏之情」（awe and wonder）也許源於「這一類遠古的、不太能言喻的情緒湧現。」

上述所言並非否認那些有效的宗教經驗。科學的世界觀無由排除這種可能性：某種意識狀態使我們更接近「終極實相」，或甚至更接近某種「神祇」。然而，宗教的捍衛者不應把他們的籌碼押在以下這一類主張（如奧托在《神聖的觀念》便如此主張）：宗教起源於某種科學解釋不了的神祕經驗或天啟經驗。因為，我們愈是了解人類天性，愈是了解其錯綜複雜又常常非理性的特質，便愈是不用訴諸所謂的神祕經驗來解釋宗教起源。在在看來，宗教都是源自我們那以基因為基礎的心靈機器，而這心靈機器又完全是「天擇」針對凡俗的目的而設計。

有時，奧托自己看來也懷疑宗教經驗不是科學解釋得了的說法。在《神聖的觀念》一書中，談過魂靈崇拜、祖先崇拜和原始巫術等信仰之後，他說：

> 儘管這些信仰各不相同，但全都包含一個共通和容易辨識的元素：「使人敬悚交加」。這元素大概並未直接生成信仰，而是當信仰在原始時代還是幼稚膚淺幻想的「自然」產物之時，所經歷的一個萌芽階段。然而，這些信仰後來卻獲得了十分獨特的成分，而光是這種成分，便足以讓這些信仰形成宗教的雛形，使信仰第一次表現為清楚明確的形式，並賦予信仰攫住人類心靈的巨大力量（歷史已證明宗教普遍具有這種巨大力量）。

這番話的確切意思爭論不一，但奧托的要旨卻不難了解：早期宗教裡的元素雖然有一個凡俗的起源，但透過後來的文化演化，這些元素卻獲得深邃的、有效的宗教特徵。這種主張有點合乎情理，只不過，我們大有理由認為，最有效的那類宗教感情應該帶有這項特徵：其所構想的神祇相當不同於人們一直以來會自然想像的那一種。

經文譯本小識
A Note on Translations

我不諳希伯來文、希臘文和阿拉伯文（它們的古體更不用說），所以，引用亞伯拉罕系各聖典的經文時，我只能仰仗既有的英譯本。這便牽涉到譯本選擇的問題。

在《希伯來聖經》（即《舊約聖經》）和《新約聖經》的情況中，我的選擇最容易：基本上都是採用《新修訂本標準英譯聖經》（*New Revised Standard Version of Bible*，簡稱NRSV）。這譯本是許多學者群策群力的成果，遇到譯者意見不一之處都是以系統性方式解決（例如他們曾用投票方式決定十誡應該詮釋為禁止殺人還是只禁止謀殺）。集體翻譯也許有集體翻譯的壞處，但在我看來，NRSV的優點要遠多於缺點。我最常參考的NRSV版本是《新牛津注解聖經》（*New Oxford Annotated Bible*），它的注釋讓人更深入了解《聖經》的內部聯繫（包括交叉指涉指出哪些《希伯來聖經》與《新約》的經文相關）。偶爾，我也會採用其他譯本的譯文或在注釋中補充其他譯法，這些時候，我都會在注釋中注明出處（注釋中的RSV是指《修訂本標準英譯聖經》）

至於《古蘭經》的情況，問題要複雜些。在主事機構的聲望崇隆和廣為英語學者採用這兩件事情上，沒有一部《古蘭經》的英譯本可以跟NRSV相提並論。所以，在引用每一段《古蘭經》經文以前，我都會參考好幾種譯本再作決定。

我最倚重的譯本是羅德韋爾（J. M. Rodwell）成書於十九世紀的翻譯。理由說出來有點難為情：它有一個免費下載的語音檔，可讓我晚上一面散步一面聆聽。事實上，我就是以這種辦法熟讀整部《古蘭經》。幸而，羅德韋爾的譯本是一部值得敬重的譯本，而因為是十九世紀的作品，它採取的文體也散發著一部聖典應有的尊貴氣息。另外，就我所能判斷，羅德韋爾翻譯《古蘭經》並沒有特定動機。

每引用一段《古蘭經》經文之前，我都會先對照過其他譯本，特別是對照過阿伯里（Arthur J. Arberry）的譯本。這譯本的知名之處是它包含最少的「詮釋」：遇到朦朧或模稜兩可的字句，阿伯里會盡量保留原文的晦澀。所以，它提供了我一條很好的底線：但凡碰到其他譯本的譯文與阿伯里的不一致，又或是比阿伯里的清楚許多，我都會多參考幾部譯本，以求找到最大共識。另外，我力求避免「對號入座」，即不專挑最能符合我論點的譯文引用。不管怎樣，凡遇到各家對一段經文有極不同的意見時，我都會盡量在注釋裡指出來。

除非特別指出，否則本書的《古蘭經》引文都是出自羅德韋爾的譯本。我引用的其他家譯本包括（注釋中會以姓氏注明）：阿薩德（Muhammad Asad）、皮克索爾（Muhammad M. Pickthall）、阿里（Abdullah Yusuf Ali）、阿伯里，還有塞爾（George Sale）。塞爾的譯本雖然是近三個世紀前的作品，但仍然非常值得推崇。

同時採用多種譯本的缺點是有時文體不一致。它們有些是使用古奧的英文，有些則否。但我認為這是值得付出的代價。它也是一個很好的提醒（這提醒在本書裡出現過不下一、兩次）：受實際考量驅使，宗教經文是可以很有可鍛性的。

《聖經》目次

《舊約》

〈創世記〉（Genesis）

〈出埃及記〉（Exodus）
〈利未記〉（Leviticus）
〈民數記〉（Numbers）
〈申命記〉（Deuteronomy）
〈約書亞記〉（Joshua）
〈士師記〉（Judges）
〈路得記〉（Ruth）
〈撒母耳記上〉（1 Samuel）
〈撒母耳記下〉（2 Samuel）
〈列王紀上〉（1 Kings）
〈列王紀下〉（2 Kings）
〈歷代紀上〉（1 Chronicles）
〈歷代紀下〉（2 Chronicles）
〈以斯拉記〉（Ezra）
〈尼希米記〉（Nehemiah）
〈以斯帖記〉（Esther）
〈約伯記〉（Job）
〈詩篇〉（Psalm）
〈箴言〉（Proverbs）
〈傳道書〉（Ecclesiastes）

〈雅歌〉（Song of Solomon）
〈以賽亞書〉（Isaiah）
〈耶利米書〉（Jeremiah）
〈耶利米哀歌〉（Lamentations）
〈以西結書〉（Ezekiel）
〈但以理書〉（Daniel）
〈何西阿書〉（Hosea）
〈約珥書〉（Joel）
〈阿摩司書〉（Amos）
〈俄巴底亞書〉（Obadiah）
〈約拿書〉（Jonah）
〈彌迦書〉（Micah）
〈那鴻書〉（Nahum）
〈哈巴谷書〉（Habakkuk）
〈西番雅書〉（Zephaniah）
〈哈該書〉（Haggai）
〈撒迦利亞書〉（Zechariah）
〈瑪拉基書〉（Malachi）

《新約》

〈馬太福音〉（Matthew）

〈馬可福音〉（Mark）

〈路加福音〉（Luke）

〈約翰福音〉（John）

〈使徒行傳〉（Acts）

〈羅馬書〉（Romans）

〈哥林多前書〉（1 Corinthians）

〈哥林多後書〉（2 Corinthians）

〈加拉太書〉（Galatians）

〈以弗所書〉（Ephesians）

〈腓立比書〉（Philippians）

〈歌羅西書〉（Colossians）

〈帖撒羅尼迦前書〉（1 Thessalonians）

〈帖撒羅尼迦後書〉（2 Thessalonians）

〈提摩太前書〉（1 Timothy）

〈提摩太後書〉（2 Timothy）

〈提多書〉（Titus）

〈腓利門書〉（Philemon）

〈希伯來書〉（Hebrews）

〈雅各書〉（James）
〈彼得前書〉（1 Peter）
〈彼得後書〉（2 Peter）
〈約翰一書〉（1 John）
〈約翰二書〉（2 John）
〈約翰三書〉（3 John）
〈猶大書〉（Jude）
〈啟示錄〉（Revelation）

鳴謝

Acknowledgments

我受惠於兩家高等學府，一是普林斯頓大學，一是賓州大學。在賓大，出於Sam Perston院長的大力斡旋，我獲准開兩門課（兩門都充實了本書的內容），一門名作「宗教與人類天性」（研究所的討論課）（開始日期湊巧是二〇〇一年九月十一日），一門名作「宗教的演化」（大學部的課）。沒有什麼比第一次教一門課更讓人有學習的機會，我也要感謝學生耐心聽講。

二〇〇四至〇五年，在普林斯頓，我很榮幸當上人類價值中心（Center for Human Values）的洛克菲勒客座研究員。這讓我有時間和資源可以專心投入本書的寫作計畫。該中心每週一次的討論會（由Steve Macedo主持）亦讓我受用無窮，特別是大家針對本書的中心觀念提出批判的時候。兩年後，我在普大與Peter Singer合開了一門研究所討論課（談道德直覺的生物基礎），同樣獲益匪淺。

人類價值中心也帶給我兩件天賜禮物：兩位研究生，他們後來成了我少不了的研究助理。一位是希伯來語流利和精通《希伯來聖經》的Kevin Osterlon，另一位是阿拉伯語流利和精通伊斯蘭教經典的Mairaj Syde，他們在各自熟悉的領域裡為我充當嚮導。另外，他們兩位都是大好人。

我在哥大認識的好幾位學者都幫忙閱讀和批評過本書的草稿，包括了John Gager、Michael Cook和普林斯頓神學院的Patrick Miller和Shane Berg。讀過草稿一些章節的有Mark S. Smith、Marvin Sweeney和Michael J. Murray。George Hatke和Konrad Schmid對一些特別棘手的章節段落讀得極為仔細。我的朋友John Judis和Gary Krist讀過開頭幾章的初稿。看他們不冷不熱的反應，讓我痛下決心丟棄或壓縮了大部分材料（對此，我至今仍心有不甘）。

此外，我還請教一批學者（主要是透過電話），這使得我在他們領域的浩瀚文獻裡較為從容，包括Joseph Blenkinsopp、William G. Dever、Richard Elliott Friedman、Baruch Halpern、Lowell K. Handy、Martha Himmelfarb、Ralp W. Klein、Elaine Pagels、Iain Provan、William Schniedewind、Jeffrey Tigay，以及上述提過的Gager、Cook、Smith和Miller四位。這名單一定不完備，一定還漏了某些人。

當然，那個常見的事先聲明一樣適用於本書：書中若有任何疏漏，文責要由作者自負，不關賜教者的事。

我的經紀人Rafe Sagalyn在本書的出版上再一次幫了大忙，為我找到了Little Brown出版社的主編Geoff Shandler，他是個善於鼓舞人又一絲不苟的主編。Chris Jerome是位細心的校對編輯，Peggy Freudenthal是位有耐心的牧羊人。

再說說人類價值中心：因為Jan Logan、Erum Syed、Kim Girman和John Hibbs的關係，那裡的工作環境讓我備感溫暖。上面提過，中心的一些同仁對本書的觀念提出批判，我要在此感謝他們，包括：Justin D'Arms、Stephen Gardiner、Daniel Jacobson、Rachana Kamtekar、Susan Lape、Rob Reich。教學部的同事Peter Singer和Dale Jamieson也在討論會中給我意見。（Dale給我的也許是最佳意見：放棄本計畫。）

我生命中的三個女人（Lisa、Eleanor和Margaret）慷慨地忍受我因這部書（和生活其他方面）而起的情緒波動，而且每晚晚餐時都提供美妙談話。我為有她們感謝上帝。

作者
羅伯・賴特(Robert Wright)

譯者
梁永安

美術設計
井十二設計研究室

內頁排版
菩薩蠻數位文化有限公司

責任編輯
宋宜真

編輯協力
林明貞・陳又津

企劃主任
柯若竹

印務主任
黃禮賢

總編輯
賴淑玲

社長
郭重興

發行人兼出版總監
曾大福

出版者
大家出版

發行
遠足文化事業股份有限公司
新北市 (231)新店區民權路108-3號6樓
TEL: 02-2218-1417・FAX: 02-8667-1065

劃撥
帳號:19504465・戶名:遠足文化事業有限公司

印製
成陽印刷股份有限公司・TEL: 02-2265-1491

法律顧問
華洋法律事務所・蘇文生律師

定價
NT$500

初版一刷
2013/ 01

初版三刷
2014/ 10